刑事程序价值论

刘晓兵 著

中国检察出版社

图书在版编目（CIP）数据

刑事程序价值论/刘晓兵著.—北京：中国检察出版社，2009.6
ISBN 978-7-5102-0093-9

Ⅰ.刑… Ⅱ.刘… Ⅲ.刑事诉讼—诉讼程序—价值论（哲学）—研究 Ⅳ.D915.318.04

中国版本图书馆 CIP 数据核字（2009）第 090723 号

刑事程序价值论
刘晓兵 著

出 版 人：	袁其国
出版发行：	中国检察出版社
社　　址：	北京市石景山区鲁谷西路5号（100040）
网　　址：	中国检察出版社（www.zgjccbs.com）
电子邮箱：	zgjccbsfxb@126.com
电　　话：	(010) 68650028（编辑） 68650015（发行） 68636518（门市）
经　　销：	新华书店
印　　刷：	北京鑫海金澳胶印有限公司
开　　本：	A5
印　　张：	14.5 印张
字　　数：	402 千字
版　　次：	2009 年 7 月第一版　2009 年 7 月第一次印刷
书　　号：	ISBN 978-7-5102-0093-9/D·2073
定　　价：	36.00 元

检察版图书，版权所有，侵权必究
如遇图书印装质量问题本社负责调换

序

　　法治的进步是一个过程，是一个在多种价值之间作出或选择、或妥协、或调适、或变革的过程。

　　由于时代的进步，法律的价值必将不断从一元化走向多元化，并导致多种价值目标之间的并存与冲突。正因为如此，自 20 世纪 80 年代以后，随着中国改革开放的起步，整个法学界开始重视对法律价值的研究。无论是从事基础理论研究的学者，还是从事部门法学研究的学者，都在不同程度上关注过法律价值，所不同的是：理论法学者把法律价值作为自己的专业研究对象；应用法学者则主要以法律价值作为法学研究的方法。但他们的目的是共同的，即为中国的法治建设找寻可资借鉴的答案。

　　刑事程序是法治建设的重要领域。自 20 世纪 90 年代我国刑事诉讼法修订以后，随着中国司法改革的启动和进一步发展，整个诉讼法学界对刑事程序价值的关注也越来越多。人们普遍认识到，刑事程序的先进程度是一个国家法治水平高低最重要的标准之一。它涉及公民、社会和国家最根本的利益：社会和国家需要借助于刑事程序控制犯罪，保障人权，维护社会秩序和国家统治秩序；被害人需要借助于刑事程序惩罚犯罪人，达到复仇或补偿、慰藉的目的；犯罪人需要借助于刑事程序制约国家权力，维护自身的合法权益。因此，程序的创制者与实施者在立法和司法过程中，根据其本身的社会地位和需求层次，对这些不同的价值目标作出权衡与选择。而理论研究者则要为刑事程序的制定与实施设立一个总的多元化的价值目标体系并对其进行理论论证，然后把这种多元的价值目标分配到各个具体程序中去。时至今日，刑事程序价值已经成为刑事诉讼法学研究的基础理论课题，并已有了丰硕的研究成果。

目前，学界已深刻认识到，刑事程序价值是刑事诉讼法学领域的一个基本范畴，它具有重要的理论与现实意义，值得研究。从理论意义来看，它不但为刑事诉讼法学的其他重要范畴提供理论支撑，而且为刑事诉讼法学的理论研究开辟了一个广阔的领域；不但为其他具体的理论范畴提供方法论的指导，同时也为整个刑事诉讼法学的理论研究提供了新的视角和方法论指导。从现实意义来看，关于刑事程序价值的理论研究不但可以为刑事立法和司法活动提供明确的价值目标和评价标准，而且可以内化为人们的刑事程序价值观念，并转化为在刑事法治生活中自觉守法和自觉维权的意识。

尽管关于刑事程序的价值研究业已成为刑事诉讼法学界的热点问题，但仍有一些领域尚未受到足够的关注与重视，在基本理论和实际运用方面还有进一步开拓和创新的余地。譬如，刑事程序价值的基本含义和刑事程序价值的具体构成还有进一步廓清的必要，刑事程序的价值目标和价值选择需要结合我国的基本国情和全球化的趋势作进一步的调适，对我国刑事程序的价值评价还需要进一步具体化和系统化，对我国刑事程序的价值重建尚缺乏明确的目标模式和统一标准。因此，在我看来，这或许也是促使作者选取"刑事程序价值"作为研究对象的一个直接动因。

除了合理的选题，科学的方法论对理论研究也很重要。对此，普列汉诺夫曾经将研究方法比喻为用以发现真理的必备工具，认为没有科学的方法，就没有科学的理论。从某种意义上来说，研究方法是否科学也是衡量一门学科是否成熟的重要标志。在《刑事程序价值论》中，作者自觉地运用了三种理论研究方法：

一是思辨的方法。思辨的方法也就是形而上学的方法。一般来说，思辨可以分为纯粹理性的思辨和基于经验的思辨。辩证唯物主义的思辨方法是一种基于经验的思辨方法；即在总结实践经验的基础上运用一系列概念、判断和推理进行论证的思维活动。

对法律现象进行价值思考和价值分析同样需要运用形而上学的

思辨方法。法学研究是社会科学的重要研究领域,思辨的方法既不能离开司法实践中的经验教训,也离不开一个国家基本的法治国情,正如谢晖教授指出的那样:"法的思辨决不是一种主观任性,而是现诸经验的超经验构建"①。在本书中,由于刑事程序价值具有较强的抽象性,因而思辨方法是其中最主要的研究方法,并且是其他研究方法得以运用的基础和前提。这显然不同于对刑事程序法典的注释性研究,也有别于对刑事司法实践的简单描述,它旨在揭示隐藏在刑事程序法典背后的人性因素以及刑事程序适用背后的基本规律。无论是刑事程序价值的基本要素还是刑事程序的价值构成、价值目标、价值选择,都是复杂的理论问题,如果没有形而上学的思辨方法,是无论如何也难以深入分析并得出结论的。因此,在行文过程中,作者始终有意识地避免对法律条文的简单描述,尽力从刑事程序背后的诸多价值因素入手,探寻那些决定刑事程序立法与司法的基本规律。

二是比较的方法。比较方法也是一种常用的理论研究方法。俗话说,有比较才有鉴别。在理论研究中,有比较才分优劣,见长短,才能不断发现真理、检验真理和发展真理。比较方法在西方法学研究中具有悠久的历史,法国著名比较法学家勒内·达维德曾经指出:"对不同地区的法律制度进行比较研究,其历史同法学本身一样古老。"② 正是由于比较方法在法学研究中长期而广泛的运用,才逐渐形成了一门新的边缘法学学科——比较法学。

在本书中,作者从横向和纵向两个维度自觉地运用了比较的方法。横向比较就是对不同国家的刑事程序进行价值比较,本书既对西方两大法系国家的刑事程序进行了价值比较,也对中西不同的刑事程序进行了价值比较;纵向比较就是对一国内部不同时期的刑事程序进行价值比较,本书既对西方国家不同时期的刑事程序进行了

---

① 谢晖:《法的思辨与实证》,法律出版社 2001 年版,第 3 页。
② [法] 达维德:《当代主要法律体系》,漆竹生译,上海译文出版社 1984 年版,第 7 页。

价值比较，也对我国不同时期的刑事程序进行了价值比较。当然，中西在法律价值观上是迥异其趣的，我国不同时期的刑事程序也体现了截然不同的价值目标，在进行程序价值比较的时候，作者自觉地立足于我国当前以及今后刑事程序的变革与发展，坚持洋为中用，古为今用。

三是系统的方法。尽管系统论思想在我国的传播相对较晚，但自20世纪90年代后，这一方法在法学研究中的运用和发展却异常迅速。其中，最突出的是把系统科学方法运用于具体部门法学，从而在刑法学、行政法学和刑事诉讼法学的理论研究方面取得了重要的科研成果。在本书中，作者显然也沿用了这一理论研究方法。其中，比较突出的是在第二章刑事程序的价值基本要素、第三章刑事程序的价值构成、第四章刑事程序价值的目标和第七章刑事程序的价值重建。在这些部分，系统论中的整体性观点、层次性观点、有序性观点和动态性观点都得到了全面的体现。

尽管刑事程序价值已有不少研究成果，但作者并未囿于前人的看法和观点。本书在以下几个方面有所创新：

第一，正如前面已经提到的，刑事程序价值的研究历史还不是很长，而且这一理论领域本身就博大精深，是一个大有创新余地的领域：从宏观来讲，刑事程序的各种理念与原则需要进行价值的分析与研究，从微观来说，刑事程序的各项具体制度更需要进行价值的评价与重建。无论是宏观层面还是微观层面，都还有许多方面无人涉足。比如：刑事程序的价值主体问题、刑事程序的价值认识与评价问题、刑事程序的价值要素问题、刑事程序的某些价值目标及其相互关系问题、刑事程序价值选择的标准与方法问题。对于这些问题，本书都在一定程度上进行了系统的阐述，有些地方比较深入，有些地方尽管还有待于进一步深入研究，但也做了力所能及的初步探讨。

第二，尽管关于刑事程序的价值研究已经成为刑事诉讼法学界的热点问题，对于许多问题，学界已经给出了答案，但仍有许多方面需要进一步加以探讨和研究，因而也有进一步开拓和创新的余地。其中主要有：刑事程序价值的基本含义和刑事程序价值的具体构成还有进一步廓清的必要；刑事程序的价值目标和价值选择需要结合我国的基本国情和全球化的趋势作进一步的调适；对我国刑事程序的价值评价还需要进一步具体化和系统化；对我国刑事程序的价值重建尚缺乏明确的目标模式和统一标准。对于这些问题，本书也作了力所能及的研究与探讨。比如，在第三章刑事程序的价值构成，学界目前主要分为独立价值和工具价值，或者内在价值与外在价值，但作者的观点却与此不同。在作者看来，刑事程序的价值构成应该以刑事程序的不同属性为标准分为三个层次，即刑事程序不但具有它所独有的属性，而且具有两个层次的共同属性，即作为一般法律的属性和作为一般程序的属性。因而，以此为基础，作者把刑事程序的价值构成也分为三个层次，即刑事程序的目的价值、工具价值和一般法律价值。其中，关于刑事程序的目的价值，作者认为也不局限于程序正义，按照西方法律思想的一般观点，法律以正义为标准，而正义不但来自于理性，而且要符合人的目的。因此，作者认为，如果把刑事程序作为目的，其价值应该包括三个方面，即理性、正义和人道，三者之间的地位应该是理性第一，而后才是正义和人道。

第三，作者对这一领域的某些基本概念进行了明确的界定，并廓清了其与相关概念的关系，比如在论文的第二章第一节，作者首次对刑事程序的价值主体进行了明确界定，并廓清了它与刑事诉讼法学领域其他各种主体如刑事诉讼的职能主体、行为主体、法律关系主体之间的区别。在第四章，作者第一次对刑事程序的价值目标进行了明确界定，并廓清了它与刑事诉讼目的和其他相关概念之间的区别。

第四，作者在本书中提出了某些新的观点。比如在第五章第一节，作者提出了刑事程序价值选择的标准理论和优势价值选择理论，并总结出优势价值选择的五项原则。其中，优势价值选择理论克服了兼顾论和权衡论的不足：兼顾论没有考虑到价值冲突在特定情况下的不可调和性；权衡论没有注意到冲突双方始终存在一个主要方面。又如，以往在谈到价值重建的时候，往往以价值本身为标准，但我认为，这种重建缺乏针对性，因而作者在第七章提出了以价值主体为标准对我国刑事程序进行价值重建的理论，并根据三种不同价值主体的现实地位状况提供了相应价值重建方式。

本书的出版既是一个句点，也是一个起点。作为导师，我在向作者表示祝贺之际，也期望他在今后的学习和研究中能有更进一步的拓展。

宋英辉
2009年4月

内 容 提 要

刑事程序的价值问题是刑事诉讼法学领域最具方法论意义的基本理论问题，本书对这一基本理论问题进行了系统而全面的探讨。

全书共分为七章，在对刑事程序价值论的主要范畴进行明确界定的基础上，具体论及刑事程序的价值要素、价值构成、价值目标、价值选择、价值评价和价值重建。其中，前四章主要涉及刑事程序价值的基本理论，后三章则是以刑事程序价值基本理论为指导的实证分析。在后三章中，第五、六章是对我国刑事程序的价值选择和价值评价；第七章则是以价值选择和价值评价为基础的价值重建。

各章主要内容如下：

第一章重在廓清刑事程序价值论最基本的概念。

刑事程序价值是刑事程序法学理论中的一个基本范畴，刑事程序价值不仅在理论研究中具有基础作用，而且对刑事程序的立法与司法活动也具有指导意义。正是基于对刑事程序价值这一基础理论之重要性的认识，笔者认为，无论从哪个角度来建立刑事程序的价值理论体系，研究者都必须首先对"价值"的一般含义作出回答。在这个问题上，笔者赞同当今哲学价值学界的主流观点，即价值在本质上是主客体之间的一种需求与满足的关系，在现象上表现为客体得以满足主体的诸种属性。刑事程序价值则是哲学价值在刑事程序领域的具体反映，它存在于一定的主客体互动关系之中，是作为客体的刑事程序满足作为主体的"人"对其提出的不同需要而具有的种种内在属性。在此基础上，笔者进一步阐述了刑事程序价值这一基本范畴在刑事诉讼法学研究中的重要意义，其中又着重阐述了它与刑事诉讼法学领域其他几个主要范畴之间的辩证关系。

第二章主要论述刑事程序价值的内在要素，即刑事程序价值的主体、客体和它们之间的价值关系。

刑事程序的价值主体、价值客体以及二者之间的价值关系构成了刑事程序价值的三大要素。其中，刑事程序的价值客体就是刑事程序本身，主要包括审前程序、审判程序、救济程序和执行程序；刑事程序的价值主体是指参与刑事诉讼，通过影响刑事程序的实际运行以满足自身利益需要的个人或者组织。如果说价值主体和价值客体是刑事程序价值的两个端点，那么主体与客体之间的价值关系就是联系这两个端点的桥梁。刑事程序价值关系在形式上表现为主客体之间的需要与满足的价值依赖关系，在实质上体现为一种主客体之间的价值创造关系。

第三章旨在分析刑事程序的价值构成。

刑事程序的价值构成是指刑事程序价值体系的具体价值类型以及各种具体价值类型之间的相互关系。研究刑事程序的价值构成对于从总体上把握刑事程序的价值体系具有重要意义。在对目前关于刑事程序价值构成的主要理论及存在的问题进行初步分析的基础上，笔者以刑事程序的属性层次为标准提出新的刑事程序价值构成观点。其中，由于刑事程序具有作为不同于其他法律程序的属性，因而刑事程序的工具价值与目的价值又具有与民事程序或行政程序不同的特征。

第四章主要论及刑事程序的直接价值目标。

刑事程序的价值目标是近年来才被引入到我国诉讼法领域中的一个新的理论范畴，它主要是从静态的角度研究刑事程序的价值取向和理想模式。根据笔者的理解，价值目标就是主体赋予客体并期望借助于客体才能实现的价值追求。从根本上来说，价值目标只能是主体的价值目标，但它又必须以客体为载体和实现的手段。在笔者看来，刑事程序具有三个层次的价值目标，即作为一般价值目标、共同价值目标和直接价值目标。其中，刑事程序的直接价值目标又包括三个层次，即作为基础价值目标的实体真实、作为现实价值目标的诉讼效率和作为根本价值目标的司法公正。

第五章着重阐述刑事程序的价值选择。

刑事程序的价值对立和冲突往往容易导致整个刑事程序的价值消耗和功能衰减。刑事程序的价值选择就是在对刑事程序进行价值评价的基础上，针对相互冲突的价值构成、价值目标和相关价值观念的综合选择，具体包括自由与秩序的冲突与选择、公正与效益的冲突与选择、实体公正与程序公正的冲突与选择、经济效益与社会效益的冲突与选择、惩罚犯罪与保护人权的冲突与选择，等等。在一定意义上，刑事程序的价值选择体现一个国家在刑事司法领域的基本法治理念和利益调整模式。特别是在我国当前的社会转型时期，树立正确的选择理念、标准和方法，对于做出正确的价值选择，实现刑事司法法治具有非常重要的意义。

第六章是关于刑事程序的价值评价。

在这个部分，笔者有选择地对审前程序、普通审判程序、简易程序和广义上的救济程序作了深入的价值评价，并在发现问题的基础上提出了解决途径。审前程序是中国刑事诉讼实践中程序性违法现象发生最多的诉讼阶段，因而需要强化程序公正观念。新的普通审判程序在原有构架基础上进一步吸收了英美当事人主义的积极因素，使程序公正得到显著的增强，但我国的普通审判程序也存在不少问题，从而导致程序内部的价值冲突。简易程序是世界各国普遍采用的一种旨在提高诉讼效益的司法程序，它在追求诉讼效益的同时往往容易与司法公正形成矛盾，致使犯罪嫌疑人或被告人的正当权益受到损害。因此，应该为简易程序设定一个最低限度的公正标准，以保障犯罪嫌疑人或被告人的权益受到不必要的侵害。至于救济程序，无论是上诉程序，还是死刑复核程序和再审程序，在强调实体公正的同时需要进一步协调与程序公正和诉讼效率的关系。

第七章是全书的落脚点，即以价值主体为标准对我国刑事程序进行价值重建。

所谓刑事程序的价值重建，是相对于事实层面的制度重建而言的，它是在价值评价的基础上对刑事程序之价值体系的批判性改造，目的是为了对现存价值体系进行优化。笔者主张以价值主体为标准对刑事程序体系的结构和内容进行重构，承认诉讼参与者的价值主体地位，尊重其理性，保障其权利，以实现从价值客体模式到价值主体模式的过渡，真正实现人的价值主体地位。在具体方式上，刑事程序的价值重建主要是通过司法体制改革克服法官、被害人以及犯罪嫌疑人、被告人主体地位的客体化。就犯罪嫌疑人和被告人而言，主要是确认和保障其各种程序权利；就被害人而言，主要是承认其相对于公诉机关的独立性；就作为裁判者的法官而言，主要是保障其独立、中立和自主的地位。真正确立他们对刑事程序的价值主体地位。

总之，从总体结构来看，基本上是沿着从理论到实践的，从思辨到实证的路线加以展开的，而从各个章节的内在逻辑来看，则体现了提出问题、分析问题和解决问题的思路。

关键词：程序　刑事程序　刑事程序价值

ABSTRACT

The value of criminal procedure is the basic problem in the field of process science. In this thesis, the author will treat this subject tentatively.

This thesis consists of seven parts, involving the essential factor of the criminal procedure, together with the value structure, the value aim, the value election, the value appraise and the value reconstruction. The former four parts deal with fundamental theory. And the later three parts deal with the positive analysis.

The following is the main content of this thesis:

The first section deals with several basic concepts. In this part, the author firstly defined the notion of value. From this on, the notion of process value was further defined, which shows as those features of the process to satisfy the subjects. Then, on this base, the author made a clear definition between process value and other concepts.

The second section deals with the essential factors of process value. In this part, the author clarified the subject, the object and the relation between them. Among these three factors, the subject equals to man and some other organizations. The object equals to criminal process and its secondary links. And the value relation expresses the dependent and creative relation.

The third section deals with the value structure of criminal process. In this part, the author insisted that the value of criminal procedure consist of three layers, which show as the aim value, the instrument value and the social value. Among them, the aim value is the inner value of criminal procedure, which lies in the nature characteristics of criminal procedure. The instrument value is the function to serve as an instrument to achieve some real purposes. The social value is the common values of the whole laws.

The forth section deals with the value aim of criminal procedure. In this part, the author holds that there were three layers of the process value aim, and expounded the different value aims of the criminal procedure. That is, the basic value aim, which equals to the truth, the essential value aim, which equals to the justice, and the realistic value aim, which equals to the efficiency.

The fifth section deals with the value election. In this part, the author made a comparative between the different value and value aim, and supplied respective standard of value election.

The sixth section deals with the value appraise. In this part, the author made a deeply appraise on several main process, such as the pre-court process, the trial process, the simplified process and the relieve process.

The seventh section deals with the value reconstruction of criminal process. In this part, the author analyzed the probabilities and the necessities of the value reconstruction of criminal procedure, and supplied a reasonable mode of such a reconstruction.

In a word, the whole thesis is arranged according the thought logic of raising problem, analyzing problem and solving problem.

KEY WORDS: Procedure; Criminal Procedure; Criminal Procedure Value

目 录

引 言 ………………………………………………………（ 1 ）

第一章 刑事程序价值的基本理论 ……………………（ 18 ）
 第一节 价值的基本涵义 ………………………………（ 18 ）
  一、价值 …………………………………………………（ 18 ）
  二、价值与经济价值 ……………………………………（ 22 ）
  三、价值与法律价值 ……………………………………（ 25 ）
  四、价值与客体的属性、功能、作用和意义 …………（ 29 ）
 第二节 刑事程序价值 …………………………………（ 31 ）
  一、刑事程序价值的界定 ………………………………（ 31 ）
  二、刑事程序价值的特征 ………………………………（ 35 ）
  三、刑事程序价值与相关范畴的关系 …………………（ 40 ）
 第三节 刑事程序价值与刑事诉讼法学研究 …………（ 44 ）
  一、刑事程序价值与刑事诉讼目的研究 ………………（ 45 ）
  二、刑事程序价值与刑事诉讼模式研究 ………………（ 47 ）
  三、刑事程序价值与刑事诉讼职能研究 ………………（ 52 ）

第二章 刑事程序价值的基本要素 ……………………（ 55 ）
 第一节 刑事程序价值的主体要素 ……………………（ 55 ）
  一、刑事程序价值主体的界定 …………………………（ 56 ）
  二、刑事程序价值主体的范围 …………………………（ 58 ）
  三、刑事程序价值主体的特征 …………………………（ 62 ）

四、刑事程序价值主体研究的主要问题 …………………（65）
　第二节　刑事程序价值的客体要素 ……………………………（68）
　　一、刑事程序价值客体的含义 ……………………………（69）
　　二、刑事程序价值客体的外延 ……………………………（73）
　　三、刑事程序价值客体的发展 ……………………………（77）
　第三节　刑事程序价值的关系要素 ……………………………（81）
　　一、刑事程序价值关系的一般含义 ………………………（81）
　　二、刑事程序价值关系的根源在于主体提出的价值
　　　　需求 …………………………………………………（83）
　　三、刑事程序价值关系的基础在于客体提供的各种
　　　　属性 …………………………………………………（86）
　　四、刑事程序价值关系的形成要求主体需求与客体属
　　　　性达到一致 …………………………………………（89）

第三章　刑事程序的价值构成 …………………………………（92）
　第一节　刑事程序价值构成概述 ………………………………（92）
　　一、关于刑事程序价值构成的主要观点 …………………（92）
　　二、刑事程序价值构成研究中存在的问题 ………………（97）
　　三、以刑事程序的不同属性为标准构建刑事程序价值
　　　　体系 …………………………………………………（99）
　第二节　刑事程序的目的价值 …………………………………（101）
　　一、程序理性 ………………………………………………（101）
　　二、程序正义 ………………………………………………（109）
　　三、程序人道 ………………………………………………（122）
　第三节　刑事程序的工具价值 …………………………………（128）
　　一、刑事程序对实体事实的工具价值 ……………………（129）
　　二、刑事程序对实体法律的工具价值 ……………………（131）
　　三、刑事程序对实体结果的工具价值 ……………………（136）
　第四节　刑事程序的社会价值 …………………………………（140）
　　一、刑事程序的自由价值 …………………………………（141）

二、刑事程序的秩序价值 …………………………………（145）
　　三、刑事程序的安全价值 …………………………………（150）

第四章　刑事程序的价值目标 ……………………………（155）
第一节　关于刑事程序价值目标的一般理论 ……………（155）
　　一、价值目标的含义 ………………………………………（155）
　　二、刑事程序价值目标 ……………………………………（159）
　　三、刑事程序价值目标与相关范畴的关系 ………………（161）
　　四、刑事程序的价值目标体系 ……………………………（165）
第二节　实体真实：刑事程序的基础价值目标 …………（173）
　　一、实体真实的含义 ………………………………………（174）
　　二、实体真实是刑事程序的基础价值目标 ………………（177）
　　三、实体真实在我国刑事程序中的体现
　　　　………………………………………………………（181）
　　四、我国刑事程序在追求实体真实方面存在的不足 ……（184）
　　五、实体真实的实现途径 …………………………………（188）
第三节　司法公正：刑事程序的根本价值目标 …………（193）
　　一、司法公正的一般含义 …………………………………（193）
　　二、司法公正的过程层面——程序公正的标准 …………（195）
　　三、司法公正的结果层面——实体公正的标准 …………（199）
　　四、司法公正在我国刑事程序中的体现
　　　　………………………………………………………（208）
　　五、司法公正的实现途径 …………………………………（214）
第四节　诉讼效率：刑事程序的功利价值目标 …………（218）
　　一、诉讼效率的一般含义 …………………………………（218）
　　二、诉讼效率是现代刑事程序的必然要求 ………………（222）
　　三、诉讼效率在我国刑事程序中的体现
　　　　………………………………………………………（228）
　　四、诉讼效率实现途径 ……………………………………（234）

第五章　刑事程序的价值选择 ……………………………… (240)
第一节　价值选择概述 ……………………………………… (240)
一、刑事程序价值选择的前提——价值冲突 ………… (240)
二、刑事程序价值选择的理念 …………………………… (242)
三、刑事程序价值选择的标准 …………………………… (247)
四、刑事程序价值选择的方法 …………………………… (251)
五、确立一种新的价值选择方法——优位价值选择论
……………………………………………………………… (255)
第二节　司法公正与诉讼效率的对立统一与价值选择 …… (258)
一、司法公正与诉讼效率的统一 ………………………… (258)
二、司法公正与诉讼效率的对立 ………………………… (260)
三、关于司法公正与诉讼效率之价值选择的不同观点
……………………………………………………………… (263)
四、司法公正与诉讼效率之价值冲突的理想选择 …… (266)
第三节　程序公正与实体公正的对立统一与价值选择 …… (272)
一、程序公正与实体公正的统一 ………………………… (272)
二、程序公正与实体公正的对立 ………………………… (276)
三、关于程序公正与实体公正之间价值选择的不同观点
……………………………………………………………… (280)
四、程序公正与实体公正之价值冲突的理想选择 …… (282)
第四节　实体真实与人权保障的对立统一与价值选择 …… (285)
一、实体真实与人权保护的统一 ………………………… (286)
二、实体真实与人权保护的对立 ………………………… (289)
三、关于实体真实与人权保护之间价值选择的不同观点
……………………………………………………………… (292)
四、实体真实与人权保护之价值冲突的理想选择 …… (296)

第六章　刑事程序的价值评价 ……………………………… (301)
第一节　审判前程序的价值评价 …………………………… (301)
一、我国刑事审判前程序的主要环节 …………………… (302)

二、我国刑事审判前程序的价值目标 …………………（305）
　　三、我国审判前程序在价值追求上存在的主要问题 ……（311）
　　四、我国审判前程序之价值目标的实现 …………………（315）
第二节　普通审判程序的价值评价 ……………………………（318）
　　一、我国普通审判程序的主要价值目标 …………………（319）
　　二、我国普通审判程序对程序公正的追求 ………………（325）
　　三、我国普通审判程序对实体公正的追求 ………………（328）
　　四、我国普通审判程序对诉讼效率的追求 ………………（330）
　　五、我国普通审判程序在价值追求上存在的主要问题
　　　　与立法建议 ……………………………………………（332）
第三节　简易程序的价值评价 …………………………………（338）
　　一、我国简易程序的运行机制 ……………………………（339）
　　二、我国简易程序的主要价值目标 ………………………（340）
　　三、我国简易程序的最低价值标准 ………………………（343）
　　四、我国简易程序的价值追求 ……………………………（347）
　　五、我国简易程序的价值实现 ……………………………（349）
第四节　救济程序的价值评价 …………………………………（354）
　　一、我国救济程序的价值目标 ……………………………（354）
　　二、我国救济程序对不同价值目标的追求 ………………（359）
　　三、我国救济程序在价值追求上存在的主要问题 ………（365）
　　四、对我国救济程序进行改造的立法建议 ………………（370）

第七章　刑事程序的价值重建 …………………………………（376）
第一节　关于我国刑事程序价值重建的理论分析 ……………（376）
　　一、对我国刑事程序进行价值重建的必要性 ……………（377）
　　二、对我国刑事程序进行价值重建的可能性 ……………（382）
　　三、对我国刑事程序进行价值重建的针对性
　　　　——构建符合价值主体要求的刑事程序 ……………（384）
第二节　强化法官的价值主体地位 ……………………………（387）
　　一、法官价值主体地位的含义 ……………………………（388）

二、法官价值主体地位的客体化问题 …………………（391）
　　三、强化法官价值主体地位的措施 …………………（395）
　　四、保障法官价值主体地位的根本措施是政治体制
　　　　改革 ……………………………………………………（400）
　第三节　确立犯罪嫌疑人和被告人的价值主体地位 ……（401）
　　一、人的一般本质是犯罪嫌疑人、被告人价值主体地
　　　　位的理论依据 …………………………………………（402）
　　二、犯罪嫌疑人、被告人价值主体地位的表现 ………（404）
　　三、刑事诉讼中犯罪嫌疑人、被告人价值主体地位的
　　　　客体化问题 ……………………………………………（408）
　　四、保障犯罪嫌疑人、被告人价值主体地位的措施 …（411）
　第四节　确立被害人的价值主体地位 ……………………（415）
　　一、被害人之价值主体地位的理论依据 ………………（416）
　　二、被害人价值主体地位客体化的主要表现 …………（420）
　　三、确立被害人价值主体地位的主要措施 ……………（423）
　　四、确立被害人价值主体地位具有积极的现实意义 …（426）

参考文献 ……………………………………………………（430）

后　记 ………………………………………………………（440）

引 言

——关于刑事程序价值的几点思考[①]

笔者认为,价值决定制度,因为价值是制度的目的,社会的价值取向规定制度的基本性质并决定制度的运行模式。刑事程序价值也不例外,作为价值在法学领域的特殊表现形式,它决定着刑事程序的基本性质和运行模式,决定着刑事诉讼的改革方向。自20世纪90年代我国刑事诉讼法修订以来,随着中国司法改革的启动和进一步发展,整个诉讼法学界对刑事程序价值的关注也越来越多。笔者深刻认识到,作为刑事诉讼法学领域的一个基本范畴,刑事程序之价值范畴具有重要的理论与现实意义。从理论意义来看,它不但能为刑事诉讼法学其他重要范畴的理论研究提供理论支撑,而且也为整个刑事诉讼法学的理论研究开辟了一个广阔的领域,它不但能为刑事诉讼法学其他重要范畴的理论研究提供方法论指导,同时也为整个刑事诉讼法学的理论研究切换了一个全新的视角。从现实意义来看,关于刑事程序价值的理论研究不但可以为刑事立法和司法活动提供明确的价值目标和评价标准,而且可以内化为人们的刑事程序价值观念,并转化为在刑事法治领域自觉守法和维护人权的意识。

当前,尽管关于刑事程序的价值研究已经成为刑事诉讼法学界的热点问题之一,但仍有一些基本理论问题没有受到足够的关注与

[①] 本文发表于《中国刑事法杂志》2008年第1期。

重视，因而还有进一步开拓和创新的余地。作为本著的引言，笔者在此对刑事程序价值的基本理论问题和理论研究意义作一简要的评介。

一、关于刑事程序价值的界定

关于刑事程序价值的界定，在我国刑事诉讼法学理论中主要存在以下几种不同的观点：

其一是把刑事程序价值归结为它的"效用"或者"作用"，认为只要刑事程序对一定的主体有用，它就具有价值。从目前来看，我国刑事诉讼法学界大多倾向于接受这种观点，并把它运用到具体的刑事诉讼法学领域。著名诉讼法学者、中国政法大学终身教授陈光中先生明确指出，刑事程序的价值就是"（刑事程序）这个客体对满足个人、集团、阶级、社会和国家的需要所产生的积极作用。这种需要的满足可能是物质的，也可能是精神的；可能是工具性的，也可能是本身所固有的"。[①] 中国政法大学的宋英辉教授也认为，价值在哲学原理中表示已经纳入人类认识和实践范围的客体的各种能够满足主体需要的功能或属性，而刑事诉讼（程序）价值是指刑事诉讼立法及其实施能够满足国家、社会及其一般成员的特定需要而对国家、社会及其一般成员所具有的效用和意义。[②] 刑事程序价值是指"刑事诉讼理论、刑事诉讼立法及其实施能够符合控诉、辩护、裁决三方利益从而对国家、社会和个人所具有的效应"。[③]

其二是把刑事程序价值归结为它的"功能"或者"属性"，认为价值并非事物的有用性，刑事程序价值在本质上是它能够满足主

[①] 参见陈光中、王万华："论诉讼法与实体法的关系——兼论诉讼法的价值"，载《诉讼法论丛》（1998年第1卷），法律出版社1998年版。

[②] 参见宋英辉：《刑事诉讼目的论》，中国人民公安大学出版社1995年版，第13页。

[③] 赖宁、赵树荣："论刑事诉讼价值"，载《中国法学会诉讼法学研究会年会论文》（1998）。

体需要的各种属性或者功能。有学者认为，刑事程序价值是指"刑事诉讼立法及其实施能满足国家的特定需要而具有的功能或属性"。① 还有学者认为，刑事程序价值"在本质上是通过保障刑事实体法得以正确实施而实现司法公正和诉讼效率的各种属性"。②

其三是把刑事程序价值归结为一定的利益。有学者认为，刑事程序价值"在根本上是一种在刑事司法中应该满足和实现的国家整体利益"。③

其四是把刑事程序价值归结为人们对于其好坏的一种主观性评价，认为刑事程序价值是"刑事程序内在的固有的'善'"。④

如果对上述各种观点加以深入分析，不难发现它们都是有失偏颇的。就第一种观点而言，把刑事程序价值界定为"作用"、"效用"和"意义"，意味着有用就有价值，无用就无价值，不但忽视了刑事程序价值的客观性，而且否定了它的统一评判标准。就第二种观点而言，由于事物的功能和属性都是不以人的意志为转移的客观存在，把刑事程序价值界定为"功能"或者"属性"，意味着完全剥离了刑事程序价值的主观性。第三、四种观点把刑事程序价值界定为"利益"或"善"，则不但回避了刑事程序价值的主客观性，而且使之沦为一种难以把握的抽象存在。显然，在界定刑事程序价值的时候，既不能把它定位于纯粹主观的"作用"、"效用"或者"意义"，也不能把它定位于纯粹客观的"功能"或者"属性"，更不能把它定位于抽象的"利益"或者"善"。退一步来讲，如果把刑事程序价值简单地等同于其本身的作用、意义或者功能、属性，哪又何必还要引入一个"价值"概念呢？

由此看来，在对刑事程序进行价值研究的时候，首先应该确立一个可资参照的思维范式。也就是说，刑事程序价值的界定既不能

---

① 姚青林："刑事诉讼价值论"，载《天津政法》1998年第1期。
② 左卫民：《价值与结构——刑事程序的双重分析》，四川大学出版社1994年版，第73页。
③ 郑波：《刑事程序法学》，中国法制出版社1998年版，第32页。
④ 陈瑞华：《刑事审判原理论》，北京大学出版社1998年版，第22页。

单纯从主体方面去寻找根据，也不能单纯从客体方面去寻找根据，它至少应全面地考虑到价值构成的主客体要素，否则都是有失偏颇的。事实上，把价值看做是主客体之间的关系，在主客体之间的互动中找寻价值的本质，这正是当前哲学价值理论界的主流观点。正如著名价值学者李德顺所指出的："所谓价值，是指主客体关系的一种内容，这种内容就是：客体是否满足主体的需要，是否同主体一致，为主体服务。"① 在这种观点看来，价值存在于主体与客体之间的相互关系之中，只有主客体之间在需要与满足这两个方面达成一致，才能在主体与客体之间产生一定的价值关系。由于这种观点把价值抽象地定位于主客体之间的关系，因而又被称为"关系说"。

推而导之，作为一般哲学价值在刑事诉讼法学领域的具体表现，刑事程序价值亦应是主客体之间的一种互动关系：一方面，刑事程序价值应该包含主体需求的主观性；另一方面，刑事程序价值也应该包含自身属性的客观性；更重要的是，刑事程序价值还要反映主客体之间价值关系的动态性。如果缺少这三个方面的任何一个方面去谈论刑事程序的价值，它都只能是一种残缺不全的表述。相应地，在研究刑事程序价值的时候，也应该着重考察三个方面的内容：一是作为主体的"人"的需要；二是作为客体的刑事程序的内在属性；三是"人"与刑事程序作为主客体之间的一种需求与满足的关系。尤其需要指出的是，存在于"人"与刑事程序之间的这种需求与满足的关系是刑事程序价值的本质所在，无视这一本质关系就无法确切地解释刑事程序的价值。

一些刑事诉讼法学者已经开始注意到这个问题，并重新审视和反思刑事程序价值的传统定义。比如，有学者指出，刑事程序价值并非单纯地等同于程序的作用，而是以程序主体和程序客体之相互关系为容器的作用。具体而言，刑事程序价值是标志（刑事程序）与人之间相互关系的一个范畴，是从当代中国社会、中国人的需要

---

① 李德顺：《新价值论》，云南人民出版社2004年版，第30页。

出发评价其在调整刑事诉讼关系时对人的意义和效用,是通过法律肯定某种诉讼关系的精神内核。①

基于上述认识,笔者认为,刑事程序价值是哲学价值在刑事程序领域的具体反映,在本质上是作为主体的"人"与作为客体的"刑事程序"之间在需求和满足上的一致性,在主体方面它表现为一定的需要,在客体方面它则表现为一定的属性。在这里,价值的具体表现是客观的,是客体的内在的固有属性或功能,价值的客体是相对确定的,即刑事程序,主体是相对宽泛的,包括一切对刑事程序提出具体需要的"人"。需要指出的是,有的学者认为刑事程序的价值主体也是确定的,即仅仅把刑事程序的价值主体定位于国家,这是极为不妥的。尽管刑事诉讼法的制定和实施主要是一种国家活动,体现了国家的价值取向,但这种诉讼活动所产生积极作用的影响对象决不仅限于国家,它还可以是各诉讼参与人,还可以是诉讼参与人以外的其他人,其作用方式可以是直接的,也可以是间接的,只要与刑事程序形成价值关系,就可以成为刑事程序的价值主体。

二、刑事程序价值与相关范畴的关系

为了进一步理解刑事程序价值的定义,需要廓清刑事程序与几个相关范畴的关系:

第一,刑事程序价值不等于它的有用性。如前所述,不少学者把价值定位于事物的有用性上,认为事物是否有价值关键要看它是否在某一方面对主体有用。就刑事程序而言,只要它能够满足特定主体的某种需要从而是有用的,它(相对于主体而言)就是有价值的,反之就是没有价值的。笔者对此不能赞同。

事实上,是否有价值和是否有用,原本是两个不同语境中的词汇。"是否有用"是从日常生活或者实用主义的角度来说的,其判断标准是非常个体化而且带有强烈主观性的;而"是否有价值"

---

① 参见张正德:"刑事诉讼法价值评析",载《中国法学》1997年第4期。

是一个伦理判断，也就是说，事物是否有价值不能单纯从客体是否具有能够满足主体的客观属性来判断，不但要从主体的需要是否正当来加以判断，还要从主体是否是真正的主体来加以判断。那些满足主体非正当需要的属性不是价值，满足非理性"主体"的需要的属性也不是价值。

从更深的意义上来说，刑事诉讼法学界不少学者之所以把刑事程序的价值定位于它的有用性上，是长期以来在价值研究领域盛行实用主义方法论而忽视哲学伦理学的必然结果。众所周知，对人、事物、制度的价值评价是哲学伦理学最基本的任务，而实用主义是建立在个人主义之上的一种非常主观的哲学思想，同一事物对不同的个人可能是有用的，也可能是无用的，其最大的缺陷就是失去了对事物进行评判的客观标准。遗憾的是，在当今中国刑事法学界，把刑事程序价值简单地等同于它的有用性，这种状况还比较普遍地存在着，这不但会对法律价值的理论研究造成思想上的混乱，同时也使人产生这样一种误解，即法律价值的研究只要简单地从实用主义的角度进行实证研究并从结果上判明法律客体是否有用就可以了。

不仅如此，把刑事程序的价值研究建立在实用主义的基础上，单纯以是否有用来衡量刑事程序的价值，无疑会导致刑事程序法治的虚无化。因为很显然，在重实体轻程序观念的支配下，刑事程序对于实现实体真实并不一定有用；有时，为了程序正义甚至还可能阻碍实体真实的发现，在刑事程序对于实体真实没有作用的情况下，难道就意味着刑事程序没有价值吗？这是非常荒谬的。

由此看来，刑事诉讼法学领域的价值研究只有在哲学伦理学的角度才能得到正确的结论；反之，将价值完全定位在实用主义的基础上，并以此为前提构建价值理论，从一开始就背离了价值研究的基本方向。

第二，刑事程序价值不等于国家整体利益。如前所述，有学者认为刑事程序价值在根本上是一种在刑事司法中应该满足和实现的国家整体利益。但在笔者看来，把刑事程序价值仅仅归结为国家整体是有失偏颇的,刑事诉讼不仅仅是以维护国家整体利益为目的的活动,除此之外它还要维护犯罪嫌疑人、被告人和被害人的利益,保障他们正当而合法的权利。在刑事诉讼中,刑事程序应当使国家、社会整体利益与犯罪嫌疑人、被告人个人利益得到大体上的平衡,并为此而确保诉讼过程的公正性、人道性和合理性。在这里,"无论是处于绝对优势地位的国家和社会,还是处于弱势地位的犯罪嫌疑人、被告人,其利益都不应具有排他的正当性。即便是国家和社会整体的利益,也要在刑事诉讼过程中经过充分的法律衡量和评判,并在充分考虑到犯罪嫌疑人、被告人和被害人的个人利益之后,才能具有正当性。只有这样,刑事程序才能在国家与个人利益之间维持其最基本的平衡。否则,刑事诉讼就会变成弱肉强食的追究活动,成为强者以社会整体利益之名镇压、打击弱小的少数人的强权行使活动,而不具有公正性可言。"[①]

不仅如此,刑事诉讼与民事诉讼和行政诉讼的最大区别,在于它是国家以社会整体利益的名义对个人发动的一场法律追诉活动。在刑事诉讼中,面对强大的国家暴力机器,犯罪嫌疑人、被告人和被害人原本就处于绝对的弱势和被动地位。刑事程序的重要价值之一就是为维持刑事诉讼活动最低限度的公正性,制约国家的刑事追诉权,防止假国家、社会整体利益之名滥用国家强制力。如果没有程序法治,他们更将退回到中世纪,赤裸裸地任由国家暴力机器的蹂躏。

因此,刑事程序的价值决不仅仅等于国家和社会的利益。相反,刑事程序的价值在于确保国家利益、社会利益与个人利益处于同一水平线上,并对这些冲突着的利益加以合理的调适和平衡,既要满足国家和社会的需要,也要满足个人的需要,是所有参与到刑事诉讼的价值主体的共同的价值客体,而不仅仅是国家和社会的价值客体。

第三,刑事程序价值关系不等于所谓抽象的"善"。有的学者

[①] 陈瑞华:《刑事诉讼的前沿问题》,中国人民大学出版社2000年版,第86页。

认为，不应从认识论的角度将刑事程序的价值定位于所谓的"客体对主体需要的满足"之类的属性，而应该从哲学伦理学的角度把价值定位于值得人们追求和向往的所谓"善（the good）"。① 笔者认为，从伦理学的角度定义刑事程序价值的确是一种开创性的尝试，但是如果把价值定位于"善"却是有待商榷的。事实上，关于"善"的思考早在古希腊时期就已经很成熟了，包括古希腊"哲学三雄"——苏格拉底、柏拉图和亚里士多德——在内的许多哲学家都对之进行了深入思考。他们把"善"和"真"、"美"作为同等重要的价值表现形式，并将其作为哲学思想的核心内容教化民众。在伦理学中，善是一种与恶相对立的价值判断，泛指一切合乎人类目的的美好事物，它和"真"、"美"一起从三个不同方面代表了主体的价值诉求。日本价值哲学家西田几多郎就曾指出：人的心理，在知识上追求无限的真理，在情感上追求无限的美，在意志上追求无限的善。② 显然，所谓"善"，其实是对事物进行价值评价的结果，而不是价值本身。

不仅如此，作为价值评价的结果，"善"只是对事物价值认识的一个方面，简单地把刑事程序价值等同于所谓的"善"，必然导致一种先入为主的判断，从而忽视对刑事程序进行价值评价的过程性。这种过程性意味着对刑事程序价值的认识和创造是事实认识和伦理判断的双重结果：事实认识的对象是事实，反映事物的自然属性、关系以及它们的变化过程，或者反映人的需要、利益和目的，是关于客观现实的客观状况的描述。价值认识的对象是价值，反映的是事物的自然属性、关系以及它们的变化过程与人的需要、利益和目的之间的关系，揭示事物对于人和人类生活的意义。事实认识的任务是揭示事物的内部联系，在对事物的外部属性、内部联系进行反映时，它所遵循的只是客体方面的尺度，力图从认识的内容中

---

① 参见陈瑞华：《刑事诉讼的前沿问题》，中国人民大学出版社 2000 年版，第 87 页。
② ［日］西田几多郎：《善的研究》，何倩译，商务印书馆 1989 年版，第 123 页。

排除人的主观因素。而价值认识却一刻都不能脱离人和人的需要，如果离开主体的需要去评价事物，所谓"善"就无从谈起。

由此可见，在探求刑事程序价值的时候，必须把事实认识和伦理判断结合起来。一方面，事实认识是价值认识的前提。对刑事程序的事实认识为刑事程序的伦理判断提供基础性的事实性材料，这些材料有助于人们了解刑事程序的内在价值和它在与其他事物联系中的外在价值，从而帮助人们准确地确定价值评价的范围。另一方面，事实认识可以扩大价值主体的视野，提供多侧面、多维度地评价客体的可能性，特别是对于价值主体需要的了解，包括评价主体所不曾经历或想象过的其他的价值标准，从而防止在伦理判断中出现经验主义、教条主义，以及自我中心主义之类的错误。这一点在刑事诉讼中是尤为重要的，无论是刑事诉讼的立法者还是裁判者，都始终面临着如何把程序事实认识与程序伦理判断结合起来的问题，只有在刑事诉讼过程中实现事实认识与伦理判断的最佳结合，才能维持控辩双方之间的理性对抗，使控辩双方受到平等对待，并在此基础上作出尽可能公正的裁判结论，以实现刑事程序法治。

三、刑事程序价值的构成及其具体内容

刑事程序的价值构成是指刑事程序价值体系的具体价值类型以及各种具体价值类型之间的相互关系。关于刑事程序价值构成的观点，目前大体上可以分为以下三种情况：

第一种观点认为，刑事程序价值是单一的，要么是绝对工具主义，要么是程序至上主义。所谓绝对工具主义，实际上是功利主义在程序价值理论中的具体表现。在绝对工具主义看来，法律程序不是作为独立的实体而存在的，它没有任何可以从其自身的品质上找到合理性和正当性的因素，它本身不是目的，而只能是用以实现某种外在目的的工具或者手段，而且它也只有在对于实现上述目的的有用或有效时才有存在的价值。[①] 与绝对工具主义正好相反，程序至

---

① 参见陈瑞华："法律程序价值观"，载《中外法学》1997年第6期。

上主义认为评价法律程序优劣的唯一标准要看程序本身是否具有内在的优秀品质，而不是绝对工具主义那样只看重结果的有效性。程序至上主义把程序自身的价值提到一个前所未有的高度，甚至以此否认程序工具价值的存在。①

第二种观点认为，刑事程序价值由自身价值和工具价值两个方面构成。这种观点是在修正单一性程序价值构成理论的基础上产生的，由于它承认程序价值的两个方面，在一定程序上符合辩证法的思想。

依据两种价值的不同地位，这种观点又可以分为两种相互对立的情况：一是工具性价值优先，兼顾自身价值论。持这一观点的学者认为，刑事程序的工具价值在于保证刑事实体法的正确实施，但除此之外它也具有自身的独立价值，在优先考虑其工具价值的同时，也不能忽视其自身价值。② 二是自身价值优先，兼顾工具价值的观点。持这一观点的学者认为，刑事程序既具有自身价值，同时也具有工具价值，但在处理二者之间关系的时候，应该坚持自身价值的优先地位，在保证程序自身价值实现的前提下保证程序工具价值的实现。③

第三种观点认为，把刑事程序价值划分为三个层次，即内在价值、外在价值和次级价值。内在价值是刑事程序的首要价值，它为程序公正设定了最低限度的标准，主要包括以下六个原则：参与原则、中立原则、对等原则、理性原则、自治原则和及时终结原则。④ 外在价值存在于刑事程序与其他外部因素的相互作用之中，主要体现为：刑事程序保证控辩双方对事实真相的探求具有确定的规则；刑事程序保证诉讼各方的法律行为符合公平正义的要求；刑

---

① 参见陈瑞华："法律程序价值观"，载《中外法学》1997年第6期。
② 参见陈光中、王万华："论诉讼法与实体法的关系——兼论诉讼法的价值"，载《诉讼法论丛》（1998年第1卷），法律出版社1998年版。
③ 参见左卫民：《价值与结构——刑事程序的双重分析》，四川大学出版社1994年版，第71页。
④ 参见陈瑞华：《刑事审判原理论》，北京大学出版社1997年版，第60页。

事程序保证裁判结果的合法性、权威性和正当性；刑事程序保证刑事实体法的价值目标从抽象走向现实，使刑事实体法规定的权利和义务得到实现。① 在此基础上，层次性刑事程序价值构成理论将刑事程序的经济价值作为程序的次级价值，具体包含如下内容：刑事程序的创制应保证司法资源得到合理而有效的配置；刑事程序的运行应保证诉讼活动迅速进行和实体案件的及时审结；在不妨碍公正审判的前提下，刑事程序应尽量简化。②

如果对上述三种观点进行比较分析，可以发现它们之间的一个共同点——主要从刑事程序与刑事实体法之间的关系来考察刑事程序价值的构成。也就是说，是否并在多大程度上以保障刑事实体法实施为目的，是解剖刑事程序价值构成的唯一标杆。必须承认，这种方法有其可取之处，它能够从一定角度发现刑事程序价值的多元性，对刑事程序价值构成的研究具有非常重要的启示意义。但是，在价值研究领域，这种方法也有其致命的弱点，那就是它完全脱离主体对刑事程序的各种需求，只能看到程序价值的表象，而难以顾及程序价值背后的根源。

在笔者看来，价值研究始终不能脱离价值主体的需求，因为主体的具体需要决定事物价值的面貌。与此同时，主体的需求又不能脱离客体的属性，它最终需要借助于客体的属性才能实现。在刑事程序价值构成中，主体对作为客体的刑事程序不外乎两种需求：要么是作为工具的需要，要么是作为目的的需要。如果是作为工具的需要，刑事程序必须具有与这种需要相一致的作为工具的属性，由此形成刑事程序的各种工具价值；如果是作为目的的需要，刑事程序必须具有与这种需要相一致的作为目的的属性，由此形成刑事程序的各种目的价值。由此可见，从这一标准和视角出发，可以把刑事程序价值分为两个层次：工具价值和目的价值。

刑事程序的目的价值就是它作为价值主体的目的的价值。具体

---

① 参见陈瑞华：《刑事审判原理论》，北京大学出版社1997年版，第85页。
② 参见陈瑞华：《刑事审判原理论》，北京大学出版社1997年版，第94页。

而言，就是刑事程序以其本质属性满足价值主体的需要而体现出来的价值。

笔者认为，刑事程序的目的价值可以表现为三个方面：第一个方面是理性价值，理性是隐藏在诉讼规范和诉讼行为背后的本质，诉讼规范和诉讼行为则是理性的外在表现；第二个方面是正义价值，主要包括刑事程序的公正性、公平性和公开性；第三个方面是人道价值，它代表了在刑事诉讼领域人与人之间的人性交往方式。刑事程序之所以能够成为独立而不可替代的价值创造物，正是因为它具有能够满足主体需要的这三种目的价值。

工具价值，也就是手段价值，简单地说，就是事物作为工具或手段以达到其他外在目的的价值，因而也被一些学者称为外在价值。与目的价值不一样，工具价值是间接的、有条件的。工具价值的间接性是指，它不直接存在于客体和主体之间，而要通过客体之外的另一目的才能表现出来，也就是说，工具价值存在于由主体、客体和某一外在目的所构成的三方关系之中。工具价值的条件性是指，与工具价值相关联的特定外在目的已经内含了价值评价，它应该是一种中性的或者有益的目的，而不能是消极的或者邪恶的目的。也就是说，只有当事物用以实现的外在目的本身是善的时候，作为工具或手段的该事物才可能真正具有特定的工具价值。否则只能是功利价值，即事物对某种外在目的是有用的，而不论这一目的本身是否正当、合理。

具体到刑事程序的工具价值，笔者认为，它就是主体把刑事程序作为达到某一实体目的的工具或手段所体现出来的价值。过去，在考察刑事程序工具价值的时候，往往认为工具或手段是确定的，它就是刑事程序本身，外在目的也是确定的，它就是实体法的实施。甚至把保障实体法的实施这一工具价值作为刑事程序的唯一价值。现在，这种传统的片面观点已经不再受到我国刑事诉讼法学界的肯认，一些中青年学者在反思与批判的基础上对其进行了发展。例如，有的学者认为，刑事程序的工具价值主要是通过对结果正当性的促进作用来实现的，这主要表现为四个方面的途径：（1）程序保证裁判结果的合法性和权威性；（2）程序确保裁判结果合乎理性的要求；（3）程序确保刑事实体法的规定从抽象走向现实；（4）程序确保实体正义目标得到适当的选择。①

上述观点无疑是独到而有创见的，但笔者认为，仅仅从实体结果的正当性和实体法律的具体化来阐释刑事程序的工具价值还是不够的。事实上，在刑事程序的工具价值中，除了对实体结果的促进价值，还有对社会生活的促进价值。刑事程序对社会生活的促进价值是刑事程序以其一般法律属性满足人们的社会生存需要所具有的价值。在一个国家的法律体系中，一般法律属性就是全部法律的共性，既然一般法律能够满足社会主体对于自由、平等、秩序和安全的需要，那么刑事程序同样应该能够促进这些一般法律价值的形成与发展，从而相应地形成刑事程序的自由价值、平等价值、秩序价值和安全价值，只不过刑事程序在具体的促进方式和内容上具有与其他法律不同的特殊性而已。

需要指出的是，尽管可以把刑事程序的价值构成分为上述两个方面，但它们并不完全是彼此孤立、互不相干的。事实上，它们在相互区别的同时也具有相互依存的一面，并共存于刑事程序本身。

四、刑事程序价值与刑事诉讼法学研究

自20世纪90年代以来，随着中国司法改革的启动和进一步发展，整个诉讼法学界对程序价值的关注也越来越多，研究成果也不断丰厚。同时，随着刑事程序价值研究的深入发展，人们越来越深刻地认识到它与一系列刑事诉讼法学基本范畴的紧密联系以及对刑事诉讼法学基本理论研究的基础性指导意义。在笔者看来，这种基础性指导意义主要表现在以下几个方面：

1. 刑事程序价值与刑事诉讼目的研究

一般认为，刑事诉讼目的是以观念形式表达的国家进行刑事诉讼所要达到的总体目标，是统治者按照自己的需要和基于对刑事诉

---

① 参见陈瑞华：《刑事审判原理论》，北京大学出版社1997年版，第85页。

讼及其对象之固有属性的认识而预先设计的关于刑事诉讼结果的理想模式。① 不同的刑事诉讼目的，表明在刑事诉讼中保护的利益侧重点不同，体现出国家与个人之间法律上的相互关系不同。

刑事程序价值对刑事诉讼目的研究具有重要的指导意义。

首先，在刑事诉讼的基础理论中，大致存在以下几个方面，即：刑事诉讼价值论、刑事诉讼目的论、刑事诉讼模式论、刑事诉讼阶段论、刑事诉讼职能论、刑事诉讼法律关系论、刑事诉讼主体论、刑事诉讼客体论以及刑事诉讼行为论。可见，刑事程序价值与刑事诉讼目的都是刑事诉讼法学研究的重要内容，二者具有紧密的内在联系。

其次，在确定一定的刑事诉讼目的之前，人们总是要对刑事程序进行一定的价值认知和评价，并在这种价值认知和评价的基础上进行适当的价值选择。另一方面，刑事程序价值的体现也有赖于刑事诉讼目的的实现，无论刑事程序的目的价值还是工具价值，抑或目的价值或工具价值中的各个具体价值形式，比如公正价值、效率价值，最终都需要通过达到刑事诉讼目的才能体现。

再次，在刑事诉讼中，诉讼主体为了实现一定的目的而采取一定的手段，在这个过程中这种特定的"手段"会表现出一定的价值。具体到刑事诉讼，这个逻辑应该是这样的：刑事诉讼主体为了实现刑事诉讼的目的，而采取特定的刑事程序，而这种程序的本身及其运行都意味着某种意义的程序价值，要么是工具性价值，要么是刑事程序自身的价值。

最后，刑事诉讼目的对刑事程序的价值目标具有较大的影响。

一般来说，刑事程序的价值取向总会在一定程度上受到刑事诉讼目的的影响：如果刑事诉讼以追求犯罪控制为目的，则刑事程序就会以实体真实为价值目标；相反，如果刑事诉讼以人权保护为目的，则刑事程序就会以程序公正为价值目标。我国刑事诉讼立法和

---

① 参见宋英辉：《刑事诉讼目的论》，中国人民公安大学出版社1995年版，第2页。

刑事政策以及诉讼实践基本坚持了惩罚犯罪与保障人权相统一的目的观。《刑事诉讼法》第2条把"保证准确、及时地查明犯罪事实，正确应用法律，惩罚犯罪分子，保障无罪的人不受刑事追究"作为我国刑事诉讼的基本任务，这就从整体上决定我国刑事诉讼的立法和司法均以实体真实为价值目标，而对程序公正却仍然关注得不够。

2. 刑事程序价值与刑事诉讼模式的研究

刑事诉讼的模式，亦称刑事诉讼的构造或者结构，是由一定的诉讼目的所决定的，并且由主要诉讼程序和证据规则中的诉讼基本方式所体现的控诉、辩护、裁判三方的法律地位和相互关系。① 也就是说，刑事诉讼模式仅仅是就控、辩、裁三方而言的，是三者在刑事诉讼中的不同地位和相互关系。

刑事程序价值对刑事诉讼模式研究具有重要的指导意义，这主要表现为刑事程序的价值目标对刑事诉讼模式的内在结构和权利关系的影响。

一方面，刑事诉讼的价值目标决定刑事诉讼模式的内在结构。一般来说，如果刑事程序追求有效惩治犯罪的价值目标，往往采取职权主义的诉讼模式，裁判者处于主动追诉的地位，具有积极主动性；如果刑事程序追求加强人权保护的价值目标，往往采取当事人主义的诉讼模式，裁判者处于消极被动的地位。

另一方面，刑事诉讼的价值目标影响刑事诉讼模式的权利关系。

在线形模式中，其基本理念就是：由于被告方往往是真正的犯罪分子，不可避免会利用各种诉讼手段庇护罪行、逃避罪责，因而，弱化被告人的诉讼防御能力，对排除诉讼障碍，查明事实真相具有积极意义。为了准确揭示案件的真实情况，揭露犯罪、证实犯罪，唯一途径就是加强国家追诉能力，削弱被追诉方的诉讼防御能力。在加强国家刑事追诉能力方面，主要是赋予侦查机关、检察机

---

① 参见李心鉴：《刑事诉讼模式论》，中国政法大学出版社1992年版，第7页。

关和法院以较大的权力，允许其采取各种强制手段，尽量减少制约司法活动的因素，以使司法机关能主动积极地展开追诉活动。在这种情况下，实体公正和诉讼效率是首要的价值目标，而程序公正却可能受到忽视。而在三角模式中，对程序公正价值的追求反映在刑事司法程序设计和运用的各个方面，体现为各种具体的诉讼原则和诉讼制度：审判本位，控审分离，司法中立，诉讼平等，控辩对抗。①

3. 刑事程序价值与刑事诉讼职能研究

一般认为，刑事诉讼职能是指国家专门机关和诉讼参与人在刑事诉讼中根据法律规定所承担的职责和所应发挥的作用。② 刑事诉讼职能与刑事诉讼主体密切相关，它建立在刑事诉讼主体论的基础之上，讨论的是刑事诉讼主体在整个诉讼程序中的职责分工以及功能、作用问题。

刑事程序价值对刑事诉讼职能研究也具有重要意义，这主要表现在以下三个方面：

第一，不同的诉讼职能体现不同的刑事程序价值。在刑事诉讼中，最基本的诉讼职能可以区分为三种，即控诉、辩护和裁判，每一种职能都代表了一定的价值取向：控诉职能主要代表秩序价值；辩护职能主要代表权利；裁判职能主要代表公正。同时，多种诉讼职能的相互作用也可以达到共同的价值目标。例如，尽管控诉、辩护和裁判三种职能可以代表不同的价值，但从总体上来说，它们的彼此结合却又可以体现司法公正的价值目标。

第二，刑事程序的价值目标决定诉讼职能的地位状况。在刑事诉讼中，如果刑事程序的价值目标定位于诉讼效率，警检机关的追诉职能就会处于强势地位，而辩护职能就会受到抑制和削弱，甚至裁判职能都有可能成为追诉职能的附庸。反之，如果刑事程序的价

---

① 参见马贵翔："刑事诉讼的'两重结构'质疑"，载《现代法学》1991年第6期。

② 参见陈卫东："谈谈刑事诉讼职能"，载《法学杂志》1990年第3期。

值目标定位于程序公正和人权保护，则辩护职能就可能取得与控诉职能平等的地位，而裁判职能就可以超越于控诉职能与辩护职能之上，成为最具权威的职能。

　　第三，刑事程序的价值目标在总体上决定不同诉讼职能的相互关系。一般来说，如果刑事程序的价值目标定位于实体真实，国家在设置司法职能的时候就会有意地强调警检机关和法院之间相互配合的一面；如果刑事程序的价值目标定位于程序公正，司法机关的职能区分和权力制约就会得到加强。正因为如此，现代法治国家在设置国家司法机关的时候无不把侦查、控诉和裁判的职能赋予不同的部门，以达到权力制约和程序公正的目的。

第一章　刑事程序价值的基本理论

第一节　价值的基本涵义

什么是价值？什么是经济价值和法律价值？法律价值与经济价值的区别是什么？事物的价值与事物的属性、功能、作用和意义的区别是什么？这些问题不仅是哲学研究的基本问题，也是法学和其他社会科学研究的理论前提。在对刑事程序进行价值分析的时候，同样面临一个如何回答这些基本问题的问题。

一、价值

尽管东西方在价值观上存在巨大差异，但在"价值"一词的基本词义上却没有什么大的不同。

在汉语中，"价值"原本是一个来自古代商品交换的语汇，最初仅仅是指物品可以用来交换的一种内在本质。这一点在汉语中尤为明显，根据《辞海》（词语分册），"价值"之"价"，即讨价还价，商量价格；"价值"之"值"，即值得，可以交换。[①] 随着时间的推移和岁月的流转，价值的涵义不断得到丰富和发展，一切好、善、美的事物，一切重要的、有意义的事物，都是价值。

在西方，价值的历史同样久远。价值在英文中为 value，在法文中为 valeur，并具有共同的前缀 "val-"，这个前缀源自拉丁文的 "vallum（护栏、堤坝）"，意为用护栏或堤坝加以保护；价值在德

[①] 参见《辞海》（词语分册），上海辞书出版社1988年版，第168、190页。

文中为 wert，它源自拉丁文的"wer（稀少、宝贵）"，意为由于稀缺而值得珍惜。① 可见，无论是英文、法文还是德文，价值都是一种值得人们珍视和爱护的东西，是人们不愿意失去的东西。

在现代汉语中，"价值"一词主要在两种意义上加以使用，即经济学价值和哲学社会科学价值。如果说价值在最初的语源上还只是徘徊在经济领域的话，自从德国著名哲学家文德尔班初步以价值为中心建立起他的价值哲学体系以后，价值这一概念开始延伸到哲学和社会科学的各个领域。然而，尽管如此，在哲学社会科学领域，对于什么是价值，却远未形成一致的看法，并因此而形成了多种不同的价值定义。归纳起来主要有以下三种：

一是价值"需要"说，这一观点认为价值的根源在于主体的需要，因为在价值体系中，主体的需要决定客体属性的取舍和归依，有什么样的需要就有什么样的属性，价值就是主体需要的属性化。② 但是，单纯地把价值归结为主体的需要，容易导致价值的不确定性，因为主体的需要在表现形式上毕竟是非常主观的：同样的事物即使对同一个人而言，既可以说它是没价值的，也可以说它是有价值的，既可以说它的价值是这样，也可以说它的价值是那样，这种完全无视价值的客体性的说法显然不符合逻辑和常识，必然令人难以接受。

二是价值"属性"说。这一观点认为，价值在本质上是客体得以满足主体之需要的内在属性。③ 这一观点的优点在于它把价值具体化了，使价值摆脱了价值"需要"说的那种难以把握的、不可琢磨的状态。但另一方面也给价值研究带来难以摆脱的困境，即各种应用哲学往往根据自身需要去解释客体的属性，从而得出价值的不同结论。并且，价值"属性"说的解释模式同样无法全面解释价值的真实蕴涵，因为价值并不等于事物的属性，如果脱离具体

---

① 参见俞敏洪：《GRE 词汇新编》，中国方正出版社 1998 年版，第 382、416 页。
② 王玉樑：《价值哲学》，陕西人民出版社 1989 年版，第 5 页。
③ 马德普：《社会主义基本价值论》，中央编译出版社 1997 年版，第 15 页。

的社会历史中的主体，价值便和客观唯心主义的绝对观念没有二致。价值存在于人的社会活动中，只有在人与人的关系和人与社会的关系中才能把握价值，也只有把价值的载体（客体）和价值的实现（主体）及其相互关系还原到人的社会实践过程中才能描述价值。

三是价值"关系"说。这是目前价值学界的主流观点。这一观点主要是从主客体关系的统一性来界定价值。有学者认为："价值是指主客体关系的一种内容，这种内容就是：客体是否满足主体的需要，是否同主体一致，为主体服务。"① 还有学者认为，"价值是指在主体与客体的相互关系中，客体的存在、作用及其变化对于一定主体需要及其发展的某种适合、接近或一致。"② 具体地说，此处所谓的"关系"就是作为主体的人与作为客体的一切事物之间的关系，而某种"一致、服务"，或者某种"适合、接近或一致"更是对这种关系的具体描述。在明确价值在本质上是一种主客体关系的同时，价值"关系"说也指出价值要通过客体的具体属性表现出来。可见，在中国主流的哲学价值理论中，价值都被定位于主客体之间的一种互动关系，同时又以客体属性为具体表现。从目前来看，价值"关系"说的定义不但得到哲学理论界大多数学者的接受，而且也是其他人文社会科学乃至于自然科学在进行价值分析时的理论基础。

笔者也赞同价值"关系"说。在笔者看来，价值"关系"说其实是一种折中的观点，它把价值置于主客体的相互关系中加以动态的考察，既确认主体及其需要的作用，也承认客体及其属性的地位，因而比较全面地反映了价值的本质及其形成和发展的规律。关于这一点，马克思也曾指出："价值，这个普遍的概念，无疑是从人们对待满足其需要的外界物的关系中产生的。"③ 具体而言，价

---

① 李德顺：《新价值论》，云南人民出版社2004年版，第30页。
② 袁贵仁：《价值学引论》，北京师范大学出版社1991年版，第75页。
③ 《马克思恩格斯全集》（第19卷），人民出版社1979年版，第406页。

值"关系"说的优点在于：

首先，它承认价值的静态性。一般而言，主体的需要总是主动、积极而易变的，客体的属性总是被动、消极而相对稳定的，价值关系的形成和发展不能超越客体的固有属性，不能不受到客体属性的制约，而对价值的动态把握也最终要落脚到客体的静态属性之上。客体属性的静态性使得对价值的动态把握成为可能。

其次，它承认价值的动态性。价值的动态性存在于主客体的相互关系中。主体与客体是相互依存，相互作用，相互转化的。其中，主体与客体在一定条件下的相互转化表现为主体客体化和客体主体化。[①] 主体客体化是指，在主客体相互作用中，主体受到来自客体作用的影响而发生变化，日益带有客体所赋予的特征。客体作为对象、外部规律和条件必然制约、影响和改变主体，使主体在改造客体为自己服务的同时，必须承认客体，尊重客体，理解和服从客体的规律，从而使主体不断向客体趋近。客体主体化是指主体从自身的结构和规定出发，按自身的需要和尺度去把握和改变客体，使客体不断向主体趋近，被主体同化，为主体服务，客体在这一过程中日益带有主体尺度的印迹。主体客体化和客体主体化是任何主客体相互作用过程中都必然发生的，二者同时存在并带有彼此不可分离的双向内容。

最后，它承认价值的实践性。价值的实践性在实质上体现了价值背后的基础关系，即价值是在主体和客体之间的认识与被认识、改造与被改造关系的基础之上产生的。离开了这种基础关系，价值理论就会失去唯物主义的支持。同时，实践也使价值创造成为可能，因为客体的属性总是现实的和消极的，现有的客体属性要么尚未进入主体的视野，要么无法满足主体的需要，这时就有赖于主体充分发挥其主观能动性，对客体加以深刻的认识，发现其隐含的属性，或者对客体加以适当的改造，使之在原有属性的基础上产生新

---

① 李德顺主编：《价值学大词典》，中国人民大学出版社1995年版，第985—986页。

的属性，以满足主体的需要。这一过程意味着一切关于价值的探讨都必须与对人的理解，与人的精神世界联系起来；必须从可能世界与现实世界的关联中去研究价值问题。

价值的实践性承认价值形成的主导者是价值主体。价值主体之所以是价值关系的主导者，是因为他具有自觉能动性，能够对客体提出理性、现实而具体的需要。在对客体提出需要的时候，主体的自觉能动性表现为需要的层次性、多样性和可选择性；当然，作为一种对应关系，客体的属性也必须具有层次性、多样性和可选择性。按照马斯洛的观点，主体的需要是不断变化和发展的，主体的需要变化了，相对于主体需要的客体的属性也必然要发生变化；主体的需要发展了，相对于主体需要的客体的属性也必然要发展。对主体而言，此方面的需要被满足之后会产生彼方面的需要，旧的需要被满足之后会产生新的需要，低层次的需要被满足之后会产生高层次的需要。这种由低级到高级不断发展的过程带动主体和客体之间的价值关系不断呈现平面的和立体的发展态势。

二、价值与经济价值

探讨哲学社会科学范畴的"价值"，不能回避经济学中的"价值"概念。在历史上的很长时期内，价值主要是一个经济学的概念，一旦要在经济学之上再提出一个哲学的价值范畴，人们就不得不考虑二者是何关系。

在回答哲学价值与经济价值之间的关系的问题上，可能会得出四种不同的结论：

其一，哲学中的"价值"与经济学中的"价值"是截然不同的两个概念，前者存在并适用于哲学研究中，后者存在并适用于经济学中，二者没有必然联系。

其二，哲学社会科学中的"价值"就是经济学上的"价值"，二者其实是一回事。其理由是，马克思和恩格斯并没有在其学说中对二者进行区分，同一学说不能也不应该有两个价值范畴。

其三，哲学社会科学中的"价值"相当于经济学中的"使用价值"或者"交换价值"。这种观点的理由是，使用价值或者交换价值就是一种满足主体需要的价值，它们是商品内在属性的外在反映；如果商品没有使用价值，也就没有交换价值，对于主体而言也就没有哲学意义上的价值。

其四，哲学的"价值"是一般价值，经济学中的"价值"是特殊价值，哲学的"价值"概念是比经济学的"价值"概念更抽象、更概括、更带一般性的概念。

不难发现，上述第三种结论和第二种结论并无本质不同，由于这两种观点把哲学价值与经济价值混为一谈，没有看到二者的区别，因而很难得到人们的认同。从目前来看，理论界赞同第一种观点和第四种观点的学者都比较多，并且都各持己见。笔者赞同第四种观点。具体分析如下：

首先，分析一下哲学价值与经济学中商品价值之间的关系。在马克思主义政治经济学中，经济学的"价值"通常被解释为凝结在商品中的无差别的劳动。在这里，商品的价值是由劳动创造的，劳动成为价值的源泉。也就是说，劳动也是有价值的，它的价值就是创造价值的价值，就是作为价值源泉的价值。对此，在谈到商品价值和劳动的关系时，马克思强调，价值不在自然物本身，而在于它是劳动的产物，劳动创造价值，劳动形成价值：从质的方面说，只有抽象劳动才能创造价值；从量的方面说，社会必要劳动时间决定商品价值量。劳动既决定价值的有无，也决定价值的大小。[①] 可见，劳动与价值之间的关系不是等同关系，而是一种因果关系，一种产生与被产生、创造与被创造的关系；劳动是形成价值的实体，创造价值的源泉；物之所以具有价值，只是因为有抽象人类劳动体现或物化在里面。因此可以说，从哲学价值论的角度来看，商品的价值在本质上就是劳动创造价值以满足人类需要的属性，是哲学一般价值在经济学中的特殊表现。

其次，分析一下哲学价值与经济学中商品的使用价值之间的关

---

① 《马克思恩格斯全集》（第23卷），人民出版社1979年版，第51页。

系。在经济学中，价值和使用价值是不可分割的，它们常常被看做商品的两种因素。商品的价值意味着一切商品的共性，即凝结于其中的无差别的人类劳动。与商品的价值不同，使用价值在实质上体现了不同商品的千差万别的个性，即任何商品均具有某种能够满足人的不同需要的属性；商品有使用价值，也就意味着它能满足某种社会需要，而商品能够满足社会需要也就意味着它同时具有哲学意义上的价值。从这一意义上来说，商品的使用价值也是哲学社会科学中一般价值的特殊表现形式。

最后，分析一下哲学价值与经济学中商品的交换价值之间的关系。在经济学中，价值和交换价值也是不可分割的。商品交换是商品社会最普遍、最常见的一种社会现象。商品之所以能够交换，是因为它具有交换价值，商品交换的实质是不同使用价值的相互让渡。使用价值是交换价值的实际内容，是交换价值的物质承担者。可见，在现实社会中，使用价值是人们相互交换的前提。正是由于商品具有不同的属性和功能，具有不同的使用价值，人们才愿意并可能进行商品之间的让渡。既然交换价值是人们为了获得使用价值而进行交换的价值，那么交换价值也应该是哲学一般价值的特殊表现形式。

综上可见，经济学价值理论存在三个基本概念，即价值、使用价值和交换价值。价值概念的研究必与劳动相联系，故习惯称为"劳动价值"；使用价值概念的研究必与功用相联系，故习惯称为"功用价值"。只要明白了劳动价值和使用价值，交换价值就不难理解了，它是劳动价值和功用价值的逻辑结果。[①] 由此看来，既然商品的交换价值和使用价值都是为了满足人们的使用和交换的需要，那么交换价值和使用价值无疑是哲学社会科学一般价值的特殊表现形式了。

从另一方面来看，哲学的一般价值不能完全脱离经济学中的"价值"、"使用价值"和"交换价值"，也就是不能脱离劳动的价

[①] 袁贵仁：《价值学引论》，北京师范大学出版社1991年版，第69页。

值和商品的价值这样一些个别价值。因为，根据辩证法的观点，一般只能存在于个别之中，并只能通过个别表现出来。与此同时，个别通过一般得到彰显，正因为有了一般，个别才能成为个别，任何个别都不能完全包括在一般之中。因此，哲学"价值"又不等于经济学中的各个价值范畴，既不能用一般价值代替个别价值，也不能用个别价值代替一般价值。

或许，会有人认为，如果把经济学中的几个价值概念与哲学中的价值概念分别加以比较，哲学价值在内涵上更接近于经济学中商品的使用价值。其实，哲学价值与商品的使用价值具有很大的差别：一方面，"使用价值"仅仅是就商品的效用来说的。商品之所以具有使用价值，就是由于它能够满足人的某种需要，对人具有某种功用。没有一定的功用，不能满足人的需要的东西，不管在其中耗费多少劳动，都是没有使用价值的，都不会有人同意交换并成为商品。而哲学中的"价值"则可以泛指一切客体对主体的功能、效用或者意义，既可以指某物品的功能，也可指某活动的效用，还可指某人对他人的意义。另一方面，"使用价值"主要指商品的物质效用，即对人的功利关系，而哲学价值除此之外，还有审美价值、道德价值等等。由此可见，经济学中商品的使用价值与哲学一般价值尽管在表面上具有一致性，但在本质上却是存在差异的。

三、价值与法律价值

法律是一种价值创造物，是人的自觉能动性的创造结果。法律与人之间的价值关系自法律诞生之时起就产生了：人类按照自身的愿望和主观意志，创造和选择法律，以此维护自身的权利、自由和社会生活秩序，并为自己设定特定的生活方式。同时，法律在使人们获得自由的时候，也为他们戴上了锁链和镣铐，使他们成为自己的奴隶。[①] 人们之所以愿意接受法律的束缚，原因就在于法律是一种最低限度的道德，是一种普遍的正义，是一种符合人性要求的

---

① 黑格尔：《法哲学原理》，范扬、张企泰译，商务印书馆1961年版，第2页。

价值。

那么，什么是法律价值呢？对此学者们有不同的理解。归纳起来，主要有以下几种观点：

一是"法律正义"说。这是西方自启蒙运动以来的一个普遍观点。美国的罗尔斯认为，法律的核心价值就是正义，正义价值通过三个原则表现出来：一是平等原则；二是自由原则；三是机会均等与差别对待相结合的原则。[①] 英国的哈特认为，法律必须反映或者符合自然正义的要求，社会对法律持有互不相同甚至根本对立的各种阶层之间能够保持平衡，最终取决于这种法律制度是否正义。[②] 日本学者川岛武宜认为："一切法律所保障的东西，我们称其为'法律价值'。……各种法律价值的总体，又被抽象为所谓的'正义'"。[③]

二是"法律属性"说。持这种观点的学者认为："法律价值是用来表述法律与主体之间的关系的一个范畴，是法律之客观属性与主体之主观需求相互统一的概念；法律价值就是客体化、法律化的主体需求，是人对法律属性的赋予；法律价值的展开和实现，即法律价值的外化，则是主体化了的客体——法律——的内在属性。[④]

三是"法律性能"说。有学者认为，法律价值就是法作为客体对满足个人、群体、阶级、社会之需要的积极意义。一种法律制度有无价值、价值大小，既取决于法律制度的性能，又取决于一定主体对这种法律制度的需要，取决于这种法律制度能否满足一定主体的需要以及满足的程度。[⑤]

[①] ［美］罗尔斯：《正义论》，何怀宏等译，中国社会科学出版社1988年版，第14页。

[②] ［英］哈特：《法律的概念》，张文显等译，中国大百科全书出版社1996年版，第182页。

[③] ［日］川岛武宜：《现代化与法》，王志安译，中国政法大学出版社1994年版，第246页。

[④] 谢晖：《法律信仰的理念与基础》，山东人民出版社1997年版，第148页。

[⑤] 孙国华主编：《法理学教程》，中国人民大学出版社1994年版，第94页。

四是"法律意义"说。持这种观点的学者认为，法律是人类步入文明社会最为显著的标志，法律价值就是以法律与人的关系作为基础的法律对于人所具有的各种意义。①

五是"人与法律之关系"说。有学者认为，法律价值就是标志着法律与人之间的关系的一个范畴。这种关系就是法律对人的意义、作用或效用的关系，以及人对这种意义、作用和效用的评价关系。②

六是"法律的绝对超越指向"说。持这种观点的学者认为，法律价值不仅是法律对于人的需要的满足，更是人关于法律的绝对超越指向。③

应当承认，上述六种观点分别从不同角度揭示了法律价值的内涵，但又都有其不足之处："法律正义"说认为正义是法律的唯一而至上的价值，甚至把法律等同于正义，但却因此而否认了其他各种法律价值的存在。因为，法律价值除了正义，还有很多，如自由、效益、秩序、安全等等。"法律属性"说强调法律价值是法律的一种内在属性，是法律基于其内在的本质属性对主体产生的意义，但却没有指出法律价值与法律属性的区别。"法律性能"说与"法律意义"说大体上是一致的，二者都注意到了法律价值的主要内涵，即法律价值离不开人与法律之间相互作用的关系，是法律对主体之需要的满足，但把法律价值归结为效用、性能、作用和意义，并不准确。况且，如果这些词汇已经能够充分表达法律价值的内涵，那又何必要再去创设一个"法律价值"的概念来取代它们呢？"法律的绝对超越指向"说承认法律价值是法律对于人的需要的满足，同时在此基础上认为法律价值也包含着人类对法律的希望、理想和追求，人们在通过法律满足自己实际需要的过程中，也会对法律产生一定的理想或信仰，从而将法律价值的内涵提升到一

---

① 张文显：《当代西方法哲学》，吉林大学出版社1987年版，第10页。
② 严存生：《法律的价值》，陕西人民出版社1991年版，第28页。
③ 卓泽渊：《法的价值论》，法律出版社1999年版，第10页。

个新的高度。但是，这种把对法律的信仰等同于法律的价值的观点同样是值得商榷的，因为信仰毕竟是非常主观的，而法律价值则有其客观的一面；况且，以人们对法律的信仰来说明法律价值的崇高与神圣也无助于对法律价值的客观研究。

笔者认为，人们在不同的社会生活领域里有不同的价值追求，并实现着各种不同的价值。法律价值是哲学价值在法学领域的具体化，它和经济价值、政治价值、道德价值和宗教价值一样，是现实社会具体价值领域的一个具体表现。对于法律价值的解释应以哲学价值的科学观念为认识基础或前提。既然价值是主客体关系中客体属性对主体需要的满足，是客体对主体的趋近乃至于趋同，那么对于法律价值的分析也必须在主客体的关系中进行。在这种主客体关系中，作为法律价值主体的不是物，也不是神，也不是鸟兽之类，而是创制、适用和遵守法律的"人"，而这个"人"既可以是单个的自然人，也可以是以阶级、集团、民族或社会的形式表现出来的人的集合体。① 作为法律价值客体的就是法律本身，既可以指抽象的法，也可以指一个国家的整个法律体系，包括宪法、法律、行政法规和规章。同时，仅有主体和客体还不能形成法律价值，还需要有主客体之间的互动，即作为价值主体的"人"与作为价值客体的"法律"之间存在一种需要与满足的价值关系，也就是主体的客体化和客体的主体化。所谓"主体的客体化"，是指人类制定法律时就赋予了法律以一定的价值目标，法律是人的价值创造物，任何法律都包含有主体的主观价值诉求，凝结着人们对法律的信仰。所谓"客体主体化"，是指法律内化为主体之物质生活或精神生活的一部分，从一种外在的东西成为主体内在的一种东西。也就是说，法律是否具有价值，既不以主体的意志、愿望和需求为标准，也不能以法律的功能、作用或者有用性为标准，而必须是二者的有

---

① 李德顺：《新价值论》，云南人民出版社2004年版，第30页。

机结合所形成的"第三种东西"。①

由此看来,研究法的价值,要从主体的需要、客体的性能和主客体之间的关系入手。这样,研究法的价值至少要围绕三个基本问题来进行:一是要考察法所要满足的主体(个人、集团、阶级、整个社会)的需要是什么;二是要考察法能用以满足这些需要的性能是什么;三是要考察主客体之间能否达到某种一致。

因此,归结起来可以得出结论:法律价值既离不开作为主体的人,也离不开作为客体的法律,它在本质上是人与法律之间的一种需求与满足的关系,并通过法律得以满足人们需要的那些属性表现出来。

四、价值与客体的属性、功能、作用和意义

在廓清价值、经济价值与法律价值几个概念的基础上,还需要对价值与几个相关范畴的关系作进一步的说明。

一是价值与客体的属性。按照唯物辩证法的观点,价值和属性都是关系范畴,二者不同的是:价值存在于主体和客体的关系中,既有主观的因素又有客观的因素;属性则在于客体和其他事物的关系中,是纯粹客观的事实,不包含人的主观因素。

价值根源于主体的需要,但又要承载于客体的属性。可以说,客体的属性是价值的载体。事物的属性就是一事物和他事物的联系过程中的表现,其基础是事物的质。属性是事物本身固有的,只是在与其他事物的联系中才能表现出来,是通过和其他事物的相互作用和相互比较而表现出来的,人们正是通过认识事物的属性去发现和认识事物的价值。②

二是价值与意义。通常认为,"意义"主要有三种含义:第一

---

① 武步云:《马克思主义法哲学引论》,中国人民大学出版社1998年版,第449页。

② 参见《中国大百科全书》(哲学卷),中国大百科全书出版社1987年版,第816页。

种情况是指词语或概念的含义；第二种情况就是指价值，可以和价值换用；第三种情况是指好的作用或有价值的因素。在日常生活中主要使用它的第二种含义。①

可以看出，意义的内涵明显大于价值——价值是一种意义，但意义却不一定就是价值。一方面，如上所述，价值不具有意义的第一种和第三种含义；另一方面，意义可以用于评价客体与客体之间的关系。例如，在法律价值中，秩序和自由对于一个生活在现实社会中的公民来说是不可缺少的，是有意义的，但却不能说秩序和自由对自然界的事物也有价值，因为事物与事物之间并不构成价值关系，也就是说，除人之外，其他生命存在物或非生命存在物都不可能意识到自己的需要以及与其他事物的关系。

三是价值与事物的功能。理论界有的学者把功能等同于价值，对此笔者不敢苟同。

一般来说，功能是事物本身固有的，是属性的表现形式，是一种潜在的作用。一般来说，功能和属性一样，都是事实；有什么样的属性，就有什么样的功能。也就是说，功能和属性一样，都是价值的具体表现形式，但决不是价值本身。一个特定的事物，功能与其产生和发展是密不可分的，但在事物真正被人们加以消费和利用之前，并没有在它和人之间形成实质的需要与满足的关系，因而还不能断言它对人是有价值的。

四是价值与事物的作用。理论界也有不少学者把价值与事物的作用不加区别地混用，对此笔者认为不妥。一方面，作用离不开客体的功能，这是它的客观性；另一方面，作用也离不开主体以及主体的目的，这是它的主观性。同一功能，主体对它的利用方式不一样，作用就不一样。例如核能，它具有巨大的能量，可以用来发电，也可以制成原子弹用于战场杀人。这说明同一客体的功能，依主体目的的不同，作用也不一样。在这一点上，作用和价值具有统一性。但是，二者并非没有区别：作用是主体对客体的功能加以利

---

① 袁贵仁：《价值学引论》，北京师范大学出版社1991年版，第46页。

用的方式，体现的是一种手段；而价值是客体固有的那些能够满足主体需要的属性，主要是一种目的。

第二节 刑事程序价值

刑事程序价值是刑事诉讼法学的重要研究对象，是哲学价值在法学领域的特殊表现形式。自20世纪90年代我国刑事诉讼法修订以后，随着中国司法改革的启动和进一步发展，整个诉讼法学界对刑事程序价值的关注也越来越多。笔者深刻认识到，作为刑事诉讼法学领域的一个基本范畴，刑事程序之价值范畴具有重要的理论意义与现实意义。从理论意义来看，它不但能为刑事诉讼法学其他重要范畴的理论研究提供理论支撑，而且也为整个刑事诉讼法学的理论研究开辟了一个广阔的领域；它不但能为刑事诉讼法学其他重要范畴的理论研究提供方法论指导，同时也为整个刑事诉讼法学的理论研究切换了一个全新的视角。从现实意义来看，关于刑事程序价值的理论研究不但可以为刑事立法和司法活动提供明确的价值目标和评价标准，而且可以内化为人们的刑事程序价值观念，并转化为在刑事法治领域自觉守法和维护人权的意识。

当前，尽管关于刑事程序的价值研究已经成为刑事诉讼法学界的热点问题之一，但仍有一些基本理论问题没有受到足够的关注与重视，因而还有进一步开拓和创新的余地。在下文中，笔者将对刑事程序价值的几个基本理论问题进行初步的探析。

一、刑事程序价值的界定

关于刑事程序价值的界定，在我国刑事诉讼法学理论中主要存在以下几种不同的观点：

其一是把刑事程序价值归结为它的"效用"或者"作用"，认为只要刑事程序对一定的主体有用，它就具有价值。从目前来看，我国刑事诉讼法学界大多倾向于接受这种观点，并把它运用到具体的刑事诉讼法学领域。著名诉讼法学者、中国政法大学终身教授陈光中先生明确指出,刑事程序的价值就是"(刑事程序)这个客体对满足个人、集团、阶级、社会和国家的需要所产生的积极作用。这种需要的满足可能是物质的,也可能是精神的;可能是工具性的,也可能是本身所固有的"。① 中国政法大学的宋英辉教授也认为,价值在哲学原理中表示为已经纳入人类认识和实践范围的客体的各种能够满足主体需要的功能或属性,而刑事诉讼(程序)价值是指刑事诉讼立法及其实施能够满足国家、社会及其一般成员的特定需要而对国家、社会及其一般成员所具有的效用和意义。② 刑事程序价值是指"刑事诉讼理论、刑事诉讼立法及其实施能够符合控诉、辩护、裁决三方利益从而对国家、社会和个人所具有的效应"。③

其二是把刑事程序价值归结为它的"功能"或者"属性",认为价值并非事物的有用性,刑事程序价值在本质上是它能够满足主体需要的各种属性或者功能。有学者认为,刑事程序价值是指"刑事诉讼立法及其实施能满足国家的特定需要而具有的功能或属性"。④ 还有学者认为,刑事程序价值"在本质上是通过保障刑事实体法得以正确实施而实现司法公正和诉讼效率的各种属性"。⑤

其三是把刑事程序价值归结为一定的利益。有学者认为,刑事程序价值"在根本上是一种在刑事司法中应该满足和实现的国家整体利益"。⑥

其四是把刑事程序价值归结为人们对于其好坏的一种主观性评

---

① 参见陈光中、王万华:"论诉讼法与实体法的关系——兼论诉讼法的价值",载《诉讼法论丛》1998年第1卷。
② 参见宋英辉:《刑事诉讼目的论》,中国人民公安大学出版社1995年版,第13页。
③ 赖宁、赵树荣:"论刑事诉讼价值",载《中国法学会诉讼法学研究会年会论文》(1998)。
④ 姚青林:"刑事诉讼价值论",载《天津政法》1998年第1期。
⑤ 左卫民:《价值与结构——刑事程序的双重分析》,四川大学出版社1994年版,第73页。
⑥ 郑波:《刑事程序法学》,中国法制出版社1998年版,第32页。

价,认为刑事程序价值是"刑事程序内在的固有的'善'"。①

如果对上述各种观点加以深入分析,不难发现它们都是有失偏颇的。就第一种观点而言,把刑事程序价值界定为"作用"、"效用"和"意义",意味着有用就有价值,无用就无价值,不但忽视了刑事程序价值的客观性,而且否定了它的统一评判标准。就第二种观点而言,由于事物的功能和属性都是不以人的意志为转移的客观存在,把刑事程序价值界定为"功能"或者"属性",意味着完全剥离了刑事程序价值的主观性。第三、四种观点把刑事程序价值界定为"利益"或"善",则不但回避了刑事程序价值的主客观性,而且使之沦为一种难以把握的抽象存在。显然,在界定刑事程序价值的时候,既不能把它定位于纯粹主观的"作用"、"效用"或者"意义",也不能把它定位于纯粹客观的"功能"或者"属性",更不能把它定位于抽象的"利益"或者"善"。退一步来讲,如果把刑事程序价值简单地等同于其本身的作用、意义或者功能、属性,那又何必还要引入一个"价值"概念呢?直接套用这些词汇不就行了吗!

由此看来,在对刑事程序进行价值研究的时候,首先应该确立一个可资参照的思维范式。也就是说,刑事程序价值的界定既不能单纯从主体方面去寻找根据,也不能单纯从客体方面去寻找根据,它至少应全面地考虑到价值构成的主客体要素,否则都是有失偏颇的。事实上,把价值看做是主客体之间的关系,在主客体之间的互动中找寻价值的本质,这正是当前哲学价值理论界的主流观点。正如著名价值学者李德顺所指出的:"所谓价值,是指主客体关系的一种内容,这种内容就是:客体是否满足主体的需要,是否同主体一致,为主体服务。"② 在这种观点看来,价值存在于主体与客体之间的相互关系之中,只有主客体之间在需要与满足这两个方面达成一致,才能在主体与客体之间产生一定的价值关系。由于这种观

---

① 参见陈瑞华:《刑事审判原理论》,北京大学出版社1998年版,第22页。
② 李德顺:《新价值论》,云南人民出版社2004年版,第30页。

点把价值抽象地定位于主客体之间的关系，因而又被称为"关系说"。

推而导之，作为一般哲学价值在刑事诉讼法学领域的具体表现，刑事程序价值亦应是主客体之间的一种互动关系：一方面，刑事程序价值应该包含主体需求的主观性；另一方面，刑事程序价值也应该包含自身属性的客观性；更重要的是，刑事程序价值还要反映主客体之间价值关系的动态性。如果缺少这三个方面的任何一个方面去谈论刑事程序的价值，它都只能是一种残缺不全的表述。相应地，在研究刑事程序价值的时候，也应该着重考察三个方面的内容：一是作为主体的"人"的需要；二是作为客体的刑事程序的内在属性；三是"人"与刑事程序作为主客体之间的一种需求与满足的关系。尤其需要指出的是，存在于"人"与刑事程序之间的这种需求与满足的关系是刑事程序价值的本质所在，无视这一本质关系就无法确切地解释刑事程序的价值。

一些刑事诉讼法学者已经开始注意到这个问题，并重新审视和反思刑事程序价值的传统定义。比如，有学者指出，刑事程序价值并非单纯地等同于程序的作用，而是以程序主体和程序客体之相互关系为容器的作用。具体而言，刑事程序价值是标志（刑事程序）与人之间相互关系的一个范畴，是从当代中国社会、中国人的需要出发评价其在调整刑事诉讼关系时对人的意义和效用，是通过法律肯定某种诉讼关系的精神内核。[①]

基于上述认识，笔者认为，刑事程序价值是哲学价值在刑事程序领域的具体反映，在本质上是作为主体的"人"与作为客体的"刑事程序"之间在需求和满足上的一致性，在主体方面它表现为一定的需要，在客体方面它则表现为一定的属性。在这里，价值的具体表现是客观的，是客体的内在的固有属性或功能，价值的客体是相对确定的，即刑事程序，主体是相对宽泛的，包括一切对刑事程序提出具体需要的"人"。需要指出的是，有的学者认为刑事程

[①] 参见张正德："刑事诉讼法价值评析"，载《中国法学》1997年第4期。

序的价值主体也是确定的,即仅仅把刑事程序的价值主体定位于国家,这是极为不妥的。尽管刑事诉讼法的制定和实施主要是一种国家活动,体现了国家的价值取向,但这种诉讼活动所产生积极作用的影响对象决不仅限于国家,它还可以是各诉讼参与人,还可以是诉讼参与人以外的其他人,其作用方式可以是直接的,也可以是间接的,只要与刑事程序形成价值关系,就可以成为刑事程序的价值主体。

二、刑事程序价值的特征

刑事程序价值的特征主要表现为它的客观性、社会性、伦理性和多元性。

第一,刑事程序价值具有客观性。

价值究竟属于主观范畴还是客观范畴,在哲学价值论中历来存在两种截然对立的观点,即主观价值论和客观价值论。主观价值论者认为事物的价值是主体创造或赋予的,它完全依赖于主体而存在,从而把价值归结为纯粹个人的主观心理、意志或爱好。主观价值论的一个典型代表是实用主义价值观,实用主义价值观认为价值就是事物的有用性,有用就是有价值,无用就是无价值。客观价值论者认为价值存在于客体之中,但为主体所享用,在本质上是一种客观存在。其中,客观唯心主义者承认价值的客观性,但它认为价值在本质上是一种客观精神,要么来自于神或者上帝的赋予,要么来自于某种绝对理念;机械唯物主义者承认价值的客观性,但它撇开主体的社会实践,从纯粹功能的角度解释价值,把事物的一切功能都归结为价值,甚至把事物的潜在而隐蔽的功能也当做价值加以对待。显然,主观价值论和一般的客观价值论都没有正确解释价值存在的性质。

马克思主义哲学价值论科学地解释了价值的客观性,认为价值的客观性不但决定于客体的客观属性和主体的客观需要,而且主客体之间的价值关系在本质上也是客观的,从而科学地解答了价值的客观性。马克思主义哲学价值论在科学地解答一般哲学价值的客观性的同时，也为刑事程序价值的客观性提供了科学的理论依据和理论基础。

一方面，刑事程序价值的客观性决定于刑事程序本身的客观属性。

刑事程序的客观属性是由刑事程序的经济基础和内在理念所决定的。按照马克思主义基本观点，刑事程序是建立在一定经济基础之上的社会上层建筑，是社会物质生活条件的集中反映。在国家社会生活中占统治地位的阶级或者集团，为了巩固其赖以存在的经济基础，维护社会的政治经济秩序和生活秩序，必然要通过刑事程序制裁和惩戒那些侵犯这种秩序的行为。因此，立法者不能随意地制定刑事程序，司法者也不能随意地执行刑事程序，刑事程序的制定和实施建立在社会的客观现实条件之上。

同时，刑事程序和其他法律一样，具有共同的基本理念，如平等、自由和公正，等等。这些基本理念尽管从形式上来看是主观的，但经过长期的社会发展和历史演变，已经具有一种为世人普遍接受和认同的客观内容，这也是刑事程序之客观属性的一个表现。

另一方面，刑事程序的客观性也决定于主体需要的客观性。

人的需要集中地反映了人与自然之间的关系以及人与人之间的关系，前者表现为主体需要的自然属性，后者表现为主体需要的社会属性。不管自然属性还是社会属性，都是主体需要的客观本质的反映。

当然，在刑事程序价值理论中，主体的需要主要是客观的社会需要，它表现为价值主体在刑事诉讼中的物质需要和精神需要。物质需要通常表现为被害人对财产权利的主张，如要求被告人返还财产、赔偿损失，等等；精神需要则依据不同价值主体而呈现不同的样态：犯罪嫌疑人或被告人期望在刑事诉讼过程中受到人道待遇，保障其基本权利；被害人期望通过惩罚犯罪者获得心理上的慰藉；无罪者期望通过司法裁判恢复名誉，获得国家刑事赔偿，等等。

第二，刑事程序价值具有社会性。

刑事程序价值的社会性主要表现为价值主体的社会性。如前所述，刑事程序的价值在本质上是一种主客体之间的需求与满足的关系。从表面上来看，这种关系表现为诉讼参与者与刑事程序之间的关系，但从本质上来讲，这种关系肯定不是一种自然关系，而是一种人与人之间的社会关系。因此，对刑事程序价值之社会性的考察最终应当从价值主体的本质的角度去考察。

刑事程序的价值主体也是人，符合人的本质的一般理论。按照马克思主义的观点，作为价值主体的人的深层本质，"不是单个人所固有抽象物，在其现实性上，它是一切社会关系的总和"。① 具体到刑事程序价值主体中，其社会性应当包含两重含义：一是指他具有人的一般本质，即人的社会性；二是指他参与刑事诉讼并处理刑事诉讼法律关系的积极能动性，表现为一定价值主体在刑事诉讼中的活动方式和对自身权益的把握方式，这是刑事程序价值主体在刑事诉讼中的社会性的最重要、最本质的方面。前者是刑事程序价值主体的一般本质，后者强调的是刑事程序价值主体作为诉讼参与者的特殊本质，即刑事诉讼活动中的独特社会性。

在刑事诉讼中，价值主体的社会性既是刑事程序价值社会性的基础，同时也是刑事程序价值社会性的主要内容。在这一点上，刑事程序价值的社会性内含了价值主体对待他的同类的正确方式，这种方式通过刑事立法规范为刑事程序。也就是说，刑事程序价值的社会性不但意味着不同价值主体在刑事诉讼中的参与性、交涉性、对抗性，而且包含着不同价值主体在刑事诉讼外的相关法律关系、道德关系或其他社会关系。这些不同的社会关系或者社会关系的表达方式往往依不同的价值主体表现出一定的特殊性。因此，在刑事诉讼中常常会有这样的情况：对于同一诉讼制度、原则或规范，不仅利益对立的当事人之间会作出不同的评价，而且地位中立的法官也会作出不同于控辩双方的价值评价。事实上，"无论是双方当事人还是法官，任何一个程序参加者都有自己的一套价值评价体系，

---

① 《马克思恩格斯选集》（第1卷），人民出版社1995年版，第56页。

不同主体之间在程序价值关系上不可能完全重合，甚至常常互相对立。"① 正是由于刑事程序包含主体的社会性并体现出不同的特殊性，刑事程序价值才能体现出它的社会性。

第三，刑事程序价值具有伦理性。

法律是最低限度的道德。刑事程序价值的伦理性突出地表现为刑事程序价值在内容上具有浓厚的道德色彩，即它可以成为一种道德标准或者道德评价体系。

一般认为，康德的道德哲学为价值论的起源和发展开辟了道路。在康德的道德哲学中，他第一次提出了人的道德主体地位，即人只能是目的而不是工具或手段。也就是说，每个人的存在都应该是目的，或者是他人的目的，或者是自己的目的，而不能是他人的工具或者手段。②

刑事程序体现了人与人在刑事诉讼活动中的相互关系，刑事程序在本质上为各个程序参与者的相互关系提供了一个相互对待的道德模式，即他们彼此都不应该把对方作为达到自己目的的工具或者手段，而只能把对方作为自己的目的，并以刑事程序作为相互之间是否成为目的的唯一准则。也就是说，只有当刑事程序成为一种价值存在时，它才能与伦理道德发生内在的、必然的联系，因为伦理道德在本质上也是一种价值性的东西。因此，在刑事程序的价值标准与伦理标准、价值评价与伦理评价之间存在着相当大的一致性，刑事程序价值的道德评价功能在很大程度上要靠刑事程序价值内化为各个程序主体的内在信念或道德要求来发挥和实现。由此可见，伦理性构成了刑事程序价值的一个重要特性。

进一步来看，按照马克思主义哲学的一般观点，世界上的任何事物都可以分为事实层面和伦理层面。刑事程序在逻辑上固然也可以分为事实层面和伦理层面。毫无疑问，刑事程序的价值本身就是

---

① 谢鹏程："法律价值概念的解释"，载《天津社会科学》1996年第10期。
② 参见冯景源主编：《现代西方价值观透视》，中国人民大学出版社1993年版，第17—18页。

一个伦理道德系统,它不但是对社会事实的肯定或否定,也是对社会伦理道德的指引。并且,就刑事程序价值对社会伦理的指引而言,它不是一般的指引,而是对人与人在诉讼中的法律关系的指引,是一种最低限度的伦理道德关系的指引。从这个意义上来说,刑事程序价值的伦理性不是一般的伦理性,而是最低限度的,带有强制性的伦理性。

第四,刑事程序价值具有法治性。

刑事程序价值是价值主体与作为客体的刑事程序之间的需求与满足的互动关系,在具体内容上也表现为一定的价值目标或者价值评价的标准。作为价值目标,刑事程序价值不仅反映一个国家的法制建设的成就,也反映一个国家的法治水平的高低。作为价值评价的标准,刑事程序价值不但可以用于评价刑事程序运行的效果和价值主体参与诉讼活动的效果,而且可以作为刑事司法改革的尺度。

就刑事程序的目的价值而言,它为程序法治设定了最低限度的公正标准:(1)程序参与原则,即受刑事裁判直接影响的人应充分而富有意义地参与裁判制作过程;(2)程序中立原则,即裁判者应在控辩双方之间保持中立;(3)程序对等原则,即控辩双方应受到平等对待;(4)程序理性原则,即程序运作应符合理性的要求;(5)程序自治原则,即法官的裁判应从法庭审判过程中形成;(6)程序及时终结原则,即程序应当及时产生裁判结果,并使被告人的刑事责任得到最终确定。[①]

就刑事程序的工具价值而言,它可以保障实体真实和实体法律的正确实施:(1)刑事程序保证裁判结果的合法性和权威性;(2)刑事程序确保裁判结果合乎理性的要求;(3)刑事程序保证刑事实体法的规定从抽象走向现实,使刑事实体法包含的价值目标得到实现;(4)刑事程序确保刑事实体正义目标得到适当选择。[②]

第五,刑事程序价值具有多元性。

[①] 陈瑞华:《刑事审判原理论》,北京大学出版社1997年版,第54页。
[②] 陈瑞华:《刑事审判原理论》,北京大学出版社1997年版,第87页。

按照社会学的观点，人的需要是具体的、多方面的：以需要的对象为标准，可以分为物质需要和精神需要；以需要的主体为标准，可以分为个人需要、集体需要、阶级需要和社会需要；以需要的性质为标准，可以分为生活需要、劳动需要、知识需要和交往需要；以需要的层次为标准，可以分为生理需要、安全需要、社交需要、尊重需要和自我实现需要；以需要的目的为标准，可以分为生存的需要、享受的需要和发展的需要。①

上述理论同样适用于刑事程序价值领域。程序参加者一旦参与诉讼进程，就可能与刑事程序构成不同的价值关系，从而使刑事程序价值呈现出多元性。刑事程序价值的多元性是由程序主体的不同需要决定的。刑事程序价值的多元性是与个体性密切相连的，它具体表现为程序参加者需要的多样性与选择性。在刑事程序中，一方面，不同的价值主体具有不同的需要，因而刑事程序的价值也表现为不同的形态，刑事程序的不同价值就是不同价值主体相互博弈的结果。另一方面，同一价值主体在不同诉讼阶段也具有不同的需要，低层次的需要被满足以后又会产生高层次的需要。对当事人来说，刑事程序既要保障其充分的参与机会，尊重他的意志和人格，又要有效地发现实体真实，确实地维护当事人的诉讼权利与实体权利。程序参加者不同层次的需要，能与程序形成多种多样的价值关系，从而使刑事程序的价值呈现多元性。

三、刑事程序价值与相关范畴的关系

为了进一步理解刑事程序价值的定义，需要廓清刑事程序与几个相关范畴的关系：

第一，刑事程序价值不等于它的有用性。如前所述，不少学者把价值定位于事物的有用性上，认为事物是否有价值关键要看它是否在某一方面对主体有用。就刑事程序而言，只要它能够满足特定

---

① 参见《中国大百科全书》（哲学卷），中国大百科全书出版社1987年版，第1044页。

主体的某种需要从而就是有用的，它（相对于主体而言）就是有价值的，反之就是没有价值的。笔者对此不能赞同。

事实上，是否有价值和是否有用，原本是两个不同语境中的词汇。"是否有用"是从日常生活或者实用主义的角度来说的，其判断标准是非常个体化而且带有强烈主观性的；而"是否有价值"是一个伦理判断，也就是说，事物是否有价值不能单纯从客体是否具有能够满足主体的客观属性来判断，不但要从主体的需要是否正当来加以判断，还要从主体是否是真正的主体来加以判断。那些满足主体非正当需要的属性不是价值，满足非理性"主体"的需要的属性也不是价值。

从更深的意义上来说，刑事诉讼法学界不少学者之所以把刑事程序的价值定位于它的有用性上，是长期以来在价值研究领域盛行实用主义方法论而忽视哲学伦理学的必然结果。众所周知，对人、事物、制度的价值评价是哲学伦理学最基本的任务，而实用主义是建立在个人主义之上的一种非常主观的哲学思想，同一事物对不同的个人可能是有用的，也可能是无用的，其最大的缺陷就是失去了对事物进行评判的客观标准。遗憾的是，在当今中国刑事法学界，把刑事程序价值简单地等同于它的有用性，这种状况还比较普遍地存在着，这不但会对法律价值的理论研究造成思想上的混乱，同时也使人产生这样一种误解，即法律价值的研究只要简单地从实用主义的角度进行实证研究并从结果上判明法律客体是否有用就可以了。

不仅如此，把刑事程序的价值研究建立在实用主义的基础上，单纯以是否有用来衡量刑事程序的价值，无疑会导致刑事程序法治的虚无化。因为很显然，在重实体轻程序观念的支配下，刑事程序对于实现实体真实并不一定有用；有时，为了程序正义甚至还可能阻碍实体真实的发现，在刑事程序对于实体真实没有作用的情况下，难道就意味着刑事程序没有价值吗？这是非常荒谬的。

由此看来，刑事诉讼法学领域的价值研究只有在哲学伦理学的角度才能得到正确的结论；反之，将价值完全定位在实用主义的基础上，并以此为前提构建价值理论，从一开始就背离了价值研究的基本方向。

第二，刑事程序价值不等于国家整体利益。如前所述，有学者认为刑事程序价值在根本上是一种在刑事司法中应该满足和实现的国家整体利益。但在笔者看来，把刑事程序价值仅仅归结为国家整体利益是有失偏颇的，刑事诉讼不仅仅是以维护国家整体利益为目的的活动，除此之外它还要维护犯罪嫌疑人、被告人和被害人的利益，保障他们正当而合法的权利。在刑事诉讼中，刑事程序应当使国家、社会整体利益与犯罪嫌疑人、被告人个人利益得到大体上的平衡，并为此而确保诉讼过程的公正性、人道性和合理性。在这里，"无论是处于绝对优势地位的国家和社会，还是处于弱势地位的犯罪嫌疑人、被告人，其利益都不应具有排他的正当性。即便是国家和社会整体的利益，也要在刑事诉讼过程中经过充分的法律衡量和评判，并在充分考虑到犯罪嫌疑人、被告人和被害人的个人利益之后，才能具有正当性。只有这样，刑事程序才能在国家与个人利益之间维持其最基本的平衡。否则，刑事诉讼就会变成弱肉强食的追究活动，成为强者以社会整体利益之名镇压、打击弱小的少数人的强权行使活动，而不具有公正性可言。"[①]

不仅如此，刑事诉讼与民事诉讼和行政诉讼的最大区别，在于它是国家以社会整体利益的名义对个人发动的一场法律追诉活动。在刑事诉讼中，面对强大的国家暴力机器，犯罪嫌疑人、被告人和被害人原本就处于绝对的弱势和被动地位。刑事程序的重要价值之一就是为维持刑事诉讼活动最低限度的公正性，制约国家的刑事追诉权，防止假国家、社会整体利益之名滥用国家强制力。如果没有程序法治，他们更将退回到中世纪，赤裸裸地任由国家暴力机器的蹂躏。

因此，刑事程序的价值决不仅仅等于国家和社会的利益。相反，刑事程序的价值在于确保国家利益、社会利益与个人利益处于

[①] 陈瑞华：《刑事诉讼的前沿问题》，中国人民大学出版社2000年版，第86页。

同一水平线上,并对这些冲突着的利益加以合理的调适和平衡,既要满足国家需要和社会的需要,也要满足个人的需要,是所有参与到刑事诉讼的价值主体的共同的价值客体,而不仅仅是国家和社会的价值客体。

第三,刑事程序价值关系不等于所谓抽象的"善"。有的学者认为,不应从认识论的角度将刑事程序的价值定位于所谓的"客体对主体需要的满足"之类的属性,而应该从哲学伦理学的角度把价值定位于值得人们追求和向往的所谓"善(the good)"。① 笔者认为,从伦理学的角度定义刑事程序价值的确是一种开创性的尝试,但是如果把价值定位于"善"却是有待商榷的。事实上,关于"善"的思考早在古希腊时期就已经很成熟了,包括古希腊"哲学三雄"——苏格拉底、柏拉图和亚里士多德——在内的许多哲学家都对之进行了深入思考。他们把"善"和"真"、"美"作为同等重要的价值表现形式,并以此作为其哲学思想的核心内容教化民众。在伦理学中,善是一种与恶相对立的价值判断,泛指一切合乎人类目的的美好事物,它和"真"、"美"一起从三个不同方面代表了主体的价值诉求。日本价值哲学家西田几多郎就曾指出:人的心理,在知识上追求无限的真理,在情感上追求无限的美,在意志上追求无限的善。② 显然,所谓"善",其实是对事物进行价值评价的结果,而不是价值本身。

不仅如此,作为价值评价的结果,"善"只是对事物价值认识的一个方面,简单地把刑事程序价值等同于所谓的"善",必然导致一种先入为主的判断,从而忽视对刑事程序进行价值评价的过程性。这种过程性意味着对刑事程序价值的认识和创造是事实认识和伦理判断的双重结果:事实认识的对象是事实,反映事物的自然属性、关系以及它们的变化过程,或者反映人的需要、利益和目的,

---

① 参见陈瑞华:《刑事诉讼的前沿问题》,中国人民大学出版社2000年版,第87页。

② [日]西田几多郎:《善的研究》,何倩译,商务印书馆1989年版,第123页。

是关于客观现实的客观状况的描述。价值认识的对象是价值，反映的是事物的自然属性、关系以及它们的变化过程与人的需要、利益和目的之间的关系，揭示事物对于人和人类生活的意义。事实认识的任务是揭示事物的内部联系，在对事物的外部属性、内部联系进行反映时，它所遵循的只是客体方面的尺度，力图从认识的内容中排除人的主观因素。而价值认识却一刻都不能脱离人和人的需要，如果离开主体的需要去评价事物，所谓"善"就无从谈起。

由此可见，在探求刑事程序价值的时候，必须把事实认识和伦理判断结合起来。一方面，事实认识是价值认识的前提。对刑事程序的事实认识为刑事程序的伦理判断提供基础性的事实性材料，这些材料有助于人们了解刑事程序的内在价值和它在与其他事物联系中的外在价值，从而帮助人们准确地确定价值评价的范围。另一方面，事实认识可以扩大价值主体的视野，提供多侧面、多维度地评价客体的可能性，特别是对于价值主体需要的了解，包括评价主体所不曾经历或想象过的其他价值标准，从而防止在伦理判断中出现经验主义、教条主义，以及自我中心主义之类的错误。这一点在刑事诉讼中是尤为重要的，无论是刑事诉讼的立法者还是裁判者，都始终面临着如何把程序事实认识与程序伦理判断结合起来的问题，只有在刑事诉讼过程中实现事实认识与伦理判断的最佳结合，才能维持控辩双方之间的理性对抗，使控辩双方受到平等对待，并在此基础上作出尽可能公正的裁判结论，以实现刑事程序法治。

第三节　刑事程序价值与刑事诉讼法学研究

自20世纪80年代以后，随着中国改革开放的起步，整个法学界开始重视对法律价值的研究。90年代以后，随着中国司法改革的启动和进一步发展，整个诉讼法学界对程序价值的关注也越来越多，研究成果也越来越丰厚。其中的代表人物当推季卫东先生和陈瑞华博士，前者在1993年发表论文《程序比较论》，系统地研究了法律程序的价值及其对法学研究的指导意义，后者在1995年发表博士论文《刑事审判原理论》，以其中一章的篇幅全面地阐述了刑事审判程序的价值，为整个刑事程序的价值研究乃至于整个刑事诉讼法学的深入研究打下了坚实的理论基础。

时至今日，刑事程序价值已经成为刑事诉讼法学研究的基础理论，它不但为刑事诉讼法学的理论研究开辟了一个广阔的领域，同时也为刑事诉讼法学的理论研究提供了新的视角和方法论指导。

一、刑事程序价值与刑事诉讼目的研究

一般认为，刑事诉讼目的是以观念形式表达的国家进行刑事诉讼所要达到的总体目标，是统治者按照自己的需要和基于对刑事诉讼及其对象之固有属性的认识而预先设计的关于刑事诉讼结果的理想模式。① 不同的刑事诉讼目的，表明在刑事诉讼中保护的利益侧重点不同，体现出国家与个人之间法律上的相互关系不同。

刑事诉讼目的与控诉、辩护、裁判三者中某一方参加刑事诉讼的目的是不同的。刑事诉讼是控、辩、审三方共同活动的过程，各方在诉讼中有不同的利益追求，立法者根据占社会主导地位的价值观念对诉讼各方的直接利益及其所反映的潜在利益的权衡，使各方在诉讼中的活动受到统一的目的制约，任何一方都不得毫无限制地追求本方的利益，为自己的诉讼需要而不择手段。

刑事程序价值是哲学价值在刑事程序领域的具体反映，是在一定的主客体互动关系中，作为客体的刑事程序得以满足不同主体对其提出的需要的种种内在属性。它体现了刑事程序本身固有的、不依赖于刑事诉讼主体及其需要而独立存在的、能够通过刑事诉讼活动对国家、社会和所有公民的合理需要和要求的满足具有积极意义的特性。

刑事程序价值与刑事诉讼目的具有显著的区别：

一方面，由于刑事诉讼目的是主观化的程序结果，因而具有较强的主观性，特别是当它与程序的最终结局即客观上的程序结果出

---

① 宋英辉：《刑事诉讼目的论》，中国人民公安大学出版社1995年版，第2页。

现某种偏离的时候，诉讼主体总是竭力使二者保持一致，即通过目的的设定和程序的变化组合，客观的程序结果能够最大限度地接近诉讼目的，这种主观性就会更加明显。与之不同，刑事程序价值则具有较强的客观性，虽然主体的需求带有一定的主观性，但决定这种变化的却是客观的物质生活条件。

另一方面，刑事程序价值与刑事诉讼目的的确定性也不一样。刑事诉讼目的是人们从事刑事诉讼活动的起点和终点，目的一经确定，它就可以为人们参与诉讼指明方向，并成为人们参与诉讼的动力，并以目的的实现作为程序终结的标志；与之不同，刑事程序价值则是比较抽象的，尽管它可以作为人们评判一项程序之好坏的标准，但这个标准也是难以量化的，尤其当某一方面的价值作为刑事程序追求的价值目标的时候，其更加难以取得如同刑事诉讼目的那样的可操作性。

当然，刑事程序价值与刑事诉讼目的之间也具有内在的必然联系。

一般来说，刑事程序的价值取向总会在一定程度上受到刑事诉讼目的的影响：如果刑事诉讼以追求犯罪控制为目的，则刑事程序就会以实体真实为价值目标；相反，如果刑事诉讼以人权保护为目的，则刑事程序就会以程序公正为价值目标。我国刑事诉讼立法和刑事政策以及诉讼实践基本坚持了惩罚犯罪与保障人权相统一的目的观。《刑事诉讼法》第2条把"保证准确、及时地查明犯罪事实，正确应用法律，惩罚犯罪分子，保障无罪的人不受刑事追究"作为我国刑事诉讼的基本任务，这就从整体上决定我国刑事诉讼的立法和司法均以实体真实为价值目标，而对程序公正却仍然关注得不够。

刑事程序价值对刑事诉讼目的研究具有重要的指导意义：

首先，在刑事诉讼的基础理论中，大致存在以下几个方面，即：刑事诉讼价值论、刑事诉讼目的论、刑事诉讼模式论、刑事诉讼阶段论、刑事诉讼职能论、刑事诉讼法律关系论、刑事诉讼主体论、刑事诉讼客体论以及刑事诉讼行为论。可见，刑事程序价值与刑事诉讼目的都是刑事诉讼法学研究的重要内容，二者具有紧密的内在联系。

其次，在确定一定的刑事诉讼目的之前，人们总是要对刑事程序进行一定的价值认知和评价，并在这种价值认知和评价的基础上进行适当的价值选择。另一方面，刑事程序价值的体现也有赖于刑事诉讼目的的实现，无论刑事程序的目的价值还是工具价值，抑或目的价值或工具价值中的各个具体价值形式，比如公正价值、效率价值，最终都需要通过达到刑事诉讼目的才能体现。

再次，在刑事诉讼中，诉讼主体为了实现一定的目的而采取一定的手段，在这个过程中这种特定的"手段"会表现出一定的价值。具体到刑事诉讼，这个逻辑应该是这样的：刑事诉讼主体为了实现刑事诉讼的目的，而采取特定的刑事程序，而这种程序的本身及其运行都意味着某种意义的程序价值，要么是工具性价值，要么是刑事程序自身的价值。

二、刑事程序价值与刑事诉讼模式研究

刑事诉讼的模式，亦称刑事诉讼的构造或者结构，是由一定的诉讼目的所决定的，并且由主要诉讼程序和证据规则中的诉讼基本方式所体现的控诉、辩护、裁判三方的法律地位和相互关系。[①] 也就是说，刑事诉讼模式仅仅是就控、辩、裁三方而言的，是三者在刑事诉讼中的不同地位和相互关系。

刑事诉讼模式是刑事诉讼法学研究中的一个非常重要的问题，不仅在比较法上具有相当的重要意义，而且在国内法的改革和完善方面同样有重要的现实意义。二战以后，西方两大法系在刑事诉讼法上之所以能够出现相互融合的趋势，有关诉讼模式方面的比较研究起到了举足轻重的作用。20世纪50年代以后，日本学者开始运用法解释学对其原来的职权主义诉讼模式进行了深刻分析，并与英美当事人主义诉讼模式进行比较研究，促使日本新的刑事诉讼法在

---

① 李心鉴：《刑事诉讼模式论》，中国政法大学出版社1992年版，第7页。

原有的职权主义诉讼模式的基础上吸取了不少当事人主义诉讼模式的积极因素，使日本在亚洲率先实现了刑事程序的现代化。20世纪80年代以后，我国刑事诉讼法学界也开始对欧美两大法系不同的刑事诉讼模式进行比较研究，不但推动了我国刑事诉讼模式理论的深化和实体法的相互交流，而且有力地促进了我国刑事诉讼法的修改和完善。

刑事程序价值对刑事诉讼模式研究具有重要的指导意义，这主要表现为刑事程序的价值目标对刑事诉讼模式的内在结构和权利关系的影响。

一方面，刑事诉讼的价值目标决定刑事诉讼模式的选择。一般来说，如果刑事程序追求有效惩治犯罪的价值目标，往往采取职权主义的诉讼模式，裁判者处于主动追诉的地位，具有积极主动性；如果刑事程序追求加强人权保护的价值目标，往往采取当事人主义的诉讼模式，裁判者处于消极被动的地位。

职权主义的诉讼模式表现为一种"线形结构"，在这种诉讼模式中，诉讼格局是一种"双方组合"，一方是作为整体的国家司法机关，另一方为被告人或者犯罪嫌疑人，国家司法机关主导整个诉讼进程，诉讼活动的主要内容围绕犯罪事实真相展开。① 其基本理念是：犯罪在本质上是一种危害社会的行为，而追求安全和秩序是全社会的愿望，由国家出面有效打击犯罪、维护社会安全和稳定，保护社会利益可以说是社会一项极为重要的需求，因而确立国家追究、惩罚犯罪的司法制度是历史的必然，刑事诉讼理当看做国家司法机关与犯罪分子进行的一场较量。从这个意义上说，刑事诉讼必然采取司法机关与被告对立的双方组合形态。同时，既然国家介入刑事诉讼的目的在于追究和惩罚犯罪，那么司法机关整体应作何种划分，各机关之间应建立何种关系等问题，都要以有效打击犯罪为考虑的基本依据。毫无疑义，在这种情况下，配合而非牵制的原则就成为构建司法机关的整体系

---

① 龙宗智："刑事诉讼的两重结构辨析"，载《现代法学》1991年第3期。

统，处理各机关相互关系的准则。因为，如果太强调司法权力配置相互制约的一面，必然会削弱国家公诉机关与审判机关的追诉能力，这无异于为追究犯罪自缚手脚。

当事人主义的诉讼模式表现为一种"三角结构"，其显著的特征就是控辩双方当事人的平等对抗，法官则作为第三方超然地居于控辩双方之间、之上，公正裁判。直观地看，这种诉讼结构是"等腰三角形"，或"正三角形"，因而称为三角结构。在英美国家典型的当事人主义诉讼模式中，这种三角结构体现了加强人权保护的价值目标，控辩双方实行直接言词和交叉询问的庭审规则，平等地进行法庭调查，平等地进行法庭质证，法官除了指挥庭审的秩序，主要是听取双方的意见并作出理性的裁判。需要指出的是，当事人主义的诉讼模式对实现程序公正是有益的，但往往会牺牲效率。

另一方面，刑事诉讼的价值目标影响刑事诉讼模式的权利关系。

在线形构造中，其基本理念就是：由于被告方往往是真正的犯罪分子，不可避免会利用各种诉讼手段庇护罪行、逃避罪责，因而，弱化被告人的诉讼防御能力，对排除诉讼障碍，查明事实真相具有积极意义。为了准确揭示案件的真实情况，揭露犯罪、证实犯罪，唯一途径就是加强国家追诉能力，削弱被追诉方的诉讼防御能力。在加强国家刑事追诉能力方面，主要是赋予侦查机关、检察机关和法院以较大的权力，允许其采取各种强制手段，尽量减少制约司法活动的因素，以使司法机关能主动积极地展开追诉活动。在这种情况下，实体公正和诉讼效率是首要的价值目标，而程序公正却可能受到忽视。具体表现为以下几点：

其一，侦查本位。在线形结构中侦查具有重要的地位和作用，它是审判活动的前提和基础，侦查取得的证据及侦查结论通常即成为审判证据与审判结论。法官对侦查机关不作刚性制约，对侦查中出现的失误及违法现象可以不作审查与纠正。侦查阶段实际成为刑事诉讼最主要、最关键的阶段，法庭审判则成为侦查过程和侦查结论的展示和论证。

其二，法官职权主义。在线形构造中，法官具有查明真相的积极主动性，程序的设计也偏向于为法官查明真相减少不必要的制约；出于对侦查机关的信赖，法官主要依据起诉案卷主动调查证据，查明案情；当事人尤其是辩护方的活动受到较大限制，被告人对法官的讯问有义务如实回答。庭审活动在总体上呈现法官积极审理，控、辩消极配合的态势。

其三，被告人实际地位趋向客体化。这不仅反映在侦查阶段，同时表现在审判阶段。由于审理以控诉为出发点，因此无论在诉讼权利配置方面还是诉讼权利的实际行使方面，都更有利于控诉方而非辩护方。有时候，甚至控诉方也可以对被告人是否有罪作出一定程度的判断和处理。在这种情况下，控辩双方当事人之间的平等地位必然发生倾斜，辩护方在诉讼三方中的法律地位相对最低。

在三角构造中，对程序公正价值的追求反映在刑事司法程序设计和运用的各个方面，体现为各种具体的诉讼原则和诉讼制度。[①]

其一，审判本位。从三角结构的基本态势来看，法官居于结构顶端，其享有裁判职能并指挥诉讼过程的运行方向，而控辩双方都只是纠纷的各方，不具有与法官相并列的地位和作用。在这种诉讼模式中，审判阶段具有两个方面的意义：一个方面是，诉讼过程以审判阶段为中心环节，侦查、起诉主要是为审判做先期准备工作。司法机关在侦查、起诉阶段的活动和相应形成的结论，要带到法庭上作为控方活动的基础和内容，接受辩护方的质疑和反驳，法官在此基础上裁断其正确性和合法性，并作出最终的实体裁判。因此，相对于线形构造而言，三角构造中的审判阶段较之侦查阶段对于查清案件事实并作出正确的裁判结论是更为关键的。另一方面是，控辩对抗构成法庭审判的主要内容，诉讼由当事人积极推进。控辩双方提出证据、调查证据，以主询问方式论证自己的主张，以反询问方式反驳对方的主张，目的在于揭露对方证据的虚假性。因此，在

---

① 马贵翔："刑事诉讼的'两重结构'质疑"，载《现代法学》1991年第6期。

这种诉讼模式中，对于客观真实的发现几乎完全取决于控辩双方的攻防活动，法官只在形式上指挥庭审的进程和方向。

其二，控审分离，即把国家司法权分割为控诉权和审判权，控诉和审判这两种不同的诉讼职能由两个不同的司法主体分别承担，同一司法主体不得既当控诉者又当裁判者。从刑事诉讼发展史来看，控诉和审判的分离是一个国家刑事司法制度迈向现代化的重要标志。在控审分离制度中，蕴涵了两项引申原则：一是不告不理原则。刑事审判以个人或国家公诉机关提起指控为前提条件，除了个别特殊的犯罪如藐视法庭罪之外，审判机关原则上不得自为原告或不告而审；二是起诉与审判对象同一原则。原则上，审判范围即起诉范围，要受到指控范围的约束。

其三，司法中立。司法中立意味着法官与控辩双方没有利害关系，只能作为独立的第三者居中解决当事人之间的冲突。它在逻辑上蕴涵了以下三个方面的诉讼理念：一方面，在庭审过程中，法官有义务与双方当事人保持相同的司法距离，不得偏向控辩任何一方。另一方面，法官对各方当事人的诉讼请求和主张都应予以相同重视，"重控轻辩"或"重辩轻控"都不利于法官发现案件的事实真相。法官既不得与任何一方当事人有任何身份上的特殊关系，如亲属、朋友、仇敌等等，更不能有任何物质上的利害关系。同时，更为重要的是，法官不应在开庭前形成实体预断，法官对案件事实的认定和法律规范的适用不能在庭外进行，而必须在公开的法庭上，在连续集中地听取当事双方的辩论后才能作出。因此，在这种诉讼模式中，法官的庭前审查活动受到严格限制直至取消，以防止法官因事前接触案件形成预断而使庭审活动流于形式，使三角结构发生变形。

其四，诉讼平等。在三角构造中，诉讼平等包括两个方面的内容：一是控辩双方在诉讼中的法律地位完全平等，控诉者和被告人都是诉讼主体，而非一方为诉讼主体，另一方为诉讼客体，或者双方都是诉讼客体。在法官看来，控诉者和被告人都是当事人，彼此完全平等，不存在控诉者地位高于被告人或者被告人地位高于控诉者的情况。双方的差异只在于对案件事实和法律运用的看法和主张不一致而已。二是控辩双方的诉讼权利平等。既然控辩双方法律地位平等，其诉讼权利自然应相同或者对应。相同是指双方完全享有同样的诉讼权利；对应则是指一方有权行使与他方行为相对应的权利。表现在法庭审判中，双方既有权提出和论证自己的主张和证据，也有权反驳和质疑他方的主张和证据，审判者必须为双方行使权利给予同等的机会或提供同等的条件。

其五，控辩对抗。一般而言，任何种类的诉讼，其目的都在于解决一定的社会纠纷或者冲突，恢复原有的利益关系，维护社会安全和秩序。刑事诉讼也是如此，只不过其解决的中心问题是刑事责任的有无及大小而已。由于刑事责任一旦确定，公民个人将面临生命、自由或财产受限制或被剥夺的不利境地，而国家利益、社会秩序和个人权益也将因犯罪遭受应有的惩罚而得到恢复和保障。在这种情况下，控辩之间的对抗态势必然会十分激烈。显然，在犯罪行为的刑事责任判断上，控辩双方的主张必然会截然不同甚至完全对立，这种对立冲突的态势必然体现为诉讼行为方式上的对抗，使控辩双方在事实上和法律上的对抗贯穿于整个刑事庭审过程。由于控诉方是诉讼的发动者和刑事责任的主张者，整个诉讼过程基本上呈现出控诉方的进攻性和被告方的防御性之间相互交织的状态，任何一方都想把利益的天平拉向自己的一边。

三、刑事程序价值与刑事诉讼职能研究

一般认为，刑事诉讼职能是指国家专门机关和诉讼参与人在刑事诉讼中根据法律规定所承担的职责和所应发挥的作用。[①] 刑事诉讼职能与刑事诉讼主体密切相关，它建立在刑事诉讼主体论的基础之上，讨论的是刑事诉讼主体在整个诉讼程序中的职责分工以及功能、作用问题。

在现代国家的刑事程序中，诉讼职能的正确划分是保证刑事诉

---

① 陈卫东："谈谈刑事诉讼职能"，载《法学杂志》1990年第3期。

讼顺利进行必不可少的重要条件。通常，为了保证国家司法权的制衡，现代国家把刑事司法权力分割为控诉职能和裁判职能，并分别赋予不同的机构。同时，为了使犯罪嫌疑人或者被告人能够获得与国家专门机关相抗衡的能力，设计辩护律师行使辩护职能，为被追诉者提供法律帮助和权利保障机制。

刑事程序价值对刑事诉讼职能研究也具有重要意义，这主要表现在以下三个方面：

第一，不同的诉讼职能体现不同的刑事程序价值。在刑事诉讼中，最基本的诉讼职能可以区分为三种，即控诉、辩护和裁判，每一种职能都代表了一定的价值取向：控诉职能主要代表秩序价值；辩护职能主要代表权利；裁判职能主要代表公正。同时，多种诉讼职能的相互作用也可以达到共同的价值目标。例如，尽管控诉、辩护和裁判三种职能可以代表不同的价值，但从总体上来说，它们的彼此结合却又可以实现司法公正的价值目标。

第二，刑事程序的价值目标决定诉讼职能的地位状况。在刑事诉讼中，如果刑事程序的价值目标定位于诉讼效率，警检机关的追诉职能就会处于强势地位，而辩护职能就会受到抑制和削弱，甚至裁判职能都有可能成为追诉职能的附庸。反之，如果刑事程序的价值目标定位于程序公正和人权保护，则辩护职能就可能取得与控诉职能平等的地位，而裁判职能就可以超越于控诉职能与辩护职能之上，成为最具权威的职能。

从我国刑事诉讼的实际情况来看，由于刑事程序的价值目标主要定位于实体真实与打击犯罪，因而在诉讼职能的配置上具有明显的追诉倾向。这主要表现为以下三个方面：其一，侦查职能、控诉职能由公安机关、检察机关分别实施，但同时这两个机关，特别是检察机关也是司法机关，其部分权限亦有着裁判的色彩；其二，虽然审判职能由人民法院行使，但人民法院亦有调查取证的权力，承担部分追诉的职责；其三，尽管法律明文规定并强调了辩护职能的重要性，但辩护的力量在整个刑事诉讼中仍然远远不能与追诉的力量相抗衡。

第三，刑事程序的价值目标在总体上决定不同诉讼职能的相互关系。一般来说，如果刑事程序的价值目标定位于实体真实，国家在设置司法职能的时候就会有意地强调警检机关和法院之间相互配合的一面；如果刑事程序的价值目标定位于程序公正，司法机关的职能区分和权力制约就会得到加强。正因为如此，现代法治国家在设置国家司法机关的时候无不把侦查、控诉和裁判的职能赋予不同的部门，以达到权力制约和程序公正的目的。

在我国，把握不同的刑事程序价值目标对于研究公安、司法机关的职能关系具有非常重要的指导意义。我国《刑事诉讼法》第7条规定："人民法院、人民检察院和公安机关进行刑事诉讼，应当分工负责、互相配合、互相制约，以保证准确有效地执行法律。"很明显，公安、司法机关之间的这种分工负责、互相配合、互相制约的关系是由我国刑事程序的主要价值目标决定的，这个主要价值目标就是追求实体真实和打击犯罪。所谓分工负责，是指公安、司法机关以及国家安全机关按照有关法律对诉讼职能的总体划分，各自行使其诉讼职权，不允许相互代替，不允许超越职权。所谓互相制约，是指公安、司法机关相互监督，防止国家司法权力的滥用。所谓相互配合，就是在分工负责的基础上，各司法机关相互协助与支持，以达到查明案件事实，揭露犯罪分子，保障无罪的人不受刑事追究的目的。

在我国当前建设社会主义法治国家的历史时期，研究刑事诉讼的职能，就是要以刑事程序价值为指针，强调公安、司法机关分工负责和相互制约的一面，淡化司法机关之间相互配合的一面，以保证司法公正的实现。

第二章　刑事程序价值的基本要素

第一节　刑事程序价值的主体要素

刑事程序的价值主体是刑事程序价值理论的核心范畴之一，它与刑事程序的价值客体、刑事程序的价值关系一起，构成刑事程序价值的三大要素。同时，刑事程序的价值主体也是一个与刑事诉讼职能主体、刑事诉讼行为主体、刑事诉讼关系主体有着密切联系的理论范畴。只有廓清刑事程序价值主体的含义、特性与范围才能对刑事程序作出正确的评价、选择和重建，也只有廓清刑事程序价值主体的内涵和外延才能更好地理解刑事诉讼中其他主体的作用和功能。

然而，从当前学界来看，尽管对刑事诉讼价值的研究已经很多，相关的著述亦不少，但对刑事程序价值主体的研究却缺乏最基本的研究，甚至被有意无意地回避了，对于一个具有如此重要理论意义的基础范畴来说，这的确令人困惑。究其原因，笔者认为不外乎三点：一是这一范畴本身就非常复杂，因为它需要深入哲学价值论才能找到理论支撑；二是这一范畴的边界比较模糊，特别是难以与刑事诉讼主体、刑事诉讼关系主体区分开来；三是没有相关的国内资料可供借鉴，更谈不上大陆法系或英美法系国家的外文著述了。但是，关于刑事程序价值主体的研究终究是不能回避的，因为价值主体问题在刑事诉讼价值论中是一个前提性的问题。如果不能解决价值主体的问题，对刑事程序价值的研究就缺乏一个逻辑上的起点。在下文中，笔者将对刑事程序的价值主体进行初步的探讨，并为当前刑事程序价值主体研究方面的一些问题提供管窥之见。

一、刑事程序价值主体的界定

"主体（subject）"一词的含义非常广泛，在不同的语境中可以得出不同的解读。在哲学语境中，主体可以分为存在论的主体、认识论的主体和价值论的主体。刑事程序价值主体是哲学价值论主体的具体表现形式，是一种特殊的价值主体。因此，对于刑事程序价值主体的研究也需要从哲学价值论中寻找理论来源。

首先，在价值论中，价值主体是构成价值关系的主导要素，没有价值主体，任何价值关系都不可能存在，更谈不上价值本身，因为任何价值都只能是价值主体的价值。

主体在价值关系中的主导性主要表现为它是需要的提出者。主体需要的状况决定价值的状况，主体需要的多样性决定价值的多样性。从主体对客体的需要的性质而言，主体有物质的需要、精神的需要以及制度的需要，于是客体对主体的价值就有物质价值、精神价值和制度价值。从主体对客体的需要的内容来说，人有功利的需要、秩序的需要和自由的需要；相应地，价值就有功利价值、秩序价值和自由价值。而马克思和恩格斯则从辩证唯物主义和历史唯物主义的高度对人的需要作出精辟而科学的阐述，他们认为人的需要可以概括为生存的需要、享受的需要和发展的需要。[①]

在刑事诉讼中，主体对刑事程序的价值需要也是多方面的。从需要的性质来看，人们对刑事程序的需要是一种精神的或者制度的需要，刑事程序的价值主要是一种精神价值或者制度价值；从需要的目的来看，人们对刑事程序的需要主要是一种社会的需要和发展的需要，刑事程序的价值主要是一种符合人们正确地处理社会关系，从而更好、更和谐地生存和发展的价值；从需要的内容来看，人们对刑事程序的需要是一种法治的需要，刑事程序的价值主要表现为公正与效益、秩序与自由、平等与安全等诸多方面的价值。

---

① 《马克思恩格斯选集》（第3卷），人民出版社1995年版，第572页。

其次，价值主体只能是具有价值诉求的人，是具有理性需求的社会性的人。既然价值主体是人，那就说明价值主体不可能是神，更不可能是物。在刑事诉讼中也是这样，刑事程序的价值主体也只能是人。不同于神或者物，人作为价值主体具有神或者物所不具有的人性，也就是具有生理属性、社会属性和意识属性。尽管在人类社会早期的诉讼活动中，为了取得客观上的诉讼效果，曾有过把神、物或动物当做价值主体的情况——例如，在中国古代，司法者在案件难以决断的时候可以借助神明裁判，在证据的采信方面也有过所谓的"神示证据"时期——那主要是由于人们在当时的认识水平尚且低下，刑事诉讼的规律尚未得到一定程度的把握，才在古人那里被当做了"正确"而"合理"的安排。

需要指出的是，对作为价值主体的"人"，不能过于狭隘地理解，应该从更为广泛的意义去把握。正如李德顺教授所指出的那样："什么是主体，关键要看它是否成为一定对象关系中的行为者：认识者或实践者。"① 既然家庭、社会、国家都是自然人的一定组织形态，因而也可以和自然人一样成为价值主体；既然集体、阶级、民族和其他社会组织都是自然人的一定现实形态，因而也可以和自然人一样成为价值主体。因为自然人的组织形态和现实形态有自身的利益，也具有概括的理性和意志，并且有基于这种理性和意志的自觉的价值需求，因而能够成为价值主体，也能成为刑事程序的价值主体。在刑事程序价值关系中，具体的国家司法工作人员是国家社会利益的代表者，他们是可以成为拟制的刑事程序价值的主体。

再次，主体之为主体，不仅仅因为具有人性，而且还要具有主体性，亦即在现实的社会关系中表现出来的能动性、创造性和自主性。在主客体的相互作用中，主体是积极主动的方面，人在现实中从事价值认识和价值实践，是一切价值创造物的创造者、支配者和享有者。在价值认识和价值实践过程中，主体总是自觉的、有目的

---

① 李德顺：《新价值论》，云南人民出版社2004年版，第29页。

的，其总是根据自己特定的目的和需要去自觉地把握和占有客体，使"自在之物"变成"为我之物"，使之服从自己的目的和需要。

在刑事诉讼中，价值主体也应当具有能动性、创造性和自主性。按照哲学价值论的基本精神以及刑事诉讼法学的一般原理，刑事程序作为一种价值创造物，它应该具有能够满足主体需要的各种客观属性，也就是说，刑事程序的存在、发展和优化应该能够满足而不是背离人们对真相、人权、正义以及效益、秩序和自由等诸多价值的诉求。各价值主体要成为事实上的价值主体，它必然要参与到诉讼中并在一定价值目标的驱动下影响程序的运行和发展；各价值主体总是在一定的目标的牵引下自觉地运用刑事程序，以期达到自己的诉讼价值目标，实现自己的诉讼利益。因此，判断一定的诉讼参与者是否是刑事程序价值的主体，主要是判断它是否参与到诉讼程序的运行中，是否具有一定的诉讼目的或者诉讼利益，以及是否需要通过诉讼程序的运行以达到自己的目的或者实现自己的利益。

综上所述，现在可以给刑事程序的价值主体下一个定义：刑事程序的价值主体是参与刑事诉讼，通过影响刑事程序的实际运行以满足自身利益需要的自然人或者自然人的集合体。

二、刑事程序价值主体的范围

一般认为，凡诉讼均以纠纷或权益冲突的存在为前提。在这一点上，刑事诉讼与民事诉讼、行政诉讼在本质上是一致的。但是就纠纷或权益冲突的性质而言，刑事诉讼与民事诉讼、行政诉讼又具有显著的不同：民事诉讼是解决平等的民事主体之间的民事责任的诉讼，实行利益损害填补原则，一旦法院判决其中一方的民事主体承担民事责任，就意味着他要承受经济上的不利益。行政诉讼是解决公民与国家行政机关之间的行政责任的诉讼形式，意在督促国家行政机关正确行使职权，当公民因为国家行政机关的不当行为受到损害的时候，公民有获得赔偿或补偿的权利。而在刑事诉讼中，由于公民的犯罪行为不但是对犯罪对象的直接侵害，同时也是对国家和社会利益的直接侵害，它要解决的是犯罪嫌疑人或被告人的刑事责任的有无及大小的问题，是一种解决个人和社会、国家之间的利益冲突的诉讼。

但是，在具体的刑事诉讼活动中，刑事追诉机关代表社会和国家的价值追求，它和有关的个人——犯罪嫌疑人、被告人与被害人——共同参加刑事诉讼，直接与刑事程序形成法律上的利害关系，彼此都希望通过程序启动和运行实现自身的价值追求；法院则超乎其上，与双方利益无涉，其职责主要是指挥程序的正确运行并依程序及时作出公正的判决。不过，被害人的地位具有一定的特殊性：一方面，他与国家追诉机关具有利益的一致性，国家追诉机关在一定程度上已经代表了他的诉讼利益；另一方面，被害人又具有相对的独立性，他与国家追诉机关在利益上并不完全一致，有时还可能形成矛盾和冲突。

据此，笔者认为，可以把刑事程序的价值主体分为两个层次：从抽象意义上来说，刑事程序的价值主体由法院、国家或社会、个人三方构成；从具体意义上来说，刑事程序的价值主体由裁判者（法院）、追诉者（侦查机关、公诉机关和被害人）、被追诉者（犯罪嫌疑人或被告人）三方构成。无论抽象的价值主体还是具体的价值主体，他们的价值追求都指向共同的价值客体——刑事程序，从而形成以刑事程序为中心的主客体之间的价值关系。

在刑事诉讼法学中，除了价值主体，还有不少关于主体的提法，如刑事诉讼的职能主体、刑事诉讼的行为主体和刑事诉讼的关系主体，等等。为了进一步廓清刑事程序的价值主体，可以把它和这些相关范畴作一全面的比较：

第一，刑事程序的价值主体不同于刑事诉讼职能主体。刑事诉讼职能主体是指在刑事诉讼过程中承担一定诉讼职能的组织或者个人。一般认为，控诉、辩护和裁判三方在刑事诉讼过程中承担相应的控诉、辩护和裁判职能，在整个刑事诉讼进行过程中处于不可或缺的地位，因而是刑事诉讼的主要职能主体。除了控、辩、裁三种主要职能主体，还有其他承担辅助职能的主体，如鉴定主体、证明主体、执行主体，等等。刑事程序的价值主体与诉讼职能主体的区别主要在于三点：

1. 二者的范围不同。价值主体可以从抽象和具体两个层面加以理解，具体的刑事程序价值主体与主要的刑事诉讼职能主体是重合的，但是抽象的刑事程序价值主体并不承担任何诉讼职能，因而不是刑事诉讼的职能主体。同时，就其他辅助性的刑事诉讼职能主体而言，由于他们对刑事程序并无价值需求，因而不是刑事程序的价值主体。

2. 二者的判断标准不同。职能主体的判断标准是其在诉讼过程中是否独立承担了独立的诉讼职能；价值主体则依据其是否与刑事程序之间形成一定的价值关系，也就是说，它是否对刑事程序具有一定的价值追求。由此可以发现，犯罪嫌疑人、被告人、被害人虽然是价值主体，但并不是诉讼职能主体。

3. 二者的独立性不同。刑事侦查机关是一个独立的价值主体，但却不是一个独立的职能主体。在西方，侦查机关相当于控方证人，处于一种为控方服务的辅助地位，在法庭上，侦查机关提供的证据与其他证据并无本质的不同，也不具有优越于其他证据的效力。在我国，刑事侦查机关虽然处于比较强势的地位，但其在刑事诉讼中从事侦查活动也是为了证明犯罪事实，以使控诉职能更有效地发挥，因而也不能完全独立于控诉职能而发挥作用。

第二，刑事程序的价值主体不同于刑事诉讼行为主体。

通说认为，刑事诉讼行为是指合乎刑事诉讼法所规定的构成要件，并足以发生刑事诉讼法上之效果的法律行为。[①] 一般而言，一定的诉讼参加者为了追求特定的诉讼法律效果并以自己的名义实施刑事诉讼行为，就成为相应的刑事诉讼行为主体。因此，判断是否是刑事诉讼的行为主体有三个需要同时满足的要件：一是行为要件，即主体必须在刑事诉讼过程中实施一定的诉讼行为。例如，侦

[①] 参见曹鸿澜："刑事诉讼行为之基础理论（一）——刑事诉讼行为之效力"，载台湾《法学评论》1974年第6期。

查机关要有侦查行为才能成为侦查主体；自诉人要有具状控告行为才能成为控告主体，证人要有举证行为才能成为证明主体。二是表示要件。表示要件与诉讼行为互为表里，表示必须是与行为一致的意思表示，表示如果与诉讼行为不一致，则不能引起刑事诉讼法上的效果。三是目的要件，即必须具有一定的具体诉讼目的。在这一点上，犯罪嫌疑人、被告人及其辩护人与公诉人、被害人的诉讼目的是不一样的。

刑事程序价值主体与刑事诉讼行为主体的区别是很明显的。一方面，二者的范围不一样。刑事诉讼行为主体的范围相当广泛，只要在诉讼过程中实施了一定的刑事诉讼行为，就可以成为该种行为的主体，但仅仅实施了一定的刑事诉讼行为不一定能成为刑事程序的价值主体，还要求行为的目的指向刑事程序本身。另一方面，二者的判断标准不一样。如上所述，刑事诉讼行为主体的判断标准主要有三个，即是否存在具体的诉讼目的，是否作出一定的行为，行为与外在表示是否一致。而刑事程序价值主体的判断标准主要依据其与刑事程序之间是否形成一定的价值关系。此外，还有一点区别，即刑事诉讼行为主体在整个诉讼过程中往往是动态的、随机的，不像价值主体那样稳定。

第三，刑事程序的价值主体不同于刑事诉讼关系主体。

刑事诉讼法律关系是人们在刑事诉讼过程中形成的权利义务关系。刑事诉讼法律关系的主体就是在刑事诉讼活动中享有一定的诉讼权利和承担一定的诉讼义务的司法机关、当事人和其他诉讼参与人。在我国，司法机关主要包括侦查机关、控诉机关和人民法院，当事人主要包括犯罪嫌疑人、被告人、自诉人和其他诉讼参与人。

作为刑事诉讼法律关系的主体，它必须具备两个基本条件，即诉讼权利能力和诉讼行为能力。诉讼权利能力是指法律所确认的能够享有刑事诉讼权利和承担刑事诉讼义务的资格，这种资格反映了刑事诉讼法律关系主体在刑事诉讼中的地位，是主体实际享有诉讼权利和承担诉讼义务的基础。诉讼权利能力由法律所规定，不同的主体，法律对其资格的要求也不尽相同。诉讼行为能力，又称诉讼能力，是指诉讼法律关系主体以自己的行为独立行使诉讼权利和履行诉讼义务的资格，它主要以意识能力为前提。

一般来说，在刑事诉讼权利能力方面，刑事程序的价值主体与刑事诉讼法律关系的主体是一致的。由于诉讼权利能力是指法律所确认的能够享有刑事诉讼权利和承担刑事诉讼义务的资格，无诉讼权利则不可能与刑事程序形成真正的价值关系。在刑事诉讼行为能力方面，刑事程序的价值主体与刑事诉讼关系的主体则可能不一致。也就是说，价值关系的主体往往意味着具有诉讼权利能力，但却不一定具有诉讼行为能力，而有诉讼行为能力的人，由于其并不一定与刑事程序形成价值关系，因而也不一定就是刑事程序的价值主体。例如，证人虽然具有诉讼行为能力，但他并不一定参与诉讼；即使参与诉讼，他对刑事程序也谈不上真正的价值诉求。由此可以看出，刑事程序的价值主体在外延上要小于刑事诉讼法律关系的主体。

三、刑事程序价值主体的特征

刑事程序的价值主体是在法律价值论领域中的一类特殊主体。除了具有一切价值主体的共性，如自然性、社会性和主观能动性外，它还具有作为刑事程序价值主体的个性。综合起来，笔者认为，刑事程序的价值主体至少应具备以下三方面的主要特性：

1. 诉讼参与性

在现代社会，公众对政治生活的广泛参与已被视为现代民主社会的一项制度性优势和结构特征。它根源于这样一个心理学事实，即随着人类文明的进步和人们自由权利的扩展，人们越来越不愿意受到他人的控制或限制，哪怕这种控制或限制对其本人来说是有利的，而是希望能够由自己掌握自己的命运，自己管理自己的生活。这种新自由主义思潮在政治生活领域中的表现就是公众从未如此迫切地希望参与国家政治事务的管理，而作为对这一思潮的回应，政治参与权已经被现代法治国家普遍认同为公民的一项基本政治权利。而对公民参与权的保障，也成为衡量一个国家民主化程度的重要标尺。①

具体到刑事诉讼领域，诉讼参与性不但是民主理念在刑事司法实践中的具体体现，也是价值主体之主观能动性的具体表现。它意味着那些其权益可能会受到刑事裁判直接影响的主体享有充分的机会参与刑事诉讼进程中，充分地提出自己的证据，有效地发表自己的意见，以此发挥其对刑事诉讼的影响和作用，追求有利于自己的实体裁判。刑事司法的实证研究表明，不管最终的裁判是否对其有利，只要犯罪嫌疑人或者被告人能够充分参与那些关涉自身利益的裁判或者决定的制作过程中，并能够充分地向有权作出该种裁决的人或机构提出自己的证据，陈述自己的主张，其从中获得的公正感受必然会更强。否则，如果犯罪嫌疑人、被告人既不能与控诉方形成有意义的交涉，也不能让裁判者听取自己的意见和主张，就必然会产生强烈的不公正感。

不仅如此，诉讼参与还必须是富有尊严的参与。也就是说，仅有参与机会还是不够的，刑事程序应该为这种参与提供相应的人道保障，法庭应当保证程序参与者在诉讼中获得人道的待遇，保证程序参与者的人格尊严和自主意志得到尊重，不得对参与者进行侮辱、胁迫或者刑讯。只有这样，刑事诉讼过程才能符合程序参与性的基本要求。

需要指出的是，在刑事诉讼中，犯罪嫌疑人和被告人，甚至刑事被害人，往往处于事实上的弱势地位。作为处于弱势地位的价值主体，他们的合法权益往往更容易受到忽视和侵害，而为了防止这种忽视或者侵害，他们必然具有更为强烈的诉讼参与意愿。因此，为确保犯罪嫌疑人、被告人、被害人在诉讼中受到公正的对待，保证他们在整个诉讼过程中的主体地位，也就成了刑事程序最基本的价值所在了。

2. 利益相关性

刑事诉讼是由侦查机关和公诉机关代表被害人和社会整体利益

---

① 万毅："论刑事诉讼参与原则"，载《政法论坛》2000年第5期。

指控犯罪嫌疑人和被告人，由法院加以裁决的司法活动。其在本质上是一种以刑事程序的正确运行为必要条件的国家公力救济活动。

在刑事诉讼过程中，价值主体的诉讼目的或价值追求与程序本身具有密切联系，价值主体之价值追求只有通过刑事程序的启动和运行才能实现。从这个意义上来说，刑事程序价值主体与程序客体之间除了价值关系的形成之外，还有法律上的利害关系。

在刑事诉讼中，法律上的利害关系可以分为程序意义上的利害关系和实体意义上的利害关系。

就程序意义上的利害关系而言，刑事程序的启动与运行的过程也是刑事程序的价值主体对相关案件事实或程序事实的起因、现状和发展方向进行分析的过程。在这一过程中，主体总是力图把自己的意志、经验和利益与该案件的程序事实联系起来。对于有利于维护自身利益的诉讼观点，主体总会优先发现其成立的依据和证据，而对于不利于维护自身利益的诉讼观点，主体总会有意无意地对其加以淡化或者掩饰，从而意图促使法院作出有罪或者无罪的判决，实现自己的诉讼目的。

就实体意义上的利害关系而言，它主要体现为是否享有刑事程序明示的诉讼权利。一般而言，享有诉讼权利的人应当是与案件争讼事实具有直接利害关系的组织和个人；而只有与案件事实具有直接利害关系的当事人，才有可能在诉讼过程中积极地行使自己的诉讼权利。如果享有诉讼权利，则必与诉讼程序有法律上的利害关系。

3. 价值期待性

如前所述，刑事程序的价值是它作为客体能够满足主体需要的客观性能，表现为刑事程序为统治者、为社会、为被害人、为犯罪嫌疑人或被告人而存在的需求与满足的动态关系。主体的需要在与刑事程序的价值关系中处于主导地位：主体有什么样的需要，程序就应该有什么样的价值；主体的需要不断发展，程序的价值亦随之不断发展；主体需要的多样性决定刑事程序价值的多样性。

刑事诉讼之所以被认为是一种诉讼活动，就在于它是一种以解决国家与个人之间的价值冲突为目的的法律活动。在主体与刑事程序的价值关系中，主体的需要主要是一种法治精神的需要。主体之所以要求启动程序并参与程序的运行，是因为它期待刑事程序能够满足其特定的价值需求，具有价值期待性。对统治者而言，他需要借助于刑事程序维护统治秩序；对社会大众而言，它需要借助于刑事程序获得安全、法治秩序乃至于实现社会正义；对被害人而言，他需要借助于刑事程序平息内心的怒火，弥补物质上或精神上的损害与创伤；对犯罪嫌疑人、被告人而言，他需要借助于刑事程序维护自身的合法利益和基本人权。

四、刑事程序价值主体研究的主要问题

关于刑事程序价值主体的范围，我国刑事诉讼法学界经历了一个长期的认识过程。十一届三中全会以后，随着真理标准的争论与最终确立，中国刑事诉讼法学开始走独立自主的发展道路，原来的苏联研究模式得到一定程度的反思，对刑事诉讼价值主体的研究不再盛行阶级分析方法。相当多的学者认为刑事诉讼的价值主体问题既不能从德国传统的诉讼主体理论中去寻找，更不能从前苏联的刑事诉讼主体学说中去寻找，而是应该在中国的社会法治现状的基础上，结合哲学价值论来探讨刑事程序的价值主体问题。

从目前来看，关于刑事程序价值主体的研究主要存在以下几个方面的问题：

一是关于刑事程序价值主体研究的理论地位问题。

自20世纪90年代以来，随着刑事诉讼法学研究的繁荣，学界对刑事诉讼价值的关注不可谓不多，这从近年来出版的著述中可以看得出来，但关于刑事程序价值主体的研究却未受到应有的重视，至少从形式上来看是这样。笔者曾试图在网络上搜索一下，居然找不到关于刑事诉讼价值主体的只语片言，更谈不上关于它的定义或者专门论述了，这本身就是一个不该出现的问题。不仅如此，在现有的民事诉讼法学与行政诉讼法学研究中，也没有关于其价值主体的论述可供参照，即使在实质上涉及刑事程序的价值主体，也是把

刑事诉讼价值主体与其他诉讼主体混为一谈。

笔者认为，价值主体问题是一切价值理论的首要的基本问题，任何一种价值理论体系的建立都要以此为基础。有关刑事程序的价值理论也是这样，如果没有对刑事程序主体的明确界定和系统研究，这种理论的体系就是值得怀疑的，同时也是不可靠的。其次，价值主体问题也是一切价值理论的先决问题，任何一个价值问题的提出和深入阐释，首先就要解决价值主体的问题，这在哲学价值论是如此，在具体科学的价值理论研究方面也是如此，否则在逻辑上至少是不周延的。再次，对价值主体的研究也涉及价值理论研究的方法论问题，研究者对价值主体的观点往往决定其价值理论体系的性质，这一点在刑事程序的价值冲突与选择方面表现得尤为明显。

囿于篇幅和学识的限制，笔者在此只能作一些初步而粗浅的探讨。毕竟，刑事程序的价值主体是一个非常复杂的，带有开创性的问题，问题的提出唯希望引出更加智慧的洞见。

二是关于犯罪嫌疑人和被告人的价值主体地位问题。

犯罪嫌疑人和被告人的价值主体地位问题既是一个重要的理论问题，也是一个迫切的现实问题。

从目前我国刑事诉讼的实践来看，犯罪嫌疑人、被告人、被害人如果连普通的诉讼主体资格都得不到保障，也就谈不上具有价值主体的地位了。在过去唯意识形态论盛行的时期，刑事程序的价值主体只能是公、检、法三机关。这种观点实际上是传统的民主与专政思想在当前刑事诉讼价值研究中的反映，在所谓"严打"时期体现得尤为明显。一般而言，持有这种观点的实务工作者都没有将刑事诉讼视为一种"诉讼"形态，而是将刑事诉讼看做一种实现无产阶级专政的政治性的治罪活动，也就是国家专门机关对犯罪嫌疑人或被告人的单方面追究活动。在这样的情况下，被告人及其辩护人根本就不被认为具有与国家专门机关进行平等对话和理性协商的地位、资格和能力，当然也就不具有刑事程序的价值主体这一身份了。

时至今日，无论实务界还是理论界，仍然有不少人认为被告人、被害人等诉讼参与人不具有价值主体的地位，只有那些代表国家行使刑事追诉权的公安机关、检察机关和人民法院才能成为刑事程序的价值主体。既然这些机关在刑事诉讼中具有主导地位，享有法律赋予的侦查权、起诉权和审判权，那么主导刑事诉讼活动的当然应当是公、检、法三机关，而不能是处于被追究地位的被告人。[①]既然如此，刑事程序的唯一价值就是满足这些国家专门机关镇压犯罪、打击犯罪和惩罚犯罪的需要。但是，刑事程序的价值只能体现为镇压犯罪、打击犯罪、惩罚犯罪的活动吗？在这一点上，笔者完全同意陈瑞华博士的观点。陈瑞华指出，在刑事诉讼过程中，案件裁判结论尚未形成，被告人是否构成犯罪还没有得到最终的判定，何有犯罪来加以"镇压"、"打击"和"惩罚"？假如公、检、法三机关在刑事诉讼开始之前或者进行之中就已断定被告人构成犯罪，那么，刑事诉讼的进行还有什么意义呢？显然，这种将被告人断然排除于刑事诉讼主体之外的观点，不仅在理论上难以自圆其说，而且有碍于构建具有"诉讼"形态的刑事程序。[②]

事实上，如果从价值主体的角度观察我国的刑事程序，研究者就不难发现：即使在1996年刑事诉讼法修改以后，很多诉讼程序和制度都存在亟待改革的地方。尤其是在审判前的侦查和审查起诉阶段，犯罪嫌疑人还完全处于被动地接受刑事追诉机构追究的境地。尤其是面对侦查机关的审讯，犯罪嫌疑人既不享有沉默权，也不能获得律师的有效帮助，甚至连请求律师到场的权利都受到剥夺，再加上这一阶段缺乏由中立司法机构主持实施的司法审查和司法授权机制，犯罪嫌疑人在遭受不公正对待时连申请司法救济的机会都不具备，怎么能谈得上刑事程序的价值主体？！

由此看来，确立犯罪嫌疑人和被告人的价值主体地位并以此为中心改革我国的刑事司法制度，已经是一个非常迫切的问题。关于

[①] 参见陈光中主编：《刑事诉讼法学》（新编），中国政法大学出版社1998年版，第14页。

[②] 陈瑞华：《刑事诉讼的前沿问题》，中国人民大学出版社2000年版，第155页。

这一点，笔者在下文有进一步的阐述。

三是被害人的价值主体地位问题。

在我国的刑事司法实践中，被害人的权益也容易受到忽视，被害人的价值主体地位问题也是一个需要重点关注的理论问题。

在我国，自1996年刑事诉讼法修改以后，被害人的诉讼地位从一种特殊的诉讼参与人成为诉讼当事人，其诉讼权利也得到相应的扩大，这无疑是我国刑事诉讼立法的一大进步。但是，仅仅把被害人的地位从诉讼参与人提升为诉讼当事人并没有解决问题的全部：对于被害人作为当事人能否与被告人拥有完全一致的权利，对于被害人与公诉人的关系应如何加以协调，立法并没有作出明确规定，理论界也没有提出令人信服的答案。实际上，根据刑事诉讼的一般原理，在公诉案件中，被害人在诉讼法律关系上仍然属于控诉一方，其与公诉人一起从不同的角度追求共同的诉讼目标，无疑是刑事程序的价值主体。然而，在实践中由于被害人已经有公诉人的支持，而被告人的价值主体地位又一直得不到有效确立，出于维护控辩双方对抗的平衡的目的，被害人的价值主体地位被有意地削弱了。

刑事程序的价值理论主要是研究程序与各种程序价值主体之间的需要与满足的对应关系，研究刑事程序怎样存在、发展和优化才能满足而不是背离人们对真相、人权、正义和效益、秩序和自由等诸多价值的诉求。在理论界致力于提升犯罪嫌疑人和被告人作为价值主体的地位之际，被害人作为价值主体的地位实在不应该受到漠视。关于这一点，笔者在下文亦有进一步的阐述。

第二节　刑事程序价值的客体要素

在刑事程序价值理论中，价值主体固然重要，但价值客体的地位同样不可忽视。尽管价值主体是对刑事程序提出需要的一方，但如果没有价值客体为这种需要提供相应的属性支持，不但主体的需要不可能得到满足，甚至以主客体为必要条件的刑事程序价值关系也不可能最终形成。

既然刑事程序的价值客体如此重要，对其加以深入研究就是理所当然的事情了。从当前学界关于刑事程序价值研究的成果来看，刑事程序的价值客体显然受到了不应有的忽视。人们或许认为，刑事程序的价值客体不就是刑事程序本身吗？这难道不是简单问题复杂化吗？其实不然。尽管刑事程序是全部刑事诉讼法学理论研究的对象，但作为价值客体的刑事程序却是一个独特的、必不可少的范畴。在下文中，笔者就将对刑事程序价值客体的内涵、外延与历史类型进行全面的阐述，并廓清其与一些相关概念的区别。

一、刑事程序价值客体的含义

价值客体也就是价值关系的客体。根据哲学价值论的一般原理，价值在本质上是一种主客体之间的需要与满足的关系，价值客体也就是主体需要所指向的对象。因此，在对价值进行研究的时候不能只关注价值主体，还必须关注价值客体。

在哲学价值理论中，价值客体是在价值关系中处于从属地位，具有能够满足主体需要的属性，并由价值主体需要所决定的一切客观事物。客体不等于一般的客观存在物，世界上一切客观存在的事物都是可能的、潜在的客体，但只有进入人类社会活动领域的那一部分客体才是现实的客体。同时，客体也不等于自然存在物，客体还包括社会客体，即人类在从事社会实践活动的过程中创造出来的客体。社会客体主要是人化客体，人化客体在本质上是一种价值创造物，它虽然客观地、现实地存在着，却深刻地打上了人的主观印记，集中地体现人的意志和利益。

具体到刑事程序价值领域，价值主体是多元的，但价值客体却是一元的。价值客体就是不同的刑事程序价值主体以其需要指向的对象，即刑事程序本身。作为价值客体，刑事程序具有一切价值客体的共同特点，即客观性、对象性和从属性。

首先，刑事程序是对现实刑事诉讼法律关系的确认或对观念刑事诉讼法律关系的创设。从这个意义上来说，刑事程序的客观性也就是其内容的客观性,无论是现实的刑事诉讼法律关系还是观念的刑事诉讼法律关系,都是对客观社会物质生活条件的反映。而且,就刑事程序本身而言,它一经创设而形成,也便具有相对独立于主体理性之外的现实存在性和相对独立性,在一定程度上不依赖于人的主观意志而存在。

其次,在一定的价值关系中,判断价值客体的标准主要是它的对象性。刑事程序的对象性是指它从属于主体的需要,由主体的目的所决定的性质。一般来说,刑事程序就是一个从属于不同价值主体的价值客体,为了达到刑事诉讼的目的,不管是抽象的价值主体还是具体的价值主体,都离不开刑事程序的作用。只有在刑事程序中依据其设定的一系列步骤和方法,国家司法机关才能在控辩双方当事人和其他诉讼参与人的参加下,正确地立案、侦查、公诉、审判和执行裁判,正确地解决犯罪嫌疑人或被告人的刑事责任,落实国家刑罚权。由于现代法治国家均确立了刑事诉讼以实行国家刑罚权为目的的理念,故刑事程序兼具打击犯罪和保护人权的双重功效,能满足各个刑事程序价值主体的需要。

再次,在主体和刑事程序的价值关系中,主体总是处于支配地位,主体总是根据自己的需要去认识、创造和运用刑事程序,使刑事程序由"自在之物"变为"为我之物",以满足自己的价值需求。也就是说,在主体与刑事程序的价值关系中,存在一种主体对刑事程序的属性进行选择和利用的关系。与此相对,刑事程序也应该具备能够满足主体的价值需求的种种属性,从而和主体需要形成相互对应的关系。

为了进一步了解刑事程序作为价值客体的含义,还需要廓清它与相关范畴的关系:

第一,刑事程序价值客体不同于刑事诉讼法律关系的客体。

刑事诉讼法律关系的客体是刑事诉讼法学的重要问题之一。刑事诉讼以解决被告人的刑事责任为内容,被告人是否应当承担刑事责任,承担何种刑事责任,是刑事诉讼的中心问题。因而,法律关系主体的诉讼权利和诉讼义务均围绕着这一问题而展开。通说认为，刑事诉讼法律关系的客体是刑事诉讼法律主体之间的诉讼权利和诉讼义务所共同指向的对象，既包括事实认定，也包括法律适用。

由于法律关系主体参加诉讼的目的不同，它们之间的诉讼地位各异，而诉讼法律关系的客体也有一定区别。在各种具体的刑事诉讼法律关系中，司法机关与各当事人之间的诉讼法律关系，是核心的诉讼法律关系。当事人有权要求司法机关准确、及时地查明案件事实，并根据刑法的规定正确地对事实进行评价，作出实质性处理；与此同时，当事人也有义务协助司法机关查明案件事实，使之正确适用实体法律。相应地，司法机关则有义务正确行使职权，根据法律规定的诉讼程序，准确、及时地查明案件事实，正确适用刑事实体法律，惩罚犯罪分子，保障无罪的人不受刑事追究；与此同时，司法机关也有权要求当事人履行法律规定的诉讼义务。当然，由于诉讼阶段不同，当事人与司法机关法律关系客体的具体内容和侧重点也不尽相同。例如，在犯罪嫌疑人、被告人与公安机关之间的诉讼法律关系中，其客体主要是案件事实，而在当事人与人民法院的诉讼法律关系中，则包括案件事实和适用法律两个方面。

相对于司法机关与当事人之间的诉讼法律关系来说，司法机关与其他诉讼参与人的诉讼法律关系，处于次要的、从属的地位。由于其他诉讼参与人参加诉讼的目的不同，因而与司法机关所结成的具体法律关系中，其客体也有区别。一般说来，辩护人、被害人及其法定代理人和司法机关的法律关系的客体与控辩双方当事人和司法机关的法律关系的客体，在总体上基本一致，既包括事实认定，也包括法律适用。而证人、鉴定人、翻译人员与司法机关之间法律关系的客体则只限于案件事实，他们参加刑事诉讼的目的主要是为了协助司法机关查明案件事实，至于相关的法律问题则无权发表意见。

由此可见，刑事程序价值的客体与刑事诉讼法律关系的客体是存在显著差别的：刑事程序价值的客体不因主体的不同而不同，它始终是唯一的，即刑事程序本身，但刑事诉讼法律关系的客体却不是固定不变的,刑事诉讼法律关系的主体不同,刑事诉讼法律关系的客体也不同。

第二,刑事程序的价值客体不同于刑事诉讼的客体。

一般来说,在刑事诉讼客体问题上大陆法系与英美法系具有不同的看法:大陆法系认为刑事诉讼的客体是案件;英美法系认为在公诉案件中刑事诉讼的客体是"诉因",即"公诉实事"。在我国,由于受前苏联的影响,我国老一辈的学者大多认为刑事诉讼的客体是刑事实体法律关系,也就是国家与特定个人之间的刑罚法律关系,而中青年学者则普遍倾向于接受大陆法系的观点,认为刑事诉讼的客体是案件事实。

笔者同意"案件事实"说。作为刑事诉讼客体,案件由两大要素所构成:一为被告人;二为犯罪事实。前者为涉嫌犯罪而受到刑事追诉之人,在侦查案件中称为"犯罪嫌疑人",在起诉案件中称为"被告人"。后者为应归责于犯罪人的一切行为及相关事实,这种事实在起诉前称为"涉嫌事实",在起诉后称为"起诉事实"——"公诉实事"或"自诉事实"。

在刑事诉讼中,诉讼的客体具有单一性和同一性。[①] 所谓单一性,就是说,一次诉讼只能围绕一个案件展开,同一刑事诉讼不能同时处理两个或两个以上的案件;所谓同一性,就是说,同一案件不能随着诉讼阶段的演进而发生变换,法官的裁判只能针对控诉方的指控事实,裁判事实就是指控事实。在西方,诉讼客体的单一性和同一性由诉因制度加以严格规范。但在我国,法官可以改变指控的罪名,甚至可以建议公诉方变更指控。

可见,刑事诉讼的客体既是控辩双方参与诉讼的原因,也是法官裁判的对象,同时还是刑事程序运行所围绕的中心。或许可以说,刑事诉讼的客体是刑事程序之价值客体的客体。

第三,作为一种主体客体化的产物,刑事程序也不同于纯粹客观的刑事程序事实。

[①] 陈瑞华:《刑事诉讼的前沿问题》,中国人民大学出版社2000年版,第170页。

刑事程序事实是指有关刑事程序是否合法进行的事实,具体包括：有关管辖的事实；有关回避的事实；有关对犯罪嫌疑人、被告人采取强制措施的事实；有关审判组织组成的事实；有关诉讼程序的进行是否超越法定期限的事实；司法机关侵犯犯罪嫌疑人、被告人等当事人诉讼权利的事实；与执行的合法性有关的事实；其他与程序的合法性或者公正审判有关的事实。显然，这些事实只是刑事程序运行的具体状况，是对刑事程序价值客体的具体描述。

二、刑事程序价值客体的外延

如前所述，在刑事程序的价值关系中，主体是具有能动性、创造性和自主性的"人"。从抽象意义上来说，刑事程序的价值主体包括法院、国家与社会、相关的个人；从具体意义上来说，刑事程序的价值主体主要包括裁判者（法院）、追诉者（刑事侦查机关、公诉机关和被害人）、被追诉者（犯罪嫌疑人或被告人）三个方面的主体。无论是抽象的价值主体还是具体的价值主体，都无一例外地将其价值需要指向刑事程序，刑事程序则要满足各个主体的不同的价值追求。由此可见，在主体与刑事程序价值关系中，主体是多方面的，客体却是唯一的，即刑事程序本身。

关于刑事程序的具体外延，学界的看法并不一致。[①] 有的学者主张广义地看，因而把相关的国际刑事司法规则也归为刑事程序的范围；有的学者主张狭义地看，认为刑事程序就是刑事诉讼程序；有的学者则主张把刑事程序分为两个部分，即刑事程序和刑事执行程序。

笔者主张相对广义地看，即刑事程序应该包括一个国家有关刑事实体法实施的所有法定程序，具体可以分为刑事审前程序、刑事审判程序、刑事救济程序、刑事执行程序以及刑事赔偿程序。至于有关的国际刑事司法规则，则不应该算做一类独立的刑事程序，如果它已经被国内化，往往会被一国各个具体刑事程序吸收；相反，

[①] 参见郑禄、姜小川：《刑事程序法学》，中国检察出版社1998年版，第5页。

如果它没有被一国承认,则根本不能纳入一个国家的刑事程序体系。在下文中,笔者将就上述各个具体的刑事程序作一简要阐述。

1. 刑事审前程序

刑事审前程序是指案件起诉到法院之前的程序。在公诉案件中,这一程序的具体环节包括两个方面:国家追诉机关启动追诉权,实施侦查和起诉活动;被追诉方展开辩护或开始为辩护做准备。在自诉案件中,这一程序具体表现为自诉人展开自诉活动的整个过程。刑事审前程序作为与其后的审判程序相衔接的程序,其功能主要表现为:(1)通过发现、收集证据,确定犯罪嫌疑人并依法起诉,为国家审判权的行使提供前提,为审判程序的进行做准备;(2)通过拘捕、通缉、起诉等活动,对真正犯罪嫌疑人及社会产生威慑力和感召力,从而发挥抑制犯罪,安抚被害人,以及使社会公众保持价值观念中的均衡感和对生活环境的安全感的作用;(3)基于人权保障和无罪推定的基本理念和效率原则等方面的考虑,及时使无罪的人和部分追诉机关认为虽然构成犯罪但不应继续追究的犯罪嫌疑人从诉讼程序中解脱出来;(4)通过规范国家司法权力的运行,防止司法人员非法地或不当地行使追诉权,保障公民基本权利不受侵犯。①

2. 刑事审判程序

刑事审判程序是人民法院在控辩双方及其他诉讼参与人的参加下,依照法定的职权对依法向其提出诉讼请求的刑事案件进行审理和裁判的程序。审理主要是对案件的有关事实问题进行举证、调查、辩论;裁判则是在审理的基础上,依法就案件的实体问题或某些程序问题作出公正的处理决定。审理是裁判的前提和基础,而裁判则是审理的目的和归宿。二者构成一个辩证统一的整体。②

刑事审判程序可以按照不同的标准进行分类,其中常见的分类

---

① 宋英辉、吴宏耀:《刑事审判前程序研究》,中国政法大学出版社2002年版,第1页。

② 陈光中主编:《刑事诉讼法》,北京大学出版社2002年版,第297页。

方法是把它分为公诉案件的审判程序、自诉案件的审判程序以及附带民事诉讼的审判程序。从广义上来说，二审程序、死刑复核程序以及审判监督程序都属于审判程序的范围，但这些程序也有其显著的特殊性，它们都是直接或者间接地对第一审程序的结果进行救济的程序，因而笔者把它们单独列为刑事救济程序。

刑事审判程序是整个刑事程序的核心。从世界范围来看，无论英美法系国家还是大陆法系国家，尽管刑事审判程序的具体结构会存在一定的差异，但都是其整个刑事程序的关键阶段。不管社会制度有何不同，刑事审判程序的基本功能却是一致的，即保障被告人和被害人的合法权益，维护社会秩序和国家利益，实现程序公正与实体公正。

3. 刑事救济程序

一般来说，刑事救济程序可以从以下三个层面加以理解：一是对初审未生效裁判进行审理的刑事审判程序，即由上级法院对初审法院未生效裁判进行再次审理的刑事审判程序，也就是通常所说的普通上诉程序；二是对死刑裁判进行审查核准的死刑复核程序；三是对已生效并且已经开始执行或者执行完毕的裁判进行事后纠正的刑事再审程序。在本书中，笔者取其第三个层面的含义加以论述。

普通上诉程序就是第二审程序，是上级法院根据上诉人的上诉或者公诉人的抗诉，就初审法院尚未发生法律效力的裁判作进一步审理的程序。一般来说，上诉程序审理的范围可以分为两个方面，即事实审或法律审：事实审是对初审裁判认定的事实的进一步审理；法律审是对初审裁判适用的法律的进一步审理。

死刑复核程序是我国特有的救济程序，它是在第二审程序之外由国家最高人民法院对地方各级人民法院作出的死刑裁判进行审理的程序。这种程序并非由当事人、检察机关通过上诉或者抗诉加以发动，而是由最高人民法院自行就死刑判决进行审查核准的特别程序。① 尽管死刑复核程序并不是严格意义上的上诉程序，也不是就死刑案件设立的一个独立审级，但由于使被告人在上诉之外又一次获得了权利救济的机会，因而也可以视为一个普通救济程序。②

再审程序在我国也就是审判监督程序，即对已经发生法律效力的裁判就其事实认定错误或法律适用错误进行重新审判的一种非常救济程序。再审程序之所以被视为一种"非常救济程序"，是因为：相对于上诉程序而言，再审的对象是已经发生法律效力的裁判；而相对于绝大多数案件在裁判作出并生效后诉讼活动即告终止而言，再审的提起要受到更多的程序限制。

4. 刑事执行程序

刑事执行程序是国家司法机关将已经发生法律效力的裁判依法付诸实施的程序。刑事执行程序是落实国家刑罚权的关键环节，如果没有这一程序，刑事诉讼的生效裁判就将成为一纸空文，整个刑事诉讼过程就可能变得毫无意义。在刑事执行程序中，执行的对象必须是已经发生法律效力的裁判。在我国具体包括四种情况：已过法定期限没有上诉或者抗诉的裁判；终审的裁判；高级人民法院核准的死刑缓期二年执行的裁判；最高人民法院作出的裁判，包括由其核准死刑的裁判以及在法定刑以下判处刑罚的判决和裁定。

5. 刑事赔偿程序

刑事赔偿程序是国家刑事司法机关及其工作人员在履行职务的过程中，违法侵犯公民、法人和其他组织的合法权益并造成损害时，为确定国家刑事赔偿责任而设立的程序。刑事赔偿程序与刑事程序具有密切的联系，虽然不属于刑事程序，但却是一个国家整个刑事程序的重要组成部分，对那些在刑事诉讼中由于冤假错案而遭受损害的当事人具有重要的慰藉意义，因而也是本书论及的内容之一。

---

① 原下放给相关地方高级人民法院的死刑核准权已于2006年1月收归最高人民法院专门行使。

② 陈瑞华：《刑事诉讼的前沿问题》，中国人民大学出版社2000年版，第436页。

三、刑事程序价值客体的发展

刑事程序如同其他社会程序一样，不是从来就有的，它是随着原始公社的解体，社会分裂为阶级并出现了国家而产生的。对于刑事程序的历史发展类型，不同学者有不同的观点，比较典型的有两种情况：

一是主张依据程序存在的社会形态来划分，认为历史上先后存在过四种刑事程序，即奴隶制刑事程序、封建制刑事程序、资本主义刑事程序和社会主义刑事程序。[①]

二是主张依据程序存在的历史时期来划分，主张分为古代控诉式刑事程序、中世纪纠问式刑事程序和近现代混合式刑事程序。[②]

三是主张依据程序存在的构造特征来划分，主张分为弹劾式刑事程序、纠问式刑事程序和近现代的职权主义程序、对抗主义程序和混合式程序。[③]

笔者赞同上述第三种划分方式，原因在于这种划分方式能够比较清晰地描述刑事程序的历史发展脉络，同时也比较明确地指出了刑事程序的构造特点。在第一种划分方式中，是否存在独立的社会主义刑事程序，这本身是值得商榷的，况且其意识形态色彩也过于浓厚。而在第二种划分方式中，其"近现代混合式刑事程序"则过于笼统。以下就第三种划分方式的三种刑事程序作一简要说明。

（一）弹劾式刑事程序

弹劾式刑事程序（Accusatory Process）主要存在于奴隶制社会和封建社会早期。在这种诉讼形式下，司法机关不主动追究犯罪，刑事诉讼的提起取决于被害人和其他任何知情人的控告，法官审理案件采取公开的、口头的形式，双方当事人在诉讼中的地位是平

[①] 张仲麟主编：《刑事诉讼法新论》，中国人民大学出版社1993年版，第15页。
[②] 陈瑞华：《刑事诉讼的前沿问题》，中国人民大学出版社2000年版，第116页。
[③] 陈光中主编：《刑事诉讼法》，北京大学出版社、高等教育出版社2002年版，第27页。

等的。

这种诉讼形式的特点具体表现在以下几个方面:①（1）没有明确的职能划分。国王既是最高行政长官，同时也是最高司法裁判者，刑事诉讼中的司法机关是和行政机关结合在一起的，既没有独立的审判机构，也没有与审判机构相适应的检察机构和侦查机构。（2）实行私诉制度。实行"无告诉即无审判"的原则。只有被害人或其他人提出控告，司法机关才受理案件并启动程序。（3）原告人与被告人的法律地位在形式上是平等的，二者享有同等的诉讼权利，承担对法庭负责的同等义务。（4）法官处于消极被动的地位。实行"不告不理"的原则、法官不主动追究犯罪或传唤证人，不主动收集证据，只是听取原告和被告双方的陈述，然后作出裁决。（5）采用神示证据制度。人们普遍认为神灵是最公正的，对于难以查明的案件事实和不易决断的争端，便通过多种方法诉之于神，由神以各种启示来证实某些争议事实的真伪或判断双方的曲直。

（二）纠问式刑事程序

纠问式刑事程序（Inquisitional Process）主要存在于封建社会。在这种诉讼形式下，司法机关不管是否有人控告，都有权主动追究犯罪，而且诉讼不公开进行，而被追究的犯罪嫌疑人只是被拷问的对象，既不是刑事诉讼法律关系的主体，更不是刑事程序价值的主体，不享有反驳控诉的辩护权利。

这种诉讼形式的特点具体表现在以下几个方面:②（1）司法权与行政权合一。封建统治者为了巩固封建专制制度，不论是在国家组织形式上还是在实施统治的方法上，都不允许有独立的司法机关存在，封建皇帝是立法、司法、行政三位一体的最高权力者，实行

---

① 陈光中主编：《刑事诉讼法》，北京大学出版社、高等教育出版社2002年版，第27页。

② 陈光中主编：《刑事诉讼法》，北京大学出版社、高等教育出版社2002年版，第28页。

个人独裁统治,掌握着国家最高司法权,凌驾于一切法律之上。(2) 法官具有积极主动的性质。与弹劾式刑事程序相比,此时的法官已不再是处于消极诉讼地位的仲裁者,而是处于积极主动的诉讼地位,一旦发现犯罪,即使无人告发也可以积极收集证据,主动追究。(3) 被告人处于绝对的客体地位。在这种刑事程序中,被告人无任何诉讼权利,只是一个被追究刑事责任的客体,是定罪判刑的对象,也没有了与原告人进行平等辩论的权利,人身权利也毫无保障。(4) 采用法定证据制度。在法定证据制度下,一切证据的取舍和运用,证据之证明力的大小,都由法律预先明文加以规定,只需符合法律规定的各项规则,并不要求符合案件的客观真实情况。(5) 盛行口供主义。法官在审理案件过程中恣意妄为,口供主义和刑讯逼供成为法定证据制度的必然产物和主要特征。正如马克思所指出的那样,"专制制度的唯一原则就是轻视人类,使人不成其为人。"[①] 这种"轻视人类,使人不成其为人"的情况在诉讼上的表现形式就是剥夺被告人的诉讼权利,剥夺其价值主体的资格,使其处于诉讼客体的地位。

(三) 近现代刑事程序

1. 职权主义刑事程序

职权主义刑事程序(Litigation Process)是欧洲大陆国家普遍采用的刑事程序。由于这种形式的程序是在古代纠问式刑事程序的基础上发展起来的,因而带有一定的纠问特征。典型的职权主义刑事程序具有如下特征:[②] (1) 控审分离,由不同的国家机关承担控诉职能和审判职能,以便形成司法权的相互制约。(2) 法官具有一定的积极主动性,可以主动调查证据,可以主动讯问被告人和询问鉴定人和证人。(3) 控辩双方对程序的推进作用受到限制,未经法官许可不得改变诉讼进程。(4) 案件一旦进入诉讼程序,控

---

① 《马克思恩格斯全集》(第1卷),人民出版社1979年版,第411页。
② 陈光中主编:《刑事诉讼法》,北京大学出版社、高等教育出版社2002年版,第28页。

诉方不得撤回起诉，也不得变更起诉，程序的终结以实体裁判为标志。（5）实行"自由心证"制度。职权主义刑事程序是资产阶级对传统纠问式刑事程序进行改造的结果。在这种刑事程序中，传统纠问式刑事程序中野蛮落后的消极因素得到摒弃，自由、民主、人权之类的价值观念得以融入，从而能够有效地实现权力制约和司法公正。

2. 对抗主义刑事程序

对抗主义刑事程序（Antagonistic Process）或称为当事人主义刑事程序，是一种控辩双方相互对抗，法官居中裁决的刑事程序，主要为英美法系国家采用。对抗式刑事程序萌芽于封建社会后期，是由资本主义社会的生产方式和政治状况决定的，它体现了新兴的资产阶级对封建特权和人身依附的反抗，反映了资产阶级所主张的"自由"、"民主"、"平等"的思想和口号。这种刑事程序较之纠问式诉讼具有显著的进步意义，并随着资本主义的发展而不断发展和完善，在当前已经成为一种各国普遍采用的刑事程序，并逐渐形成职权主义模式、当事人主义模式和以当事人主义为主、职权主义为辅的混合模式三种模式。对抗式刑事程序具有以下主要特征：[①]（1）程序开始由争议引起，实行不告不理的原则。（2）诉讼由地位平等的双方当事人构成，当事双方平等参与诉讼，平等质证，相互辩论，审判的进程、调查证据的顺序、方式，传唤、询问证人、鉴定人也可以由双方当事人控制，甚至可以实行辩诉交易。（3）法官处于消极中立的地位，法官只决定审判日期，负责维护审判秩序，认真听取双方当事人的意见，了解事实，在证据调查中实行交叉询问，使证据的证明力达到排除合理怀疑的程度。（4）诉讼目的在于解决争议，程序的技术性高，律师参与程度高。

3. 混合式刑事程序

混合式刑事程序主要是日本和意大利采用的一种折中程序，它

[①] 陈光中主编：《刑事诉讼法》，北京大学出版社、高等教育出版社2002年版，第29页。

既具有职权主义刑事程序的因素，又具有对抗主义刑事程序的因素，因而被称为混合式刑事程序。其具有两个方面的主要特征：一是保留了职权主义刑事程序中法官主动性的制度设计，承认法官的证据调查权和程序指挥权。二是吸取了对抗主义刑事程序中控辩双方的平等对抗性，实行直接言词和交叉询问的庭审方式，充分发挥双方的积极能动性。混合式刑事程序在一定程度上是对前述两种程序的扬弃，既有利于发现实体真实和提高诉讼效率，也有利于实现程序公正。

第三节 刑事程序价值的关系要素

价值虽然具体表现为事物的属性，但其本质却是主客体之间的一种需要和满足的关系。如果说价值主体和价值客体是刑事程序价值的两个端点，那么主体与客体之间的价值关系就是联系这两个端点的桥梁。

一、刑事程序价值关系的一般含义

刑事程序价值在本质上是程序主体与程序客体之间的一种相互作用的关系，程序主体与程序客体的任何一方都不能单独构成刑事程序的价值关系。刑事程序价值关系在形式上表现为主客体之间的需要与满足的价值依赖关系，在实质上体现为一种主客体之间的价值创造关系。但是，不管是形式上的需求与满足的关系还是内容上的价值创造关系，都不能脱离基本的事实关系，即刑事诉讼法律关系。为了进一步了解这三个方面的内容，以下就此作一详细说明。

首先，如上所述，刑事程序价值关系是一种主客体之间的需求与满足的价值依赖关系，这种依赖关系表现在两个方面：

一方面，刑事程序价值关系离不开主体。主体是价值需要的提出者，决定价值关系的产生和发展，有什么样的需要就有什么样的属性，价值就是主体需要的属性化。在刑事程序价值体系中，主体的需要决定刑事程序的价值构成和价值目标，主体依据自身的需要对刑事程序的性质、结构、内容及其运行效果进行价值评价，并以此为根据对之进行价值重建。

另一方面，刑事程序价值关系也离不开客体。作为客体，刑事程序是主体之现实需求指向的对象，并为主体的需要提供一般的、共同的或者独特的属性，使主体的需要成为可能。从这个意义上来说，刑事程序是刑事程序价值的载体，没有刑事程序就没有刑事程序的价值。

其次，刑事程序价值关系在实质上是一种价值创造关系。

相对于人的起源与发展来说，诉讼程序出现的时间应当是很晚的。在原始社会，氏族内部围绕着生产、分配和婚姻的纠纷或争执，一般情况下由氏族成员即当事人自己自行解决，氏族之间的争端和冲突如边界争执、人身伤害、财产抢夺，则往往通过同态复仇或战争来解决。在国家产生之后，一切当事人不能自行解决的严重冲突则通过刑事诉讼来解决，由此出现了司法活动和不断专门化的司法机关，尽管诉讼和司法的出现标志着公力救济代替私力救济，使得人们之间发生的争端可以通过非暴力方式解决，但在相当长的时期内并未产生真正意义上的刑事程序，司法的恣意妄为贯穿于整个奴隶社会、封建社会乃至于资本主义社会的早期。现代刑事程序的产生只是最近一二百年的事情，是资产阶级战胜封建统治者并最终建立政权的结果。1804年法国公布的《刑事诉讼法》是世界历史上第一部近现代意义上的刑事程序法典，它确立了"自由心证"的证据制度和其他一系列具有现代精神的诉讼理念、原则和制度。继法国之后，欧洲大陆其他国家也纷纷制定了本国的刑事诉讼法典。

可见，刑事程序的产生是人类调整相互行为和解决社会矛盾的经验积累，它不但终结了野蛮的暴力复仇，也使司法的恣意妄为受到有效的制约，从而使社会的发展建立在理性基础上。从这个意义上来说，刑事程序是人类进步到了相当程度的产物，是为了应对社会关系的复杂和犯罪现象的频发而创造出来的价值创造物。

最后，刑事程序价值关系离不开刑事诉讼法律关系，刑事诉讼法律关系是刑事程序价值关系的基础。

在刑事诉讼中，国家司法机关及各方诉讼参与人通过一定的刑事诉讼法律关系联系起来。刑事诉讼法律关系也就是有关的机关和个人在参加刑事诉讼的过程中所发生的权利义务关系。这种权利义务关系存在于刑事诉讼活动过程之中，与刑事诉讼活动保持同步进行的态势。

刑事诉讼法律关系是刑事程序价值关系的基础。任何绝对孤立的存在，都不可能建立起任何价值关系，对绝对孤立的司法机关或者个人来说，价值关系没有存在的可能性。只有在各个诉讼主体参与到刑事诉讼活动中并形成刑事诉讼法律关系，诉讼主体才可能对刑事程序提出具体的价值需要，并与之形成价值关系。

二、刑事程序价值关系的根源在于主体提出的价值需求

价值不是凭空产生的，价值存在于主体和客体的价值关系中，主体及其需要既是价值创造趋向的中心，又是价值生成和发展的最终根源。要真正揭示刑事程序价值的根源，就必然要研究主体的需要及其产生的机制。

对于主体需要的研究，在中外哲学史上从未中断，且历久弥新。凡承认人的价值主体地位的思想家，无不重视对人的需要的思索，从而形成了哲学价值论史上各具特色的主体需要的理论。美国人本主义哲学家马斯洛则创立了他的"需要层次理论"，把主体的需要分为五个层次，即生理的需要、安全的需要、爱和归属的需要、自尊的需要、自我实现的需要。捷克斯洛伐克著名思想家奥塔·锡克在《经济—利益—政治》一书中提出人的"基本需要理论"，把主体的需要分为经济的需要和非经济的需要、物质的需要和非物质的需要，并在此基础上进一步提出人的四种基本需要，即物质的需要、运动和活动的需要、与别人交往的需要以及文化的需要。[①] 马克思和恩格斯从辩证唯物主义和历史唯物主义的高度对主

---

① 参见袁贵仁：《价值学引论》，北京师范大学出版社1991年版，第46页。

体的需要作了精辟而科学的阐述，并提出了"社会物质需要理论"，认为主体的需要可以概括为生存需要、享受需要和发展需要，把主体的活动分为生存活动、享受活动和发展活动，并相应地把主体的需要的内容或对象物分为生存资料、享受资料和发展资料。① 在人类社会的发展过程中，"人的需要及其满足状况随着人们之间的社会关系的变化而变化，当低层次的需要获得相对满足后，追求高层次的需要便成为人们在社会生活和生产中的动力。"②

笔者认为，上述关于各种理论无疑对主体需要的研究提供了可资参考的方法论指导。从最一般的意义上来说，需要是一切生物均具有的生命特征，是生物区别于非生物的一个标志。但是，在所有的生物中，人是一种理性的、自觉的存在者，人的需要是生物需要中的高级需要，他与其他生物的需要有着本质的区别：一方面，人的需要意味着人们在现实生活中存在物质匮乏或精神匮乏的事实，是人对其生存和发展的主客观条件的依赖和追求；另一方面，人的需要也意味着人反映现实的一种特殊形式，是积极行动的内在动因。或者说，人的需要就其本质来说不是天然的或者本能的，而是自觉能动的、社会性的需要，是主体在社会实践中创造出来的一种需要。

既然价值根源于社会实践基础上的主体的需要，那么价值的状况就要决定于主体需要的状况：主体需要的质决定价值的质，主体需要的量决定价值的量，主体需要的态决定价值的态。一句话，主体的需要是价值形成的内在根据和判断尺度。对此，所谓一定事物是有价值的，就表示它能够满足一定主体的某种需要，成为价值主体的兴趣、意向和目的所追求的对象。

如前所述，刑事程序价值的具体主体包括追诉者、被追诉者和作为裁判者的法官。追诉主体在公诉案件中包括公诉人和被害人，

---

① 《马克思恩格斯选集》（第3卷），人民出版社1995年版，第572页。
② 参见《中国大百科全书》（哲学卷），中国大百科全书出版社1987年版，第1044页。

第二章 刑事程序价值的基本要素

在自诉案件中就是自诉人。被追诉者就是犯罪嫌疑人或者被告人。不同的价值主体在刑事诉讼中会有不同的需要，这些不同的需要也就是他们在刑事程序中不同的价值追求：

对刑事被害人或其近亲属而言，他们是犯罪行为直接或间接侵害的对象，与刑事程序的运行具有直接的利害关系。被害人不仅具有使对其实施侵害的犯罪人受到法律的谴责和刑罚处罚的强烈欲望，而且具有得到财产赔偿和心理慰藉的要求。刑事程序的运行在使犯罪嫌疑人或被告人的刑事责任问题处于待判状态的同时，也使被害人的上述需要处于待定的状态，因而被害人及其近亲属具有积极主动地参与刑事诉讼过程，影响裁判结局的愿望。只有满足被害人的这些愿望，刑事程序才能体现出其对于被害人及其近亲属的价值。

对犯罪嫌疑人和刑事被告人而言，他们居于被追诉者的地位，刑事诉讼的一个直接目的就是对犯罪嫌疑人或被告人进行追诉和审判，实现国家刑罚权，使那些在法律上构成犯罪的人受到制裁，从而剥夺其财产、自由乃至生命。因此，犯罪嫌疑人和被告人最关注的就是能否在刑事诉讼过程中受到公正而人道的对待，得到适当的定罪量刑，并及早从诉讼中解脱出来。

对公诉人而言，它是国家和社会利益的代表，其主要任务就是打击犯罪，维护人民民主专政的社会主义制度，维护国家安全，维护社会秩序，保护公民的人身权利、民主权利和其他权利，保护公民的合法财产，保障社会主义现代化建设的顺利进行。为了实现这一任务，在除了自诉案件以外的其他一切刑事案件中，公诉人都必须向法院提起公诉，并派检察官出庭支持公诉，因此，公诉人的最大愿望就是使法院接受其公诉意见，及时追究和惩处犯罪，保障人权，尽快恢复被犯罪破坏的社会关系，维护社会秩序。

对裁判者而言，他既不代表公诉人和被害人的利益，更不代表被告人和辩护人的利益，他唯一代表的就是正义。因此，对法官而言，其最大的愿望就是正确指挥庭审的进程，发挥控辩双方的主观能动性，正确适用实体法与程序法，作出公正的裁判。

当然，尽管这些不同的价值主体的需要具有如此大的差异，但有一点却是共同的：他们都希望使因犯罪而引起的讼争及早得到解决。

三、刑事程序价值关系的基础在于客体提供的各种属性

价值离不开客体，说到底是因为客体具有能够满足主体需要的种种属性。属性是事物质的外在表现，事物的一切属性都是通过和其他事物的相互关系而表现出来的，即通过和其他事物的相互比较、相互作用和相互影响而表现出来的。对此，马克思说过："一物的属性不是由该物同他物的关系而产生，而是在这种关系中表现出来。"[①] 事物的价值属性则是在物与人的关系中表现出来的，即在主客体关系中所表现出来的能够满足主体某种需要的那样一种属性。从这个意义上来说，属性是客体本身所固有的一种特性，它在一定程度上不以价值主体的需要为转移。

刑事程序是刑事程序价值的客体，刑事程序价值关系的基础在于其提供的各种能够满足主体需要的属性。具体而言，刑事程序的属性可以分为以下三个方面：

首先，刑事程序具有作为基本法律的一般属性。

一方面，和所有的法律一样，刑事程序也是统治阶级意志的体现，是社会上占统治地位的阶级即掌握国家权力的阶级的意志的体现。正如列宁所说："法律就是取得胜利、掌握国家政权的阶级的意志的表现。"[②] 统治阶级出于维护本阶级利益的需要和掌握国家政权的有利条件，才有必要和可能把本阶级在刑事诉讼方面的意志用刑事程序的形式表达出来。从这个意义上来说，刑事程序在一个国家的法制体系中具有较强的意识形态色彩，国家制度不同，刑事程序的理念、原则和具体的价值目标也会存在一定的差异，即使像《联合国刑事司法准则》这样具有普遍价值的文件也不能自动适用

---

① 《马克思恩格斯全集》（第23卷），人民出版社1979年版，第72页。
② 《列宁全集》（第13卷），人民出版社1987年版，第304页。

到各主权国家,而是需要得到各国的承认和国内法化。

另一方面,和其他法律一样,刑事程序的内容是由统治阶级的物质生活条件决定的。如上所述,马克思和恩格斯认为,法所体现的统治阶级的意志的内容是由这一阶级的物质生活条件决定的。这可以说是刑事程序更深层次的本质。

其次,刑事程序具有作为诉讼程序的共同属性。

刑事程序是一种诉讼程序。诉讼程序是由国家权力机关制定的,具有法律效力的,为了追求一定的法律效果的顺序、程式、方法和步骤的总和。从程序主体的角度来看,诉讼程序就是人们在诉讼中为了作出一定的法律行为而必须遵循或履行的法定的步骤和方式;① 从程序关系的角度来看,诉讼程序主要表现为诉讼法律关系的参加者在作出一定的诉讼行为的过程中的相互关系;② 从程序内容的角度来看,诉讼程序是程序主体为实现预期目标依照法律的规定实施法律行为而采用有关程式、步骤、方法、阶段所形成的相互关系的总和;③ 从程序过程的角度来看,诉讼程序是专指按照法律规定的顺序、程式、方式、方法和步骤作出法律决定的过程。④ 由于需要用法律调整的实体问题不同,所以用来解决这些实体问题的程序也就不一样,于是便有了刑事程序、民事诉讼程序和行政诉讼程序之分。

和其他诉讼程序一样,刑事程序也是一种公力救济型程序。一般而言,以诉讼程序形式调整社会关系,是统治者维护其政治、经济和文化秩序,解决社会矛盾和冲突的主要方式。诉讼程序适用的范围,在很大程度上取决于社会矛盾和冲突对统治秩序的危害大小,危害越大,就越有必要采用诉讼程序来调整。诉讼程序以国家的司法权为依托,是解决社会矛盾和冲突的最有力的和最终的救济

---

① 孙笑侠:"法律程序剖析",载《法律科学》1993年第6期。
② 季卫东:"程序比较论",载《比较法研究》1993年第1期。
③ 肖建国:《民事诉讼程序价值论》,中国人民大学出版社2000年版,第22页。
④ 郑禄、姜小川:《刑事程序法学》,中国检察出版社1998年版,第1页。

方式。大凡诉讼必然涉及国家司法权力。正是在此意义上，诉讼程序可以解释为司法机关和案件当事人在其他诉讼参与人的配合下为解决案件而分阶段又相连贯地顺次进行的全部活动以及由此产生的诉讼关系的总和。[①] 它包含两方面的规定性：一方面，是程序活动的阶段和过程；另一方面，则是一种程序主体之间的相互关系，体现为程序主体之间的相互依存、相互影响和相互作用。无论哪一个方面，都离不开国家权力的参与和保障。

再次，刑事程序是一种适用于刑事诉讼活动的程序，具有不同于其他诉讼程序的自身属性。

相对于其他诉讼程序而言，刑事程序是一种严格的法定程序。这使得它具有与其他诉讼程序不同的属性，具体表现在以下几点：

第一，刑事程序是解决刑事责任的程序。刑事程序是指国家司法机关在当事人和其他诉讼参与人的参加下，解决犯罪嫌疑人或被告人是否犯罪和应否受刑事惩罚的活动以及由此发生的关系。由于刑事诉讼以实行国家刑罚权为目的，虽刑事诉讼在实行国家刑罚权之中，也寓有保障人权之意，但此非刑事诉讼之主要目的，因此刑事程序多表现为权力行使的程序，一项完整的刑事程序通常包括立案、侦查、公诉、审判、执行等程序阶段。在三大诉讼程序中，刑事诉讼程序居于最为严密和重要的地位，因为它是涉及刑事责任和国家刑罚权的程序。无论是行政诉讼还是民事诉讼，都不可能有刑事程序这样的严格性，刑事程序中关于回避、证据、期间、送达、第一审程序、第二审程序、审判监督程序以及执行程序的某些规定，都比民事诉讼程序与行政诉讼程序的相关规定更加严格。就诉讼的目的而言，民事诉讼程序的目的是为了保护私权、解决纠纷、维护私法秩序；行政诉讼程序的目的是为了判断行政行为的合法性，保护行政相对人的权利，二者都不像刑事程序那样涉及公民的最基本、最重要的权利。

第二，刑事程序是规定刑事诉讼行为的程序。诉讼行为也称诉

---

① 参见《法学词典》（增订版），上海辞书出版社1984年版，第459、464页。

讼活动。刑事诉讼行为是指司法机关与诉讼当事人依法定程序所进行的，能发生诉讼效果的法律行为，具体包括司法机关对刑事案件的立案、侦查、起诉、拘留、逮捕、审判，等等。诉讼行为除了应具备一般法律行为的要件外，还须具备刑事诉讼法所规定的条件：案件符合司法机关受理或管辖的范围；当事人须具有权利能力、行为能力以及刑事责任能力，无诉讼行为能力人依法由其诉讼代理人进行；对判决、裁定已经生效的案件，按审判监督程序处理；告诉才处理的案件须有被害人的告诉，附带民事诉讼须由当事人提起。

第三，刑事程序是以刑事诉讼法律关系为内容的程序。法律关系是经过法律调整而形成的特殊社会关系，这种关系受上升为国家意志的统治阶级的意志所支配，属于上层建筑的范畴。

在现实社会生活中，各种法律关系纷繁复杂，但只有其中经过刑事诉讼法调整的法律关系，才可以成为刑事诉讼法律关系。具体而言，刑事诉讼法律关系是由刑事诉讼法调整而形成的司法机关之间以及司法机关与诉讼参与人之间在刑事诉讼中所发生的诉讼权利与诉讼义务关系。刑事诉讼法律关系是一种具体的社会关系，这不仅表现在诉讼法律关系的主体总是特定的，而且联结特定的主体之间的诉讼权利和诉讼义务也是特定的。诉讼法律关系总是因特定的法律事实而发生，并因特定的法律事实而变更或者消灭。

四、刑事程序价值关系的形成要求主体需求与客体属性达到一致

价值关系不是一个实体范畴，它在本质上是一种主客体相互作用的关系。刑事程序价值也不例外，它在本质上是一种主体与刑事程序之间的需求与满足的关系，只有主体的需要与刑事程序的属性达到一致，刑事程序的价值关系才能最终形成。这种一致可以从动态与静态两个方面加以考察：

1. 动态的一致

刑事程序价值关系也是一种动态发展的法律关系。这种动态性的主导者是价值主体，体现为主体的需要。主体的需要具有层次性、多样性和选择性，作为客体的刑事程序也必须具有层次性、多样性和可选择性。按照马斯洛的观点，主体的需要是不断变化和发展的，主体的需要变化了，相对于主体需要的客体的属性也必然要发生变化；主体的需要发展了，相对于主体需要的客体的属性也必然要发展。对主体而言，此方面的需要被满足之后会产生彼方面的需要，旧的需要被满足之后会产生新的需要，低层次的需要被满足之后会产生高层次的需要，由此带动主体和客体之间的价值关系不断呈现平面的和立体的发展态势。

在刑事诉讼中，主体需要和客体属性的互动充分地体现在两个方面：

一方面，是刑事程序立法中的动态一致。刑事程序的立法活动是人们创制刑事程序、修改刑事程序和废止某一具体刑事程序的活动的总称。刑事程序的立法是一种价值创造活动，其标准总是以"人"的需要为中心。当人们认识到自己的某种价值追求需要借助于一定的刑事程序来予以满足的时候，人们就会产生创制有关刑事程序的动机；当人们认识到现有的刑事程序不能完全满足自己需要的时候，就会对既有程序进行补充，使其更加完善，更能满足自己的需要；当人们认识到现有程序的某个方面不能满足自己的需要，甚至对这些需要的满足形成阻碍的时候，就必然会产生对其进行修改或废止的冲动。

另一方面，是刑事程序实施中的动态一致。我国刑事诉讼法根据刑事诉讼的客观要求，将整个诉讼分为五个大的阶段，即立案、侦查、提起公诉、审判和执行；诉讼活动从立案开始到执行结束，依次进行。在不同的诉讼阶段，尽管价值主体没有变化，但刑事诉讼法律关系的内容却发生了变化。随着诉讼的不断深入，各具体价值主体的价值目标也不断得到调适，对刑事程序的需要也不断变化和发展，这使刑事程序价值关系呈现阶段性的特点。

2. 静态的一致

如前所述，尽管刑事程序价值关系具有动态的一致性，但同时也有静态的一致性。虽然主体的需要总是主动而动态的，但作为客体的刑事程序的属性总是消极而静态的，刑事程序的属性不可能瞬息万变，否则无法对其加以把握。因此，价值关系的互动和发展最终要受到客体属性的制约，而对刑事程序价值的动态把握也最终要落实到刑事程序的各种静态属性之上。也就是说，刑事程序的静态属性使得对刑事程序价值关系的动态把握成为可能。

需要指出的是，主体和刑事程序之间的需要与满足的价值关系不能脱离主体与作为客体的刑事程序之间的认识关系与实践关系。这是因为，客体的属性总是现实的和消极的，现有的客体属性可能要么尚未进入主体的视野，要么无法满足主体的需要，这时就有赖于主体充分发挥其主观能动性，对客体加以深刻的认识，发现其隐含的属性，或者对客体加以适当的改造，使之在原有属性的基础上产生新的属性，以满足主体的需要。从这个意义上来说，价值主体与刑事程序之间的认识关系与改造关系是主客体价值关系的基础关系，离开了这种基础关系，一切价值理论都会失去唯物主义的支持。

第三章　刑事程序的价值构成

第一节　刑事程序价值构成概述

刑事程序的价值构成，是指刑事程序价值体系的具体价值类型以及各种具体价值类型之间的相互关系。研究刑事程序的价值构成对于从总体上把握刑事程序的价值体系具有重要意义。在下文中，笔者将就目前关于刑事程序价值构成的主要理论及存在的问题进行初步的分析，并在此基础上提出新的刑事程序价值构成观点。

一、关于刑事程序价值构成的主要观点

目前，关于刑事程序价值构成的理论大体上可以分为以下三种情况：

1. 单一性刑事程序价值构成理论

单一性刑事程序价值构成理论可以分为两种情况，即绝对工具主义和程序至上主义。

所谓绝对工具主义，实际上是功利主义在程序价值理论中的具体表现。在绝对工具主义看来，法律程序不是作为独立的实体而存在的，它没有任何可以从其自身的品质上找到合理性和正当性的因素，它本身不是目的，而只能是用以实现某种外在目的的工具或者手段，而且它也只有在对于实现上述目的的有用或有效时才有存在的价值。[①]

绝对工具主义认为刑事程序的唯一价值就是作为实现刑事实体

[①] 陈瑞华："法律程序价值观"，载《中外法学》1997年第6期。

法目的的一种工具。任何刑事程序只有在它有助于查明实体真相和准确适用刑事实体法时，才能真正体现出自身的存在价值。作为功利主义法学理论的鼻祖，边沁（Jeremy Bentham）曾对绝对工具主义理论作过经典性的阐释，他把程序法比做实体法的附属部分，认为法律程序不是一个自主而独立的实体存在物，它没有任何可以在内在品质上找到合理性和正当性的因素。① 在边沁看来，刑事实体法的唯一正当目的就是最大限度地增加最大多数社会成员的幸福，刑事程序的唯一正当目的则为最大限度地实现刑事实体法的目的。② 因此，刑事程序的价值构成必须与刑法的一般目的结合起来分析：刑法的首要目的在于惩罚和抑制犯罪这一严重危害社会的行为，以达到社会的自由、秩序、正义和安全，从而实现最大多数人的最大幸福；如果刑事程序不能确保刑法的实施和刑罚的实现，它就无助于实现上述目的，就没有丝毫的价值。

绝对工具主义程序构成理论连同其理论基础一起对后世信奉功利主义法学理论的学者产生过持续而深刻的影响。在大陆法系国家，许多学者都接受了这一理论，不但利用它解释刑事程序的存在合理性，而且把它作为程序立法的重要指导思想。

与绝对工具主义正好相反，程序至上主义认为评价法律程序优劣的唯一标准要看程序本身是否具有内在的优秀品质，而不是绝对工具主义那样只看重结果的有效性。程序至上主义把程序自身的价值提到一个前所未有的高度，甚至以此否认程序工具价值的存在。③

程序至上主义的代表人物是英国的达夫（R. A. Duff），他认为公正的程序与公正的裁判结果是不可分的。离开了公正合理的程序，法院的裁判即使对被告人的行为作出了正确的判断，也不具备

---

① 陈瑞华："程序价值理论的四个模式"，载《中外法学》1996年第2期。
② ［英］边沁：《立法原理——刑法典原理》，孙力等译，中国人民公安大学出版社1993年版，第81页。
③ 参见陈瑞华："法律程序价值观"，载《中外法学》1997年第6期。

任何公正性可言。在达夫看来，刑事程序的价值不但不依赖于刑事实体法而存在，相反它还决定了刑事实体法能否存在以及这种存在的价值。①

程序至上主义理论在英美国家曾经十分盛行。受程序至上主义的影响，英美学者一般特别重视诉讼程序，相信"正义先于真实（Justice before Truth）"，认为刑事诉讼如果不依照公正的程序进行，就必然不能够作出公正而合理的判决。

2. 双重性刑事程序价值构成理论

双重性程序价值构成理论是在修正单一性程序价值构成理论的基础上产生的，它既看到了程序的工具价值，也看到了程序的自身价值。双重性刑事程序价值构成理论承认程序价值的两个方面，在一定程序上更加符合辩证法的思想。

双重性程序价值构成理论依据两种价值的不同地位又可以分为两种相互对立的情况：

一是工具性价值优先，兼顾自身价值论。持这一观点的学者认为，刑事程序的工具价值在于保证刑事实体法的正确实施，但除此之外它也具有自身的独立价值，在优先考虑其工具价值的同时，也不能忽视其自身价值。②

这种观点从我国刑事诉讼法修改后的相关规定入手，详尽阐述了刑事程序在保障刑事实体法实施方面的功能：（1）规定一系列的侦查手段、强制措施和运用证据的科学规则，以追求实体真实；（2）规定一系列的审判程序，使刑事实体法从抽象规范转化为具体的权利和义务；（3）规定一系列的救济程序，使案件的错误能得到及时的纠正。在肯定刑事程序的工具价值的同时，这种观点认为刑事程序自身的独立价值亦应得到兼顾。其自身价值具体表现在：（1）刑事程序赋予法官一定的自由裁量权，使之能将法的基

---

① 甄贞主编：《刑事诉讼法学研究综述》，法律出版社 2001 年版，第 7 页。
② 陈光中、王万华："论诉讼法与实体法的关系——兼论诉讼法的价值"，载《诉讼法论丛》（第 1 卷），法律出版社 1998 年版，第 16 页。

本原则应用到具体案件的裁决过程中，或在法无明文规定的情况下用基本原则弥补具体规定的不足，从而创制实体法；（2）刑事程序的公正性和民主性使诉讼具备文明与理性的本质与外观，使实体判决得到社会公众的认可和尊重，易为当事人从心理和行为上予以接受；（3）在特定情况下，刑事程序的自身价值也可以表现为限制实体真实的实现，如在规定沉默权的情况下，司法机关可能会失去从犯罪嫌疑人或被告人那里直接获得某些线索的机会，但这种限制是必要的，它以有限的实体真实换取了更大的程序公正甚至更大的实体真实。

二是自身价值优先，兼顾工具价值的观点。持这一观点的学者认为，刑事程序既具有自身价值，同时也具有工具价值，但在处理二者之间关系的时候，应该坚持自身价值的优先地位，在保证程序自身价值实现的前提下保证程序工具价值的实现。[①]

这种观点把其理论基础建立在我国的现实国情之上，认为我国长期重人治轻法治，重实体轻程序，重打击轻保护，国家司法权缺乏制约，刑讯逼供和有罪推定一直难以根除，因而尤其要重视程序的自身价值。刑事程序的自身价值表现为：（1）刑事程序保障当事人在诉讼中的人格尊严，体现了程序文明和程序人道的法制观念；（2）刑事程序保障当事人在诉讼中的主体地位，体现了程序参与和程序民主的法治精神；（3）刑事程序保障当事人的诉讼权利，不仅可以为实体裁判提出上诉，而且可以为诉讼权利上诉。同时，持这一观点的学者也强调程序工具价值的重要性，程序不能离开实体目的，不能为程序而程序，否则容易导致放纵犯罪，造成社会秩序的混乱和对公民人身财产权利的侵犯。刑事程序的工具价值表现在：（1）规定一系列基本原则，确保实事求是和依法办事的司法理念贯穿于整个刑事司法领域；（2）规定一系列基本制度，既确保刑事实体法公平正义地实施，也确保刑事实体法富有效率地实

---

① 参见左卫民：《价值与结构——刑事程序的双重分析》，四川大学出版社1994年版，第71页。

施；(3) 规定实施刑事实体法的专门机关及其分工，使各司法机关能够既相互配合又相互监督。由于这一观点既有坚实的现实国情基础，又比较符合当前的程序法治潮流，因而在我国拥有较多的支持者，而且大多数中青年学者都坚持这种观点。

3. 层次性刑事程序价值构成理论

持这一观点的学者把刑事程序价值划分为三个层次，即内在价值、外在价值和次级价值。其中，内在价值是刑事程序的首要价值，它为程序公正设定了最低限度的标准。这主要包括：(1) 程序参与原则，即受刑事裁判直接影响的各方应充分而富有意义地参与裁判的制作过程；(2) 程序中立原则，即裁判者应在控辩双方之间保持中立，不得带有预断和偏见；(3) 程序对等原则，即控辩双方平等对抗，国家公诉机关并不具有相对于辩护方的优势地位；(4) 程序理性原则，即程序运行的各个阶段应符合理性的要求，裁判者尤其不得恣意妄为，出入人罪；(5) 程序自治原则，即法官的裁判只能从法庭审判过程中形成，既不能受到预断的影响，更不能受到其他法外因素的影响；(6) 程序及时终结原则，即程序应当符合诉讼效率的要求，及时地产生裁判结果，使当事人及时摆脱讼累，使被告人的刑事责任得到最终确定。①

同时，这一观点把刑事程序的工具价值作为第二层次置于内在价值之后，称为外在价值。刑事程序的外在价值存在于它与其他外部因素的相互作用之中，主要体现为：(1) 刑事程序保证控辩双方对事实真相的探求具有确定的规则；(2) 刑事程序保证诉讼各方的法律行为符合公平正义的要求；(3) 刑事程序保证裁判结果的合法性、权威性和正当性；(4) 刑事程序保证刑事实体法的价值目标从抽象走向现实，使刑事实体法规定的权利和义务得到实现。②

在此基础上，层次性刑事程序价值构成理论将刑事程序的经济价值作为程序的次级价值。也就是说，经济价值与程序的内在价

---

① 参见陈瑞华：《刑事审判原理论》，北京大学出版社1997年版，第60页。
② 参见陈瑞华：《刑事审判原理论》，北京大学出版社1997年版，第85页。

值、外在价值相比较处于第三层次的地位,只有在满足内在价值和外在价值的前提下才能考虑到它的实现。刑事程序的经济价值包含如下内容:(1)刑事程序的创制应保证司法资源得到合理而有效的配置;(2)刑事程序的运行应保证诉讼活动迅速进行和实体案件的及时审结;(3)在不妨碍公正审判的前提下,刑事程序应尽量简化。①

二、刑事程序价值构成研究中存在的问题

当前,随着刑事程序价值理论已经成为整个刑事诉讼法学研究的热点问题之一,刑事程序的价值构成也成为学者们关注的重点,并相继产生了不少具有创见性的观点,这对刑事程序价值理论的进一步深入研究起到了有益的推动作用。但是,在取得丰硕成果的同时,也存在一些问题,这主要表现为以下几个方面:

其一,在分析刑事程序价值构成的具体内容时定位不够准确,也不够全面。

一方面,许多学者把刑事程序的具体价值简单地归结为平等、秩序、自由、安全,并对它们的内容与相互关系加以详细的阐述,以期尽可能广泛和深入地发掘刑事程序价值构成的外延与内涵。实际上,平等、自由、安全、秩序之类的价值,既可以成为一般法理学或者法哲学讨论的价值,也可以成为宪法讨论的价值,还可以成为包括刑法、民法、行政法等实体法以及其他诉讼法在内的各部门法讨论的价值。研究者如果简单地将这些价值"套"到刑事程序之上,有时显得既不恰当,又难以自圆其说。②从目前来看,这些价值分析不但没有突破一般法律价值理论的限制,反而在一定程度上失去了对刑事程序价值研究的具体性和针对性。

如果说刑法的价值要通过刑事程序运行的结果来体现的话,那么刑事程序的价值则主要体现于刑事程序的整个运行过程之中。具

---

① 参见陈瑞华:《刑事审判原理论》,北京大学出版社1997年版,第94页。
② 陈瑞华:《刑事诉讼的前沿问题》,中国人民大学出版社2000年版,第83页。

体而言，诸如安全、秩序、民主之类的价值主要与刑法的实施有关，而自由和平等之类的价值则既与刑法的公正实施有关，也与刑事诉讼法的正确实施有关，尽管这些价值也体现于刑事诉讼过程之中，但并不是它的主要价值。在刑事程序价值理论研究中，如果过多地关注诸如此类的实体性价值，或者干脆把刑事程序价值等同于这些价值，对于刑事程序价值构成的研究是没有意义的。

另一方面，学界普遍把刑事程序的自身价值等同于程序正义，并把程序正义简单地等同于程序公正，这种情况也是比较片面的。事实上，刑事程序的自身价值远不止程序正义所能涵盖得了的，它至少还有人道、理性和审美之类的独立价值。同时，程序正义也不完全等于程序公正，除了程序公正，它至少还可以包括程序公开和程序公平，程序公正只是其中的重要内容之一。既然如此，研究者将这些性质不同、形式各异的价值并列在一起，并不能有效地解决刑事程序的价值构成问题。

其二，在确立刑事程序价值构成的标准时没有考虑到它的固有属性。

在确立刑事程序价值构成的标准时，学界的一个普遍做法是以刑事程序与刑事实体法之间的关系为标准把刑事程序价值分为内在价值和外在价值。所谓内在价值，就是与刑事实体法无关的价值；所谓外在价值，从学者们的具体表述来看，是指刑事程序对于实现刑事实体法之目的所具有的价值，由于这种价值是需要以其他外在参照物作为对照，并且不能独立存在，因而称其为"外在价值"。

笔者认为，这种表述从表面来看的确比较形象，同时也易于被人们接受，但是却不符合哲学价值理论的一般原理。因为，事物价值的根据是事物的固有属性，凡属性必定是事物的内在属性，不存在所谓的"外在"属性，并且事物的属性本来就是以其质的规定性为基础，通过与外界其他事物的联系中表现出来的。故凡价值必定是事物的内在价值，不存在所谓的外在价值。所谓刑事程序的"外在价值"其实是一种工具价值，说到底仍然是刑事程序的内在价值。

既然如此，在考察刑事程序的价值构成时，就不能仅仅从刑事程序与刑事实体法之间的关系出发，把它们简单地分为内在价值（或独立价值）与外在价值（或工具价值）两个方面。实际上，无论是内在价值还是外在价值，抑或独立价值还是工具价值，它们都是由刑事程序的内在固有属性所决定的。为了实现这种价值，刑事程序在设计上必须符合特定的伦理价值标准，具有特定的内在优秀品质，并通过程序运行过程体现出这些优秀品质。因此，那种简单地分为内在价值（或独立价值）与外在价值（或工具价值）两个方面的方法，只能引起逻辑上的混乱。

其三，在研究方法上重分析方法和实证方法而忽视系统方法和哲理方法。

从目前来看，国内关于刑事程序价值构成的研究主要还是采取分析的方法，即从刑事程序与刑事实体法之间的关系来考察刑事程序价值的分类，并对各个具体价值进行进一步的详细阐释。一般来说，这种方法的优势是有助于清晰地界定刑事程序价值构成的主要类型，能够比较自然地关注刑事程序价值的多元性，但这种方法也有其难以克服的缺陷，即容易忽视各种类型的价值之间的内在联系，难以顾及刑事程序价值的系统整体性和有机性。从这个意义上来说，仅仅采取分析的方法还是不够的，还应该从系统方法的角度来考察刑事程序的价值构成。

另一方面，传统的价值研究方法主要关注于从刑事程序的实然规定中寻找实证支持，却忽视从应然的角度阐释刑事程序的价值根据。实际上，价值领域的问题主要是一种理性思辨的问题，有时候并不能通过对法律规范的简单阐述得出结论。因此从这个意义上来说，只有摆脱传统的实证研究方法，重视实证研究方法与哲理研究方法的结合，才能把刑事程序价值研究进一步推向深化。

三、以刑事程序的不同属性为标准构建刑事程序价值体系

如前所述，在研究刑事程序价值构成的方法问题上，学界当前普遍采取比较的研究方法，即从刑事程序与刑事实体法之间的关系

来考察刑事程序价值的构成，由此把刑事程序价值分为内在价值与外在价值，或者独立价值与工具价值。在此基础上，如果片面强调刑事程序对刑事实体法的依赖性，强调刑事程序对刑事实体法目的的促进性，则是绝对的工具主义价值观，如果仅仅从刑事程序本身的独立性去考察刑事程序的价值，则是程序本位主义价值观。

诚然，比较的方法有其可取之处，它有助于清晰地界定刑事程序价值构成的主要类型，也能够比较自然地发现刑事程序价值的多元性，因而对刑事程序价值构成的研究具有非常重要的启示意义。但是，在价值研究领域，这种方法也有其致命的弱点，那就是它只能看到价值的表象，而难以顾及事物价值背后的根源。

在笔者看来，价值研究始终不能脱离价值主体的需求，因为主体的具体需要决定事物价值的面貌。与此同时，主体的需求又不能脱离客体的属性，它最终需要借助于客体的属性才能实现。在刑事程序价值构成中，主体对作为客体的刑事程序不外乎有两种需求：要么作为工具，要么作为目的。如果作为工具，刑事程序必须具有作为工具的属性，如果作为目的，它必须具有作为目的的属性。那么，如果从这一视角出发并对刑事程序加以深入分析，可以发现它具有三个层次的属性，这些属性正好可以满足主体对刑事程序的价值需求：

第一个层次的属性是刑事程序作为一般法律的属性。在这种情况下，刑事程序是一国法制体系的重要组成部分，它反映统治阶级的意志，保障人民的自由、民主和平等，维护国家和社会的秩序和安全，从而体现出刑事程序的一般社会价值。

第二个层次的属性是刑事程序作为普通法定程序的属性。也就是说，它具有一切法定程序或程序法的共性——既要为实体法服务，确保实体法的实现，同时也具有不依赖于实体法的独立属性，以其自身固有的优秀品质满足人们的需要。这一方面决定了刑事程序具有作为实现实体法目的的工具价值，如致力于发现实体事实，保障实体法律的具体适用，促进实体裁判的形成；同时也具有以自身存在为目的的目的价值。

第三个层次的属性是刑事程序具有作为不同于其他法律程序的属性。也就是说，刑事程序是一种关涉国家刑罚权的程序，它关系到公民最重要的权利，包括生命权、人身自由权、财产权，等等。从这个意义上来说，刑事程序的工具价值与目的价值又具有与民事程序或行政程序不同的特征：从工具价值来说，刑事程序的工具价值在于确保刑事实体法的正确实施，以形成符合实体真实的公正判决；从目的价值来说，刑事程序的目的价值与刑事实体法无关，具有区别于民事程序和行政程序的最大的理性、人性和正义性，如果不具备这些独特的属性，刑事程序就和其他程序没有什么区别了。

需要指出的是，尽管可以把刑事程序的价值构成分为上述三个方面，但它们并不完全是彼此孤立、互不相干的。事实上，它们在相互区别的同时也具有相互依存的一面，并共存于刑事程序本身。

第二节 刑事程序的目的价值

刑事程序的目的价值就是它作为价值主体的目的的价值。具体而言，就是刑事程序以其本质属性满足价值主体的需要而体现出来的价值。

笔者认为，刑事程序的目的价值可以表现为三个方面：第一个方面是理性价值，理性是隐藏在诉讼规范和诉讼行为背后的本质，诉讼规范和诉讼行为则是理性的外在表现；第二个方面是正义价值，主要包括刑事程序的公正性、公平性和公开性；第三个方面是人道价值，它代表了在刑事诉讼领域人与人之间的人性交往方式。刑事程序之所以能够成为独立而不可替代的价值创造物，正是因为它具有能够满足主体需要的这三种目的的价值。

一、程序理性

依据西方法哲学的一般逻辑，法律以正义为标准，而正义来自理性而非功利。理性要求国家的一切法律活动——无论立法还是司法——均以人民为归依。① 因此，按照这一逻辑，在刑事程序的诸项目的价值中，理性价值自当排在首要的位置，其次才是正义，最后才是人道。

理性是一个非常复杂的哲学范畴。在人类哲学史上，它一直是古今思想家们不断探索却又争执不休的话题。

在客观主义者那里，理性是一个客观范畴，是一种绝对精神，是宇宙万物的本原及其形成和发展的动力，它不仅是人的属性，甚至也是神的属性和自然的属性，凡合乎人性，合乎神性，合乎自然性，即为合乎理性。西塞罗认为："理性在于人和上帝两者之中，人和上帝的第一份财富就是理性。"② 在主观主义者那里，理性则是一个纯粹主观的范畴，是专属于君主的主观精神和意志。马基雅维利把理性从客观神学中剥离出来，但又把理性仅仅归结为君主的理性，否认人民的理性。他指出："君主是机敏、智慧和自我控制的化身，只有他才具有懂得如何利用美德和恶习并驾驭狮子和狐狸的理性。"③ 其实，在唯物主义者看来，理性既有主观性也有客观性，理性只能是人的理性，理性是人的本质属性之一。亚里士多德指出"人是一种理性的动物。"④ 在马克思主义者那里，人的理性就是人的社会性，是人与人在劳动的基础上相互交往的理性，理性意味着人类从野蛮状态中解放出来，从而使人们能够在社会生产与生活中愿意通过自我意志的自觉能动性而不是通过本能适应性或赤裸裸的暴力来解决问题。⑤

在西方法律思想史上，法与理性具有十分密切的联系，理性被认为是法的本质。黑格尔认为，法是人的理性的产物，理性是法的

---

① 张宏生、谷春德主编：《西方法律思想史》，北京大学出版社1990年版，第44页。
② 张宏生、谷春德主编：《西方法律思想史》，北京大学出版社1990年版，第163页。
③ [意] 马基雅维利：《君主论》，潘汉典译，商务印书馆2004年版，第84页。
④ 亚里士多德：《政治学》，吴寿彭译，商务印书馆1981年版，第163页。
⑤ 《马克思恩格斯选集》（第1卷），人民出版社1995年版，第118页。

内在品质,法的形成历程与绝对理性的发展是同步的、一致的。在《法哲学原理》中,黑格尔还以法的理性本质论证了自由的合理性:"法的本质是理性的,其出发点和确定地位也是理性的。理性是自由的,所以自由就构成法的实体和规定性"。①

一般认为,如果以理性为标准考察法的根源与本质,可以把法的发展分为三个时期:自然理性法时期、神学理性法时期和人类理性法时期。②

1. 自然理性法时期

自然理性法发源于古希腊,发展于古罗马。古希腊是西方文明的摇篮,也是西方法哲学思想的发源地。在特定的地域文化和政治文化的基础上,形成了独特的古代希腊法哲学观念,这种法哲学观念的一个明显特点便是崇尚自然理性,并以此为基础形成早期的自然理性法思想。其一个重要的观点就是,自然理性就是自然法,是整个宇宙的根本法则,它昭示人们:什么事情应该去做,什么事情不应该去做。③ 古罗马思想家深受古希腊法律思想的影响,无论是柏拉图和亚里士多德的理论,还是斯多葛学派的学说,都是古罗马思想家的理论来源。在古罗马的诸多思想家中,西塞罗的自然理性法思想对西方影响最大。他认为,自然理性是正义的本质,是一切事物的根本标准。从这个观点出发,西塞罗宣称法律不是人类思想的产物,人类所制定的法律应该符合代表理性、统治全世界的、永恒不变的自然法。④ 在西塞罗之后,古罗马五大法学家均在著述中进一步丰富了自然理性法思想。

2. 神学理性法时期

神学理性法产生于欧洲中世纪。这一时期的重要特征是世俗政

---

① 黑格尔:《法哲学原理》,范扬、张企泰译,商务印书馆1961年版,第66页。
② 沈宗灵:《现代西方法律哲学》,法律出版社1983年版,第17页。
③ 张宏生、谷春德主编:《西方法律思想史》,北京大学出版社1990年版,第29页。
④ 张宏生、谷春德主编:《西方法律思想史》,北京大学出版社1990年版,第32页。

权神圣化，神权与王权结合在一起进行统治，法学和其他思想都是"神学世界观"的体现，是神学的附庸。政治和法律都掌握在僧侣手中，法学也和其他科学一样，成了神学的分支，一切按照神学中通行的原则来处理。教会教条同时就是政治信条，圣经词句在各法庭中都有法律的效力。

神学理性法的核心观点是，国家起源于人的本性，而上帝是人乃至于人性的创造者，所以上帝便是国家——政治权威的最终主宰。相对于上帝的绝对权威，世俗的君主只是按照上帝的意旨来管理国家，他是上帝在人间的代表，具有至高无上的世俗权威。也就是说，国家是上帝的创造物，上帝的理性是一切权力的源泉和根据，君主借助于上帝的权威来统治人民，他没有独立的理性，只是上帝的仆人。① 以此为依据，托马斯·阿奎那把法分为永恒法、自然法、人法和神法。其中，永恒法是上帝用来统治这个宇宙的根本大法，它来源于上帝的理性，是其他一切法律的渊源；自然法是永恒法的一个部分，是上帝用于管理世俗的人们参与自然并谋取福利的法；人法是世俗的人们通过国家机关制定的用于自我统治的法，其制定根据是永恒法；神法就是《圣经》，是上帝为了弥补人法的不足而为世俗的人们制定的法。② 在托马斯·阿奎那看来，不管是永恒法、自然法，还是人法和神法，它们最终都是上帝或神的理性的体现。

3. 人类理性法时期

人类理性法承认人类理性是一切法律的核心价值。人类理性是指人类基于自主意志所具有的思维能力、认识能力和实践能力，以及通过这些能力得以实现的目标或达到的某种结果。一般认为，对于人类理性可以从两个层次进行理解：一是动态层次，即理性能力

---

① 张宏生、谷春德主编：《西方法律思想史》，北京大学出版社1990年版，第55页。

② 张宏生、谷春德主编：《西方法律思想史》，北京大学出版社1990年版，第58页。

及其运用,具体包括基于符号、语言和文字的抽象思维能力及其运用;基于概念、判断、推理的认识能力及其运用;基于思维能力和认识能力而具有的自觉能动的实践能力及其运用。二是静态层次,即理性能力的结果,具体包括科技文化知识和社会政治法律制度。在现代西方法哲学思想中,人类理性这一核心价值不仅是立法、司法和守法的基础和起点,也是它们的归宿与目的。

人类理性法虽然表现形式多样,但目的是同一的,即反对宗教神学,主张自然法代表人类的理性或本性,是最高的法律。它与"天赋人权论"、"社会契约论"等学说互相结合,主张自由、人权、平等和法治,相信依靠人类的普遍理性能制定出人类普遍适用的法律或法典。[①]

从自然理性、神学理性到人类理性,这一发展过程体现了法律发展的一般趋势。现代刑事程序的理性不是自然理性,更不是神学理性,而是人类理性的反映。刑事程序是一个实现国家刑罚权的过程,因而尤其需要理性,理性是刑事程序的核心价值之一。无论是程序过程还是实体结果,无论是惩罚犯罪还是保护人权,都是人的理性的需要和反映。在刑事诉讼中,理性是控辩平等对抗的基础,是犯罪嫌疑人或被告人得以确立主体地位的根本,是制约国家追诉权恣意妄为的最终依据。可以说,程序是理性的产物,没有理性就没有程序,如果没有理性,人类可能至今还处于同态复仇和赤裸裸的暴力中。

关于刑事程序的理性价值,中外学者都有过深入的思考。美国学者艾森伯格(Melvin Eisenberg)认为,为确保审判程序富有理性,法官在裁判过程中应该承担三项义务:(1)以认真的态度聆听双方当事人的陈述和主张;(2)任何司法决定或者裁判都必须建立在当事者提出的证据和法庭辩论的基础上;(3)无论如何都

[①] 沈宗灵:《现代西方法理学》,北京大学出版社1992年版,第78页。

应充分说明作出某项裁判或决定的根据和理由。① 显然，这三项义务的共同目的旨在充分实现刑事程序的理性价值，使法官的裁判结果建立在法庭审判的过程中，而不是建立在个人主观意志的基础上。美国学者贝勒斯（David Bayles）则进一步指出：程序理性价值要求制作司法裁判的法官在审判过程中必须承担五项义务：(1) 审慎地收集证据和认真地听取意见；(2) 仔细地比较和衡量所得的证据和意见；(3) 客观而周密地对案件事实作出评议；(4) 冷静而公正地适用法律；(5) 对裁判和决定提供充足的理由。②

我国也有学者对程序理性价值作了深入的思考，并指出程序理性原则的四项要求：(1) 法官据以作出判决的事实必须经过合理的证明；(2) 法官在制作裁判之前必须进行冷静、详细和适当的评议；(3) 法官的裁判必须以法庭调查和采纳的所有证据为根据；(4) 法官应明确陈述其据以制作裁判的根据和理由。③

通过对上述观点的比较，可以发现其中的一个共同特点，即把刑事程序的理性原则仅限于法官裁判的理性。然而事实上，裁判理性只是刑事诉讼理性价值的一个重要方面，其他各方面的理性价值同样不可忽视。依笔者之见，可以把刑事程序的理性价值归纳为以下三个方面：

1. 参与理性

参与理性承认程序参与者的主体地位，集中体现了各个诉讼主体的利益相关性和主观能动性。在刑事诉讼中，各诉讼主体之所以愿意参与到整个程序的运行过程中，其主要目的是为了使程序按照自己的意愿得以运行，以期行使自己的诉讼权利和得到满意的裁判结果。美国学者朗·富勒曾精辟地指出："使审判区别于其他秩序形成原理的内在特征在于承认审判所作决定将对之产生直接影响的

---

① Melvin Eisenberg, Participation, Responsiveness, and the Consultative Process, (US) Harvard Law Review (1978), Vol. 92, pp. 411 – 412.

② David Bayles, Course of Procedural Justice, (US) Maryland University Social Academic Journal (1990), Vol. 5, pp. 115 – 117.

③ 陈瑞华：《刑事审判原理论》，北京大学出版社1997年版，第67页。

人能够通过一种特殊的形式参与审判,即承认他们为了得到对自己的有利的决定而提出证据并进行理性的说服和辩论。"① 因此,各诉讼主体参与到刑事程序中不是一种单纯的心理感应或欲望、冲动,而是一种自觉的理性行为,通过主动参与到刑事诉讼的过程中来,诉讼主体能够亲自体验和影响刑事程序的运行进程,并有效地改变程序结果的状态。

2. 对抗理性

对抗理性主要表现为控辩双方充分表达自己的意见、观点和主张,并对对方当事人的证据和主张进行质证、反驳和抗辩,以便使裁判建立在由这些主张、证据和辩论所形成的理性推论的基础上。

现代刑事诉讼一般都具有控辩对抗的形式特征,诉讼格局由地位平等的双方当事人构成,诉讼程序由争议引起,法官处于消极仲裁者的地位,诉讼目的在于解决争议。其中,控方的指控和律师的辩护是现代刑事诉讼的两个支点,对程序对抗理性的形成具有不可缺少的作用。

对抗理性并不只是对控辩双方的要求,裁判者在实现对抗理性方面具有关键的作用。为此,法院应该要在当事人之间适时沟通诉讼信息,把一方的主张和证据及时告知对方,确保每一方都有充分的时间进行攻击或防御准备,确保参与能力不足的当事人获得必要的法律帮助。② 具体而言,这主要表现为以下几点:(1)确保双方均有充分的准备机会,及时进行证据开示,及时将一方所得证据告知对方,及时通知被告人和被害人有关控诉或辩护的主要内容;(2)确保双方均有充分的举证机会,使双方的主张和证据均得到考虑或采纳;(3)确保双方均有充分的质证机会,使双方在同时到场的情况下听取对方对己方证据的质疑;(4)确保双方均有充分的反驳机会,使双方都能全面地表达己方对对方的意见或主张的

---

① Lan Fuller, Principles for Social Order, (US) Duncan University Publishing House (1981), pp. 32.

② 熊秋红:《刑事辩护论》,法律出版社1998年版,第32页。

反击或证伪；（5）确保双方均有充分的"武装"机会，尤其要保证被告人获得足够的对抗能力，使其获得全面而有效的律师帮助。

3. 裁判理性

所谓裁判理性，是指裁判应该建立在法庭审判过程中对案件事实和适用法律问题所形成的理性认识的基础上，而不是他在审判活动之外所产生的预断、偏见或传闻的基础上，它包含四层意思：理性地听取意见，理性地采信证据，理性地作出裁判，理性地说明理由。

理性地听取意见，是指法官在庭审中应该确保控辩双方均能充分而有效地发表意见，认真地听取双方的意见，并以此作为裁判的重要依据之一。理性地听取控辩双方的意见对于法官作出公正的裁判具有非常重要的意义，所谓兼听则明，偏信则乱，就是这个意思。如果法官在作出裁判的时候，武断地拒绝被告人、被害人或辩护人发表意见，他不但在实体上堵塞了一个发现实体真实的重要途径，而且在程序上也是不公正的，难以使被告人从心底接受裁判的结果。

理性地采信证据，是指法官按照法定的顺序和步骤对控辩双方所提出的证据给予全面审查和审慎甄别，并以此作为实体裁判的依据。在人类历史上，由于人们认识能力的低下，曾经长期盛行非理性的证明方式。例如：在中国古代，曾有过借助"神兽"或动物的碰触以发现有罪者的证明方式。[1] 又如，在欧洲古代，也曾有过通过"宣誓"、"决斗"和"神明裁判"的证明方式。[2] 理性地采信证据非常重要，它不但是程序正义的要求，而且比那种抛开程序任意地从事调查的做法更有助于全面客观真实地查明实体事实。

理性地作出裁判，是指法官的裁判应该建立在法庭调查的基础上，从法庭审判过程中形成有关被告人有罪或无罪的判断。理性的

---

[1] 参见孙国华主编：《法理学》，法律出版社1995年版，第31页。另据王充在《论衡》中记载："皋陶治狱，其罪疑者，令羊触之，有罪则触，无罪则不触。"参见王充：《论衡》，上海人民出版社1974年版，第270页。

[2] 参见何勤华主编：《外国法制史》，法律出版社2003年版，第27页。

裁判要求法官冷静地认定案件事实，严谨地适用法律，并在此基础上排除合理怀疑，形成内心确信。在我国，理性地作出裁判意味着法官必须以事实为根据，以法律为准绳，既要准确地打击犯罪，又要有效地保护人权。

理性地说明理由，是指法官不但应该确信裁判具有充分而合理的根据，同时还应该明确而详细地阐述作出这种裁判的理由。理性地说明理由是整个程序理性的目的和归宿，对于实现程序公正和实体公正具有不可替代的作用：一方面，受到判决的人有权知道判决是如何作出的，他只有在了解判决的理由和根据的情况下才有可能对裁判形成信任，如果不把裁判的根据和理由以明确的方式陈述出来，那么司法公正仍无法以人们能看得见的方式得到实现。另一方面，如果裁判没有明确的根据和具体的理由，人们也很难在裁判作出之后了解并检验裁判的合理性和正当性。正是在这个意义上，西方认为陈述裁判理由是司法公正的精髓，因而尤其注重在裁判中详尽地阐明裁判的理由和依据，这是值得我国借鉴的。

二、程序正义

正义是一个非常复杂的价值范畴。在中国哲学史上，正义是一种客观精神，是事物内部所固有的一种本原性的存在，是一个与道理或规律相提并论的词汇。对此，孟子曾说过："生，我所欲也；义，亦我所欲也。二者不可得兼，舍生而取义者也。"① 韩愈认为："义，宜也；行而宜之谓之义。"② 在西方哲学史上，思想家们对正义的思考也一直没有停止过：古希腊的亚里士多德认为："正义以公共利益为归依。按照一般的认识，正义乃是使每个人获得其应得的东西的永恒不变的意志。"③ 古罗马的西塞罗认为："正义只有一个，它约束整个人类社会，并且是建立在一个应用于支配或禁止的

---

① 《孟子·告子上》。
② 韩愈：《原道》。
③ 亚里士多德：《政治学》，吴寿彭译，商务印书馆1981年版，第148页。

符合理性的法的基础之上的。"① 黑格尔认为，正义是宇宙万物得以各归其位的绝对理念。② 罗尔斯认为，正义的主要问题是社会的基本结构，或者准确地说，是社会主要制度分配基本权利和义务，决定由社会合作产生的利益之划分的方式。③ 可见，不管东西方对正义的理解上有何差异，但有一点是共同的，即正义是深藏于事物内部的一种客观属性，都是一种客观存在的精神品性。

正义也是法律制度追求的最高价值目标，同时也是人们用来评价和判断一种法律制度是否具有正当根据的价值标准。作为法律制度的重要组成部分，刑事程序本身也必须符合正义的要求，因为它集中体现了刑事程序的优秀品质和独立价值。

需要指出的是，在我国刑事诉讼法学界，程序正义与程序公正并没有得到明确的区分，有些学者或者干脆把它们等同起来，认为程序公正即程序正义，程序正义即程序公正，二者之间没有本质的不同。事实果真如此吗？或者说，把程序正义等同于程序公正在逻辑上是合理的吗？要回答这个问题，首先就要廓清正义与公正之间的关系。

笔者认为，正义与公正并不是同一的概念，二者不但在表述上大相径庭，在内涵上也具有本质的不同。尽管在英语中公正与正义由同一个词（justice）表达，但在汉语中公正与正义还是存在较大区别的。首先，二者的含义不同：按照《辞海》（词语分册）的解释，公正就是正直、中立无私的意思；正义，就是大是大非的道理或自然而然的规律，代表一种不可交换不可改变的天然品性。④ 可见，尽管二者均含有正直、中立不偏的意思，但二者的内涵和外延都不一样：公正是和无私联系在一起的，侧重于一个"公"字，或者说，之所以正直、中立无偏，是因为无私；而正义则是和道理

---

① 张宏生、谷春德主编：《西方法律思想史》，北京大学出版社1990年版，第31页。
② 张宏生、谷春德主编：《西方法律思想史》，北京大学出版社1990年版，第287页。
③ [美]约翰·罗尔斯：《正义论》，何怀宏等译，中国社会科学出版社1988年版，第5页。
④ 参见《辞海》（词语分册），上海辞书出版社1988年版，第221、261页。

联系在一起的,指事物自然的、规律的状态,正义包含公正的意思,除了公正,它至少还有公开、公平的意思,但公正却不能涵盖正义。其次,二者的地位不同:正义是本原性的,是整个宇宙的必然,是万事万物之所以能够存在的根本,而公正则是正义的产物,是派生性的。再次,二者的性质不同:正义是从实质意义上来说的,具有不以人的意志为转移的客观属性,而公正则是从形式意义上来说的,主要是一种主观判断。最后,二者评价的范围不同:公正只能评价人以及人文事物,而正义则可以评价一切,正是在这个意义上 E. 博登海默说:"正义有着一张普洛透斯似的脸,变幻无常,随时可呈不同形状,并具有极不相同的面貌。"[①]

由此可见,程序正义的含义远比程序公正丰富,除了程序公正,它至少还有程序公正、程序公开和程序公平的意义,甚至还可以包括程序的民主意义、程序的平等意义,等等。也就是说,程序正义可以进一步细分为多方面的具体价值,而程序公正价值只是其中的一个重要方面。当然,在强调程序正义具有丰富的价值内涵的同时,也不能否认程序公正在其中的重要地位,但如果把程序公正等同于程序正义,或者干脆作为刑事程序独立价值的代名词,则是非常不妥的。

在明确程序正义与程序公正的区别之后,下文将对程序正义的内容作一全面而系统的阐述。

程序正义是刑事程序独立价值的一个重要方面,在整个刑事程序价值体系中居于核心地位。或者可以说,如果失却正义,刑事程序的存在合理性就将不复存在。正因为如此,程序正义一直是中外法学家不断思考的问题,并给出了不同的答案。一般认为,如果对程序正义的历史发展作一个大致的梳理,可以发现,它基本上经历了从古典自然正义到近现代正当程序,从近现代正当程序再到当前

---

① [美] E. 博登海默:《法理学——法哲学及其方法》,邓正来、姬敬武译,华夏出版社1987年版,第238页。

最低限度正义的发展。①

1. 程序正义的自然正义阶段

早在 18 世纪，英国就形成了自然正义（natural justice）②的观念，认为任何诉讼程序都必须符合两项最基本的正义要求：③ 一是任何人不能审理自己的或与自己有利害关系的案件；二是法官应该听取争讼双方任何一方的诉词。此后，"自然正义"的思想不断得到人们的丰富和发展。哈特（L. A. Hart）从形式公正的角度解释自然正义观。他认为，自然正义是由一般行为规则构成的，其核心精神就是"同样情况同样对待（Treat similar cases similarly）"和"不同情况不同对待（Treat different cases differently）"，一旦人们的行为受到公开宣布的并由司法适用的一般规则所控制时，也就必然实现了最低限度的自然正义。④ 罗尔斯从程序公正的角度解读自然正义观。他指出，自然正义观的准则，是用来维护司法诉讼的正直性的指针，它们能保障法律秩序被公正而有规则地维持，自然正义的实现必然要求某种形式的恰当程序，即一种设计合理的，体现自然正义观的诉讼规则体系，其中包括：合理的审理程序和证据规则；独立而公正的法官；任何人不应审理他本人的案件；审理必须公正和公开，但又不受公众的喧哗所控制；等等。⑤

---

① 参见陈瑞华：《刑事审判原理论》，北京大学出版社 1997 年版，第 87 页；肖建国：《民事诉讼程序价值论》，中国人民大学出版社 2000 年版，第 118 页；刘善春：《行政诉讼价值论》，法律出版社 1998 年版，第 89 页。

② 最早使用"自然正义"一词的是英国的普拉特法官，他是 1723 年"国王诉剑桥大学案"的主审法官。在该案中，王室庭的裁决恢复了著名的本特利博士的神学博士学位，该学位曾被剑桥大学校长会议取消。对此，本特利没有获得任何申辩的机会。普拉特在判决书中写道："此次会议在降低其资格的时候拒绝听取他的申辩，这与自然公正是不相容的。"参见 [英] 彼得·斯坦、约翰·香德：《西方社会的法律价值》，王献平译，中国人民公安大学出版社 1990 年版，第 98 页。

③ [英] 戴维·M. 沃克：《牛津法律大辞典》，"自然正义"词条，北京光明日报出版社 1988 年版，第 628 页。

④ [英] 哈特：《法律的概念》，张文显等译，中国大百科全书出版社 1996 年版，第 157 页。

⑤ [美] 约翰·罗尔斯：《正义论》，何怀宏等译，中国社会科学出版社 1988 年版，第 229 页。

自然正义一直是英国法院遵循的最基本的法律原则,它适合于审理一切诉讼案件。一直以来,自然正义的标准不但被牢固地确立于英国司法制度中,而且不断被本国和欧美其他国家加以吸收和发展。1932年,英国上议院枢密委员会在上述两项标准的基础上作了进一步的解释,形成两项新的原则:其一,无论处理争议的程序是司法性质的还是非司法性质的,争议各方当事人都有权了解作出裁决的理由;其二,如果对负责调查的官员所作出的报告草案提出公众质询,则争议各方当事人都有权得到该报告的副本。①

1977年,欧洲议会部长委员会在调查各成员国的程序权利与救济途径之后,把自然公正确立为欧盟各国的参考标准,并为法律程序确立五项准则:(1)接受审判的权利;(2)了解有关信息的权利;(3)获得法律帮助的权利;(4)知悉判决理由的权利;(5)指明救济及所给时限的权利。②

总之,自然正义的观念为人们参与诉讼,实现司法权力的制约提供了应当遵循的行为方式,也为刑事诉讼中的司法公正确立了明确的标准。不管自然正义有何表现形式,其核心精神总是不外乎两个方面:一个方面是,任何人都不应当在自己的案件中充当法官,如果法官与判决结果有任何法律上或金钱上的利害关系,或者法官有偏袒一方当事人的可能性或迹象,那么法官应放弃审理该案;另一个方面是,在当事人双方进行法律争讼时,法官应给予双方平等陈述己见的机会,并同等地对待他们的意见。

2. 程序正义的正当程序阶段

在美国法中,自然正义观念则被正当程序(due process)观念所取代。"正当程序",亦称"法律的正当过程",最初是由詹姆斯·麦迪逊在起草《权利法案》时提出的,并被美国联邦宪法确

---

① [英]彼得·斯坦、约翰·香德:《西方社会的法律价值》,王献平译,中国人民公安大学出版社1990年版,第98页。
② [德]德尔莫斯·马迪:《刑事程序与人权保障》,李莫文译,中国人民公安大学出版社1998年版,第56页。

立为一项基本原则。①

正当程序的内容主要是通过美国宪法第 5 修正案和第 14 修正案表达出来的。1791 年通过的美国宪法第 5 修正案规定:"非经大陪审团提出公诉或告发,不得使任何人接受死罪或有辱声名之罪行之控告,唯在陆、海军中或在战时或国家危难时刻服役之民兵中发生的案件,不在此限;不得使任何人因同一罪行处于两次生命或身体之危境;不得在刑事案件中强迫犯人作不利于本人之证词;未经正当法律程序,不得剥夺任何人之生命、自由或财产;非有恰当补偿私人财产不得充公。"② 1868 年通过的美国宪法第 14 修正案,规定:"凡出生或规划于合众国并受合众国司法管辖之人,即为合众国及其所居住州之公民。无论何州均不得制定或实施任何法律以损害合众国公民之特权或豁免权;无论何州亦不得不经正当法律程序而剥夺任何人之生命、自由或财产;亦不得不给予在其司法管辖之下之任何以同等之法律保护。"③ 综合起来,正当程序的涵义主要有以下四个方面:(1) 有权受到合法的裁判机构的审理;(2) 有权向独立而中立的裁判机构陈述案情;(3) 有权知道被指控的事实和理由;(4) 有权对控告进行辩解。④

正当程序的涵义在美国法学界也不断得到学者们的阐释和发展,并反过来影响英国及其他英美法系国家。美国学者泰勒(Tom Tyler)认为,正当法律程序包含六个方面的内容:(1) 当事人能否参与程序和有关的程序性决定;(2) 裁判结果是否与裁判过程一致;(3) 司法者是否独立而中立;(4) 司法过程是否符合效率

---

① [美] 伯纳德·施瓦茨:《美国法律史》,王军等译,中国政法大学出版社 1989 年版,第 49—51 页。

② 汤维建:"论英美法上的正当法律程序",载《东吴法学》苏州大学百年校庆暨东吴法学院八十五周年院庆专号,第 143 页。

③ 汤维建:"论英美法上的正当法律程序",载《东吴法学》苏州大学百年校庆暨东吴法学院八十五周年院庆专号,第 144 页。

④ 龚祥瑞:《西方国家的司法制度》,北京大学出版社 1993 年版,第 128 页。

的要求;(5)是否具有纠错设置;(6)是否符合一般的伦理观念。① 另一位美国学者戈尔丁(Martin Golding)则认为正当法律程序包含八个方面的内容:(1)任何人不能审理以自己为当事人的案件;(2)结果中不应包含裁判者的个人利益;(3)裁判者不应有支持某一方或反对某一方的偏见;(4)裁判者应听取双方的辩论和证据,对各方当事人的意见均给予公平的关注;(5)裁判者只应在另一方当事人在场的情况下听取对方的意见;(6)各方当事人应得到公平的机会来对另一方提出的辩论和证据作出反应;(7)裁决的诸项内容应以理性推演为依据;(8)分析推理应建立于当事人作出的辩论和提出的证据之上。②

正当程序最初仅适用于法院的司法程序,旨在防止国家司法权力的滥用,保证被追诉者依照法律规定的诉讼程序得到公平的审判,具有较强的技术性和可操作性。及至美国内战以后,宪法第14修正案与权利法案联系起来,赋予正当程序以双重内涵,即程序上的正当程序(procedural due process)与实体上的正当程序(substantive due process),正当程序的概念扩大到对政府行政权力的限制,正当程序从原先单纯地制约国家司法权转而深入国家政治法律生活的各个层面,宪法的核心旨趣从自然法的理论转向对正当程序条款进行扩大解释。由此在美国形成了一种新的观念:"不论是从实体法还是从程序法的观点看,个人的权利都受正当程序的严格保护。"③ 正是由于正当程序包括了实体法方面的含义,才使它具有了既限制司法权力又限制政府权力的双重意义。

3. 程序正义的最低限度正义阶段

"最低限度程序公正标准"作为一种观念,是1964年12月16

---

① See Tom Tyler, What is Procedural Justice, (US) Law and Society Review 1988, Vol. 6, p. 22.

② See Martin Golding, Philosophical Cast on Procedure, (US) Columbia University Academic Journal 1992, Vol. 10, p. 116.

③ 曾尔恕:"评美国宪法中的正当法律程序条款",载《政法论坛》1990年第1期。

日联合国大会在《公民权利和政治权利国际公约》中确立的。① 最低限度程序正义的观念是和"现代宪政主义（Modern Constitutionalism）"密切联系的。现代宪政主义的核心观念就是：刑事司法领域具有某些反映人类普遍价值追求的最低限度的程序正义标准；对这些最低限度的标准的保障不仅仅是刑事法的任务，也是宪法的目标；由于宪法具有最高的法律效力，因而任何法律、法规都不得违反这些最低限度的程序正义标准，否则就有可能导致对立法行为的合宪性审查。②

在美国，最低限度的程序正义受到宪法的严格保护。尽管美国法院没有设置特别的司法程序以审查那些违背最低限度程序正义标准的法律，但在具体的诉讼案件中，法院有权通过判决把那些违背最低限度程序正义的法律作为违背宪法的法律宣告其无效。一旦被宣告无效，依据先例原则，即使那些违宪的法律没有从形式上被废除，但实际上已经变成了无效的"死法（a dead law）"。③ 在德国，最低限度的程序正义可以通过一套称为"宪法申诉"的特殊程序加以保护。对于任何类型的国家行为，无论是司法行为还是行政行为或立法行为，只要其违背了某些最低限度的程序正义标准，当事人或者其他公民、组织都可以直接向联邦宪法法院提出宪法申诉（Constitutional Challenge）。④ 美国和德国在最低限度程序正义方面的司法实践受到其他许多国家的效仿，这在日本、瑞典、比利时、西班牙、意大利的刑事诉讼法典中都有一定的反映。

随着法律全球化的发展，关于刑事司法领域最低限度的程序正义标准逐步为当代世界各国普遍接受，并形成了国际化的趋势，越

---

① 联合国《公民权利和政治权利国际公约》第 14 条第 3 项确立了刑事被告人在刑事诉讼中所享有的"最低限度程序保障"。

② See Mauro Bryaut Garth, Procedure. Introduction, International Encyclopedia of Comparative Law (1995), pp. 49 – 50. 转引自陈瑞华：《刑事审判原理论》，北京大学出版社 1997 年版，第 92 页。

③ 陈瑞华：《刑事审判原理论》，北京大学出版社 1997 年版，第 95 页。

④ 陈瑞华：《刑事审判原理论》，北京大学出版社 1997 年版，第 96 页。

来越多的国际文件承认和接受了最低限度程序正义标准。如《世界人权宣言》第9条至第11条、《公民权利和政治权利国际公约》第14条第3项、《欧洲人权宣言》第6条第3项及《美洲人权宣言》第8条都分别规定了"最低限度程序保障"或"最低限度程序权利"。

在我国，程序正义价值也一直是刑事诉讼法学界探讨的热点问题。目前，学界关于程序正义的观点主要有以下几种：

三要素说。有学者主张，程序正义的实现决定于这样三个要素：冲突事实的真实回复；执法者中立的立场；对冲突主体合法愿望的尊重。[①]

四要素说。有学者提出，程序正义与否的评断标准有四点：（1）当事人的地位平等；（2）权利义务相当；（3）排除恣意专断；（4）程序合理。[②]

五要素说。有学者认为，程序正义决定于程序的科学性、法官的中立性、当事人双方的平等性、诉讼程序的透明性、制约与监督性。[③]

六要素说：北京大学陈瑞华教授认为，程序正义决定于六个原则：（1）程序参与原则，即受刑事裁判直接影响的人应充分而富有意义地参与裁判制作过程；（2）中立原则，即裁判者应在控辩双方之间保持中立；（3）程序对等原则，即控辩双方应受到平等的对待；（4）程序理性原则，即程序运作应符合理性的要求；（5）程序自治原则，即法官的裁判应从法庭审判过程中形成；（6）程序及时终结原则，即程序应当及时地产生裁判结果，并使被告人的刑事责任得到最终确定。[④]

七要素说：中国政法大学卞建林教授认为，程序正义包含七个

[①] 顾培东：《社会冲突与诉讼机制》，四川人民出版社1991年版，第90页。
[②] 张令杰："程序法的几个基本问题"，载《法学研究》1994年第5期。
[③] 徐静村："司法公正与程序保障"，载《现代法学》1998年第12期。
[④] 陈瑞华：《刑事审判原理论》，北京大学出版社1997年版，第60页。

标准：(1)法官中立原则；(2)程序参与原则；(3)程序对等原则；(4)程序公开原则；(5)程序及时原则；(6)程序自治原则；(7)程序理性原则。①

如果对上述诸种观点进行比较和分析，可以发现，尽管它们在实质上存在相当大的一致性，都包含了程序正义的基本要素或原则，但在表述上却存在相当大的差异。依笔者之见，程序正义的内容大体上可以从程序公正、程序公开和程序公平三个方面加以界定：

1. 程序公正

如前所述，程序公正是程序正义的下文价值，既不能把程序公正等同于程序正义，更不能把程序公正当做一个涵盖全部刑事程序目的价值的大口袋。因此，在探讨程序公正之内涵的时候，应该尽量限制一些、精炼一些，至少应该把它和程序公开、程序公平区别开来。在笔者看来，程序公正主要应包含以下四项原则：

第一，裁判中立原则。裁判中立原则是现代程序的基本原则，是程序正义的基础。裁判中立意味着法官处于中立地位，是对法官最基本的要求。法官的中立是相对于当事人和案件而言的，它表明在刑事诉讼模式中，法官与双方当事人保持同等的司法距离，对案件保持超然和客观的态度。裁判中立原则包括以下两项具体要求：一是法官同争议的事实和利益没有关联性，既不能裁判有关自己的争讼，也不得与案件结果或争议各方有任何利益上或其他方面的关系。二是法官应该居中裁决，公正地对待控辩双方的诉讼行为，不得对任何一方当事人存有歧视或偏爱。②

第二，控辩对抗原则。控辩双方的诉讼对抗是程序公正的核心内容之一。在典型的控辩对抗式刑事诉讼模式中，无论是控诉方还是辩护方，均拥有参与诉讼、提出证据并与对方进行质证和辩论的

---

① 樊崇义："依法治国与刑事诉讼"，载《诉讼法论丛》1998年第2卷，第24页。

② 季卫东："程序比较论"，载《比较法研究》1993年第1期。

权利，同时也承担严格遵循法定程序，严格遵守法庭秩序，充分尊重诉讼对方，依法进行理性对抗的义务。在抗辩双方的理性对抗之上，法官作为一个中立的第三方，在诉讼程序进行中应提供并保障双方当事人有效对抗的机会、便利和手段。

第三，诉讼及时原则。诉讼及时原则要求刑事诉讼活动严格遵循刑事诉讼法及其他相关法律规定的各种诉讼期限，以合理的速度加以展开。① 一方面，刑事诉讼不能过于缓慢地进行。如果刑事诉讼过于缓慢，不但过往的事实容易遗忘，现实的证据容易消失，而且由于裁判结果难以及时作出，犯罪行为的受害者难以得到及时的慰藉，被告人也不能及时摆脱讼累并恢复正常的社会秩序。另一方面，刑事诉讼也不能过于匆促地进行。如果刑事诉讼过于匆促，不但司法工作者难以富有成效地进行侦查、起诉和审判，而且无论被告人还是被害人都无法充分而有效地参与诉讼。特别是在庭审过程中，法官的审理是一项周密而严谨的工作，因而需要一定的时间作保障，否则容易导致评议和裁判的粗疏，从而消蚀司法过程的公正性。

第四，司法终局原则。在现代法治国家中，司法权威是最高的，同时也是最后的。司法终局原则不仅是指刑事程序最终应形成一项权威的实体裁判，并以此为程序结束的标志，更重要的是指刑事裁判一旦作出就具有定分止争的既判力，当事双方及其他社会主体应该接受而不是拒绝诉讼的结果，非经严格的法定程序不能就同一案件再次启动诉讼程序。不难想象，如果刑事裁判在它作出之后可以被随意地推翻，刑事案件在它审结之后可以被随意地重复审判，那么被告人的刑事责任问题就将永远得不到解决，被害人的损失和遭到破坏的社会秩序也将永远得不到弥补或恢复。这样，刑事

---

① 显然，诉讼及时原则并不等于诉讼效率原则，因为诉讼及时原则要求诉讼以合理的速度进行，而诉讼效率原则只是希望诉讼活动尽快进行。英国有句古老的法谚——迟来的正义非正义——所指的是诉讼的过分拖延。而笔者认为，有时候来得过早的正义也是值得怀疑的。

程序的存在和运作还有什么意义?!

2. 程序公开

程序公开，是指刑事程序的每一阶段和步骤都应当以当事人和社会公众看得见的方式进行，它主要应包括以下五个方面的内容：

第一，侦查公开。侦查阶段的公开主要是指侦查机关对犯罪嫌疑人进行讯问的公开，对犯罪嫌疑人采取强制措施的公开。在我国刑事司法实践中，公安机关及其他侦查机关往往以侦查保密为由拒绝律师和有关人员参与一些完全可以公开的诉讼环节，不但造成犯罪嫌疑人与其近亲属会面难，而且使得律师的会见权形同虚设。实际上，只要不涉及国家秘密、国家安全和其他重大社会公共利益，侦查阶段的绝大部分是完全可以公开的，在条件许可的情况下，某些调查取证活动或者侦查手段也应当公开。

第二，起诉公开。起诉阶段的公开主要区分为起诉的公开和不起诉的公开。如果起诉，被起诉人有权知悉被指控的内容，有权委托律师查阅有关诉讼文书和证据材料。如果不起诉，不仅要告知被不起诉人具体的不起诉理由，还应当告知被害人具体的不起诉理由，侦查机关和裁判机关亦有权对其进行监督。

第三，审理公开。程序公开的核心内容是审判公开。在不同国家，审判公开的程度会存在一定差异：在英美法系国家和瑞士，诉讼公开比较全面，甚至允许公开合议庭成员的不同意见，当事人和旁听者能够目睹法官们的争论及其结果；而在大陆法系国家，传统观念是把法院作为一个权威机构面对外界，突出判决的一致性，法官的文官心理也保证其不泄露合议庭的少数意见。[①] 但是近年来，大陆法系国家的态度也有了缓慢的变化，至少日本法院和德国宪法法院是允许公布不同意见的，而我国在审理公开的问题上则还有相

---

① ［美］埃尔曼：《比较法律文化》，贺卫方、高鸿钧译，清华大学出版社2002年版，第228—229页。

当大的改进余地。①

第四，宣判公开。宣判公开主要是向当事人和社会公众公开裁判的结果以及裁判的理由。我国刑事诉讼法规定，不论审理过程是否公开，判决结果一律公开宣布。但是，在裁判理由方面，我国还有待改进，这主要表现为裁判理由过于简单，当事人及社会公众无从知晓法官在事实认定和法律适用这两个方面的依据。

第五，执行公开。执行公开是程序公开的最后一步。从各国刑事执行实践来看，除了死刑执行过程不宜公开之外，其他刑罚执行都应该以一定的形式加以公开。我国在这个问题上还有相当大的改善余地：一方面，像死刑执行这样不该公开的环节反倒公开了，而像服刑人员管教这样应该公开的问题却又没有被公开。特别是在犯罪人服刑于高墙大院里的时候，如果没有一套完善的对执刑人员的监督制约机制，服刑人员的基本权利是很难得到全面保障的。

3. 程序公平

程序公平主要包括以下三个方面的内容：

第一，主体地位的平等。诉讼主体在地位上的平等是程序公平的核心内容。对此，法国法哲学家皮埃尔·勒鲁曾有一句名言："平等创造司法，平等构成司法。"② 在刑事诉讼中，主体平等是一种形式上的平等，它主要意味着各个诉讼主体在诉讼关系上互不依附于对方，表现为各个诉讼主体在身份上的平等以及诉讼权利和诉讼义务的对等：一方面，控诉方不能拥有对辩护方的绝对支配地位，更不能对被告人作出有罪或者无罪的判定；另一方面，被害人也具有相对独立的地位，他不依赖于控诉方而存在。

第二，诉讼参与的平等。诉讼参与平等承认诉讼主体的平等参与，集中体现了各个诉讼主体的利益相关性和主观能动性。在刑事

---

① 实践中，不但许多应该公开审理的案件没有公开审理，而且在审理过程中许多完全应该公开的方面，如法庭组成人员及其履历，合议庭评议的过程及其不同意见，审委会的组成人员及其会议内容，都不被公开。

② [法]皮埃尔·勒鲁：《论平等》，王允道译，商务印书馆1988年版，第66页。

诉讼中，各诉讼主体之所以愿意参与到整个程序的运行过程中，其主要目的是为了使程序按照自己的意愿得以运行，以期行使自己的诉讼权利和得到满意的裁判结果。因此，程序参与不是一种单纯的心理感应或欲望的冲动，而是一种自觉的理性行为，通过主动参与到刑事诉讼的过程中来，诉讼主体能够亲自体验和影响刑事程序的运行进程，并有效地改变程序结果的状态，司法待遇的平等。

第三，司法待遇的平等。司法待遇的平等，就是立法和司法应该无差别地对待诉讼参与各方。在赋予双方当事人诉讼权利和诉讼义务的时候，既要赋予控诉方充分的诉讼权利，也要赋予辩护方充分的诉讼权利；在科予双方当事人诉讼义务的时候，既要科予控诉方相应的诉讼义务，也要科予辩护方相应的诉讼义务。在具体的诉讼过程中，法官作为庭审的指挥者，应该保障双方的诉讼权利和诉讼义务落到实处：一方面，要在诉讼过程中给予双方当事人以平等的机会、便利和手段；另一方面，要对双方的主张见解和证据予以同等的关注和考虑。

三、程序人道

"人道（humanism）"一词源于拉丁文 humanistas，原意为"以对待人的方式对待人"。从词源上讲，人道与人性、人的本质、人的价值及其实现具有密切联系；而关于人的地位与使命、人的本质与价值、人的存在与发展的思想理论就是人道主义。

在人道主义的发展史上，曾经历了自然主义的人道主义、自由主义的人道主义、功利主义的人道主义、存在主义的人道主义、实用主义的人道主义、马克思主义的人道主义，这些不同的人道主义哲学都试图从不同的角度解读"人道"的含义，却没有得出一个普遍的结论：在古希腊罗马时期，人道主义认为人道意味着人从自然界独立出来并摆脱动物的野蛮兽性，变得有教养、有文化、有同情心；在文艺复兴时期，人道主义认为人道就是通过学习和发扬古希腊罗马文化，使人的才能得到充分的发展；在资产阶级革命时期，人道主义认为人道就是反对封建教会专制，主张资产阶级科学、民主和自由，反对神性和神权统治，宣扬人的个性和世俗社会生活。①

对人道的追问和思考，不仅是人道主义的核心问题，也是包括人道主义在内的一切哲学流派的重要问题之一。古往今来的哲学家们，也从不同的理论视角解读人道，却始终没有得出一个标准答案，关于人及其人性是什么，人从哪里来又到哪里去、人知道什么或者应当知道什么，始终众说纷纭，莫衷一是。事实上，无论是作为一种思潮，还是作为一种理论，人道都是一个历史的范畴，只有把人道放在历史发展的长河中加以考察才能得出具体的结论。

然而，不管人们对"人道"的解读有多么大的差异，但有一点是确定不疑的，即人道承认人是人，而不是物或者神，因而人在对待人的时候，应该以对待自己的方式对待他人，这一点可以从人道主义的发展历史中得到论证。

一般认为，人道主义起源于文艺复兴的精神，即通过学习和发扬古希腊和古罗马文化，使人的才能得到充分发展。但是，文艺复兴时期的人道主义者将人道主义向前追溯到古希腊和古罗马哲学，他们的兴趣在于确定人在宇宙中的确切位置，他们尤其注重崇高观念——确切地说，注重人与上帝及其性质的关系，他们厌恶中世纪经院哲学把重点放在神学上，转而研究前基督教时代的哲学思想，重新发出"把人作为人来研究"的呐喊，他们不再热望把异教学说与基督教《圣经》协调起来。相反，文艺复兴时期的学者，力图冲破中世纪教会统治下以神为中心的思想束缚，提出以人为中心的思想，认为人是自然的一部分，支配自然，追求快乐是人的天然权利和社会发展动因，要求重视"人性"、人的"自由意志"、人的世俗生活和世俗享受。这种理论批判封建教会的禁欲主义。肯定人拥有享受人间一切快乐的权利，从而使征服自然、寻求人生快乐、进行自由创造、争取个性解放以及建立公正的社会制度等进步

---

① 参见《中国大百科全书》（哲学卷），中国大百科全书出版社1987年版，第696页。

思想得到广泛传播。启蒙运动时期，人道主义再度复苏，启蒙运动的思想家们使自己与文艺复兴时期的神秘主义色彩保持一定的距离，他们信任人的理性，把它作为知识的最佳指导，尽管他们对有组织的宗教进行了高度的批判，但是，启蒙运动的人道主义者（绝大多数是自然神论者）依然相信理性和秩序的上帝，认为人们只能通过自然法的研究，而不是期待奇迹或者神秘的体验，更好地理解这个上帝。但是，启蒙运动的人道主义者禁欲般地宣称理性的至高无上的地位，因此后来受到浪漫主义的猛烈批判。浪漫主义的人道主义强调，人类的情感是至高无上的，他们甚至于指责理性的堕落，因为理性是属于文明的人类，标志着与自然的疏远。而现在为西方许多伦理学者所倡导的世俗的人道主义，吸收了四种人道主义的思想，它像文艺复兴时期的人道主义一样热爱知识，倡导自由研究，但是，它怀疑鬼神之事，也怀疑宗教；它也像启蒙运动的思想者一样，把运用理性作为我们理解的最好指导，不过，它试图避免几乎被前人神化的理性；它赞赏浪漫主义强调人类情感的重要性，但是，它又为这一运动的反文明化方面忧心忡忡；它像宗教人道主义一样，试图指出全人类发现的普遍道德礼仪，但是，它不想建立一种世俗宗派、一种人的宗教，以取代它们。世俗人道主义本身有许多源泉：杜威的实用主义的工具主义，注重人类自由的萨特的存在主义，以及罗素的逻辑分析等，都在其中发挥了重要作用。由于运用了在它之前的各种人道主义，所以世俗人道主义阐明了人道主义世界观的进化过程。①

一切科学对于人性总是或多或少地有些关系，任何学科不论似乎与人性离得多远，它们总是会通过这样或那样的途径回到人性。② 在法学中，人道主义的核心思想是尊重人的主体地位。在很

---

① 大卫·戈伊科奇、约翰·卢克、迪姆·马迪根编著：《人道主义问题》，东方出版社1997年版，第434页以下。转引自曲新久：《刑法的精神与范畴》，中国政法大学出版社2003年版，第568页。

② 休谟：《人性论》，关文运译，商务印书馆1991年版，第6页。

大程度上，是否尊重人的主体地位，可以成为法治和人治的分水岭。在西方，迄今为止，全部法律思想的一个中心原则就是把人——无论他是有罪者还是无辜者——当做人来对待。把人当做人就是把人作为具有自我的内在价值的人来对待，他不必成为他人达到其目的的手段，更不能成为达到某种非法目的的手段。根据康德的观点，"对所有人表示这种尊重是一项绝对命令，因为它产生于普遍化的标准。人人总是把包括他们自己在内的每个人当做自主者来尊重，这在逻辑上是可能的，而总是相反的做法在逻辑上则是不可能的。对每一个人来说，如果总是把包括自己在内的所有人作为工具而不作为自主者来对待，那就是把包括他自己在内的所有人永远作为奴隶来对待。"①

迄今为止，人们所能发现的维护公民自由的最好的理性工具或手段就是法律。② 而笔者认为，在一个国家的整个法律体系中，刑事程序最能够直接地体现国家对于公民的人道关怀，因而直接地与人道相关。在刑事诉讼法学中，人道主义意味着承认犯罪嫌疑人、被告人享有人道尊严和人道待遇，即使经过正式审判最终成为罪犯，他也享有被人道地执行刑罚的权利。

1. 人道尊严

所谓人道尊严，就是保障人们的人格尊严权，不得对其进行人格侮辱或其他形式的人格侵犯。在刑事诉讼过程中，为了确保诉讼的顺利进行，需要对犯罪嫌疑人或被告人加以必要的强制，如果国家司法机关滥用职权或处理不当，犯罪嫌疑人或被告人的人格尊严权最容易受到侵害。刑事程序的一个重要价值就是制约国家司法机关的权力，使之依法行使职权，维护犯罪嫌疑人或被告人的人格尊严，为其参与诉讼和平等对抗提供起码的机会和条件。从这个意义

---

① M. 米尔恩：《人的权利与人的多样性——人权哲学》，夏勇、张志铭译，中国大百科全书出版社1995年版，第104页。转引自曲新久：《刑法的精神与范畴》，中国政法大学出版社2003年版，第570页。

② 曲新久：《刑法的精神与范畴》，中国政法大学出版社2003年版，第575页。

上来说，人道尊严也是现代社会人权张扬的必然要求。

保障犯罪嫌疑人或被告人的人格尊严权也是无罪推定的逻辑结果。在刑事诉讼中，未经依法审判，犯罪嫌疑人或者被告人是被推定为无罪的，他当然享有普通人所具有的人格尊严，即使最终被判决有罪，他仍然是自主的人而不是没有意识、没有思想的物体。刑事程序的人道尊严价值更多地体现在审判程序中，法院一旦给予双方当事人平等的机会、能力和程序的保障，各个当事人的诉讼主张和请求受到平等的尊重和关注，并可在一定限度内自由进攻和防御，程序主体受到公正对等的情感便会油然而生，从而倍觉自主意志受到了尊重。

2. 人道待遇

在刑事程序中，人道待遇就是以人道的方式对待犯罪嫌疑人和被告人，不得对他们进行残酷的、非人道的强制或处罚。人道待遇强调把犯罪嫌疑人和被告人当做主体性的人来对待，维护他们的基本人权，不得对他们施以酷刑，不得对他们刑讯逼供，不得对他们进行人身侮辱和心理胁迫，不得非法剥夺他们的财产所有权、财产继承权和亲权，等等。在这一点上，刑事程序的人道价值与保护犯罪嫌疑人、被告人的基本人权是一致的。

近现代以来，人道待遇已经成为一个普世价值。特别是在历经法西斯主义的暴行之后，人们更加意识到人道主义的价值，许多国家的刑事诉讼法都规定了人道待遇原则，许多国际刑事司法文件都规定了人道待遇原则。1948年联合国大会通过的《世界人权宣言》第5条规定："不得对任何人施以酷刑，或其他残忍的、不人道的、侮辱性的处罚。"1951年的《美洲人权公约》第5条对"人道待遇的权利"作出了更为详细的规定：（1）每一个人都具有在身体上、精神上和心理上受到尊重之权。（2）不得对任何人施以酷刑或残暴的、非人道的或侮辱性的惩罚或待遇，所有被剥夺自由的人都应受到尊重人类固有的尊严的待遇。1966年的《公民权利和政治权利国际公约》第6条规定，判处死刑只能是作为对最严重之犯罪行为的惩罚，死刑的判处应按照犯罪时有效且不违反本公约规定和防止及惩治灭绝种族罪公约的法律。此后的许多区域性或国际性的文件也作出了相关规定，其中主要有：《非洲人权和民族权宪章》、《欧洲人权公约》、《伊斯兰人权公约》、《公民权利和政治权利国际公约》、《经济、社会和文化权利国际公约》、《联合国保护人人不受酷刑和其他残忍、不人道或有辱人格的待遇或处罚宣言》，等等。

3. 人道的刑罚执行方式

人道的刑罚执行方式是人类文明进步的表现，也是程序人道价值的重要内容。在人类历史上相当长的时期里，无论东西方都曾盛行各种残酷的刑罚执行方式。在西方中世纪，火刑与绞刑曾是最常用的死刑执行方式，而在中国封建社会，死刑的执行方式更多，除了常见的砍头，还有腰斩、活埋、车裂和凌迟。中国封建社会的肉刑也是非常残酷的，肉刑的执行方式就有数十种之多，其中不乏笞、刺、刖、劓、宫之类异常酷烈的执行方式。[①] 如果说死刑和肉刑本来就已经很不人道，而它们的执行方式则更加不人道，它们纯粹是为了使受刑人遭受肉体痛苦，再无其他目的。

在现代社会，各国普遍以刑事诉讼法规定了人道的刑罚执行方式，许多关于刑事司法的国际性文件，如《世界人权宣言》、《公民权利和政治权利国际公约》、《联合国刑事司法准则》，也都确认了这一点。在我国，修订后的《刑事诉讼法》对人道的刑罚执行方式作了具体规定，以减少被执行人的痛苦。其中第212条着重规定了死刑的执行方式："死刑可以采用枪决或注射等方法执行"；"执行死刑应当公布，但不应示众"。而在刑罚执行实践中，被执行人不但不能在枪决和注射等死刑执行方法之间作出选择，而且往往被插上死刑牌游街示众，这都是不符合人道价值的。

---

① 参见张晋藩主编：《中国法制史》，中国政法大学出版社1999年版，第41页。

第三节 刑事程序的工具价值

工具价值，也就是手段价值，简单地说，就是事物作为工具或手段以达到其他外在目的的价值，因而也被一些学者称为外在价值。

与目的价值不一样，工具价值是间接的、有条件的。工具价值的间接性是指，它不直接存在于客体和主体之间，而要通过客体之外的另一目的才能表现出来，也就是说，工具价值存在于由主体、客体和某一外在目的所构成的三方关系之中。工具价值的条件性是指，与工具价值相关联的特定外在目的已经内涵了价值评价，它应该是一种中性的或者有益的目的，而不能是消极的或者邪恶的目的。也就是说，只有当事物用以实现的外在目的本身是善的时候，作为工具或手段的该事物才可能真正具有特定的工具价值。否则只能是功利价值，即事物对某种外在目的是有用的，而不论这一目的本身是否正当、合理。

具体到刑事程序的工具价值，笔者认为，它就是主体把刑事程序作为达到某一实体目的的工具或手段所体现出来的价值。过去，在考察刑事程序工具价值的时候，往往认为工具或手段是确定的，它就是刑事程序本身，外在目的也是确定的，它就是实体法的实施。甚至把保障实体法的实施这一工具价值作为刑事程序的唯一价值。现在，这种传统的片面观点已经不再受到我国刑事诉讼法学界的肯认，一些中青年学者在反思与批判的基础上对其进行了发展。例如，有的学者认为，刑事程序的工具价值主要是通过对结果正当性的促进作用来实现的，这主要表现为四个方面的途径：（1）程序保证裁判结果的合法性和权威性；（2）程序确保裁判结果合乎理性的要求；（3）程序确保刑事实体法的规定从抽象走向现实；（4）程序确保实体正义目标得到适当的选择。[1]

---

[1] 陈瑞华：《刑事审判原理论》，北京大学出版社1997年版，第85页。

上述观点无疑是独到而有创见的，但笔者认为，仅仅从实体结果的正当性和实体法律的具体化来阐释刑事程序的工具价值还是不够的。事实上，在刑事程序的工具价值中，除了对实体结果的促进价值，还有对实体事实的认定价值和对实体法律的实施价值。即使把工具价值仅限于对实体结果的促进，那也不能只关注于结果的正当性，还应该把合法性和权威性提到与之同等的水平上来加以考察。因此，在下文中，笔者就从刑事程序对实体事实、实体结果与实体法三个方面的促进作用来阐述它的工具价值，并有意识地把刑事程序促进实体结果的合法性、正当性和权威性这三个方面的工具价值置于同一水平进行阐述。

一、刑事程序对实体事实的工具价值

刑事程序是一种特殊的认识活动，具有认识活动的一般属性，发现和认定实体事实，并最终为实体裁判提供事实支持是它最基本的工具价值。

办理刑事案件首先就是要查明实体事实。可以说，整个刑事诉讼过程是围绕着这一具体中心任务而展开的。所谓查明实体事实，是要查明犯罪事实、犯罪人、犯罪过程以及其他与定罪量刑有关的情况。根据辩证唯物主义认识论的原理，准确地查明犯罪事实就是要求司法工作人员准确无误地认定犯罪事实，使主观认识与实际发生的案件客观事实达到一致。在刑事诉讼中，司法工作人员认定实体事实的唯一手段是证据，为此司法工作人员必须依法客观全面地收集证据，科学地审查判断证据，从而达到准确地认定实体事实的目的。

查明实体犯罪事实不仅要准确，而且要及时，即尽量在较短的时间内查明犯罪实施者及有关情况。只有及时查明犯罪事实，才能及时落实国家刑罚权，这对于有效打击犯罪、预防犯罪具有重要的意义。及时落实国家的刑罚权可以使犯罪人心目中有罪必罚的观念得到强化，进而起到遏制犯罪冲动的作用。反之，罪与罚间隔的时间越长，有罪必罚的观念就越淡化，遏制犯罪冲动的机制就会受到削弱。不仅如此，及时查明案情，还能够使无罪的犯罪嫌疑人得到

尽快的解脱，迅速恢复被打乱的社会关系和生产、生活秩序，从而切实维护公民的人身自由权和其他合法权益。①

然而，这里有一个问题，即通过刑事诉讼认定的"实体事实"就是过往发生的案件事实吗？事实上，通过刑事诉讼发现的实体事实并不等于实际发生的那个客观的案件事实，它只是司法工作者对发生在过去时空的案件的一种主观认识，是一种主观的判断而已。这种事后的主观判断可能和过往的案件事实相一致，也可能不一致。也就是说："刑事诉讼是一个在各种价值观念支配下发现真理的过程，而不是真理本身。"②

毫无疑问，任何刑事案件都不是当下的可以直接把握和通过感性验证的事实，而是发生在过去的、不可恢复的事情。在这种情况下，试图通过感性认识去把握案件事实已经完全不可能，司法工作者只能运用理性思维对案件事实留下的痕迹进行分析和判断，从而得出理性形式的结论。然而，不得不承认，人的认识能力不是绝对的，它不能穷尽事物的本来面目，在特定的时空中，司法人员所"发现"的案件事实只能是一种等待证实或者证伪的观念存在物，并不等于案件事实本身。

一般来说，如果对通过刑事诉讼活动认定的实体事实进行仔细的分析，可以发现，它与案件事实之间关系的三种可能性：第一种可能性是，实体事实与案件事实完全一致，即司法人员通过刑事诉讼这一特殊的认识活动正确地反映了客观的案件事实，使主客观达到统一。这种情况在特定的时空中是完全可能的，但不可苛求，只能作为刑事诉讼的一种理想目标。第二种可能性是，实体事实与案件事实不完全一致。这是刑事诉讼的一种常态，大多数案件都是如此，但有时候即便部分一致也足以据此作出实体裁判。在这种情况下，不需要再去穷尽所有的细节，否则只能浪费宝贵的司法资源，

---

① 陈光中主编：《刑事诉讼法》，北京大学出版社、高等教育出版社2002年版，第19页。

② 陈瑞华：《刑事诉讼的前沿问题》，中国人民大学出版社2000年版，第192页。

同时也无助于司法公正。第三种可能性是，尽管司法机关和当事人都进行了艰苦的努力，但通过刑事诉讼认定的实体事实被证明是完全错误的。也就是说，对案件事实的主观认识与案件事实本身完全脱节。这种情况并不违背刑事诉讼的认识规律，在刑事诉讼中也并不少见，因为人的认识能力毕竟是有限的，再高明的人也不能达到全知全能的境界，法官也会犯错误。因而，在刑事司法实践中应该正视这种情况并尽量减少这种情况的出现。

但是，实体事实与案件事实之间的距离并不能阻止刑事诉讼对实体事实的追求。事实上，对于实体事实的发现从来就是刑事程序的首要的、基本的目标，如果放弃了对实体事实的追求，刑事程序的存在就失去了起码的必要性。不仅如此，刑事司法的实践已经证明，在发现和认定实体事实这一点上，并无任何其他的手段或途径可以代替刑事程序，它是最佳的，也是唯一的。正是在这一意义上，美国学者霍尔（Johnson Hall）曾指出："刑事诉讼是发现真理的一种方法，不是证明已被接受的真理的一种方法。要充分理解诉讼程序的推理功能，就要牢记，我们不是从答案开始而是从问题开始；只有在我们寻找最初未占有的答案，而且可能是最佳答案的前提下，全套诉讼机制才是可以理解的、站得住脚的。即使实体法不合理，诉讼程序仍然可能是合乎逻辑的。这就是说，诉讼程序起到的是逻辑推理的作用，其结果并非是必然如愿的。不论最终判决如何，合乎逻辑的诉讼程序为发现必要的答案提供了最佳的工具。"[①]

二、刑事程序对实体法律的工具价值

在刑事诉讼中，仅仅准确而及时地发现实体事实并不是全部，在此基础上还需要正确适用实体法，才能形成实体裁判。刑事程序是一种法定程序，具有法定程序的一般属性，保障实体法律的正确实施是它的一个重要的工具价值。

---

① Johnson Hall：Fact Investigation from hypothesis to proof, West Publishing Co. 1989, p. 246.

以往，在对待刑事程序之工具价值的问题上，存在绝对工具主义和程序至上主义的对立：绝对工具主义过分夸大刑事程序的工具价值，而程序至上主义则过分夸大刑事程序的独立价值。不过，尽管程序至上主义者过分夸大刑事程序的独立价值，忽视甚至否认刑事程序的工具价值，但其并不能从根本上否认刑事程序和刑事实体法之间的依存关系；退一步来讲，完全否认刑事程序对实体法的工具价值，这也是显然不符合事实的。正确的态度是，既要承认刑事程序对实体法的相对独立性，又要承认刑事程序对实体法的依赖性，因为刑事程序必须以实体法律为前提，实体法律对刑事程序具有价值目标的指向意义。事实上，如果离开刑事实体法空谈程序，刑事程序就不能体现任何意义的工具价值，甚至可能导致其整个程序价值的虚无。因此，刑事程序的设计及其具体运行应当指向刑事实体法的实现。

一般来说，刑事实体法的实施主要存在于刑事诉讼的庭审阶段，在此前的各个阶段不大会有实体法实施的问题。在刑事庭审中，刑事诉讼中所应用的"法律"首先是刑事实体法，即现行的刑法，其次是刑事程序法，此外还包括办理案件中需要适用的其他法律。例如：涉及宪法规定的权利或者权力时需要适用宪法；涉及其他部门法律规定的刑罚规范时需要适用该部门法；附带民事诉讼的案件需要适用民法和民事诉讼法。如果不能正确应用法律，即使查明了犯罪事实也往往无法正确裁决案件，实现司法公正。正确应用法律，要求公安、司法机关在将法律应用到已经查明的具体案件事实时，分清罪与非罪、此罪与彼罪的界限，做到定罪准确，并根据罪刑相当原则，做到量刑适当。

具体而言，刑事程序对刑事实体法的工具价值主要体现为它对刑事实体法实施的保障作用、制约作用和补充作用。

1. 刑事程序对实体法实施的保障作用

刑事实体法规定的是关于犯罪和刑罚的问题，刑事程序规定的是如何追究和惩罚犯罪，如何执行刑罚的问题。如果只有刑事实体法而没有刑事程序法，刑事实体法的实施就没有规范可以遵循，刑事实体法的正确实施就没有保障,甚至变成一纸空文。

刑事程序对实体法实施的保障作用主要表现在以下几个方面:

第一,刑事程序保障刑事实体法的正确实施,这主要表现在:(1)规定刑事实体法实施的专门机关及其分工,从而为刑事实体法的正确实施提供组织保障;(2)规定一系列基本原则、制度和规则,促进权力行使与权力制约的统一,促进权力行使与权利保护的统一,为刑事实体法的正确实施提供规范保障;(3)规定科学的证据规则以查明案件事实,为刑事实体法的正确实施提供前提条件;(4)规定一系列前后相接的诉讼阶段,使裁判的错误和缺陷能够得到及时的纠正,为刑事实体法的正确实施提供救济途径。[①]

第二,刑事程序保障刑事实体法的高效实施,这主要表现在:(1)设置不同的诉讼期限,为刑事实体法的实施确定一个明确的期限,使刑事案件的审理不至于过分拖延;(2)设置简易诉讼程序,为刑事实体法的实施提供一个相对简略的过程,使某些案件可以得到快速的处理;(3)简化普通审判程序,为实体法的实施提供更为便捷的途径;(4)设置调解制度,使那些相对轻微的刑事案件可以不需要经过实际的实体法适用。

第三,刑事程序保障刑事实体法内含的价值目标成为人们行为的现实指引。在刑事诉讼中,法院通过刑事程序的运行,不仅可以判定被告人的行为是否构成犯罪,而且可以通过权威的裁判宣告被告人应负的刑事责任,以实现对他的谴责和制裁。通过对犯罪行为的谴责和制裁,可以在现实社会中加强公众自觉遵守包括刑事实体法在内的所有法律,消除公众的不安全感,消除社会舆论关于犯罪事实的疑问。通过对犯罪行为的谴责和制裁,可以警戒那些潜在的犯罪者,并向其明确表达这么一种信息:违反法律必然遭到谴责和制裁,而遵守法律则可以享受自由和权利。

第四,刑事程序保障刑事实体法规范在从抽象变为现实的过程

---

① 陈光中主编:《刑事诉讼法》,北京大学出版社、高等教育出版社2002年版,第15页。

中具有可靠的制度保障。刑事实体法关于实体权利和义务的规范只是停留于纸面的抽象的规范，如果要变成当事人具体而现实的权利和义务，还需要通过刑事程序的运行并最终形成权威的司法裁判才能实现。但是，在从抽象变为具体的过程中，实体权利义务的确定需要符合一定的原则和规范，否则实体法律所规定的权利义务完全可能偏离其立法原意，产生意想不到的危害结果。从这个意义上来说，刑事程序可以为之提供可靠的制度保障，使之符合刑事实体法的立法原意。

2. 刑事程序对刑事实体法实施的制约作用

在某些情况下，刑事实体法的实施会在一定程度上受到刑事程序的制约。此时，尽管不能完全脱离刑事实体法的总体性规定，但有关刑事责任的具体条文不再被进一步适用。在我国，这种情况主要表现在我国《刑事诉讼法》第 15 条规定的情形。根据该条规定，以下情形中，不应追究刑事责任，已经追究的，应当撤销案件，或者不起诉，或者终止审理，或者宣告无罪。具体分述如下：

第一，情节显著轻微，危害不大，不认为是犯罪的。根据刑法规定，行为要构成犯罪，不但要有社会危害性，而且社会危害性要达到一定的严重程度。对于情节显著轻微，危害不大的行为，刑法则不规定其为犯罪，不应追究刑事责任，但可移送有关部门依据其他法规处理。

第二，犯罪已过追诉时效的。追诉时效是指超过一定期限便不再追究犯罪嫌疑人、被告人的刑事责任的制度。对此，我国刑法针对不同情况规定了四种法定的追诉期限，超过这个期限便不再追究犯罪嫌疑人、被告人的刑事责任。但在司法机关立案侦查或人民法院受理案件以后，逃避侦查或审判的，不受追诉期限的限制。

第三，对于告诉才处理的案件，没有告诉或者撤回告诉的。告诉才处理的案件一般与被害人有特殊的利害关系，被害人会根据情况决定是否向司法机关起诉，法院应该尊重被害人的选择。如果被害人没有告诉，或者告诉之后又撤回起诉的，就不再追究加害人的刑事责任。

第四，犯罪嫌疑人、被告人死亡的。犯罪嫌疑人或被告人一旦死亡，就失去了适用刑罚的对象，也就失去了进一步适用刑事实体法的必要性。此时，追究刑事责任已经没有实际意义，故应终结诉讼。

3. 刑事程序对刑事实体法的补充作用

刑事程序不但能保障和制约刑事实体法的实施，而且还能够弥补刑事实体法之不足。

在英美法系，普通法就是通过诉讼程序创制和发展起来的。法官在处理案件时，他们总是习惯于把过去的司法经验适用于眼前的案件，而不是将其置于抽象的体系和准确的概念框架中。因而，在英美法系，刑事程序对实体法的建构和发展起着决定性作用。这或许是正当程序观念在英美法系国家根深蒂固的主要原因。

在大陆法系，制定法具有基础性地位，但从它产生之日起便存在诸多先天不足。刑事实体法也同样面临这样的问题：（1）刑事实体法的具体法条总是有限的，但犯罪的形态却是随着社会发展不断变化的。也就是说，刑事立法者不可能穷尽社会生活的方方面面，刑事实体法规范的漏洞和盲区在所难免。（2）刑事实体法规范是相对稳定的，而社会生活却是不断发展的，实体规范相对于社会生活难免会有相对的滞后性。（3）由于法律语言本身的特点以及立法技术等因素的影响，刑事实体法规范必然会有一定的模糊性。（4）刑事实体法规范数量繁多，体系庞杂，其内部时常存在冲突和矛盾的现象。（5）刑事实体法规范具有普遍性，当将普遍性的规范适用于具体个案时，可能违背其本来目的。①

鉴于刑事实体法规范的上述不足，依赖实体法自身难以达到其真正目的，此时就需要借助于刑事程序，特别是刑事诉讼程序才能克服其缺陷和不足。在司法程序中，有条件地赋予法官一定自由裁量权，通过法律解释的方法、法律发现的方法和法律推理的方法，

---

① 参见汪建成："对刑法与刑事诉讼法关系的再认识"，载《法学》2000年第7期。

补充实体法律的漏洞，协调其冲突，明确其含义，促进其更新，实现其目的，可以克服刑事实体法律自身的局限性。

三、刑事程序对实体结果的工具价值

一般来说，有了实体事实的认定和实体法律的实施，实体结果就已经形成了。但是，除了是一种事实认识过程和法律实施过程，刑事程序更是一种处理诉讼关系的动态的理性交往过程。按照美国学者罗尔斯在其《正义论》中阐述的观点，程序的实质是一种"过程理性"，刑事程序的价值主要存在于它的运行过程中而不在于它的结果中。[①] 我国学者也认为，程序绝非只是单纯的手段和形式，因为程序所促进的社会理性秩序乃是正义的重要内容，它有相当的价值因素；程序是实现实质性正义的前提，实质性正义从理论到现实的合乎理性的转化过程只有通过程序才能予以实现；程序是设定理性或合理规则，引导正义由理想状态到现实状态的转化过程，这一过程乃是动态的。[②] 可见，上述两种理论都认为，程序是一种动态的过程，它在确保实体正义实现的问题上拥有独立的意义，而不是可有可无的手段或形式。

笔者认为，程序的运行过程和最终的实体结果是相互依存的，尽管结果是相对于过程而言的，但结果也是过程的一个部分，凡过程必有结果且以结果为终点。刑事程序的价值虽然不在结果中，但可以通过结果的状况得到直接或者间接的体现，这一点在刑事程序的工具价值上体现得尤为突出。

相对于实体结果而言，刑事程序的工具价值主要表现为它能够促进实体结果的合法性、正当性和权威性。

首先，就实体结果的合法性而言，它不只是一种刑事实体的合法性，还应该包含刑事程序的合法性。也就是说，实体合法性只是

---

① ［美］约翰·罗尔斯：《正义论》，何怀宏等译，中国社会科学出版社1988年版，第112页。

② 陈瑞华：《刑事审判原理论》，北京大学出版社1997年版，第85页。

实体结果之合法性的一个方面，如果没有程序合法性，实体结果的合法性就是值得怀疑的，至少是不全面的。过去，人们在谈及裁判是否合法的时候，常常没有注意到这一点，似乎只要在实体事实的基础上正确地适用了刑事实体法，这样的裁判就取得了当然的合法性。程序正义主义兴起以后，人们开始认识到程序的合法性对作为实体结果的裁判的重要意义，并把它提高到能够以程序的不合法否定实体结果的合法性的程度。

现代各国的宪法和法律均注重通过程序的合法性保障实体结果的合法性。在大陆法系国家，几乎都确立了"合法审判"观念，即未经公正的法庭审判程序，任何人都不能被定罪或判刑。在英美法系国家，则普遍确立了"正当程序"的观念，即未经正当法律程序，任何人都不能被剥夺生命、财产或自由。"合法审判"或"正当程序"的观念强调了程序的过程价值，即给予每一个其权益受判定的公民以获得公正审判的机会，使其受到的最终判决同时具有实体和程序两个方面的合法性。

其次，就实体结果的正当性而言，通过严格的刑事程序确保刑事实体公正的实现，这是现代法治精神的基本要求。在刑事司法领域中，定罪量刑意味着国家刑罚权从抽象走向现实，它是国家通过法院对犯罪的个人或者社会组织实施的最为严厉的谴责，它极可能会导致个人的自由乃至生命被国家剥夺，并给犯罪人及其亲友带来不利的后果。正确的定罪量刑固然可以达到惩罚犯罪和保护人权、维护社会秩序的目的，但刑罚权的滥用却可能造成极大的危害，它不但不能起到打击犯罪的目的，反而会严重侵犯人权，危害社会秩序，给民众树立一个恶的榜样。

为了防止国家司法权或刑罚权的滥用，制约法官在定罪量刑中的恣意妄为，现代法治国家无不设立严格的刑事程序对此加以限制，以确保定罪量刑的适当性、必要性和合理性。在严格地遵循刑事程序的情况下，法官的审理和裁判可望建立在经过充分证明的实体真实的基础上，被告人到底是有罪还是无辜，都可以在一定程度上得到充分的证明。法官一旦确认被告人的行为构成犯罪，就可以通过权威的司法裁判向社会宣告他"在法律上有罪",并对其进行定罪量刑。如果法官认为被告人的行为不构成犯罪,或者认为被告人受到错误的指控,也可以通过权威的司法裁判向社会宣告他"在法律上无罪",从而解除对他的指控和怀疑。[1] 无论是有罪宣告还是无罪宣告,这种宣告都具有实体结果上的正当性,并且具有法律上的拘束力。

不仅如此,在刑事诉讼过程中,刑事程序所设定的各种制度、原则和规范也可以保证被告人和其他诉讼参与者获得陈明其观点和主张的机会,从而产生一种积极的合力,使定罪量刑获得最大程度的正当性。

最后,就实体结果的权威性而言,刑事程序确保法院的裁判结果合乎理性的要求,不但使被告人本人发自内心地信服,而且也使社会公众树立法治权威的观念。

有的学者认为,程序可以通过以下四个途径确保实体结果的权威性:一是现代程序的结构按照职业主义的原理形成。二是程序一般分开进行,易发现和纠正过程中的错误。三是程序创造了根据证据资料自由对话的条件和氛围,使各种观点和方案得到充分考虑,实现优化选择。四是预期结果的不确定性与实际结果的法律拘束力形成共同的心理导向作用,程序参加者的参与积极性易被调动起来,其基于利害关系而产生的强烈参与动机也会促进选择的可接受性。[2]

有的学者认为,刑事程序可以通过以下三种机制确保实体结果的权威性:一是刑事程序的多方参与机制。这种多方参与性可确保诉讼各方从不同的角度提出主张、证据和事实,法官可同时接触多方面的证据,并全面地确定刑事案件的事实,确保裁判建立在经多方提出和调查而形成的事实基础上。二是刑事程序的证明机制。刑事程序是一种特殊的证明活动,控辩双方围绕"被告人有罪"这

---

[1] 陈瑞华:《刑事审判原理论》,北京大学出版社1997年版,第86页。
[2] 季卫东:"程序比较论",载《比较法研究》1993年第1期。

一事实和论题进行证实和证伪活动,作为裁判者的法官或其他裁判者在听取或参加这种证明活动的基础上,作出被告人在实体结果上是否构成犯罪的权威裁判。三是刑事程序的救济机制。现代各国普遍建立的刑事救济程序还为上级法院对下级法院的裁判进行事实和法律上的审查创造了条件。通过这种审查,法院可尽量发现裁判中的错误和不公正之处,使裁判结果符合正义的要求。①

笔者认为,在考察刑事程序促进实体结果的权威性的时候,不能仅仅着眼于刑事程序的运行过程,更为重要的是要从刑事程序本身寻找根据。在笔者看来,刑事程序在保障实体结果的权威性方面,具有以下四个内在特征:

一是刑事程序的设计具有严格的技术特征。现代刑事程序的一个突出特征就在于它具有严格的技术性,这种技术性直接表现为刑事程序的可操作性。一般来说,刑事程序的技术性和可操作性越强,司法的恣意性就会越少,实体结果的合理性就会越大。

二是刑事程序的结构具有细密的分工特征。刑事程序在结构上可以分为相互衔接的不同阶段,在各个阶段都体现了明确的职权分工:从纵向来看,侦查机关、公诉机关和裁判机关构成相互制约的职权分工;从横向来看,控诉、辩护与裁判也构成职权上的分工。刑事程序的分工特征可以有效地形成权力的制约或权利的对峙,从而使实体结果富于理性。

三是刑事程序的运行具有开放的民主特征。刑事诉讼是法官在诉讼各方共同参与下确定被告人的刑事责任活动,刑事程序为各方的理性交涉创造了条件。多方参与的民主特征可以确保法官与被告方、控告方以及其他有关各方进行理性的协商、论证的说服,防止法官恣意裁判,从而形成实体结果的可接受性。

四是刑事程序的结果具有预期的强制特征。在刑事诉讼中,一旦被告人被宣告有罪,关于定罪和量刑的内容必须通过正式的刑事裁判表达出来;如果裁判生效,国家可以强制力为后盾确保裁判内

---

① 陈瑞华:《刑事审判原理论》,北京大学出版社1997年版,第87页。

容的执行,被宣告有罪者必须接受和服从裁判,而不能对其加以抗拒。

由此看来,刑事程序与实体结果的权威性具有密切的内在联系。刑事程序不但以其外在的运行特性保障实体结果的权威性,而且,在一定意义上,刑事程序本身的某些内在特征也直接意味着实体结果的权威性。

第四节　刑事程序的社会价值

按照唯物史观的基本观点,经济关系是一切社会关系的本质,政治关系、文化关系以及其他社会关系归根结底都是经济关系;法是一定生产方式所决定的社会经济关系的必然要求,是为了保护社会经济关系的存在与发展而树立其上的上层建筑。社会经济关系的良性发展需要自由、民主、平等的社会条件,以及有序和安全的社会环境,法律对社会经济关系的保护也就是保障这种社会条件和社会环境,从而体现出自身的价值。

刑事程序是一个国家法律体系的重要组成部分,当然具有一切法律所具有的共同属性,因而也具有一切法律所具有的共同的社会价值。刑事程序的社会价值是刑事程序以其一般法律属性满足主体需要所具有的价值。在一个国家的法律体系中,一般法律属性就是全部法律的共性,既然一般法律能够满足社会主体对于自由、秩序和安全的需要,那么刑事程序同样应该能够促进这些一般法律价值的形成与发展,只不过刑事程序在具体的促进方式和内容上具有与其他法律不同的特殊性而已。

刑事程序的社会价值是从社会主体的角度而言的,是刑事程序对于社会整体的价值,这一点不同于它的目的价值或工具价值。同时,刑事程序的社会价值兼具目的价值与工具价值的双重特征,既不仅仅属于目的价值的范畴,也不仅仅属于工具价值的范畴。就其内容而言,刑事程序的一般社会价值是多方面的,但其中最为重要的当数它的自由价值、平等价值、秩序价值和安全价值。在下文中，笔者将逐一加以阐述。

一、刑事程序的自由价值

自由，一直是古今哲人们不舍思索的问题，也是人们不断为之奋斗的一项普世价值。

在西方，由于经历了长期的封建神学禁锢，启蒙思想家们对自由尤为珍视，认为自由是人的本质，追求自由是人类理性的必然结果，不但把自由作为人类摆脱自然界束缚的标志，而且把自由作为摆脱封建神学统治的结果。正是在此意义上，西方启蒙时期的思想家们始终把自由看成最重要的价值，并响亮地喊出了"无自由，毋宁死"的口号。

与启蒙思想家们对自由的论述不同，马克思主义的自由观是建立在唯物史观基础之上的。在马克思主义看来，自由是对必然性的认识和把握，它代表了人类认识世界和改造世界的能力，同时也意味着人类摆脱必然性束缚的一种状态。对此，马克思曾经指出："自由不在于幻想中摆脱自然规律而独立，而在于认识这些规律，从而能够有计划地使自然规律为一定的目的服务"。[①]

一般而言，如果以自由的存在状态为标准，可以把自由分为两种情况，即思想的自由与行为的自由，这两种自由结合在一起最终构成了人的自主性。思想自由也就是意志的自由，是一种内在的自由。在西方，人们一个普遍的看法就是思想自由具有与生俱来的天赋性，是绝对理性的必然命令，既然绝对理性是自由的，作为绝对理性具体的人的思想与意志也是自由的。况且，由思想自由的内在性所决定，在事实上也是难以被外人窥知并加以侵犯或剥夺的。行为自由就是身体的自由，它根源于思想自由，是对思想自由的外在表现。相对于思想自由，它是一种外在的自由，是一种可以在事实上依法加以剥夺的自由。在思想自由与行为自由之间，法律规范行为自由而不规范思想自由。

---

① 《马克思恩格斯选集》（第 3 卷），人民出版社 1995 年版，第 153 页。

笔者认为,自由可以从哲学和法学两种语境中得到解读。从哲学上来看,自由是人的主体性的本质表现,既是属于身体的,也是属于思想的,既可以看做一种状态,也可以看做一种能力。但法律不规范思想,因而法学上的自由主要是身体和行为的自由。但这并不意味着法律不涉及意志自由,因为身体和行为的自由从来都离不开思想和意志的自由,不能设想某种意志仅仅停留在意志状态,也不能设想某种行动不受任何意志的支配便可自动表现出来。因此,即使在法学上也可以说,没有意志自由,就谈不上身体和行为的自由,因而身体和行为的自由内含着意志自由,也反映着意志自由。

自由是一项重要的法律价值。自由从来就是和法律联系在一起的。法律是人类追求自由的价值创造物,它体现自由价值,同时又以自由价值为目标。对此,康德曾说过,个人是自由的,如果他只服从法律而不服从任何人。[①] 西塞罗也曾说过:"为了自由,我们做了法律的奴隶。"[②]

法律的自由价值主要表现为两个方面:一方面,人们为了自由而创造法,通过法确认自由,法是自由的产物。自由正是在法的范围之内存在和实现的,如果超越了法所设定的界限,就会造成侵犯别人自由或社会整体自由的法律事实,从而导致不自由。孟德斯鸠说过:"在一个国家里,也就是说,在一个有法律的社会里,自由仅仅是:一个人能够做他应该做的事情,而不被强迫去做他不应该做的事情。"[③] 因此,法律是为了实现自由而创造的,而不是为了限制自由而创造的。对此,马克思指出:"就是从事一切对别人没有害处的活动的权利。每个人所能进行的对别人没有害处的活动的界限是由法律规定的,像地界是由界标定的一样。"[④] 另一方面,自由是法律的目标,法具有排除自由实现的障碍的功能。也就是

[①] 康德:《法的形而上学原理》,沈叔平译,商务印书馆1991年版,第164页。
[②] 王哲:《西方政治法律学说史》,北京大学出版社1988年版,第56页。
[③] [法]孟德斯鸠:《论法的精神》(上),张雁深译,商务印书馆1961年版,第154页。
[④] 《马克思恩格斯全集》(第1卷),人民出版社1979年版,第438页。

说，法律否认非法的"自由"，如果一个公民能够做法律所禁止的事情，他就不再有自由了，因为其他的人也同样会有这个权利。对此，孟德斯鸠进一步指出："自由的主要意义就是，一个人不被强迫做法律所没有规定要做的事情；如果他受到这种强迫，法律帮助他解除这种强迫。"①

可见，在法律上，自由就是做法律所没有禁止的事情，在法律禁止之外就是公民的自由，即所谓"法无禁止即自由"。同时，自由的法律定义也包含了自由的社会性和限定性，也就是说自由最终体现了人与人之间的社会关系，自由不是无限的，而是相互尊重个人自由的前提下才是现实的，否则大家均无自由。正如马克思所说的："法律不是压制自由的手段，正如重力定律不是阻止运动的手段一样……恰恰相反，法律是肯定的、明确的、普遍的规范，在这些规范中，自由的存在具有普遍的、理论的、不取决于个别人的任性的性质。法典就是人民自由的圣经。"②

自由价值在刑事程序中具有充分的体现，这可以从两个方面得到论证：

一方面，人们为了诉讼自由而创设刑事程序，刑事程序是自由价值的产物。

自由的规定性之一就是不受异己力量的非法限制或强制。在此意义上，刑事程序通过使程序参与者免予异己力量的非法限制或强制而确认和保障自由。

在这里，所谓免予异己力量的非法限制或强制，就是对来自其他个人、组织或者国家公共权力的非法干预的排斥。特别需要指出的是，个人权利和国家公共权力相比，前者相对弱小，后者则具有天然的优势。而一切有权力的人都容易滥用权力，这是一条万古不易的真理。在各种法律关系的展开过程中，如果对权力不加限制，

---

① [法]孟德斯鸠：《论法的精神》(上)，张雁深译，商务印书馆1961年版，第194页。

② 《马克思恩格斯全集》(第1卷)，人民出版社1979年版，第71页。

滥用权力侵犯自由的情况必然会发生。基于这种强弱关系，必须对最可能也最容易侵犯公民自由的国家权力，特别是国家司法权力，进行限制和制约，而在这一点上，法律是对国家公共权力最为有效的制约手段之一。因此，作为对权力的制约手段，法律的目的不是为了限制或者废除自由，而是为了保护和扩大自由。

在刑事司法领域，刑事程序的任务在于实现国家刑罚权，实现刑罚的功能。相对于个人而言，国家刑罚权是一种强大的权力，如果没有程序的限制，国家刑罚权就有滥用的可能，公民的基本人权就有受其侵犯的可能；况且，刑罚权的行使离不开具体的司法人员，而国家司法人员并不是圣人，在权力可以滥用的情况下，无法受制于自我道德约束而不滥用。因此，作为刑事诉讼行为的规则的刑事程序，"其一个重要的价值就是为了制约司法人员的活动，防止司法权力的滥用，保证司法活动的正确与公正，保证无辜者的人权不受损害。"[①] 刑事程序就是在这种意义上被创制出来的。

另一方面，自由是刑事程序的重要价值目标，刑事程序赋予公民自愿选择的自由。

自由意味着选择，没有选择也就没有自由。刑事程序是为了对诉讼主体可能的行为选择进行规制而预备的相互行为关系的规则体系，它通过一整套的行为选择机制，赋予诉讼主体在诉讼过程中进行行为选择和目的选择的自由。正是通过赋予公民在诉讼中享有各种选择的权利，刑事程序的自由价值才能得以彰显。

一般来说，所有的程序性权利都体现了选择的自由。在我国刑事程序中，选择自由体现在许多方面。例如，是否选择民族语言进行诉讼的自由；是否选择自我辩护的自由；是否请求回避的自由；是否选择亲自作证以及作证方式的自由；是否选择沉默的自由；是否选择取保候审的自由；是否选择提起自诉的自由；是否选择简易程序的自由；是否选择上诉的自由，等等。当然，人是一种社会的存在，自由是有限度的自由。一个人的自由总是被限定在他人的自

[①] 王洪祥、欧阳春："刑事诉讼的价值与冲突"，载《法律科学》1997年第1期。

由之中，否则自由便会互相消蚀。

当然，我国刑事程序在选择自由方面还有进一步完善的余地。例如，在审前程序中，没有赋予犯罪嫌疑人沉默的自由，没有赋予犯罪嫌疑人选择物保还是人保的自由，没有赋予犯罪嫌疑人申请变更强制措施的自由；在审判程序中，没有赋予当事人程序选择的自由；没有赋予被害人是否选择上诉的自由；在执行程序中没有赋予死刑犯选择执行方式的自由。这些自由的欠缺都需要在新的立法修改中认真加以考虑。

二、刑事程序的秩序价值

秩序，其最基本的含义就是事物存在和发展的一致性、连续性和确定性。秩序既存在于自然界，也存在于人类社会；存在于自然界的秩序就是自然秩序，存在于人类社会的秩序就是社会秩序。

任何社会秩序都是由稳定的社会制度、确定的社会关系和体现于行为中的行为规则来体现的。社会秩序不仅是一种事实，也是一种价值。这是因为，社会最基本的内容就是"联合起来的单个人"，[①] 人们遵守为社会所普遍承认和接受的社会规范，便形成了社会生活和社会结构的相对稳定和协调一致，这种和谐、稳定和一致的状态蕴涵着对人们有益的方面，从而满足人们的需要，成为人们共同追求的价值。

社会秩序之所以是一种价值，最主要的是在于它能满足人的生存的需要。人类得以生存的先决条件是人类一定物质生活资料的客观存在。人的物质生活资料是靠人的劳动获得的。在原始时代，人类获得物质生活资料的劳动，一是在自然界中寻找，通过采摘、渔猎等劳动获得现存的野果、野兽；二是在自然界中创造，如通过种植粮食、饲养家禽等劳动获得食物。在强大的自然力量面前，不论是在自然界中寻找，还是在自然界中创造，原始人类的个体是无法持续进行的。而多个人的共同劳动，就必然存在人与人之间的关系

---

① 《马克思恩格斯全集》（第46卷），人民出版社1979年版，第220页。

和人类社会的秩序问题。没有秩序的劳动，必然是效率低下的劳动，甚至是没有效益的劳动。在劳动的过程中人与人的协作、配合都需要秩序，也都是秩序的表现。

秩序不仅是人类生存的要求，也是人类发展的要求。一般来说，人类的发展依主体的不同大体上可以分为个人的发展和社会的发展：个人的发展是个人在德、智、体、美、劳各个方面的进步和完善；社会的发展则包括物质文明的发展和精神文明的发展；个人的发展是社会发展的基础，社会的发展是个人发展的前提。不管是个人的发展还是社会的发展，两个方面的发展都需要一定的社会条件，其中最重要的就是正常的、可预期的社会生活秩序。可以想象，在社会秩序混乱的状态之下，人的生存都难以得到有效的保障，哪里还能谈得上发展？！因此，无论是每一个人还是整个社会所有人的发展，社会秩序都是一种最基本的价值。

在国家形成之前，人类社会秩序的形成主要是自发的。此时，构成人类社会秩序的各种行为规则包括自然规律、习惯规则、道德规范、宗教仪式，等等。随着国家和以国家的名义颁布的立法的出现，人类社会秩序的形成便日益加入了自觉的成分。尽管人类社会最初进入国家阶段后的最初立法包含着大量的习惯规则，并且在日常生活中仍不断地自发产生各种习惯规则，其中大量的习惯规则不断地被吸收进入法律规则中而成为法律规则，但进入文明社会以后，自觉创制的方式日益占据了主导的地位。因为，"当以立法，尤其是系统的、法典式立法的方式来确定人的行为规则时，它表明国家统治者对社会秩序的全面的、整体的认识和有目的的设计，社会秩序的形成便主要成为一种自觉而不是自发的过程。"①

"与法律永远相伴的基本价值，就是社会秩序。社会秩序要靠一整套普遍性的法律规则来建立，而法律规则又需要整个社会系统

---

① 季卫东：《法治秩序的构建》，中国政法大学出版社1999年版，第56页。

地、正式地使用其力量加以维持。"① 社会秩序一旦受到法律的调整和控制,便穿上了法律的外衣,具有法律的属性,就可以称之为法律秩序。法律秩序是一种特殊的社会秩序,也是一种重要的法律价值。国家以主动的立法,制定行为规则并要求人们在现实生活中加以遵守,从而形成法律秩序。

法律秩序与人类社会自发形成的社会秩序相比有自己的特点。

首先,法律秩序的形成是以国家的存在和发展为前提的。按照西方的社会契约观念,法律秩序形成的一个前提就是人与人之间相互让渡部分自然权利并将之委托给一个共同的第三方,以换取其保护。根据马克思主义的观点,法是国家的伴生物,是建立在一定经济基础之上的上层建筑。依据各种各样的法律规则而形成的法律秩序亦不能离开国家而独立存在,需要借助于国家强制力才能形成和发展。

其次,法律秩序的实现带有一定的强制性。尽管法律秩序的实现具有一部分自觉的因素,但更多的还是由于国家以其强制力惩罚违反法律规则者的行为,通过现实的或抽象的法律制裁而得以实现的。与之不同,社会秩序的实现,无论是道德、习惯还是宗教仪式,其之所以被人们遵守,主要是依赖于人们内在的守旧心理、向善心理、崇拜神灵心理的作用。

再次,法律秩序是不同个人、组织或社会各阶层意志和利益相互调适和妥协的结果。在阶级社会中,统治阶级与被统治阶级之间的利益冲突是一种常态,如果不能使这种阶级利益冲突缓和下来,社会秩序根本不可能形成,各个阶级均难以避免在相互之间的利益冲突中遭受损害。为了避免这种损害,统治阶级必然通过立法确认其统治地位和既得利益,并有条件地维护被统治阶级的利益,以缓和阶级矛盾,从而形成有利于统治阶级的法律秩序。不仅如此,统治阶级内部也需要借助于法律秩序以规范相互之间的关系,从而避

---

① [英]彼得·斯坦、约翰·香德:《西方社会的法律价值》,王献平译,中国人民公安大学出版社1990年版,第38页。

免其内部的利益冲突。因此，一个社会的法律秩序，既包含着维护统治阶级的根本利益的价值取向，同时也重视调适和平衡统治阶级与被统治阶级的利益，法律规则以及由此形成的法律秩序在维护统治阶级的根本利益的同时，又使阶级利益之间得到某种衡平和妥协。

最后，由于构成法律秩序的法律规则带有自觉创制的因素，因而法律秩序也相应地带有自觉创制的因素。一般来说，一定社会的人们总是根据社会生活的需要，归根结底根据社会经济生活的需要，在总结经验的基础上，结合一定的价值目标，自觉地设计法律规范。在法律规范形成以后，人们把法律规范中蕴涵的秩序价值内化为社会生活中的自觉行为，从而形成稳定的法律秩序，并在保持社会稳定的条件下自觉地促进社会的发展，这一点在社会主义国家法律秩序的形成过程中能得到更为充分的体现。

刑事程序的秩序价值是一般法律秩序价值的特殊表现形式。刑事程序的秩序价值主要表现在以下几个方面：

第一，维护国家统治秩序。统治秩序是一个国家的根本秩序，刑事诉讼秩序是其中的一个非常重要的组成部分。内在地看，刑事诉讼秩序具有客观性，它根植于社会的经济基础，是阶级利益冲突与斗争的产物。外在地看，刑事诉讼秩序具有一致性和形式化的特征，对任何人都是适用的，从而使阶级冲突得到缓和。刑事程序的一致性和连续性也易被公民所接受，客观上减小了推行统治阶级意志的阻力，维护了阶级统治秩序。

刑事程序维护统治秩序的一个重要方式就是用国家强制力维护统治秩序的威严。国家强制力一般通过设立专门机关，如监狱、法庭、检警机构，以及采用强制措施体现出来。在刑事诉讼过程和结局中对藐视法律或统治秩序的人给予制裁。

第二，确认和创设刑事诉讼秩序。刑事程序既有对现存诉讼乃至于社会秩序的确认，又有对新的秩序的创设。对现存秩序的确认，主要体现在对某些自然行为的确认。如侦查强制措施中的扭送，这原本是公民在同犯罪分子的自然行为，但经过刑事程序的规范，就上升为一种法律秩序了。新的秩序的创设是刑事程序秩序的主要方面，这主要体现在上层建筑领域，譬如建立国家司法机关、划分各机构权力、确定各机构职责、规定各机构的运作方式和程序等。

第三，规范国家司法权力的运作秩序。刑事程序规定不同司法权主体的权力界限、权力配置、权力结构、权力关系以及权力间的制约协调，使权力运行规则化、有序化。

第四，和平而文明地解决冲突，形成和谐的社会秩序。社会冲突是利益冲突的反映，它往往会消蚀秩序，但冲突又总是不可避免的，只能通过法律加以调适和规范。刑事程序对于和平而文明解决冲突有重要意义。在刑事程序运行过程中，当事人有充分、平等的表达机会，法官居中裁决，缓解了冲突双方的心理对立情绪，使冲突解决的方式秩序化，避免发生更大的武力冲突，从而使冲突在和平、文明的状态中得到解决。

由此看来，秩序的确是刑事程序的一个重要的社会价值，通过刑事程序调整而形成的各种秩序也是一个国家整个社会秩序的重要部分。然而，不得不承认，我国在刑事程序秩序价值的实现方面还有很长的路要走。综合起来主要有以下三个方面的问题：其一，重实体轻程序的观念在我国法治生活中根深蒂固，人们并不看好刑事程序在秩序形成方面的价值；其二，历史上长期形成的厌讼心理一时难以消除，人们普遍觉得打官司是一件羞耻的事情，一旦遇上刑事案件，哪怕是比较严重的刑事案件，人们往往倾向于掩盖或者私了；其三，我国刑事诉讼的成本过高，加上法律援助不到位，无论是公诉案件还是自诉案件，被告人或自诉人都难以支付高额的诉讼费用；其四，在现有的司法体制下仍然难以解决司法腐败问题，因而直接导致民众上访和对司法的不信任，甚至引发新的犯罪。对于这些问题的解决，人们或许可以列举许多具体的措施，但笔者认为最根本的还是要推进和深化刑事司法改革，并以此促进人们在程序价值观上的转变。

三、刑事程序的安全价值

在法学上，安全是一种不受破坏或损害的法治状态。法律本身是追求和平与安全的产物，同时又担负着维护人类生活安全与和平的历史责任。在我国法哲学的研究视野里，法的安全价值并未受到应有的重视，往往被作为法的普通价值对待，并与法的安定性一并予以考量。而在西方社会，安全往往被视为法律价值体系中的最高价值，是全部法律的起点和最终归宿。对此，博登海默认为，安全是法律的首要目标和法律存在的主要原因，如果法律秩序不代表一种安全的秩序，那么它就不是一种法律。[①] 霍布斯认为，人民的安全是最高的法律，法律应将人民的安全作为第一目标加以对待，法律不能保障人民的安全，法律在逻辑上就失去了存在的根据。[②] 而在庞德的视野里，安全得到更为宽泛的诠释，他把安全作为贯穿于法律之中的人道主义理想来宣扬。[③]

在法律实践中，人们通过实体性规范和程序性规范等两方面来体现其对安全价值的追求。相比较而言，实体性规范对安全价值的追求具有直接性，它通过宣示保护某项权利或禁止侵害某项行为的方式直接体现对安全价值的认同和维护；而程序性规范对安全价值的追求则具有间接性，它通过符合安全价值的程序原则和程序技术的整合，间接体现程序的安全性。

程序安全是法的安全在程序法领域的延伸，是诉讼程序在追求程序主体的目的时所体现出的自身的内在属性，是诉讼程序内在价值的一个方面，它与程序公正、自由和效率等共同构成诉讼程序设计和运作中不可或缺的价值目标。程序安全在总体上体现了法的安

---

① [美] E. 博登海默：《法理学——法哲学及其方法》，邓正来、姬敬武译，华夏出版社 1987 年版，第 196 页。
② [英] 霍布斯：《利维坦》，黎思复、黎廷弼译，商务印书馆 1985 年版，第 251 页。
③ 转引自张乃根：《西方法哲学史纲》，中国政法大学出版社 1993 年版，第 270 页。

全性的一般内容，但程序法本身的特殊性又使程序安全价值具有鲜明的个性，具有内容上的层次性和效力上的扩张性，它既涉及特定的个体安全需要，也涉及民众和社会整体组成的安全需要；既关联程序参与人的权利安全，也关联案外民众的权利安全。就刑事程序而言，其安全价值至少包含以下两个方面的内容：

一方面是刑事程序设计的安全，这至少需要考虑两个方面的内容：（1）权利至上。人权至上原则要求在程序权力赋予和行使时应以人权保障为其价值指向，不得以任何理由侵犯人的基本权利和基本尊严。也就是说，基于程序权力职能设定的活动范围只能局限于人权原则所容许的界域内，任何一点逾越都是对这一原则的违反，同时也是对程序安全价值的违反。（2）权力制约。在刑事诉讼领域，始终交织着司法权力和程序权利的和谐与冲突，一方面的强大必然以另一方面的弱小为对价。因此，构筑一个安全的程序，除了要有独立安定的程序构架外，对程序权力的安全性配置亦显得至关重要。从权力结构看，程序权力配置是一个包含权力来源、权力张力、权力方式、权力内容等方面的系统工程，安全性几乎牵涉程序权力配置的所有方面。[1]

另一方面是刑事程序运行的安全，这至少需要满足四个方面的要求：（1）程序的单向性，即程序中某一环节一旦过去，或整个程序一旦结束，就不能再回复或重新启动，这是程序的有序性的必然延伸和逻辑归结。（2）程序的时限性，即诉讼中的每一个环节都应该有时间上的要求，诉讼进程还应该及时进行。（3）程序的终结性，即诉讼程序在一项最终裁判产生后宣告终结，不能任意地重新启动程序，对该案件重新审理或撤销该判决。（4）程序的法定性。即诉讼程序的审理方法及其顺序、期限等都应由法律规定。[2]

---

[1] 胡亚球：“程序安全：程序价值的新视角”，载《江苏社会科学》1998年第9期。

[2] 陈桂明：《程序理念与程序规则》，中国法制出版社1999年版，第3—8页。

如果以上述程序安全价值作为标准衡量我国的刑事程序，可以发现其中的许多问题。根据笔者的思考与总结，主要表现为以下三个方面：

第一，权利保护方面的安全问题。从目前来看，在我国刑事诉讼中，犯罪嫌疑人或被告人在诉讼过程中受到的侵犯并不少见。在财产权方面，我国现行刑事诉讼法对取保候审中的物保缺乏可操作性的规定，致使实践中侦查机关只取物保不取人保，甚至违法采取重复物保；在人身权方面，刑讯逼供和超期羁押一直没有从根本上得到解决；在生命权方面，2005年的几起死刑误判已经引起强烈的社会反响，涉案的数名被告都无一例外地经过了死刑复核程序的环节，却仍然被错判死刑，甚至被实际执行。

第二，权力配置方面的安全问题。当前，尽管我国在宏观上已经建立并不断完善人民代表大会主导下的"一府两院"制度，实现了立法权、司法权和行政权的分离和相互制约机制，但司法权的微观配置却存在很大的问题，侦查权、起诉权和裁判权之间往往只有配合而缺乏制约，形成共同的追诉倾向。在侦查权配置上，侦查机关居于绝对的优势地位，法院和检察院不能进行实质的监督和制约，司法审查形式化，法律监督空洞化；在起诉权配置上，检察机关可以单方面决定起诉与不起诉，法院无权干预；在裁判权配置上，对审判委员会的权力缺乏具体规定，也没有可操作的制约措施，法院与检察院往往结成利益同盟，造成裁判权与追诉权在实质上合二为一。

第三，程序运行方面的安全问题。在侦查阶段，主要表现为刑事侦查人员滥用强制措施和侦查手段，该变更强制措施而不依法变更强制措施，变相羁押或者超期羁押；在起诉阶段，尽管原有的预审制度已经取消，但检察机关仍然享有较大的起诉裁量权，在实践中存在起诉权滥用的现象；在庭审阶段，庭后裁判或宣判的情况比较突出，审判委员会可以不审而判，实践中也存在不严格按照庭审步骤加以审理的情况，甚至剥夺或者变相剥夺被告人的最后陈述权。

对于上述程序安全方面的问题，究其原因，既有观念上的错位，也有制度上的贫困；既涉及法律程序内的协调完善，也涉及程序外制度的变革。为此需要着手以下几个方面的改革：

1. 强化权力制约

没有制约的权力无疑会导致权力的扩张和滥用，而权力的扩张和滥用必然会危及公民的人权，更不用说刑事诉讼中犯罪嫌疑人和被告人的权利了。虽然西方的分权制衡制度不适用于中国国情，但其精神却是可以借鉴的。当前，在我国刑事诉讼权力的制约方面，关键是要建立完善的司法审查机制，强化对侦查权和起诉权的制约，包括法院对侦查、检控活动以特定方式实施监督，如批准或不批准搜查、逮捕，排除违法证据等。其中，侦查权的司法审查尤为重要，究其原因，主要在于两个方面：一是因为，侦查权在我国刑事诉讼中处于绝对强势地位，不但相对于犯罪嫌疑人是这样，甚至相对于起诉权和司法权也是比较强势的；二是因为，我国刑事诉讼对侦查的依赖性比较强，而侦查又是整个刑事程序的起始阶段，容易造成对犯罪嫌疑人基本人权和公民权利的侵犯，司法领域的许多问题大多发生在这一阶段。

2. 健全法律监督

为保障程序运行的安全性，需要建立诉讼监督机制。刑事诉讼中的法律监督是比较复杂的，依据不同的标准可以划分为不同的监督方式。例如，以监督来源为标准，可以划分为内部监督和外部监督；以诉讼阶段为标准，可以划分为侦查监督、起诉监督和审判监督；以监督主体为标准，可以划分为司法监督、人大监督、社会组织和公众的监督，等等。在我国当前，主要是要创造监督的条件，使各个监督主体能够从内部和外部对诉讼过程中的合法性问题采取法定的方式进行监督，特别是要进一步强化公开听证和公开审判的制度，把一审、二审和再审均纳入监督的范围，非因法定的特殊情况，不得秘密进行任何程序行为。死刑复核程序收归最高人民法院以后，也要公开进行，纳入监督的范围。

3. 促进司法谦抑

司法权在本质上是一种消极被动的权力,司法权的积极追诉和主动出击必然难以避免对公民权利的侵害。为此,世界各国普遍确立了不告不理、无罪推定和免受双重危险的诉讼原则,而在我国的刑事诉讼中,司法机关却可以不告而理,有罪推定和主动提起再审程序,这种情况不但不被否定,反而还被鼓励和倡导,甚至被认为是实现司法公正的重要方式。

4. 完善刑事赔偿

刑事赔偿是一种国家赔偿制度,其目的是为了弥补那些在刑事诉讼中受到非法侵害的组织和个人。刑事赔偿是一种事后的赔偿,因而体现出一种事后的安全保障。尽管我国早在20世纪80年代就制定了《国家赔偿法》,但在实践中并没有发挥应有的作用,加之适用的条件相当苛刻,甚至被学界戏称为"国家不赔法"。因此,在完善刑事赔偿方面,当务之急是制定刑事赔偿法或者进一步修改现有的《国家赔偿法》,建立可操作性的赔偿机制,使那些受到国家司法人员非法侵害的组织和个人受到应有的弥补。

总之,从当前我国的法治进程和司法改革的状况看,我国已经在刑事司法领域实现了一定程度的程序安全,但相对于建设社会主义法治国家的目标还远远不够。十几年来,从"依法治国,建设社会主义法治国家"成为国策,到"私有财产不可侵犯"、"国家尊重和保护人权"的理念写入根本大法,都为刑事程序安全价值的实现提供了前所未有的良好契机。在当前的法治背景和条件下,不但要按照程序安全的要求进行观念的革新和制度的完善,而且要从系统和宏观的角度探索具体的改革措施。

第四章 刑事程序的价值目标

第一节 关于刑事程序价值目标的一般理论

刑事程序的价值目标是刑事诉讼价值理论中的一个基本范畴，但也是近年来才被引入到我国刑事诉讼法领域中的一个新的理论范畴。与刑事诉讼目的侧重于研究主体在诉讼中的意图和动机不同，刑事程序价值目标主要是从静态的角度研究刑事程序的价值取向和理想模式。从目前的研究态势来看，主要还停留于阐释和借鉴西方刑事程序价值目标理论的阶段，而对于刑事程序价值目标的本来意义、具体定位以及发展趋势尚缺乏应有的关注。因此，作为前提，在对刑事程序的价值目标进行具体探讨之前，有必要以哲学价值论关于价值目标的一般理论为参照，对刑事程序价值目标的准确含义、与相关范畴的关系以及对其进行理论研究的意义加以详细的阐述。

一、价值目标的含义

关于价值目标的定义，学界主要存在三种观点：第一种观点认为，价值目标就是客体满足主体需要的一定阈值，主要是一种量的规定性；第二种观点认为，价值目标是主体对客体满足其需要所要具备的属性的一种主观预设，包括质的预设和量的预设；第三种观点认为，价值目标是主体在一定条件下所追求和期望实现的具体价值观；第四种观点认为，价值目标就是目标价值，是主体期望客体实现的某种具体价值。①

如果对上述四种定义作一比较分析，不难发现它们之间存在的差异：在第一种观点看来，价值目标在实质上是客体满足主体的量，如果主体期望客体对它的满足在量上达到某种程度，这个程度就是价值目标；如果客体在事实上的确达到了某种程度，就意味着价值目标得到实现。第二种观点把价值目标定位于客体的属性，认为价值目标包括对客体属性的质的预设和量的预设，是质和量的统一体。在第三种观点看来，价值目标意味着一定的价值观，这种价值观体现主体对不同价值的具体选择和理想追求。第四种观点则把价值目标定位于价值本身，如果主体追求某种价值，这种价值就可以成为价值目标。

笔者基本上同意上述第四种观点。也就是说，价值目标既不是单纯的客体属性，也不是理想的价值观，它在实质上是一种价值。根据笔者的理解，价值目标就是主体赋予客体并期望借助于客体才能实现的价值追求。从根本上来说，价值目标只能是主体的价值目标，但它又必须以客体为载体和实现的手段。因此，在提到价值目标的时候，人们通常不说某人的价值目标，而是说某事物的价值目标。从这个意义上来说，价值目标就是主体为之努力奋斗的未来客体的模型，或在观念中设计的未来行为的理想结果。对于这一点，可以进一步作如下理解：

首先，价值目标是价值创造的目的。所谓目标，其实就是主体之主观能动性的一种具体表现，它反映了主体在实践中的奋斗方向，是一种非现实的观念存在物。只有主体才会有目标，客体不会有目标，价值本身更无目标。那么，价值目标其实也就是主体在价值实践中的追求，是客体主体化的一种情况，说到底就是客体属性在主体观念中的状态。对主体而言，现有的事物往往不能充分满足自身的需要，主体必须按照预定的目标，改变"本来如此的事

---

① 转引自张理海："关于我国转型期价值观研究状况的报告"，载《哲学原理》2002年第3期。

物",创造"应当如此的事物"。从而自觉地构建某种主客体关系,形成特定的价值,这便是主体创造价值的活动。①

主体创造价值的过程是一个复杂的过程。一方面,主体通过认识和实践从物质上和观念上去接触、影响和改变客体,在客体身上显现和直观自身的意志和力量,从而实现自身的发展。同时,客体也因此而不可避免地带上主体所赋予的特征,即通常所说的"客体主体化",是客体在被主体化之后的功能和属性。客体主体化包含着物质的、能量的、信息的社会内容和精神意义。另一方面,客体也以其自在规定性影响、制约和改变主体,客体在主体身上映现自己,实现自己,即"主体客体化"。这一点在人与法的关系上不难得到印证:法律的制定过程实际上就是一个不断融入不同价值主体的价值追求的过程。也就是说,法律的价值目标是主体与客体在认识和实践基础上的统一,是主体主导作用下主客体的辩证统一。

由此可见,价值目标是主体进行价值创造的目的,是价值创造结果的观念预设,单纯地把价值客体作为价值之源,抑或单纯地把价值主体作为价值之源,都是片面的。

其次,价值目标是在主体的主导作用下设定的。价值目标的选择与确定是一种富有理性的活动,它既包含主体的认识能力,也包含主体的实践能力。对主体来说,它的一切活动都是有目的的自觉活动,价值目标直接制约和影响着价值创造活动的结果。价值目标本身就是在进行价值创造活动之前提出的,是价值创造活动的理想结果或在观念中设计的关于客体的理想模型。② 因此,可以说,主体的全部价值创造活动都是为了实现这一价值目标,并根据这一价值目标调整自己的一切活动。如果价值目标没能实现,就应对价值目标及所采取的方式、方法进行反思,要么修正原来的价值目标,要么改变方式、方法,直至价值目标实现为止。所以,价值目标决定着主体价值创造活动的结果。

---

① 参见袁贵仁:《价值学引论》,北京师范大学出版社1991年版,第165页。
② 参见袁贵仁:《价值学引论》,北京师范大学出版社1991年版,第162页。

但是，价值目标的设定并非完全由主体因素所决定。一般来说，从价值目标到价值创造活动结果的转化，要受到三个方面的制约：一要受到主体的价值创造能力的制约，因为主体的认识能力、思维能力和实践能力并不是无限的；二要受到来自价值目标本身的制约，即主体设定的价值目标必须契合实际，观念的结果与最终创造出来的结果应能达到一致；三要受到作为媒介的工具和手段的制约，特别是先进的科技手段，更能加速这一转化并提高这一转化的有效性。此外，客观环境及其他复杂因素，特别是客体本身的作用，对价值目标的设定也有重要影响。可见，价值目标与价值创造活动的最终结果的关系，并不是简单的创造与被创造的关系。

再次，价值目标是主体利益与客观规律的统一。价值目标是主体期望客体为之实现的某种具体价值，是人们在价值创造活动中的目的。尽管目的带有较强的主观性，但正确的目的又是以对客观事物发展规律的认识为前提的。对此，列宁说过："人的目的是依据客观世界而产生的，是以它为前提的。"[①] 因此，正确的价值目标应是主观与客观的统一；错误的价值目标，不符合客观事物的发展规律，违背主体利益，只能是主观与客观之间相互分离的一种主观妄想。

最后，价值目标是超前性与现实性的统一。价值目标的现实性，反映一个时代多数人共同的价值追求，反映一定时代人们的价值创造活动在价值取向上的多层次性和多方面性。价值目标的超前性则是对未来的设想，是对现实的超越与扬弃。价值目标往往是超前性和现实性的统一。如果价值目标没有超前性，当下的价值创造活动就会失去方向，即使有了价值创造物，它可能与人们的价值需要相去甚远，甚至失去它存在的意义；同时价值目标又必须具有其现实根据，有其现实的可能性，并以现实的主客观条件为基础，否则便不可能实现，便是空想。

[①] 《列宁全集》（第38卷），人民出版社1958年版，第201页。

二、刑事程序价值目标

刑事程序价值目标是刑事诉讼价值理论中的一个基本范畴。对刑事程序价值目标的研究主要是关于人们期望刑事程序能够满足其何种需要，能达到其何种目的的研究。从某种意义上来说，刑事程序的价值目标就是人们创制和运用刑事程序的目的。并且，这种目的正是刑事诉讼结构模式的决定因素。

在西方，美、日等国的学者早在20世纪60年代就开始对法律程序价值目标进行深入的研究，并形成了比较系统的理论和观点。美国学者帕卡在其著作《刑事犯罪制裁的界限》中系统地阐述了刑事程序的两大价值目标，即犯罪控制目标和人权保护目标，认为刑事程序的价值目标是国家作为创制人在其制定之初就已经预设好了，司法者的职能就是把这两个价值目标变为现实的效果。[1] 与此同时，日本学者也对刑事程序的价值目标问题进行了较为系统的研究和思考，并形成了三种具有代表性的观点：老一辈日本法学家坚持刑事程序的价值目标就在于查明事实真相，正确适用刑事实体法，这主要是他们深受德国"实体真实"理论之影响的结果；20世纪80年代崛起的日本中青年学者大多强调"实体真实"与"正当程序"并重的价值目标，这主要是美国正当法律程序观念影响的结果；而那些更为年轻的日本学者则提出了"正当程序"的单一价值目标，从而显示出对传统观点进行彻底批判的决心。

我国学界对刑事程序价值目标的关注始自20世纪70年代末80年代初对西方刑事诉讼法学研究成果的参照。那时，随着改革开放的起步与逐步深化，西方的学术思想也不断被介绍到国内，西方国家的刑事程序价值理论也不断为国内读者所了解，当时的中国刑事诉讼法学者或多或少都从美、日等国的刑事诉讼价值理论中受到浸染，从而产生了研究刑事程序价值目标的动机。

---

[1] Hebert. L. Packer: The Border of Criminal Penalty, Pennsylvania Publishing House1968, p. 32.

90年代以后，美国诉讼法学者帕卡早先提出的"犯罪控制"目标与"正当程序"理论深受中国诉讼法学界的欢迎，我国台湾地区学者李玉娜对帕卡的学说进行了全面的介绍。在其硕士学位论文《刑事诉讼二个对立模式之研究》中，李玉娜对帕卡提出的正当程序模式和控制犯罪模式作了详细而深入的分析和评价，这在刑事诉讼理论资料极端缺乏的90年代初期，无疑极大地开阔了大陆学者的研究视界。一些中青年刑事诉讼法学者敏锐地注意到其对刑事程序价值目标的研究成果，适时地提出了关于我国刑事程序价值目标研究的一系列课题，著名的刑事诉讼法学者陈瑞华甚至因接触到李文而惊喜得夜不成寐。[1]

时至今日，关于刑事程序价值目标的研究在我国学界已经颇为丰厚，这从有关著述和观点之多便可略见一斑，但有一点使笔者深感困惑，那就是遍查现有的资料居然找不到一个关于刑事程序价值目标的定义！究其原因，是太简单而不必定义还是太复杂而不能定义？笔者认为都不是，唯一的原因在于没有厘清刑事程序价值目标与刑事诉讼价值、刑事诉讼目的之间的差别。由此看来，给刑事程序的价值目标下一个定义并廓清其与相关概念之间的关系已经迫在眉睫了。

在阅读有关哲学价值论论著和相关刑事诉讼法学论著的基础上，笔者认为刑事程序价值目标似可界定如下：刑事程序的价值目标是程序创制者或者程序参与者为刑事程序的制定或者运行预先设定的特定价值或者特定价值的理想标准。

为了更准确、深入地理解刑事诉讼目的的概念，需要指出刑事程序价值目标的几个特点：

第一，评价性。刑事程序的价值目标是刑事程序制定和运行的理想效果，而不等于刑事程序运行的实际效果。一旦被确立下来，刑事程序的价值目标不但可以作为评价该程序好坏的标准，而且可以作为对刑事程序进一步价值重构的尺度，因而具有显著的评价性。

---

[1] 陈瑞华：《刑事诉讼的前沿问题》，中国人民大学出版社2000年版，第98页。

第二，价值性。如前所述，价值目标在本质上必定是一种价值，刑事程序的价值目标既不能等同于刑事程序的属性，也不是关于刑事程序的某种价值观念，更不能是其他。

第三，主观性。刑事程序价值目标是价值主体期望通过刑事程序的制定和运行而体现或者达到的某种价值，是一种主体对其所追求的价值的观念预设，是一种观念形态的价值，因而具有较强的主观性。

第四，多样性。刑事程序的价值主体是多元的，不同的价值主体具有不同的需要，即使同一价值主体也会有不同的需要。不同的主体需要必然使刑事程序的价值目标也呈现多样性的特征，这也使人们经常面临着一个价值目标的冲突和选择的问题。

三、刑事程序价值目标与相关范畴的关系

为了进一步理解刑事程序的价值目标，还需要把它和相关范畴之间的关系解释清楚。

1. 刑事程序价值目标与刑事程序价值

刑事程序价值是作为客体的刑事程序对于满足主体之需要的种种内在属性，它既可以指一项刑事程序在具体运转过程中所要实现的价值目标，又可以指人们据以评价和判断一项刑事程序是否正当、合理的价值标准。而刑事程序的价值目标是程序创制者或者程序参与者为刑事程序的制定或者运行预先设定的特定价值或者特定价值的理想标准，它既可以指刑事程序的理想目标或道德理想，如正义、自由、平等、秩序、安全和效率，又可以指人们据以确定或判断一项好的刑事程序的标准。

可见，刑事程序价值与其价值目标在本质上是共同的，二者都是价值，并且都可以作为评判刑事程序的标准。但是，二者也存在一些差别：

首先，二者的稳定程度不一样。一般来说，由于事物的属性是稳定的，因而事物的价值也是相对稳定的，但价值目标则是相对动态的，它需要随着客观的现实法制条件而不断调整。

其次，二者的客观程度不一样。刑事程序价值是其内在属性的直接表现，由于事物的属性主要是一个客观的范畴，因而价值往往带有客观性的一面，但刑事程序的价值目标则不一样，它是一种观念形态的东西，是应然的而不是实然的，因而具有较强的主观性。

再次，刑事程序的价值往往是当下的，具有现实的存在依据和评价标准，而刑事程序的价值目标只是一种可能性，它需要通过努力才能变为现实，一旦在人们的观念中得以确立，人们往往就会在具体法律规范的设计中为其创造得以实现的各种条件，并在法律实施过程中力图使其得到实现。

2. 刑事程序价值目标与刑事诉讼目的

刑事诉讼目的是近年来才被引入到我国诉讼法领域中的一个新的理论范畴。我国一些学者在学习和借鉴西方刑事诉讼理论的基础上，结合我国实际情况，创立了我国刑事诉讼目的理论。

一般认为，刑事诉讼目的就是以观念形式表达的国家进行刑事诉讼所要期望达到的目标，是统治者按照自己的需要和基于对刑事诉讼及其对象固有属性的认识预先设计的关于刑事诉讼结果的理想模式。[①] 而刑事程序的价值目标则是程序创制者或者程序参与者为刑事程序的制定或者运行预先设定的特定价值或者特定价值的理想标准。可见，二者均具有一定程度的客观性、主观性和预先性，但也有一些显著的区别：

首先，二者的主体不同。刑事程序价值目标的主体是刑事程序的价值主体，可以分为抽象的价值主体和刑事诉讼中的具体价值主体。其中，抽象的价值主体主要是国家、社会和个人；具体的价值

---

① 宋英辉：《刑事诉讼目的论》，中国人民公安大学出版社1995年版，第2页。此外还有其他不同的表述：刑事诉讼的基本目的是设计和运用刑事诉讼制度想要追求的基础目的和想要获得的主要结果。参见徐静村主编：《刑事诉讼法学》（上册），法律出版社1997年版，第53—71页。刑事诉讼目的是指国家进行刑事诉讼所要达到的具体目标，是统治者按国家和社会的需要基于对刑事诉讼固有属性的认识，预先设计的关于刑事诉讼结果的理想模式。参见陈光中等："市场经济与刑事诉讼法学的展望"，载《中国法学》1993年第5期。

主体主要是法官、检察官、犯罪嫌疑人、被告人和被害人,等等。而刑事诉讼目的的主体只能是国家;至于具体刑事诉讼关系主体的诉讼目的,在总体上仍然要服从国家的诉讼目的。

其次,二者的内容不同。刑事诉讼目的具有国家意志性,它反映了统治阶级通过国家从整体上对刑事诉讼结果的评价和选择。一般来说,刑事诉讼的目的可以分为不同的层次,但国家进行刑事诉讼的主要目的是为了打击犯罪和保护人权,形成良好的社会秩序。① 而刑事程序的价值目标的本质是特定的价值,不一定具有国家意志性。也就是说,如果价值主体是国家,则价值目标具有国家意志性;如果价值主体是个人,则仅仅具有个人意志性。

再次,二者的性质不同。刑事诉讼目的具有强制性。这是因为:一方面,刑事诉讼目的的实现要借助于刑事诉讼法的实施,而刑事诉讼法的实施需要以国家强制力为后盾;另一方面,刑事诉讼的目的也需要借助于刑罚的执行,而刑罚的执行更需要以国家的强制力为后盾。② 刑事程序的价值目标则没有强制性,不同主体的价值目标在地位上是并行不悖的,即使是国家主体的价值目标,也不能对个人产生强制的拘束力。

最后,二者的功能不同。刑事诉讼目的的功能主要在于引导和保障刑事诉讼任务的实现,通过打击犯罪,以达到保护人民,保障国家安全和社会公共安全,维护有利于统治者的社会秩序。和刑事诉讼的目的不一样,刑事程序的价值目标旨在协调不同价值主体的价值追求,以达到解决对立和冲突的效果。

3. 刑事程序价值目标与刑事程序的价值观念

一般认为,价值观是指关于价值的特殊观念系统。进一步说,它是人们在处理价值问题,特别是那些普遍性问题所持的立场、观点、态度的总和。③ 具体而言,价值观念是人们对什么是价值、事

---

① 宋英辉:《刑事诉讼目的论》,中国人民公安大学出版社1995年版,第48页。
② 宋英辉:《刑事诉讼目的论》,中国人民公安大学出版社1995年版,第3页。
③ 李德顺:《价值论原理》,陕西人民出版社2002年版,第97页。

物是否具有价值、具有何种价值以及具有多大价值的总的看法和根本观点。因此，从本质上来说，价值观具有较强的主观性，它有别于事实判断和科学知识，是人们基于实践经验和思维理性而形成的关于信念和理想的特有形式，同时也是判断是非曲直、真善美与假丑恶的价值准则。

价值观念与价值目标的共同点在于二者均具有较强的主观性，都是一种观念形态的东西。但二者也存在一些差异：

一方面，价值观念与价值目标在性质特征上具有显著的不同。价值观念是人们对各种价值现象的总体看法和根本观点，具有总体性和根本性的特征。例如：由于长期的封建统治和人治传统，重实体轻程序，重打击轻保护，重和解轻诉讼之类的价值观念在我国根深蒂固，这些价值观念通常不涉及具体的价值形态，是人们对刑事程序价值的综合反映。相对而言，价值目标则是比较具体的。例如，我国刑事程序的价值目标主要具体表现为司法公正、诉讼效率和实体真实，等等。

另一方面，价值观念与价值目标在内涵上也不一样。价值观念的内涵十分广泛，其可以涵盖一切关于价值的看法，当然也包括人们关于价值目标的看法。例如：在刑事程序价值领域中，无论是刑事程序的价值构成，还是刑事程序价值的冲突与选择，都是刑事程序的价值观念；刑事程序的价值目标、价值评价与价值重建也是刑事程序价值观念的组成部分。由此可见，刑事程序的价值观念包括刑事程序的价值目标，刑事程序的价值目标是刑事程序价值观念的一个部分。

4. 刑事程序价值目标与一般法律价值目标

一般认为，刑事程序是一种比较特殊的法律规范，它和一般法律规范之间是个别与一般、特殊与普通的关系。刑事程序价值目标与一般法律价值目标之间既相互联系，也相互区别。

就二者之间的联系来说，刑事程序的价值目标在总体上与一般法律的价值目标是一致的。同时，包括刑事程序在内的具体法律的价值目标是一般法律价值目标的组成部分，而一般法律的价值目标寓于包括刑事程序在内的具体法律的价值目标,并通过它们才能实现。

就二者之间的区别来说,主要包括两个方面:一方面,刑事程序价值目标相对于一般法律价值目标而言,更应该侧重于程序自身的形式性、过程性和具体性。例如,程序公正和一般法律公正就具有很大的不同:程序公正主要是一种过程公正,而一般法律的公正还包括实体公正。另一方面,由于程序法和实体法在性质上存在的差异,程序价值目标也应该有别于实体价值目标,如程序价值目标具有动态性,它主要体现在程序运行的过程和结果之中,而实体法的价值目标则是相对静态的,其主要体现在实体法的规范和制度当中。

因此,在研究刑事程序价值目标的时候,不能忽视刑事程序价值目标的特殊性,更不能把它等同于实体价值目标或者一般法律价值目标。例如,许多学者把自由、平等、秩序和安全看做刑事程序的价值目标,对它们不加区别地使用,不仅混淆了刑事程序价值目标与法律价值之间的区别,而且也在一定程度上模糊了刑事程序价值本身的特殊性。

需要说明的是,以上阐释只是笔者在短时间内思考的结果,因而必然会存在一定的疏漏。实际上,刑事程序的价值目标与这些范畴之间的关系是非常复杂的。由于笔者能力有限,只好在此浅尝辄止了,唯期望提出问题并引起后来者的关注,便足够了。

四、刑事程序的价值目标体系

价值目标的体系是由不同价值目标构成的相互联系的统一整体。刑事程序的价值目标体系是刑事诉讼法学界的一个争议很大的问题,许多学者都提出了自己的观点。

第一种观点认为,刑事程序的价值目标应该定位于公正、效率和人权。持这一观点的学者认为公正、效率和人权是三位一体,相互依存的,其中公正和效率是基础性的价值目标,人权是终极性的价值目标，三者共同构筑我国刑事程序的价值目标体系。①

关于公正的价值目标，这一观点坚持唯物史观的基本立场，把公正建立在一定生产方式的基础之上，认为公正既不是抽象的，也不是绝对的，而是一个历史的、相对的概念，只能从现实的社会物质生产关系中去寻找其合理的依据。论者认为，在刑事诉讼法中，公正是一个历久而弥新的程序价值目标，程序公正的实现是社会公正之实现的最直接、最明显的途径。我国刑事程序的公正目标主要体现为刑事诉讼法上的平等原则，以及对实体公正的保障和追求。这一价值目标在具体操作上主要表现为：确立职权主义和当事人主义相结合的庭审模式；赋予犯罪嫌疑人充分的辩护权，允许辩护律师提前介入案件，使控辩双方力量失衡的状况得到改观；设立庭前证据取得规则和证据交换规则，在庭审中平等质证，公开质证。

关于效率的价值目标，这一观点认为它主要体现为司法资源最大限度地优化配置，具体而言就是用最小的司法投入换取最大的司法效果，使惩治犯罪、保障人权两项目的得到充分实现。当前，在我国刑事程序中，效率的价值目标主要体现为设立简易程序，扩大自诉案件的范围，允许法官在证据调查上具有一定的主动权，在审判前程序中允许侦查机关和公诉机关对犯罪嫌疑人具有一定的优势地位，允许对犯罪嫌疑人或被告人采取一定强制措施以限制其人身自由，防止他们逃避侦查和审判，从而造成诉讼上的拖延与不便，与此同时也允许辩护律师介入诉讼并进行调查和收集证据，但在实质力量对比上不能与侦控方平分秋色，强化关于诉讼期限和强制措施期限的规定，一旦超过期限就要终止诉讼或变更、撤销强制措施。

在充分阐述公正和效率两个基础性的价值目标的基础上，这一观点也着重论述了把人权作为我国刑事诉讼价值目标的必要性和合

---

① 敖德明："论刑事诉讼的基本价值目标——公正、人权和效率"，载《当代法学》1998年第3期，第24页。

理性。

　　这一观点认为，人权总是与主权国家的社会政治经济条件密切联系的，人权并不是一个抽象而绝对的概念，不存在超越国家，超越阶级的人权。在刑事诉讼法学中，人权有着极为丰富的内涵，把人权作为价值目标具有极为重要的意义。自1996年刑事诉讼法修改以后，人权价值目标在我国刑事程序中具有越来越多的体现，这主要包括：完善刑事强制措施，取消收容审查；强化对被害人诉讼权益的保护，确认被害人诉讼当事人的地位，赋予被害人对检察机关作出的不起诉决定可以申诉或直接向人民法院起诉的权利；加强对犯罪嫌疑人、被告人应有权利的保护，取消免予起诉制度，确立存疑不诉、疑罪从无的原则，为犯罪嫌疑人、被告人提供必要的法律援助。

　　第二种观点把我国刑事程序的价值目标定位于公正、效率和效益。持这一观点的学者指出，之所以把我国刑事程序的价值目标定位于公正、效率和效益，是因为我国刑事司法实践缺乏效率、忽视效益，刑事司法的公正程度也还远远不够。同时，论者也注意到，1979年刑事诉讼法颁布以来，学界关于刑事诉讼法的讨论主要集中于公正、效率和效益三个方面，并且一直没有停止过。1996年刑事诉讼法修改之后，关于公正、效率和效益的讨论不但没有停止，反而更加热烈。[①]

　　与第一种观点不同，这一观点注意到了效率和效益的区别，主张把效率和效益作为刑事程序的同等价值目标看待。对效率目标的追求主要体现在：赋予控方较多的优势，其力量的设置要强于辩方，从而有利于提高办案效率；取消收容审查制度，放宽逮捕或拘留等强制措施的最长期限，交付法庭审判的公诉案件不再退回补充侦查，法院在证据不足的情况下可以直接作出无罪判决；承认法官具有一定的主动权，虽居中裁判却绝非消极仲裁，有权主动调查证

[①] 张友华、刘少君："刑事诉讼三个价值目标的实现"，载《律师世界》1997年第2期。

据，有权指挥和控制庭审的进程；突出合议庭在庭审中的决定作用，强化合议庭和主审法官的责任。

对效益目标的追求则分为两个方面：一是社会效益，旨在使司法结果得到社会公众的认同。这主要体现在：完善侦查措施和强制措施；在一定程度上承认无罪推定原则；在一定程度上承认犯罪嫌疑人的沉默权；强调公开审判原则，增强司法过程的透明度。二是经济效益，旨在节约司法资源的投入，提高司法资源的经济效益。这主要表现在：扩大自诉案件的范围，减少侦查和起诉环节；设立刑事诉讼简易程序制度。

第三种观点认为，我国刑事程序的价值目标应该定位于正义、秩序、平等、效益。①

与前述两种观点不同，这种观点没有使用公正的提法，而是注意到了公正和正义之间的差别，认为正义是一项永恒的法律价值目标，相对于公正的技术性和具体性，正义更多地体现了法律的灵魂，反映了法律的核心精神。在刑事程序中，正义价值目标的内容就是程序正义，它是构成其他价值目标的基础，只有确立了程序正义的价值目标，秩序、平等和效益才具有可行性。就控辩双方而言，应该确保当事人和诉讼参与人充分地行使诉讼权利，并且都能对裁判结果发生影响；确保控辩双方平等的诉讼地位和对等的诉讼权利，使二者的力量对比不至于过分失衡。就法官而言，应该确保法官的超然中立地位，法官只服从法律，不受其他权力或者利益的干扰；应该确保法官在证明过程中合理地推理，不能偏听偏信、避免主观臆断，以期裁判结果符合程序正义之精神。

同时，这一观点还把平等作为刑事程序的价值目标，认为平等体现在刑事诉讼的各个阶段和环节中。在侦查阶段，检察机关承担司法审查职能，侦查机关和犯罪嫌疑人在形式上具有一定程度的平等；在起诉阶段，控辩双方在法院的主持下平等交换证

---

① 赖宁、赵树荣："论刑事诉讼价值"，载《中国法学会诉讼法学研究会年会论文集》（1998）。

据，特别是在庭审阶段，控辩双方的地位平等是现代各国刑事诉讼的基本要求。

这一观点的最大特色是把秩序作为刑事诉讼的价值目标之一，并把它作为人权和自由的对立面。这一观点认为，秩序意味着关系的稳定性、结构的一致性、行为的规范性、进程的连续性、事件的可测性以及人身财产的安全性。在刑事诉讼法学中，秩序价值是指，以刑事诉讼法设定司法机关人员和诉讼参与人的活动模式，在刑事诉讼活动中使国家权力的运行保持有序性，通过刑事诉讼使社会生活保持有序性和稳定性，为国家的社会经济发展营造一个安定而有序的社会法治环境。在刑事诉讼中，秩序有过程的秩序性和结果的秩序性，二者相互依存，不可偏废。从过程来看，通过刑事诉讼活动，惩治犯罪、保障人权，从而达到维护社会秩序的目的；从结果来看，刑事程序本身就创建了一种秩序，国家司法机关和诉讼参与人按刑事程序的规定进行诉讼活动，也就达到了一种秩序。

第四种观点把我国刑事程序的价值目标定位于自由、秩序、公正、效率。①

这一观点不但论述了将正义划分为实体正义与程序正义的合理性，而且对实体正义和程序正义做了深入的探讨。认为实体正义主要从立法中得到体现，而程序正义则主要在适用程序的过程中得到体现，程序正义当然是刑事程序所要追求的目标。就秩序而言，这一观点认为秩序实质上是一种有序性，是个人与社会之间的和谐状态。刑事程序本身就是一个和谐的诉讼规范体系，它本身就是秩序，同时还能创建新的秩序，各个诉讼主体按刑事程序规定的模式行使权利和履行义务，便创设了这种秩序。就效率而言，这一观点认为把效率纳入刑事程序的价值目标体系不但具有必要性，而且具有其特殊性，因为刑事诉讼结果往往是非物质实体性和非经济性的，效益是衡量一个国家的法律制度是否文明的科学指标，诉讼的

---

① 李文健：“转型时期的刑诉法学及其价值论”，载《法学研究》1997年第4期。

高效化说明法律权威得到社会的认同，而诉讼的低效化则说明人治还居于主导地位。

与前述三种观点不同，这一观点认为自由也是刑事程序的重要价值目标。就自由的含义而言，法律上推崇的自由是指个人自由，个人行使自由不能妨害他人的自由，不存在不受任何限制的自由，但只有法律对自由的限制才是正当的。在刑事诉讼中，自由的价值目标主要体现在：保障公民免受国家司法机关的不当干预和侵害；国家通过刑事程序及相关措施的法律规定，将司法机关对公民的追诉活动纳入法定的轨道加以规范和限制；严防因国家权力的滥用而造成对公民个人自由的伤害，因为公民与强大的国家力量相比处于事实上的弱者地位；刑事程序赋予公民可以合理选择的自主权利，并为公民提供了有效的法律保障，公民在符合法律规定的前提下有一定的自由选择的余地不但能减少其盲目性和被动性，还能将其自主性充分发挥出来，但这种选择须以不损害他人的合法权利为前提。

不难看出，上述各种观点的一个最大的共同点就是都以刑事程序价值目标的具体形态为标准来考察体系的内容。这种方法的优点在于它比较简易、具体和直观，但也存在致命的弱点，不能对不同层次的价值目标加以区别对待。同时，有的观点对刑事程序价值目标的定位并不全面；有的观点对刑事程序价值目标的定位并不准确，把价值与价值目标混为一谈，或者对"效率"与"效益"不加区别地使用；有的观点把不同层次的价值目标置于同一序列加以论述；等等。

笔者认为，刑事程序价值目标的界定标准不能从一般法律中去寻找，也不能从实体法中去寻找，而应该从刑事程序本身去寻找。据此，应该以刑事程序为中心，把它的价值目标划分为三个层次（如图）：

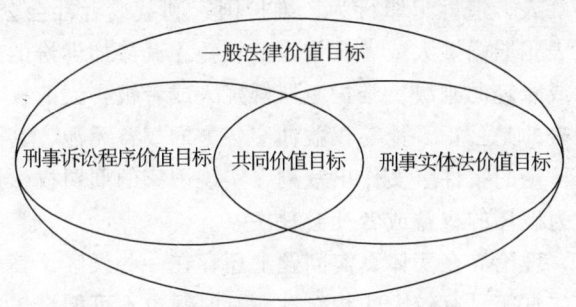

图1 刑事程序价值目标的三个层次

第一层次是作为一般法律所具有的价值目标，这主要是法理学研究的对象，本书不拟专门论及。

第二层次是与刑事实体法共有的价值目标；在犯罪控制和人权保护两个价值目标上，刑事程序与刑事实体法具有较大的一致性，这从各自对其任务的规定就可以看出来，只不过二者对其追求的侧重点不一样：刑事实体法的特点是静态性，其主要原则是法无明文规定不为罪，法无明文规定不处罚，侧重于从规定实体权利和实体义务的角度实现对犯罪的控制和对人权的保护；刑事程序的特点是动态性，侧重于从规定程序权利和程序义务的角度实现对犯罪的控制和对人权的保护。

第三层次是刑事程序的直接价值目标。

在笔者看来，关于价值目标的研究既不能脱离价值主体的具体需求，也不能脱离客体的具体属性。刑事程序最主要的属性就是体现为一种过程事实，是一种旨在实现国家刑法权的刑事诉讼活动。与此相对应的是，主体对刑事程序最直接的需要就是期望通过它实现实体真实、司法公正、诉讼效率。这可以从以下三个方面加以说明：

首先，刑事诉讼是一种特殊的认识活动，必须对案件事实有一个最基本的判断，因而必须探求实体真实。在刑事诉讼中，控诉方承担侦查和起诉的职能，其参加诉讼的目的在于查明事实真相，确定犯罪嫌疑人,追诉犯罪行为,维护国家利益或者社会公共利益;辩护方代表犯罪嫌疑人或者被告人的权益,其参加诉讼的目的在于争取无罪或罪轻的判决,维护犯罪嫌疑人或者被告人的权益;而法官唯一代表的是公正,他与权益冲突各方的权益无涉,其诉讼目的在于根据认定的案件事实作出裁判,实现国家的刑罚权,恢复被违法犯罪行为破坏的权益或者社会秩序。

当前,理论界在实体真实问题上还存在一些误区,其中之一就是认为实体真实具有较大的相对性,有时候也不可能真正达到。事实上,实体真实从来就是刑事诉讼的重要价值目标,不能因为人类认识能力的有限性而否认这个价值目标,更不能把刑事诉讼等同于民事诉讼或者行政诉讼而否认实体真实的重要性。

其次,刑事诉讼是一种典型的诉讼活动,要满足公平正义的基本要求。

在现代法治语境中,诉讼是指司法机关在当事人和其他诉讼参与人的参加下,为解决各种权益冲突,依照法定程序而进行的司法活动。也就是说,诉讼是以权益冲突为前提的:民事诉讼是为了解决民事主体之间因侵权或者违约引起的权益冲突,行政诉讼是为了解决公民、法人以及其他社会组织与国家行政机关之间因不法行政行为而引起的权益冲突,刑事诉讼则是为了解决公民或者法人与国家之间因前者的违法犯罪行为而引起的权益冲突。[①] 可见,解决权益冲突是一切诉讼形态的共同目的,其基本的要求就是满足公正的标准。

最后,刑事程序是一种具有时间限制和经济限制的司法过程,要符合效率的价值目标。准确及时地惩治犯罪,保障无辜者不受侵害,降低诉讼重复率,提高办案效率是刑事诉讼的基本要求。在刑事诉讼中,控、辩、裁三方围绕案件展开互动,三方的诉讼行为都不能不考虑到时间效率和经济效率。如果任由诉讼的

[①] 张明楷在其《刑法学》中把权利或利益统称为"法益"。参见张明楷:《刑法学》,法律出版社2002年版,第303页。

拖冗，将浪费大量的国家司法资源，对被告人和被害人也会造成不公。

根据主体在刑事诉讼中的不同层次的需要，可以把刑事程序的直接价值目标进一步分为三个不同的位次，即基础价值目标、根本价值目标和功利价值目标。其中，基础价值目标主要是实体真实，它是功利价值目标和根本价值目标的前提，也是刑事程序运行的直接目的；根本价值目标就是司法公正，它是刑事程序制定与运行的终极目标，基础价值目标与功利价值目标都要服从并服务于根本价值目标；功利价值目标也就是诉讼效率，它没有基础价值目标和根本价值目标那样的绝对性，人们对它的选择与确定往往依据现实案件的不同而不同，是可以为基础价值目标和根本价值目标而牺牲的价值目标。在下文中，笔者将对上述三种价值目标进行系统的阐述。

需要指出的是，从属性上来说，刑事程序是一种最为严格的诉讼。既然是一种最为严格的诉讼，其对真实、公正和效率的追求就有最严格的标准，这一点有别于其他的诉讼形式。

第二节　实体真实：刑事程序的基础价值目标

刑事诉讼中所追求的实体正义包括案件事实真相的发现和对实体法的正确适用两方面的内容。其中，发现真实是正确适用实体法的前提，是刑事程序的基础价值目标。同时，这一基础价值目标既是刑事程序运行的直接目的，也是诉讼效率和司法公正的前提。在刑事诉讼中，控诉方承担侦查和起诉的职能，其参加诉讼的目的在于查明事实真相，确定犯罪嫌疑人，追诉犯罪行为，维护国家利益或者社会公共利益；辩护方代表犯罪嫌疑人或者被告人的权益，其参加诉讼的目的在于争取无罪或罪轻的判决，维护犯罪嫌疑人或者被告人的权益；而法官唯一代表的是公正，他与权益冲突各方的权益无涉，其诉讼目的在于根据认定的案件事实作出裁判，实现国家的刑罚权，恢复被违法犯罪行为破坏的权益或者社会秩序。

从目前来看，尽管实体真实是刑事诉讼法学的一个基本概念，但在理论界却还没有一个权威的定义。特别是关于什么是"真实"的争论，在学界一直是一个纠缠不清的话题。

一、实体真实的含义

一般认为，"实体真实"一词是从大陆法系的"实质真实"演化而来的。关于实体真实的含义，理论界主要有以下几种界定方式：

实体真实意味着准确、及时地查明犯罪事实，正确适用法律，惩罚犯罪行为，保障人民群众不受犯罪的侵害。[①]

实体真实是指刑事审判程序所产生的裁决结果具有客观的案件事实基础，并且将刑事实体法的原则和规则合理地适用到这一事实上。[②]

实体真实就是事实真相，即法官在庭审中基于控辩双方的举证并结合法律适用所认定的法律上之真实。[③]

实体真实也就是通常所说的案件事实真相，是指司法工作人员在刑事诉讼中运用证据所认定的案件事实符合案件发生的客观真实情况，是主观符合客观的真实。[④]

笔者认为，实体真实既不是客观的案件事实本身，也不是单纯的案件事实真相，而是一种主客观一致的判断。在刑事司法实践中，一个核心工作就是对案件进行审理并作出实体判断，实体判断是在对案件事实进行认识并获得正确反映的基础上结合实体法适用而形成的一种关于刑事责任的判断。这种判断可能是正确的，也可

[①] 陈光中主编：《刑事诉讼法》，北京大学出版社、高等教育出版社2002年版，第11页。

[②] 陈瑞华：《刑事审判原理论》，北京大学出版社1997年版，第79页。

[③] 熊秋红："刑事辩护制度之诉讼价值分析"，载《国家法官学院学报》2001年第3期。

[④] 吴宏耀、魏晓娜：《诉讼证明原理》，法律出版社2002年版，第12页。

能是错误的；正确的判断就是实体真实，错误的判断就是实体错误。因此，从本质上来说，实体真实不是一种纯粹的事实上的真实，而是一种法律上的真实。

按照诉讼认识论的一般原理，要获得实体真实，需要经过两个环节（如图）：

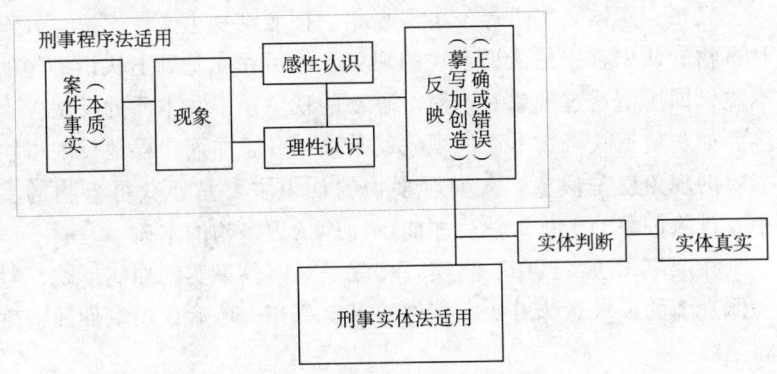

图2 实体真实的两个环节

第一个环节是正确认识案件事实。对案件事实的正确认识主要通过刑事诉讼的一系列阶段和环节来实现。刑事诉讼是一种特殊的认识活动，既然是一种认识活动，就意味着它也要符合人类认识活动的一般规律和路线，即从感性认识到理性认识再到实践。在刑事诉讼领域中，从侦查到起诉再到审判的过程，也是一个不断从感性认识到理性认识的过程，其目的是为了获得对案件事实的正确反映，并以此服务于刑事司法实践，并接受其检验。

第二个环节是正确适用实体法律。通过刑事诉讼获得对案件事实的正确反映还不能达到实体真实，这只是其中的第一步。实体真实的获得还有赖于对刑事实体法的正确适用，这种适用是一种对第一阶段认识成果的衡量和取舍，是一种以实体法为标准的衡量和取舍。

为此，有以下几个问题需要澄清：

其一，实体真实不等于案件事实本身。所谓案件事实，其实是一个和案件相关的事实组合，它包括犯罪事实、犯罪环境事实和犯罪人的事实。案件事实是发生在过去的事实，是一种纯粹的客观存在，人们只能对它进行认识和反映，却不能对它进行重塑，具有不可回复性。而实体真实是对案件事实的一种正确反映，具有一定的主观性。

其二，实体真实不等于事实真相。按照唯物主义认识论，人们对事物的认识首先是认识事物的现象，然后在此基础上认识事物的本质，即所谓透过现象看本质。事物的现象是事物本质的反映，直接而如实地反映事物本质的现象就是真相，歪曲而错误地反映事物本质的现象就是假象。人们对事物的认识主要是要获得事物的真相，排除假象的干扰，然后才能正确地认识事物的本质。

在刑事司法实践中，事实真相就是对案件事实的如实反映，对实体真实的追求意味着探求案件的事实真相，然后认识案件的本质和全貌。

其三，实体真实不是不可以达到的。目前，理论界有一种观点，认为实体真实是不可能达到的，甚至根本否认实体真实的存在。其理由不外乎两点：一是客观案件事实是一种发生在过去的东西，不可能从头再来；二是人的认识能力是有限的，不可能使对客观案件事实的认识和客观案件事实完全一致。笔者对此不敢苟同。就第一个理由来说，案件事实总是发生在过去的事实，这种过去的存在不可能重新回到现实中来，这一点没有问题。但这种不可回复性并不意味着人们不能对它进行认识，人们对案件事实的认识可以通过它留存的各种信息来进行，并不需要它重新回到现实中来。不仅如此，即使案件事实能够重新变为现实的存在，那也是不必要的，不但不必要，而且是有害的。就第二个理由来说，尽管人的认识能力是有限的，但在特定的时空中对特定实物的认识也可以是无限的，从整个人类认识能力的发展来看，过去不可能的事情在当前已经成为可能，在当前不可能的事情在今后也可以成为可能，这一点也是无限的。也就是说，人们对客观案件事实的正确反映是可以达到的，不能以人的认识能力的有限性去否认对实体真实进行正确反映的可能性。

其四,关于实体真实的问题。依据唯物主义认识论,真实主要是一个主观判断,是一个对客观事物加以认识之后的主观判断,它意味着人们对客观事物的认识符合客观事物的本来面目。也就是说,真实既有客观性,也有主观性,但主要特征是其主观性,所谓客观真实的提法在认识论上是不周延的。根据学界对实体真实的阐释,笔者觉得客观真实似指客观事实或客观真相,但是,即使客观事实或客观真相也是可以反映的,不能以客观案件事实的不可回复性或不可恢复性而否定它的可反映性,更不能因为客观案件事实的不可回复性否定对实体真实进行追求的必要性和可能性。

二、实体真实是刑事程序的基础价值目标

刑事诉讼的基本任务是惩罚犯罪,保障人权,而这只能在发现事实真相的前提下完成。在此意义上讲,一切刑事诉讼制度都力求查明案件的真实情况,即有无犯罪、谁犯罪、犯罪的轻重程度如何。诉讼的基础在于案件真相的查明或真实的发现,这一命题在当代可以说已经获得了超越各种法文化的一般意义。在刑事程序的价值目标体系中,实体真实是其他价值目标的逻辑前提,也是其他价值目标的现实基础。

首先,刑事诉讼是一种特殊认识活动,刑事程序围绕实体真实而运行。

刑事诉讼产生和形成以后,人类通过设计不同的诉讼制度,尤其是证据制度致力于实体真实的追求,世界各国一直通过不同的证明方式保证这种制度在查明真相上的可靠性并提高人们对这种制度在发现真实方面的可信性。为了发现实体真实,在刑事诉讼的发展过程中,先后经历了神示证据制度、法定证据制度和自由心证制度、排除怀疑制度和实事求是制度。

在早期的奴隶社会证据制度中,由于生产力的落后和社会历史的局限性,刑事诉讼的证明方式显得愚昧而落后,其间充斥着宣誓、决斗、抽签和神明裁判之类的的非理性方法,并以此作为判断

实体真实的标准。在这种证明方式下,所能获得的实体真实只能是"神示的真实",不过这种神示真实却能为人们迷信并盲目地接受,使其成为一种"客观"真实。此后,在整个封建社会的刑事诉讼中,出于摆脱神示证据方式和追求事实真相的需要,法官在收集和审查证据的过程中出现了无形式、无条件的倾向。只要法官认为能够发现事实真相,几乎不受任何程序的制约,其结果必然导致事实认定上的恣意性。

随着社会生产力的提高和社会交往范围的扩大,非理性的神示证据制度和无限制的恣意证据制度逐渐向法定证据制度过渡,作为发现真实手段的法定证据在诉讼中的地位得以确立。法定证据制度通过法律预先规定各种证据的证明力和断案的规则来制约法官的主观随意性。但是,也应该看到,法定证据规则的内容尽管有着丰富的经验基础,但法定的形式和效果却严重禁锢了法官在证据裁判和事实认定上的主观能动性,从而使证据裁判和事实认定成为一种纯粹抽象而消极呆板的三段论式的演绎过程。这样一来,通过法定证据制度所能达到的实体真实往往只是一种法定的真实或形式的真实,与案件的事实真相存在天壤之别。

作为对法定证据制度的否定,现代世界国家先后出现了自由心证制度、排除怀疑制度和实事求是制度。自由心证制度主要为大陆法系国家所采用,审查判断证据的权力从立法者手中转移到司法者手中,试图通过法官的集体理性来达到发现实体真实的价值目标。[①] 同时,这种证据制度又通过一系列严格的法定程序加强对法官自由裁量权的制约,以确保实体真实的可靠性和可信性。排除怀疑制度主要为英美法系国家所采用,通过严格的证据规则和细密的怀疑等级来确保实体真实的获得。[②] 在这种证据制度中,对证据的怀疑分为两种情况:合理怀疑和不合理怀疑,合理怀疑被划分为九

[①] 方金刚:《案件事实认定论》,中国人民公安大学出版社2005年版,第146页。
[②] 吴行政:"英美证据法上的刑事证明标准探析",载《政法论坛》1999年第4期。

个层次，不合理怀疑被划分为六个层次。如果某一证据能够达到排除一切合理怀疑的程度，其得到的实体真实就是可信的和可接受的。我国不采自由心证制度和排除怀疑制度，实事求是是我国证据制度的方法论原则，其基本要求是：据以定案的各个证据必须查证属实；每一个证据必须与待证事实具有内在联系；证据之间、证据与事实认定之间不存在矛盾；属于案件构成要件的各种事实均有相应的证据予以证明；所有证据在整体上足以对待证事实作出确定无疑的结论。

可见，无论是古代的神示证据制度和法定证据制度，还是现代的自由心证制度、排除怀疑制度和实事求是制度，它们都是以证据为手段的不同的证明方式，其唯一的价值目标就是发现实体真实。

其次，实体真实是实体裁判的基础，是正确适用实体法的前提。

从世界范围来看，尽管各国在具体操作技术上有所不同，但是在追求实体真实这一基本价值目标方面，却是一致的。大陆法系国家普遍实行职权主义诉讼模式，无论是初审阶段还是复审阶段，都需要对实体真实问题进行严格审查，然后在此基础上适用刑事实体法，作出实体判决。在英美国家，实体真实问题是交给陪审团进行裁决的，裁决的内容包括两个方面：一是是否存在犯罪事实；二是是否是被告人所为，然后才能在此基础上考虑法律的适用问题。

我国刑事诉讼实行"以事实为根据，以法律为准绳"的诉讼原则以及"犯罪事实清楚，证据确实充分"的证明标准，要求公安、司法机关只有在查明实体真实的基础上才能适用刑事实体法，既不能以主观想象、推测、怀疑和传闻作为事实根据，也不能以情感、权力、政策为标准，要求刑事诉讼必须以与案件事实有关的客观存在的，并且经过查证属实充分确凿的证据，以及被证实的事实为依据，对案件的实体问题和程序问题作出处理决定，要求实体判决必须客观公正，不能脱离实体真实，否则难以做到不枉不纵。

再次，刑事诉讼的基本任务是实现国家刑罚权，惩罚犯罪，保障人权，而这只能在发现事实真相的前提下完成。在此意义上讲，一切刑事诉讼制度都力求查明案件的真实情况，即有无犯罪、谁犯罪、犯罪的轻重程度如何。

追求实体真实并在此基础上惩罚犯罪，保障人权，这一命题在当代可以说已经获得了超越各种法文化的一般意义。英美法系国家一般通过陪审团专门审理刑事案件的实体问题，法官只能在此基础上进一步适用实体法。大陆法系国家普遍把明确案件事实真相作为刑事诉讼的基本价值目标，司法官员的第一要务就是发现实体真实，然后才能适用刑事实体法。在日本刑事法理论中，发现实体真实被认为是刑事诉讼中的关键环节。如牧野英一指出，从私力救济走向公力救济，正是从事实生活向法律生活演化的社会进步。无论是私力救济的同态复仇还是公力救济的定罪量刑，均应有基本的实体事实之基础。① 我国台湾地区的学者也非常注重实体真实的地位，其中主要有以下三种表述：（1）"刑事诉讼即在于决定国家刑罚权是否存在，则应以真实之事实为裁判之依据，俾对犯罪者科以应得之刑罚，并避免罚及无辜，是以实质真实之发现，向被认为刑事诉讼之目的。"② （2）"刑事诉讼之目的，在发现实体的真实，使刑法得以正确适用。"③ （3）"国家刑罚权行使之程序，必先正确地发现事实之真相，然后再正确且迅速地适用刑罚法规。"④

最后，实体真实是刑事诉讼主体参与诉讼的动因。

刑事诉讼具有典型的诉讼性质，凡诉讼都要求有诉因，实体真实是一个最基本的诉因。在中国诉讼文化中，提起诉讼与查明真实从来就是相互统一的。在汉语意义中，所谓诉讼，就是"诉"和"讼"的合体。其中，"诉"，据《旧唐书》、《后汉书》，就是控告

---

① ［日］牧野英一：《法律上之进化与进步》，朱广文译，中国政法大学出版社2003年版，第57页。
② 蔡墩铭：《刑事诉讼法论》，台湾五南图书出版公司1993年版，第22页。
③ 陈朴生：《刑事诉讼法实务》（增订版），台湾海天印刷厂有限公司1981年版，第8页。
④ 黄东熊：《刑事诉讼法论》，台湾三民书局1987年版，第4页。

的意思,意指向官府申告冤屈,要求查明实情;① "讼",据《论语》,也有控告的意思。同时,据王安石《度支郎中葛公墓志铭》,更多的是指争论是非的意思。② 诉也好,讼也好,二者都是告官、打官司的意思,意即把纠纷交给官吏判明和裁决。在英语中,诉讼可以翻译为"lawsuit"或者"litigation",二者都是指在判明实体真实的基础上以法律为依据的司法裁决,尽管字面上对法律的强调色彩浓厚一些,但在实体真实这一点上和汉语意义却没有什么区别。由此看来,尽管东西方在诉讼的语义上存在文化上的差异,但在把纠纷交给第三方加以公正裁决这一点上,东西方却是共同的。

三、实体真实在我国刑事程序中的体现

总体来看,我国实行职权主义的诉讼模式,注重对实体真实的追求。这主要表现在以下几个方面:

第一,在诉讼原则上的体现。我国刑事程序实行以事实为根据,以法律为准绳的原则,注重对实体真实的追求,以及实体真实与法律规范的结合。我国《刑事诉讼法》在总则第14条规定,司法机关进行刑事诉讼必须坚持以事实为根据,以法律为准绳的原则。所谓"事实",具体是指查证属实的证据及根据这些证据认定的事实,既包括犯罪的时间、地点、目的、动机、手段、过程和危害后果,以及犯罪嫌疑人、被告人的年龄、精神状态等案件事实本身,又包括能证明上述案件事实的确实、充分的证据。所谓"以事实为根据",是指司法机关进行刑事诉讼必须以与案件事实有关的客观存在的,并且经过查证属实充分确凿的证据,以及被证实的事实为依据,对案件的实体问题和程序问题作出处理决定,排除通过主观想象、推测、怀疑、传闻等主观臆造的事实根据。所谓

---

① 《旧唐书·张镒传》:"自此奴婢复颜,狱诉稍息";《后汉书·谅辅传》:"百姓唔唔,无所诉告"。参见《辞海》(语词分册),上海辞书出版社1988年版,第322页。

② 《论语·颜渊》:"听讼,吾犹人也,必也使无讼乎?";王安石:《度支郎中葛公墓志铭》:"令始至,大猾吏辄诱民数百讼庭下。"参见《辞海》(语词分册),上海辞书出版社1988年版,第322页。

"以法律为准绳"，即刑事诉讼应以法律作为定案的标准，而不能以情感、权力、政策为标准，要求司法机关在办理刑事案件过程中，所作出的案件实体问题和程序问题方面的决定，必须以刑法、刑事诉讼法和其他法律的有关规定为标准。

第二，在司法权配置上的体现。我国《刑事诉讼法》第7条规定人民法院、人民检察院和公安机关在分工负责的基础上进行相互配合，各司法机关互相支持与协助，以达到查明事实，揭露犯罪，惩罚犯罪，保障无罪的人不受刑事追究的目的。分工是明确各自职能，配合是在各自职能范围内依法行使职责，协助其他机关行使其诉讼职能而不是越权包办。三机关总的诉讼目的是相同的，即查明事实，揭露犯罪，惩罚犯罪，保障无罪的人不受刑事追究，这在一定程度上体现了对实体真实的追求。

第三，在刑事辩护上的体现。"辩护是针对控诉的，没有控诉，就没有辩护；同时，控诉也需要经过辩护的考察、验证。控诉与辩护的论争过程是案件事实真相进一步暴露的过程，也是人们对案件认识的深化过程。"[①] 因此，刑事辩护符合对立统一规律，它既意味着控诉和辩护两个方面在探求实体真实的时候存在相互排斥、相互对抗的态势，同时也意味着控辩双方在刑事诉讼中相互依存、相互影响，在尊重事实和法律的基础上统一起来。我国《刑事诉讼法》第32条明确规定了刑事辩护制度，这对于发现实体真实具有重要的实践意义：其一，刑事辩护要求控辩双方在庭前进行证据展示，从而为实体真实提供初步的判断依据；其二，刑事辩护要求控辩双方在庭审中积极举证和质证，并提出证人证言，从而为实体真实的进一步判断提供丰富的材料；其三，刑事辩护要求控辩双方相互辩论，使事实真相在辩论过程中变得更加清晰。不仅如此，现代刑事辩护制度在给裁判者判断实体真实提供充分机会的同时，也有利于抑制司法官员在证据采信方面的主观随意性并纠正其在事实判断方面的主观片面性，从而有助于实体真实的发现和对刑

[①] 樊崇义主编：《诉讼原理》，法律出版社2003年版，第112页。

事案件的正确处理。

第四,在侦查阶段的体现。侦查阶段对实体真实起着至关重要的作用,侦查阶段收集的证据是审判的主要依据,证据收集的合法性、正当性和可采性是法院公正审判的前提。为了实现实体真实,一方面,我国刑事诉讼法赋予侦查机关强大的侦查权力,并规定了一系列的侦查方法和强制措施,以保证侦查的顺利进行。另一方面,更为重要的是,我国刑事诉讼法赋予律师证据调查请求权,以增强收集证据的全面性。这是因为,尽管法律要求追诉机关对有利于和不利于被指控人的证据一并予以收集,但由追诉机关在诉讼中所扮演的角色和所承担的诉讼职能所决定,其在心理上更多地关注指控的成功,因而偏向于收集被指控人有罪的证据,容易忽视对被指控人无罪证据的收集。同时,律师在侦查阶段介入诉讼,可对追诉机关收集证据的活动起到监督作用。如讯问犯罪嫌疑人时,律师在场,可防止追诉机关采用刑讯、引诱、欺骗等非法手段收集证据,保障犯罪嫌疑人供述的自愿性,而这种自愿性又一定程度上保障了供述的真实性、可靠性。

第五,在庭审阶段的体现。我国刑事诉讼法第160条规定了直接言词原则和法庭辩论原则。这两个原则要求刑事诉讼必须以直接言词的方式进行,即法官、检察官必须在法庭亲自听取被告人、证人以及其他诉讼参与人的陈述,案件事实和证据必须以原、被告双方辨认、质证的方式进行审查。其意义在于辨明事实,让被告人的权利得到最大限度的保护。一般来说,直接言词原则主要适用于法庭审判过程中,即只有法庭上经过直接的、言词辩论的方式查证属实的证据,才能作为判决的根据和基础。法庭辩论原则要求裁判者在控辩双方到场的情况下,直接听取控、辩双方的辩论,从而使裁判者形成正确的内心确信,在一定程度上也是一种探求实体真实的方法。同时,作为直接言词和法庭辩论的必要条件,控、辩双方均会在法庭上对证据进行检验,甚至要求进一步勘查。这样,证据积累到了何种状态、通过证据而形成的待证事实的明白性、清晰性达到了何种程度,都可以为控、辩、裁三方了解和认识,从而大大增强了对实体真实进行判断的透明度和可信度。

第六，在证据规则上的体现。在刑事诉讼中，司法工作人员认定犯罪事实，查明实体真实的唯一手段是证据，只有通过合法的证据并遵循证据规则，才能实现发现实体真实的目标。我国刑事诉讼法以辩证唯物主义和历史唯物主义为指导思想，重证据、重调查、重事实是它的一个基本理念。为此，司法工作人员必须依法客观全面地收集证据，科学地审查判断证据，从而准确地认定案情。对此，我国刑事诉讼法规定了八大种类的证据：物证、书证、证人证言、被害人陈述、犯罪嫌疑人或被告人的供述和辩解、司法鉴定结论、勘验或检查笔录、视听资料。在此基础上，我国刑事诉讼法还规定了相关的举证规则和质证规则，并在一定程度上规定了非法证据排除规则。

四、我国刑事程序在追求实体真实方面存在的不足

对实体真实的追求必须符合现代法治精神和司法公正的要求，在追求实体公正的时候不能不择手段，不能侵犯人权。但是，由于传统观念的影响，我国刑事诉讼存在比较严重的唯实体真实主义倾向。

所谓唯实体真实主义，就是一种片面追求实体真实，将追求事实真相凌驾于司法公正和诉讼效率之上。唯实体真实主义存在着很大缺陷，主要表现为两个方面：一是唯实体真实主义在事实观上存在错误。它将法律上认定的事实同于客观事实，而实际上客观事实只是发生在过去的历史，具有不可回溯性和不可重塑性，只能对其进行认识和反映，并且这种认识和反映只能是绝对性和相对性的统一。二是唯实体真实主义在价值取向上存在错误。它片面强调对案件事实的探究，却忽视人的尊严和价值，忽略程序在认定事实以外的其他独立价值，将追求事实真相凌驾于司法公正和诉讼效率之上。虽然消极实体主义注意到了对无辜者权利保障的问题，但当这

些权利与实体发生冲突时,便不具有位次上的优先性。①

唯实体真实主义在刑事司法实践中的危害是非常明显的。这主要表现在以下几个方面:

一是刑讯逼供问题。刑讯逼供是一种野蛮落后的审讯方式。这种审讯方式是封建社会的遗留产物,它完全无视司法公正和人权保障,为了达到片面追求实体真实的目的,把犯罪嫌疑人、被告人当做单纯的客体加以纠问和审讯。可以说,刑讯逼供的性质和法西斯无异,其思想基础是主观唯心主义的,其目的完全是为了迫使犯罪嫌疑人、被告人按照审讯者的意志和需要,招供认罪。由于刑讯逼供同现代法治国家的基本理念和原则是完全对立的,因而历来为世人所不齿,并被世界各国普遍加以禁止。

刑讯逼供对犯罪嫌疑人、被告人的侵害最为直接,具体表现为:严重侵犯犯罪嫌疑人、被告人的基本人权;容易造成屈打成招,从而形成冤假错案,放纵真正的犯罪人;模糊有罪者和无罪者的外部差异,增加了侦查破案的难度;严重降低刑事诉讼的效率。不仅如此,刑讯逼供还使无罪者处于比有罪者更坏的境地。对此,贝卡利亚作过精辟的论述:"尽管二者都受到折磨,前者却是进退维谷,他或者承认犯罪,接受惩罚,或者在屈受刑讯后,被宣布无罪。但罪犯的情况则对自己有利,当他强忍痛苦最终被无罪释放时,他就把较重的刑罚变成较轻的刑罚,所以无辜者只有倒霉,罪犯则能占便宜。"②

我国在《刑事诉讼法》第43条明确规定:严禁刑讯逼供和以威胁、利诱、欺骗以及其他非法的方法收集证据。我国刑法规定,司法人员对犯罪嫌疑人、被告人实行刑讯逼供,必须依法追究。尽管刑讯逼供存在诸多严重弊病,并被我国法律加以禁止,但这种现

---

① 宋英辉:《刑事诉讼目的论》,中国人民公安大学出版社1995年版,第48—50页。

② [意]贝卡利亚:《论犯罪与刑罚》,黄风译,中国大百科全书出版社1993年版,第33页。

象在我国刑事诉讼中却大量存在，在某些地方甚至成为一种普遍现象，同时也成为我国刑事诉讼活动中最受诟病的地方。

二是超期羁押问题。超期羁押是指违反法律规定的期限羁押犯罪嫌疑人、被告人的行为。超期羁押在外延上应当包括形式上的超期羁押和实质上的超期羁押。形式上的超期羁押，是指在法定羁押期限到期后，没有任何继续羁押犯罪嫌疑人的法律手续，或没有及时办理继续羁押的法律手续而继续羁押犯罪嫌疑人、被告人的违法行为。而实质上的超期羁押，主要是针对延长羁押期限和重新计算羁押期限而言的，是指实质上没有继续延长羁押期限的理由而故意规避法律规定取得延长羁押法律手续或重新计算羁押期限，以继续羁押犯罪嫌疑人或被告人的违法行为。实质上的超期羁押从形式上看，具有继续羁押的法律手续和重新计算羁押期限的理由，是合法的，但实质上是违反法律的。如明明不是案件复杂，却以案件复杂为由延长羁押期限，明明早已查明犯罪嫌疑人的数个犯罪行为，却以发现新的罪行为由重新计算羁押期限。

超期羁押是我国刑事诉讼实践中一个颇受诟病的问题。尽管我国在《刑事诉讼法》及相关司法解释中规定了侦查羁押期限，同时规定羁押期满应当解除羁押或者变更为取保候审、监视居住，但在司法实践中，司法工作人员往往滥用职权，违反法定的羁押期限关押犯罪嫌疑人或被告人。造成这一现象的主要原因就是为了片面追求实体真实，认为关得越久，发现事实真相的几率就越大，哪怕冤枉无辜。

目前，我国超期羁押的问题有以下几个特点：

第一，超期羁押普遍化。据最高人民检察院上一年度的统计，2004年1至10月，全国新发生超期羁押4877人，加上2003年未纠正的2187人，共有7064人遭遇了超期羁押，其中问题最严重的是广东、河北、山西三省。[①] 目前，这些超期羁押案件还有许多没有得到解决。

---

① 参见《检察日报》2004年11月20日。

第二，超期羁押长期化。1996年刑事诉讼法修改以后，犯罪嫌疑人、被告人超期羁押达到数年并不少见，依据笔者从与有关司法实务工作者的交流中得知，这种情况一直没有得到彻底的改观。以北京市为例，2000年该市监所检察部门联合进行的法律时限和法律手续大检查的数据表明，该年度共纠正超期羁押400余人次，其中，超期羁押5年以上的案件有14件之多。[①] 而河北的两个案件更因羁押期限之长而曾广受社会关注：一个是保定的杨志杰案，从1991年到2003年被关押了12年；另一个是承德的陈国清案，4名被告从1994年到2005年3月被关押了10年。

第三，超期羁押隐蔽化。超期羁押的隐蔽化在司法实践中主要表现为两种情况：一是违法重新计算羁押期限；二是通过退回补充侦查变相延长羁押时间。这两种情况在我国当前的刑事司法实践中实际上是普遍存在的，目前尚未得到有关部门应有的重视。

超期羁押的危害是显然的：超期羁押严重侵犯犯罪嫌疑人、被告人的人权，严重影响司法机关公正执法的良好形象和诉讼效率，不利于执法水平的提高，不利于及时有效地打击犯罪，维护社会稳定。而且，在司法实践中，超期羁押还有两个问题尤其值得注意：一是犯罪嫌疑人被长期羁押后，很大程度上会导致比有罪判决更为不利的后果。二是虽然超期羁押与刑讯逼供之间并不存在必然联系，但从实践来看，超期羁押往往伴随着刑讯逼供，况且，超期羁押，尤其是长期的超期羁押，本身就是一种身心折磨，这一点和徒刑并无实质差异。三是冤假错案问题。冤假错案也是片面追求实体真实导致的恶果。尽管在一个理想的法治社会里仍然难以避免冤假错案的发生，但冤假错案的成因以及对待冤假错案的态度却是考量一个社会法治化程度的一个重要参数。

冤假错案的成因既有制度上的也有观念上的。从制度上来说，冤案产生于诉讼制度的缺陷。制度上的原因除上述刑讯逼供和超期羁押两个方面之外，还有其他许多原因，如被告知悉权保护不力，

[①] 参见《北京日报》2000年9月5日。

律师参与诉讼滞后，过分注重口供的作用，质证制度不完善特别是公诉方的证据具有绝对优势的地位。从观念上来说，一是有罪推定的思想和习惯根深蒂固，往往把犯罪嫌疑人、被告人当做事实上的罪犯；二是把一般违法当犯罪、把轻罪当重罪，甚至当死罪来治。许多冤假错案是在这样一种有罪推定的思想下制造的：只要被警察抓的人多少会有劣迹，司法人员怎么采取手段都不为过。在这样一种司法理念中，人的价值和尊严被忽视了，似乎只要能查出犯罪分子，在追究违法犯罪行为时，就可以不顾程序的正当性和合法性，可以不择手段，畸轻畸重。

对待冤假错案的态度也是一个重要方面。在我国司法实践中，公安、司法人员对冤假错案的消极态度是比较严重的，有的甚至非常冷漠，从而直接导致冤假错案长期得不到纠正，严重侵害了当事人的合法权益，也间接地导致了大量的群众上访等诸多社会问题。

在我国当前，冤假错案一定程度上还存在，有些冤假错案甚至达到相当严重的程度，不少冤假错案成为人们热烈议论的话题，这些冤假错案严重地影响了人们对司法公正的信念。除了上述提及的三个冤案，此前还有云南的杜培武案、沈阳的李俊严案、广东的李万刚案以及甘肃的杨树喜案，都曾引起人们的极大关注。事实上，造成冤假错案本来就已经严重侵害了犯罪嫌疑人、被告人的人权，而在已经发现的冤假错案之后还不主动积极地加以纠正，本身就是一种司法无能和司法腐败。

五、实体真实的实现途径

如前所述，实体真实是刑事诉讼的基础价值目标，对实体真实的追求与实现更是一个复杂的系统工程。只有发展和运用现代刑事侦查的科学技术，建立控辩对抗的诉讼模式，完善和加强辩护制度，发挥价值主体的积极能动性，才能达到这一目标。

首先，发展和运用现代刑事侦查科学技术。刑事案件一般都比较错综复杂，犯罪活动大多都是秘密进行的，而且犯罪分子在作案之后，还会想方设法采用隐匿、毁灭、伪造证据和制造假象之类的手段逃避刑事追究，因而事实真相往往被掩盖起来。特别是随着经济的发展和科技的进步，某些犯罪分子或者犯罪集团也相应地掌握着雄厚的人力、物力、财力和先进的科学技术，并把它们用于犯罪，使得对刑事犯罪的侦查和实体真实的发现更加复杂。

在这种情况下，国家必须研发现代先进的刑事侦查科学技术，并用之于刑事侦查活动中。只有借助于比犯罪分子更为先进的科学技术，通过专门的刑事侦查手段和有关的刑事强制措施，发现和收集证据，才能准确及时地查明案件事实，辨明犯罪嫌疑人，进而对犯罪进行有效的揭露、证明和制裁，同时也对那些有犯罪企图的不稳定者予以震慑。可见，发展和运用先进的侦查技术与手段，对于发现事实真相，揭露、制裁和预防犯罪，维护社会秩序，保障人民权利，具有十分重要的现实意义。

其次，完善和加强辩护制度。刑事辩护制度的设立主要在于发现实体真实的价值目标。控辩双方的对抗是发现真实的最好制度。在控辩对抗中，双方都站在有利于己方的立场上发挥作用，尽管他们并不直接地揭示案件的事实真相，但真相往往能在双方对同一问题的相互对立的陈述和辩驳中表现出来。为了促进辩护制度对实体真实的有效发现，在实践中应该强化律师在审判前程序中的会见权、阅卷权和证据调查权。

就会见权而言，它为律师会见犯罪嫌疑人、被告人并作出有效辩护提供了可靠的制度保证。一般来说，由于被司法机关限制或剥夺了人身自由，大部分犯罪嫌疑人、被告人不可能亲自调查和收集证据，以证明自己无罪或罪轻。即使能够亲自调查和收集证据，犯罪嫌疑人、被告人的特殊身份也决定其难以冷静和理智地进行个人调查和自我辩护活动，而司法机关及其工作人员也难以相信其调查和收集的证据。在这种情况下，确认律师的会见权可以产生两个方面的好处：一方面，它可以使辩护律师在与犯罪嫌疑人、被告人的接触和交流中有充分的时间了解案情和调查必要的证据，并就犯罪嫌疑人无罪、罪轻，应当减轻或者免除处罚的情况，及时提请司法机关的注意，更好地维护犯罪嫌疑人、被告人的合法权益；另一方面，它也可以促使司法人员及时注意到有利于犯罪嫌疑人、被告人的方面，全面审查案件情况，正确适用有关的法律规定，或者及早纠正办案过程中的失误，或者及时撤销错误案件以避免不必要的诉讼，使犯罪嫌疑人、被告人尽早从错误的追诉中解脱出来。

就阅卷权而言，它为律师了解和知悉案情全貌创造了机会，特别是在会见权、调查权以及证人出庭作证难以切实保障和落实的情况下，阅卷权对于辩护律师更为重要。所谓阅卷权，是指辩护律师为作出正确辩护而在司法机关查阅案卷材料的权利。在法律赋予律师了解案情、知悉案情的广泛权利中，阅卷权对于辩护律师履行辩护职责来说是最重要的权利，而其他权利诸如会见权、调查权只从一个侧面为律师了解案情、知悉案情提供了条件。因此，完全可以认为，阅卷权是辩护律师充分行使辩护职能的重要保障。为此，我国《刑事诉讼法》第36条规定，辩护律师自人民法院受理案件之日起，可以查阅、摘抄、复制本案的诉讼文书、技术性鉴定材料和所指控的犯罪事实的材料。但是，从目前来看，这些材料远远不能满足辩护律师全面了解案情的需要，对于保障辩护律师充分行使辩护权还非常有限。从长远来看，应该通过立法使辩护律师能够查阅全部的案卷材料，这样才能充分提高辩护律师了解实体真实的能力，避免冤假错案的大量发生。

就证据调查权而言，它是刑事辩护的基础，是律师了解案件实体真实的有效途径。《刑事诉讼法》第37条明确规定了律师的调查取证权，但立法也对这项权利给予了较多的限制：辩护律师调查取证不但要经过人民检察院、法院的许可，还须经得证人或者被害人的同意，这在客观上导致辩护律师调查取证难这一老问题仍未得到解决。为此，应该进一步立法适当减轻对辩护律师在证据调查权方面的限制，保障律师收集证据的能力，改善收集证据的手段。从实体真实的角度来看，赋予律师完整的证据调查权，一方面，可以自行收集一些有利于自己一方的证据，实现证据的全面性；另一方面，也可提出一定的线索，引起追诉机关对案件疑点的注意，补充收集有利于被指控人的证据。在此基础上，还要进一步保障和完善辩护律师的调查证据请求权，即辩护律师申请人民法院以国家权力，收集、保全有利于己方证据的权利。

再次，建立控、辩、裁三方互动的对抗式诉讼模式。在刑事诉讼发展史上有过三次重要分工：第一次分工是裁判职能的形成，即司法权从行政权中独立出来；第二次分工是控诉职能的形成，即控诉权与审判权相分离；第三次分工是辩护职能的形成，即辩护律师成为一种专门的职业。① 这三种分工为形成合理的刑事诉讼模式提供了司法权分工的前提。在现代刑事程序中，控诉、辩护、审判三种诉讼职能相互分离，三足鼎立，控诉方和辩护方平等对抗，裁判者超乎二者之上保持中立，对双方的讼争作出裁判，这是现代刑事诉讼的基本格局，也是现代刑事程序实现实体真实的重要方面。这主要表现在以下三个方面：

其一，这种诉讼模式为实现实体真实提供了合理的诉讼模式。合理的诉讼模式是确保实体真实实现的不可或缺的重要因素。特别是在控辩对抗的过程中，实体真实往往更容易通过双方的博弈得到求证。不难想象，如果只有控诉而没有刑事辩护制度，一旦警察、检察官认为犯罪嫌疑人有罪，则从侦查、起诉到公开审判的整个诉讼过程就将像流水作业一样均认为犯罪嫌疑人有罪，这是司法实践中难以否认的事实。

其二，这种诉讼模式使被追诉者能够积极参与诉讼过程，有利于举证、质证和辨明真相。一般来说，如何对待被追诉者是刑事程序公正与否的重要标志。公正的刑事程序应当确保被追诉者的合法权益受到尊重，尽可能为其参与诉讼程序提供充分的机会，保障其积极举证、质证并与控诉方形成理性对抗。在控辩对抗式诉讼模式中，作为被追诉者的犯罪嫌疑人、被告人有权反对控诉方的指控，对控方证据提出质疑，并陈述自己的理由。这样，被追诉者对诉讼过程的积极参与将使其享有部分的程序控制权，从而富有成效地影

---

① 熊秋红："刑事辩护制度之诉讼价值分析"，载《国家法官学院学报》2001年第3期。

响到诉讼的最终结局,真正成为程序的价值主体。从这个意义上来说,控辩对抗式诉讼模式已经超出了对实体真实进行追求的意义。

其三,这种诉讼模式能有效地克服国家司法权力在实体真实方面的主观性和片面性,这也是发现实体真实的必要条件。控辩对抗式诉讼模式是刑事司法制度民主化的重要标志,对发现实体真实具有不可替代的作用。在控辩对抗式诉讼模式中,控审分立从内部形成对国家司法权的制衡,而控辩对抗则从外部形成对国家司法权的制约。既然国家司法机关作为指控者认为犯罪嫌疑人有罪并应受到刑罚处罚,它就有义务为有罪指控提供有力的证据;而作为被指控者的犯罪嫌疑人亦应享有对等的辩护权利和公平的辩护机会,这才符合诉讼民主和实体真实的基本要求。控辩对抗式诉讼模式的设计初衷就是为被追诉者提供一个可以向国家司法机关提出异议的机会,以打破国家司法机关的绝对支配地位。对此,美国著名刑事法学者艾伦·德肖微茨尖锐地指出:"认真负责,积极热心的辩护律师是自由的最后堡垒——是抵抗气势汹汹的国家政府非法侵犯它的子民的最后一道防线。辩护律师的任务就是去呼吁和保护那些孤立无援、无权无势的民众的正当权利,并对追诉者的行为进行监督和抗衡,要使这些权势在握的尊者对无权无势的小民百姓做出格行动前三思而后行,想想可能引起的法律后果。"①

最后,在追求实体真实的时候不能不受到司法公正和诉讼效率的限制,要正确处理实体真实与司法公正、诉讼效率的关系。

刑事审判负有追究犯罪、惩罚犯罪的使命,也担负着保障人权的重责。实践已充分证明,单纯追求实体公正不仅会导致漠视甚至践踏诉讼参与者的正当权利,而且也会导致司法公正观念的扭曲。这就要求既要在实体上客观地认定事实和确立罪与非罪、此罪与彼罪,并做到罚当其罪;又要在程序上做到中立、平等和公开,以实现司法公正。

---

① [美]德肖威茨:《最好的辩护》,叶小风译,法律出版社1997年版,第487页。

同时，对实体真实的追求也不能不考虑到时空的有限性和司法资源的有限性。各国通常的做法是对于轻微的刑事案件应当尽快地审判，以使被告人能尽快摆脱诉讼，而对于重大的刑事案件，则往往规定较长的诉讼期间并分配较多的司法资源，以确保实体真实的实现。但是，不能一味追求实体真实而耗费大量司法资源，也不能为了实体真实而使案件久拖不决，从而制造一种新的不公。

总之，对实体真实的追求必须符合现代法治精神和司法公正的要求，不能不择手段，不能消蚀司法公正和诉讼效率。

第三节　司法公正：刑事程序的根本价值目标

司法公正是保障人民权利，实现社会正义的最后一道防线，是依法治国，建设社会主义法治国家的必然要求，也是刑事程序的核心价值目标。在下文中，笔者将在阐述司法公正的含义的基础上，系统论述司法公正在程序层面和实体层面的具体标准、我国刑事程序在这两个层面上的价值目标及其实现途径。

一、司法公正的一般含义

公正，从语义上来说，按照《现代汉语词典》的解释，就是"公平正直，没有偏私"的意思。① 但作为一个价值范畴，公正又是非常复杂的，并一直是古今中外的思想家不断探求的对象。

在西方，最早对公正作出明确规定的是柏拉图。他将公正分为个人公正和国家公正。个人公正就是做好与自己秉性相适应的工作，不非分越位；国家公正是统治者依据各种人的秉赋安排合适的工作。亚里士多德将公正分为普遍公正和特殊公正。普遍公正又叫一般公正或抽象公正，指的是公正的根本和全体；特殊公正包括政治公正和法律公正，它又可分为分配公正和纠正公正两种。托马斯·霍布斯（Thomas Hobbes）将公正分为交换的公正和分配的公

---

① 参见《辞海》（词语分册），上海辞书出版社1988年版，第221页。

正，交换的公正是立约者的公正，分配的公正则是公断人的公正。[①] 卢梭（Jacques Rousseau）把公正分为两种：一种是普遍的公正或自然的公正，它源于事物的理性或上帝意志；另一种是约定的或法律规定的公正，它与约定者的公共利益相一致。[②] 庞德（Roseoe Pound）把人们对公正的理解归为三种：在伦理上，可以把它看成是一种个人美德或是对人类的需要或者要求的一种合理、公平的满足。在经济和政治上，可以把社会公正说成是一种与社会理想相符合，是以保证人们的利益与愿望的制度。在法学上我们所讲的执行公正（执行法律）是指在政治上有组织的社会中，通过这一社会的法院来调整人与人之间的关系及安排人们的行为。[③] 庞德认为，在这三种公正中，只有第三种才是真实可行的。

笔者主张对公正加以细分，即经济公正、政治公正、道德公正和法律公正：经济公正是基础性的公正，它为其他种类的公正提供物质基础；政治公正是分配性公正，它处于上层建筑的地位，确认、保障和巩固经济公正；道德公正是调适性公正，它深受经济公正和政治公正的影响，内化于人们的日常言行中；法律公正是执行性公正，它是经济公正、政治公正和道德公正的体现和保障。在诸种形式的公正中，法律公正在现代社会最为重要，它是社会公正的实质内容；法律公正可以分为实质公正和形式公正，二者相互依存，相互促进；实质公正是形式公正的基础，为形式公正的实现创造条件，形式公正可以彰显实质，使实质公正变得更为具体，并在一定程度上消除实质上的不公正，影响人们的实质公正的观念。

司法公正是法律公正的一种，是一种动态的法律运行的公正。具体而言，它是指特定的国家机关——司法机关将程序法和实体法公正地适用于具体的人或案件的国家特殊活动，其基本内涵就是要

[①] [英]霍布斯：《利维坦》，黎思复、黎廷弼译，商务印书馆1961年版，第114页。

[②] [法]卢梭：《社会契约论》，何兆武译，商务印书馆1980年版，第48—52页。

[③] [美]庞德：《通过法律的社会控制：法律的任务》，沈宗灵译，商务印书馆1984年版，第73页。

在司法活动的过程和结果中坚持和体现公平与正义的原则,主要包括程序公正和实体公正两个方面。①

从上述各种对公正的论述中可以看出,公正确实是法律制度的灵魂,它不仅关系到基本法律制度的构建,也关系到公众对法律制度的信仰,关系到司法机关自身的形象。若丧失了公正性,一项法律制度就会失去其存在的合理性和必需性,使社会公正失去最后的防线。

二、司法公正的过程层面——程序公正的标准

作为价值目标,程序公正是刑事程序运行过程中的一种不偏不倚的理想结果。在具体的诉讼过程中,程序公正也可以表现为诉讼主体刑事程序运行过程中期望受到的一种适当的待遇。一般来说,检控机关不会存在受到不公平待遇的问题,因而程序公正主要是针对被告人和被害人而言的。

程序公正是一种形式公正,这和实体公正不同,实体公正是一种实质公正。一般来说,程序公正具有某些具体的标准,如果符合这些标准,就可以认为程序公正得到实现。当前,从世界范围来看,程序公正的标准在不同的诉讼模式中具有不同的表现。

一般来说,在英美法系的当事人主义模式下,程序公正的标准要高一些。这可以从以下几个方面得出结论:②

在侦查阶段,犯罪嫌疑人或被告人与国家侦查机关处于平等对立的地位,故双方都有收集证据的权利,法律不承认一方当事人有优于另一方的侦查权,犯罪嫌疑人或被告人不负有容忍国家侦查机关讯问的义务。

在起诉阶段,实行起诉便宜主义和起诉状一本主义。起诉便宜

---

① 严格来说,司法机关应仅指人民法院。虽然我国目前检察机关担负着一定的司法职能的实现,但随着我国司法改革的不断深入,司法的职能最终都将收归于人民法院。

② 甄贞主编:《刑事诉讼法学研究综述》,法律出版社 2001 年版,第 36 页。

主义使当事人有权自由处分诉讼标的，即使证据充分明确，起诉方也可以作出不起诉的决定，起诉后，若被告同意，也可以撤回起诉。起诉状一本主义可以在起诉时只将起诉书移交法院，不得附带证据或证据说明或使法院产生偏向的事实情况。并且，在审判前有一个"罪状认否程序"，即被告对被控事实作有罪与否的答辩，若承认有罪则取消审判，直接对其定罪量刑。伴随着这个程序的则是"辩诉交易"，即由检察官与被告在庭外进行谈判、交涉，并达成协议，法院则根据其协议判决。

在审判阶段，法官处于消极中立的地位，审判的进程、调查证据的顺序、方式，传唤、询问证人、鉴定人都由双方当事人控制。法院只决定审判日期，法官负责维护审判秩序，认真听取双方当事人的意见，了解事实。在证据调查中实行交叉询问，使证据的证明力达到排除合理怀疑的程度。

在法国和原联邦德国的职权主义模式下，程序公正的标准要相对低一些。这主要表现在以下几个方面：①

在侦查阶段，不承认被告人或犯罪嫌疑人与国家侦查机关属于平等的对立的双方，被告人或犯罪嫌疑人仅为被侦查对象。由国家机关收集证据，被告人或犯罪嫌疑人无权主动收集证据，被告人或犯罪嫌疑人负有容忍侦查机关讯问的义务。

在起诉阶段，当事人对诉讼标的没有自由处分权，实行起诉法定主义，即只要证据充分，就必须起诉。同时起诉方拥有有限的起诉裁量权，如符合一定条件，可以决定不起诉。但是在公诉案件中，法院可依被害人的请求强令起诉机关起诉。一经起诉，一般不准撤诉，除非证据不足。起诉机关起诉时，将案件全部材料、证据等侦查成果一并移交法院。同时禁止检察官与被告人及其律师在审理前进行私下交易，认为这样做会影响公正性。

在审判阶段，由法院决定审判的日期，决定证据调查的顺序、范围和方式。法官在审判过程中处于主导地位，负责传唤证人、鉴

---

① 甄贞主编：《刑事诉讼法学研究综述》，法律出版社2001年版，第35页。

定人,并对他们进行询问。必要时法院可直接收集证据。

如果对上述当事人主义和职权主义两种模式作一个比较,可以发现:职权主义的优势在于能够保持惩罚犯罪的高效率,但程序公正的程度不高;当事人主义的优势在于能够充分实现程序公正,但诉讼效率的程度不高。从总体上来看,当事人主义更值得我国刑事程序借鉴。因为,相比较而言,当事人主义具有职权主义所不具有的优势。这主要在于:(1)在侦查中,赋予被告人及其辩护人侦查主体的诉讼地位,被告人享有沉默权,使其权利得到切实的保障。(2)实行起诉便宜主义,突出了刑罚的教育功能。(3)实行起诉状一本主义,防止法官对案件事实产生不利于被告的预断。(4)在庭审中,实行交叉询问,有利于控辩双方主观能动性的发挥。[①]

但是,为了达到更高的程序公正而要求各国普遍实行当事人主义显然是不现实的。同时,尽管职权主义在程序公正方面逊于当事人主义,但也不能断言它就是不公正的。由此看来,程序公正的确具有较大的相对性,在这种情况下,包括《联合国刑事司法准则》在内的许多国际性文件确立了关于程序公正的一些基本标准,如果达到这些标准的要求,就可以认为达到了程序公正的基本要求。[②]这些规则主要有以下几个方面:

1. 法官中立

法官中立包含两项具体要求:一是法官同争议的事实和利益没有关联性。法官既不能裁判有关自己的争讼,也不得与案件结果或争议各方有任何利益上或其他方面的关系。二是法官应该居中裁决,公正地对待控辩双方的诉讼行为,不得对任何一方当事人存有歧视或偏袒。

2. 控辩对抗

[①] 甄贞主编:《刑事诉讼法学研究综述》,法律出版社2001年版,第36—38页。
[②] 陈光中、张建伟:"刑事司法国际准则与中国刑事司法改革",载《诉讼法论丛》1998年第3卷,第3页。

控辩双方的平等对抗是程序公正的核心内容之一。控辩双方的平等对抗表现为双方可以在平等的基础上根据自己的诉讼利益，从各自的立场提出证据，并对对方的证据加以鉴别、质疑和印证。平等对抗并不要求达到某种程度的实体结果，它更多的是体现了一种程序性的权利，只要充分地享有并行使这一权利，就可以认为在这一点上实现了司法公正。

3. 平等参与

所谓平等参与，也就是公平地获得法庭审判的机会。按照诉讼利益相关原则，凡是诉讼利益可能受到司法裁判影响的利益相关方，都应该享有均等的机会平等地参与刑事诉讼程序中来，充分地表达各自的主张和观点。在刑事程序中，检察官、刑事被害人和刑事被告人的诉讼利益必然受到裁判结果的影响。检察官代表国家和社会的利益，法庭制作的裁判能否对被告人定罪判刑，涉及犯罪能够受到惩罚的问题，这不但与国家和社会的利益密切相关，而且也与检察官的职业利益密切联系；被告人是受到国家专门机关追诉的人，诉讼的结果势必影响到他的自由、财产、名誉和社会地位，甚至可能被剥夺生命的权利。被害人是犯罪行为侵犯的直接对象，诉讼的结果决定他能否获得物质和精神上的弥补，并满足惩罚罪犯的愿望。正因为庭审对各方利益有如此重大的影响，他们都希望平等参与到刑事诉讼中来，以发挥其对裁判制作的影响和作用。

4. 审判公开

审判公开，是指刑事庭审的每一阶段和步骤都应当以当事人和社会公众看得见的方式进行。在不同国家，程序公开的程度会存在一定差异。在英美法系国家和瑞士，诉讼公开比较全面，甚至允许公开合议庭成员的不同意见，当事人和旁听者能够目睹法官们的争论及其结果，而在大陆法系国家，传统观念是把法院作为一个权威机构面对外界，突出判决的一致性，法官的文官心理也保证其不泄露合议庭的少数意见。在我国司法实践中，审判公开也是一项基本的诉讼原则，我国《宪法》第125条和《刑事诉讼法》第11条都作了相应规定。除了法定的例外，人民法院审理案件一律公开进行。

5. 诉讼及时

程序及时原则要求刑事诉讼活动严格遵守法定的期限，不能无故拖延，否则证据容易消失，裁判结果难以及时作出，被害人难以及时得到慰藉，被告人难以及时摆脱讼累。特别是对于被害人，诉讼的拖延无疑会使其承受更大的痛苦，正如一句古老的英国谚语所说的，迟来的正义为非正义。不仅如此，诉讼拖延还将浪费大量的司法资源，这也会间接地影响到其他案件的审理，从而破坏社会整体的司法公正。

6. 司法终局

司法终局是指刑事裁判具有最终的权威。对被害人来说，他有权将其受到的冤屈诉诸法律，不受其他非法意志的阻挠；对被告人来说，他是否有罪的唯一根据就是法庭作出的最终裁判，其他任何个人、组织或机关都无权作出决定。

三、司法公正的结果层面——实体公正的标准

由于法庭所作的裁判是整个刑事程序运行的结果，它无疑要符合程序公正的一般要求；同时，由于法院所作的刑事裁判也是对被告人应负的实体刑事责任的处理，它又必须符合实体公正的要求。所谓实体公正，是就程序运行结果而言的，它是指法庭对被告人刑事责任的实体处理符合公正的要求。实体公正主要体现在法院所作的刑事裁判上，如果从所谓"给予每个人以应得的对待"这一意义上来理解正义的话，那么公正的结果就是指法院以刑事裁判的方式对刑事被告人作出他所应得的处理。①

关于实体公正的观念，经历了一个长时期的历史发展，由此形成了许多不同的观点。对此，罪刑相当原则、罪刑法定原则与刑罚个别原则做了充分的注解。

1. 罪刑相当与实体公正

---

① 陈瑞华：《刑事审判原理论》，北京大学出版社1997年版，第79页。

罪刑相当原则起源于古老的同态复仇观念。同态复仇观念在东西方都曾经普遍存在,并长期支配人们的刑罚观念。在中国古代,"善有善报,恶有恶报","杀人者死,伤人者刑"的观念根深蒂固。而在西方,类似的观念也曾是判断实体公正的标准。例如,古希腊就有一句著名的法谚:"如果你诽谤了别人,你就诽谤了你自己;如果你伤害了别人,你就伤害了你自己;如果你杀死了别人,你就杀死了你自己。"① 因此,在同态复仇观念那里,只要报复与损害相等价,只要刑罚与犯罪相均衡,那就是公正的。

启蒙运动以后,贝卡利亚、边沁、黑格尔、康德等人明确提出了罪刑相当原则,并以此作为实体公正的标准。尽管他们在具体表述上存在许多差异,但在主要内容上却是一致的:(1)刑罚的轻重与犯罪的轻重相适应,轻罪轻罚,重罪重罚,罚当其罪,不允许轻罪重刑或者重罪轻刑。(2)衡量犯罪的轻重是犯罪的性质及其对社会的危害,对社会的危害愈大,犯罪就愈严重;衡量刑罚轻重的尺度是它对犯罪人的痛苦,痛苦的程度愈大,刑罚就愈严重。(3)为了使人们清楚地看到犯罪是刑罚的结果,应该及时对犯罪人执行刑罚。(4)犯罪与刑罚的均衡关系只能由法律加以规定。②

2. 罪刑法定与实体公正

及至西方近代以后,出于对统治者滥用刑罚的恐惧,罪刑法定主义应运而生,并把它作为防止国家刑罚权滥用的重要手段。

在大陆法系国家,罪刑法定是刑事法的基本原则,并且早已深入人心。在法国,作为大革命的重要成果,1789年《人权宣言》正式确立了罪刑法定原则,其第5条规定:"法律仅有权禁止有害于社会的行为,凡未经法律禁止的行为即不得受到妨碍,而且任何人均有权拒绝为法律并未命令的行为。"其第8条规定:"法律只应规定确实需要和明显不可少的刑罚,而且除非根据犯罪行为发生

---

① 转引自曲新久:《刑法的精神与范畴》,中国政法大学出版社2003年版,第476页。
② 参见何秉松主编:《刑法教科书》,中国法制出版社1997年版,第78页。

前已经制定、颁布和合法实施的法律,不得处罚任何人。"在德国,费尔巴哈于19世纪初首次明确作出罪刑法定的具体表述,即"法无明文规定不为罪,法无明文规定不处罚(Nullum Crimen, Nulla Poena Sine Lege)"。1819年《德国刑法典》第4条规定:"没有在犯罪行为时规定相应刑罚的法律,对任何人不得处以违警罪、轻罪和重罪。"这一条也被认为是最早在刑法典中明确规定罪刑法定原则的条文。①

在英美法系国家,罪刑法定作为一种思想和原则,最早可以追溯到1215年英王约翰颁布的《自由大宪章》,其第39条规定:任何自由人,非经贵族依法判决,或遵照国家的法律,不得逮捕、监禁、剥夺领地、放逐出境,剥夺法的保护,或者施以其他损害。此后,英国通过1628年的《权利请愿书》和1689年的《人身保护法》进一步巩固了这一原则。无论是《自由大宪章》还是《权利请愿书》、《人身保护法》,其中对罪刑法定的规定都是为了把王权置于法律的约束之下,以确保实体公正的实现。

无论英美法系国家还是大陆法系国家,罪刑法定原则的确立主要是为了限制国家权力,防止刑罚权的滥用,以保障公民的权利和自由。在严格的罪刑法定原则之下,一项公正的刑事实体裁判必须是符合实体法关于犯罪与刑罚之具体规定的裁判;否则,如果实体裁判在现有实体法中找不到相关的法律规定,它只能是不公正的。当然,这里预设了一个前提,那就是:现行法律是制定得公正的法律。

3. 刑罚个别与实体公正

刑罚个别的基本含义是,根据犯罪人的个人情况,有针对性地规定和适用相应的刑罚,以期有效地教育和改造犯罪人,预防犯罪的再次发生。在当代,刑罚个别原则已受到世界各国的普遍重视,并在各自的刑法典中进行直接或间接的规定:

德国刑法第46条规定:"犯罪人之责任为量刑之基础。刑罚

---

① 何秉松主编:《刑法教科书》,中国法制出版社1997年版,第86页。

对犯罪人未来社会生活可期待发生之影响,并应斟酌及之。"

法国刑法第65条规定:"法官应当根据下列情况认定犯罪人的犯罪能力：a. 犯罪的原因和犯罪人的特点；b. 刑事处罚前科尤其是犯罪人在犯罪前的品行和生活；c. 犯罪时的品行或者犯罪后的品行；d. 犯罪人所处的个人、家庭和社会生活环境。"

意大利刑法第133条规定:"法官在行使裁量权时,应当根据下列情况认定犯罪的严重程度：(1)行为的性质、类型、手段、对象、时间、地点和其他方式；(2)对犯罪被害人造成的损害或者危险的程度；(3)故意或者过失的程度。"

日本1974年刑法修正草案关于刑罚适用一般标准的第2项规定:"适用刑罚时,必须考虑到罪犯的年龄、性格、经历和环境,犯罪的动机、方法、后果和社会影响,罪犯在犯罪后的态度和其他情由,应该达到有利于遏制犯罪和使罪犯改过自新这个目的。"

一般来说,刑罚个别主要适用于刑罚的裁量和执行之中,是作为罪刑法定原则的修正原则出现的。如果说,罪刑法定体现了实体公正的绝对性,刑罚个别则体现了实体公正的相对性,二者在实体公正的形成上具有强烈的互补作用。但是从理论上讲,刑罚个别原则不仅仅是一项刑罚裁量和刑罚执行的原则,它同时还应当被作为一项实体公正的基本标准。

综合上述观点,不难看出,如果仅仅根据实体结果与实体法的关系来考察实体公正,实体公正可以是一个自我满足的法学范畴,其公正性不需要得到程序法的授予,只要符合罪刑法定、罪刑相当和刑罚个别之类的实体法要求就可以了。但是,显而易见,仅仅满足实体法要求的实体公正还是不够的,它还需要接受诉讼过程的衡量,如果把实体裁判看做整个刑事诉讼过程的结果,而产生这一结果的诉讼过程恰恰不符合公正的要求,则这种仅仅满足实体法要求的所谓"实体公正"是值得怀疑的。

因此,现代西方法学理论普遍摆脱了传统的实体公正观念,转而从实体法和程序法两个方面相结合的角度论述实体公正。美国法学家博登海默曾经指出,裁判公正不能仅仅从实体法领域寻找支撑，它是经过实体法和程序法双重衡量而得出的一种理性结论。为此，它必须符合以下三个原则：（1）未违反法律者不应被判有罪；（2）双方当事人都应当获得机会陈述己见；（3）任何人在自己的案件中都不能是法官。① 显然，在博登海默的三项原则中，仅有第一项是实体法原则，而第二项和第三项两项原则都是程序法原则。事实上，对于这一点，所有的程序正当主义者都持有同样的看法。英国学者达夫（R. A. Duff）指出，裁判结果须有理有据，必须有充分的论证过程，即一项裁判结果须通过严密的逻辑推理过程才能作出，从某种意义上来讲，法律程序自身的公正性就意味着裁判结果的公正性。②

西方国家关于实体公正标准的观念对我国刑事司法的理论和实践具有非常重要的借鉴意义；这在我国1996年的《刑事诉讼法》和1997年的《刑法》当中已经显著地表现出来。事实上，从理论界的研究状况来看，我国学者在吸收和借鉴西方理论的同时也对之进行了系统的发展，由此形成了许多具有中国特色的实体公正标准。其中颇具代表性的观点有两个：

有学者认为，实体公正要满足以下四个要件：（1）据以定罪量刑的犯罪事实必须准确无误地认定，做到证据确实充分；（2）正确适用刑法，准确认定犯罪嫌疑人或被告人是否有罪及其罪名；（3）按照罪刑相适应原则，依法判处适度刑罚；（4）对于错误处理的案件采取救济方法及时纠正，及时补偿。③

有学者认为，实体公正的标准有以下五个方面：（1）裁决必须是客观或准确的；（2）法官必须对犯罪人判处与其罪行的性质和危害程度大体相当的刑罚；（3）裁决结果不得违背形式正义原则的要求；（4）裁判结果必须在严格适用法律规则与适当行使自

---

① ［美］E. 博登海默：《法理学——法哲学及其方法》，邓正来、姬敬武译，华夏出版社1987年版，第267页。
② 转引自甄贞主编：《刑事诉讼法学研究综述》，法律出版社2001年版，第7页。
③ 参见陈光中主编：《刑事诉讼法》，北京大学出版社、高等教育出版社2001年版，第167页。

由裁量权之间保持平衡；（5）裁判结果必须在个人正义和社会目标之间保持平衡。①

笔者认为，中外学者对实体公正的研究成果都是非常有价值的，也是非常值得借鉴的。尽管他们的观点存在这样那样的差异，但有一点是确定无疑的，也就是说，在考察实体公正的时候，应该采取全面的观点，既要从裁判结果的本身来判断，也要从产生这一裁判结果的过程来判断，既要从实体法来判断，也要从程序法来判断。由此，笔者在综合上述诸种观点的基础上，提出实体公正的六个标准：

1. 客观性

所谓客观性，是指对客观事物的主观认识具有不以人的意志为转移的物质内容。客观性标准要求由刑事程序所产生的实体裁判结果必须具有现实的客观事实基础。也就是说，如果法院要对一个公民作出有罪裁判，并使之负担刑事责任，其前提就是他必须犯有所指控的犯罪事实，这才是公正的；如果法院不以客观的犯罪事实作为定罪处刑的根据，就必然会冤及无辜或使有罪者逃脱法律的制裁，从而导致不公正的裁判结果。

实体裁判的客观性可以表现为三个方面：一是犯罪行为的客观存在，也就是说，要确定被告人是否犯罪，一个前提就是他确实实施了某种为刑法所禁止的行为。对此，康德曾明确指出："在任何情况下，必须是由于一个人已经犯了一种罪行才加刑于他。他必须首先被发现是有罪的和可能受到惩罚的，然后才能考虑为他本人或者为他的公民伙伴们，从他受到的惩罚中吸取什么教训。"② 二是社会危害的客观存在。如果被告人实施了某种为法律所禁止的行为，但没有现实的或者潜在的社会危害，也不应该对他加以惩罚。三是刑事责任的客观存在。如果被告人实施某种行为并且产生了社

---

① 陈瑞华：《刑事审判原理论》，北京大学出版社1997年版，第81页。
② ［德］康德：《法的形而上学原理》，沈叔平译，商务印书馆1991年版，第165页。

会危害性，但其主观没有过错，那也不能对他作出有罪裁判并科以刑罚。

裁判的客观性对实体公正是至为重要的。一旦客观性不能得到保证，不仅可能使无辜者受到惩罚，而且可能使真正的有罪者逃脱法网。然而，尽管裁判的客观性对于维护实体公正是不可缺少的，但它本身却是很难得到完全实现的。有时候，尽管实体法的适用没有问题，且程序上没有瑕疵，但法官作出的判断却最终被证明是错误的。这只能归因于人的认识能力的有限性和各种偶然因素的作用。此时，唯一的办法就是采取救济方法及时纠正，及时补偿。

2. 法定性

法定性，是指实体裁判要符合罪刑法定原则的要求。按照罪刑法定的要求，只有法律才能规定罪与刑，其中最主要的法律是一国的刑法典，其他任何文件都不能作出罪与刑的规范。不仅如此，在具体的司法活动中，只能根据犯罪行为发生时的法律才能对犯罪者定罪量刑，如果在行为时法律并未规定该行为是犯罪行为，法院只能驳回控方的起诉，不得定罪判刑。

在现代各法治国家，任何一项公正的刑事实体裁判都必须是符合实体法关于犯罪与刑罚之具体规定的裁判，如果实体裁判在现有实体法中找不到相关的法律规定，它只能是恣意妄为和滥施刑罚的结果。因为，罪刑法定主义是以限制刑罚权，防止司法擅断，保障个人自由为其基本价值内涵的，舍此价值就根本谈不上罪刑法定主义。[1] 可以想象，一个没有法律依据，而只是通过司法擅断得出的实体裁判怎么能够符合实体公正的要求！

3. 适当性

在实体裁判中，适当性是指刑罚与犯罪应该保持一种相对均衡的关系。贝卡利亚较早地注意到罪刑适当性的问题，他说："如果，对于无穷无尽、暗探模糊的人类行为可以运用几何学的话，那

---

[1] 陈兴良：《刑法的价值构造》，中国人民大学出版社1998年版，第548页。

么也需要一定相应的、由最强到最弱的刑罚阶梯。"① 在他看来，刑罚的轻重应该与罚罪行为保持一致，轻罪轻罚，重罪重罚，使之成比例。从质的方面来说，刑罚必须以犯罪为根据，在立法上只能针对犯罪行为规定刑罚，而不能把刑罚扩大到其他违法行为中去，在司法上只能在实际存在与法定犯罪一致的行为时才能适用刑罚。从量的方面来说，刑罚的严厉程度与犯罪的危害程度成正比例，罪重则刑重，罪轻则刑轻，在罪行微不足道时，应当尽量地不起诉、不定罪或者不判刑。

当然，笔者认为，裁判的适当性只是刑与罪的相对均衡，而不是一种绝对的一致——这不必要，也不可能。

4. 一致性

实体裁判的一致性是就形式公正而言的。法院的刑事裁判不仅要满足客观性、法定性和适当性的要求，还要遵守形式公正的原则，即"相同情况同等对待，不同情况区别对待"。② 在实体裁判中，形式公正原则对定罪和判刑都是适用的。就定罪而言，形式公正要求法院对犯有相同性质之罪的人均应确定相同的罪名；就量刑而言，形式公正原则要求法院对犯有同等危害程度之罪的人科以同等的刑罚。如果法院所作的实体裁判违反形式公正的要求，当事者必然会产生强烈的不公正感，从而使裁判的合理性受到怀疑。

维持实体裁判一致性最有效的途径当数判例制度。事实上，英美法系国家就是通过判例维持实体裁判的一致性的。在大陆法系国家，尽管判例没有实质的约束力，但法官在对特定案件作出实体裁判时，也会参考先前的类似判例。

5. 个别性

一般而言，刑事实体法的原则和规则都是普遍性的规范，而刑

---

① ［意］贝卡利亚：《论犯罪与刑罚》，黄风译，中国大百科全书出版社1993年版，第67页。

② ［美］约翰·罗尔斯：《正义论》，何怀宏等译，中国社会科学出版社1988年版，第109页。

事案件的事实和情节则是千差万别的，机械地适用实体法的规范有可能忽视犯罪者的个人具体情况，导致以形式公正掩盖实质公正的裁判结果。因此，任何一项公正的实体裁判，它在关注罪刑相当和裁判一致的时候，也不能不考虑到犯罪者的个人情况，这就是实体裁判的个别性。

裁判的个别性最终要落实在具体的刑罚裁量之上，即根据犯罪者个人的具体情况酌情判处刑罚。① 在这里，犯罪者的个人情况是从两个方面来说的：一是犯罪者本人的情况，主要包括年龄、性别、身体状况、人身危险性、再犯可能性和预期的可改造性，等等；二是犯罪者所处的社会环境，主要包括当时当地的社会治安状况和国家的刑事政策，等等。

6. 改造性

传统的功利责任主义者坚持报应刑的观念，认为刑罚是由于犯罪者之犯罪行为带来的报复，因而在刑罚的目的问题上往往坚持惩罚论，即借助刑罚使犯罪者产生相应的痛苦，以压制通过犯罪带来的快乐。而现代社会责任主义者则认为，犯罪者之所以犯罪，一方面固然是由于犯罪者本身的原因，另一方面也有社会的原因，因而刑罚的目的不仅仅是惩罚，也是为了教育，使犯罪者最终回归社会。从这个意义上来说，单纯的惩罚只强调犯罪者的个人责任而忽视社会的责任，这对犯罪者是不公正的。因此，一个公正的实体裁判应该是一个充分考虑到社会责任，并旨在使犯罪者回归社会的裁判。②

为了实现刑罚的上述目的，法官必须在作出裁判的时候就不能仅着眼于刑罚的惩罚性，而要着眼于刑罚的改造性，通过刑罚有效地改造犯罪者，以使其不再重新犯罪。

---

① 张明楷：《刑法学》，法律出版社 2003 年版，第 70 页。
② 刘家琛：《诉讼及其价值论》，北京师范大学出版社 1990 年版，第 112 页。

四、司法公正在我国刑事程序中的体现

关于刑事程序中司法公正的体现,学界有不同的看法。其中,主要观点有以下三种:

第一种观点认为,在刑事诉讼中,司法公正主要表现为中立性、公开性和对等性。① 具体而言,司法中立性是指审理案件的法官保持超然中立的地位,不偏袒任何一方,不与案件审理结果有利害关系。司法公开性包括权力的公开和审判的公开。权力的公开,宏观上是指确定司法机关的权限及其相互制约关系,微观上是指每一个司法工作人员在行使职权时,一般都要表明自己的身份和履行的特殊职责;审判公开,是指除涉及国家秘密和个人隐私等少数案件不宜公开审理外,其他案件必须公开审理,不仅要对诉讼参与人公开,而且要向社会公开,排除暗箱操作。权力公开是公开性的基础,审判公开是公开性最明显的体现。司法对等性是指控辩双方在刑事诉讼中皆为诉讼主体,地位平等、权利义务对等。

第二种观点认为,刑事诉讼的司法公正就是国家专门机关在刑事诉讼过程中充分注意对诉讼当事人和参与人的权利保护,严格按照法律程序平等地进行,保证对事实认定的真实性和处理的公正性,从而获得社会公众最大限度的满意与对社会法制程序的维护和内心的良好心态。②

这一概括包含了两种含义:一方面,是国家在实施法律上的公正;另一方面,是公众在心态上的公正感。这两种公正的划分与美国学者罗尔斯将正义划分为社会正义和个人正义极为相似。罗尔斯认为,社会正义是正义的首要问题,它决定社会制度中权利与义务的设定方式,以及利益和负担的分配方式。人们首先要决定一种社会制度是否合乎正义,然后才能确定在特定情况下个人行为的合理性。

---

① 卞建林、李箐箐:"依法治国与刑事诉讼",载《诉讼法论丛》1998 年第 2 卷。
② 樊崇义:"刑事诉讼与人权保障",载《诉讼法论丛》1998 年第 2 卷。

第三种观点认为,法律公正可以分为实质公正和形式公正,形式公正不一定导致实质公正,但可以消除某些不公正,创设一些公正。具体而言,刑事诉讼中的公正目标体现在:实行控辩对抗,充分发挥控、辩、审三方的职能作用;允许辩护律师提前介入案件,改善被告人或犯罪嫌疑人处于援助迟延或无援的地位;取消免予起诉,完善司法权配置,实行无罪推定原则;司法审查由庭前实质性审查改为程序性审查,以防止先定后审、先入为主。①

第四种观点认为,公正是一个历史的、相对的概念,是一定生产方式基础之上的公正,其中的法律公正(执行正义)是经济公正、道德公正、政治公正的体现和保障,实现法律公正是实现社会公正最直接、最明显的途径。在我国刑事诉讼法中,公正体现在:在程序法上重申法律面前人人平等的原则,以体现和维护法律实体公正;确立以当事人主义为基础,以职权主义为补充的庭审模式;允许辩护律师提前介入案件,赋予嫌疑人充分的辩解权,使控、辩双方力量失衡的状况得到了改观;设立证据取得的除外规则和公开地认定证据。②

笔者认为,上述几种观点从不同视角揭示了司法公正在刑事程序中的不同体现,对研究司法公正这一价值目标具有丰富的借鉴意义,但同时这些观点都过于注重司法公正在刑事程序运行过程中的表现而没有给予程序运行结果以应有的关注,并且在逻辑上显得比较杂乱而零散,不成体系。依笔者之见,在我国刑事程序中,司法公正的价值目标可以从以下两个方面得到体现:

(一) 程序公正方面的体现

程序公正方面的体现主要表现为以下六个方面:

第一,我国刑事程序体现了程序中立原则。新的刑事诉讼法基

---

① 沈丙友:"刑事诉讼中公正与效率的关系之检讨",载《刑事法杂志》1998年第1期。

② 敖德明:"论刑事诉讼的基本价值目标——公正、人权和效率",载《当代法学》1998年第3期。

本确立了控辩对抗式的诉讼模式。在这一诉讼模式中，法官基本上处于消极中立的地位，法院主要决定审判日期，维护审判秩序和审判的进程，认真听取双方当事人的意见，借助证据规则了解案件事实，控制调查证据的顺序和方式，传唤和询问证人、鉴定人。控辩双方在法官的主导下提出证据，并就对方提出的证据进行质证和交叉询问，法官在质证的基础上居中裁决，作出符合实体真实的司法裁判。

第二，我国刑事程序体现了程序平等原则。在我国刑事诉讼中，法律确认控辩双方的平等地位，赋予被告人充分的诉讼权利，法官的重要职责之一就是确保控辩双方在平等的基础上提出证据，进行控诉和辩护，并为他们平等地行使诉讼权利提供便利条件，同时要求他们平等地履行诉讼义务。当然，刑事诉讼中的平等保护并不完全否定基于合理立法目的的差别对待。对事实上处于弱势地位的被告人，我国刑事程序给予一定程度的特殊倾斜，确保其拥有与控诉方在实质上拥有平等参与诉讼的能力和机会。例如，为被告人提供法律援助，不得强迫被告人自证其罪，无罪推定，非法获得的证据法院不予采信，等等。

第三，我国刑事程序体现了程序参与原则。我国刑事程序充分保障各个诉讼主体的程序参与权。首先，法院确保被告人、被害人和作为国家利益代表的检察官自始至终地到庭出席法庭审判，不但要求被告人、被害人和检察官参与法庭审判的全部过程，而且要求在法庭举行的庭外调查或准备活动中也应直接参加和到场。法官一般不得在某一方程序参与者缺席的情况下举行审判活动，也不得在一方参与者不在场的情况下听取其他各方的意见和证据。其次，法院确保被告人、被害人和检察官获得发挥主观能动性的机会，使他们有机会发表本方的意见、观点和主张，提出据以支持其主张的证据和论据，并拥有为进行这些活动所必需的便利和保障措施，从而对裁判结果的形成发挥有效的作用。再次，法院确保被告人和被害人在审判过程中获得人道的待遇，使之自愿地参与到刑事诉讼活动中，不受人身上或精神上的强制或胁迫，不受体罚，不受诱供和刑讯逼供。

第四，我国刑事程序体现了诉讼公开原则。关于诉讼公开原则，我国刑事程序在各个诉讼阶段都有体现：在侦查阶段，公安机关可以在一定条件下允许律师会见嫌疑人或者行使见证权；在起诉阶段，检察机关可以允许辩护律师查阅案卷和其他起诉材料；在庭审阶段，公开的内容则更多，这主要有以下三点：（1）法院在开庭前公告被告人姓名、案由和开庭的时间、地点，以便公众旁听；（2）除法律规定不公开审理的案件外，应当允许公众旁听和新闻记者采访报道；（3）公开的内容涵盖审判的全过程，包括法庭调查、法庭辩论和宣判。此外，不论案件是否公开审理，判决都必须公开宣告。

第五，我国刑事程序体现了程序及时原则。为了保证刑事诉讼的及时性，我国刑事诉讼法不但对各个诉讼阶段规定了具体的诉讼期限，而且在审理程序上规定了两种比普通审判程序更为简单的审判程序：简易程序和普通程序简化审。一般来说，明确诉讼期限或者设置相对于普通程序的更加简便的审判程序，有利于犯罪嫌疑人及时摆脱讼累，有利于被害人及时得到慰藉和补偿，不但直接保障程序公正，而且能够防止出现因诉讼拖延而造成新的不公。

第六，我国刑事程序体现了程序终结原则。根据我国宪法和刑事诉讼法的规定，我国实行四级两审终审制：基层法院管辖一般普通的刑事案件；中级法院管辖那些性质严重，危害极大，案情复杂的案件，具体包括危害国家安全的案件、可能判处无期徒刑或者死刑的案件、外国人犯罪的案件；高级法院管辖在全省（自治区、直辖市）范围内有重大影响的案件；而最高人民法院则管辖全国性的重大案件。除了最高人民法院一审终审之外，其他案件都是两审终审。当然，两审终审制对于案件的及时终结是有积极意义的，但是相对于那些实行三审终审制的国家而言，对被告人的诉权却少了一道保障。

（二）实体公正方面的体现

实体公正方面的体现主要表现为我国刑事诉讼法关于刑事诉讼

任务和原则的规定。

一方面，我国《刑事诉讼法》第 2 条规定对刑事诉讼法的任务作出了具体规定，其中最重要的一点就是保证准确、及时地查明犯罪事实，正确应用法律，惩罚犯罪分子，保障无罪的人不受刑事追究。这一点直接体现了我国刑事诉讼法对实体公正价值目标的追求。

查明犯罪事实，根据辩证唯物主义认识论的原理，就是要求司法工作人员通过侦查、起诉和审判准确无误地认定犯罪事实，实现主观认识与实际发生的案件客观事实相一致。就其具体内容而言，查明案件事实就是要查明犯罪行为、犯罪行为人、犯罪的具体过程以及其他与定罪量刑有关的情况。办理刑事案件首先就是要查明案件事实，只有查明案件事实才能谈得上实体公正。如果案件事实出现错误，不但可能放纵犯罪者，而且可能冤枉无辜者，从而制造出冤假错案，破坏实体公正。因此，现代各国在设计刑事程序的时候，无不把它作为一个重点考虑的对象，而整个刑事诉讼过程也是围绕着这一具体中心任务而展开的。

查明犯罪事实不仅要准确，而且要及时，即尽量在尽可能短的时间内查明犯罪实施者及有关情况。准确而及时地查明犯罪事实对实现实体公正具有极为重要的意义。因为：从国家和社会来说，只有准确而及时地查明犯罪事实，才能准确而及时地落实国家刑罚权，有效地打击犯罪和预防犯罪，恢复被破坏的社会关系和维持正常的社会秩序；从犯罪行为人来说，只有准确而及时地查明犯罪事实，才能使其受到应得的法律制裁，强化犯罪人心目中有罪必罚的观念，进而遏制其犯罪的冲动；从犯罪行为的受害者来说，只有准确而及时地查明犯罪事实，才能尽早得到物质上和精神上的补偿与慰藉，平息心中对犯罪行为的愤怒和对犯罪行为人的仇恨；不仅如此，准确而及时地查明案情，还能够使那些遭到错误追究的无辜者得以尽快解脱，从而切实维护公民的人身自由权和其他合法权益。反之，如果不能及时查明犯罪事实，罪与罚之间间隔的时间越长，实体公正的观念就可能越淡，社会秩序就越难以得到维持，公民的权利和自由就越难以得到保障。

在准确、及时地查明案件事实的基础上，还必须正确应用法律。刑事诉讼中所应用的"法律"首先是刑事实体法，即现行的刑法，其次是刑事程序法，此外还包括办理案件中需要适用的其他法律，如附带民事诉讼中的民法和民事诉讼法。如果不能正确应用法律，即使查明了犯罪事实也往往无法正确裁决案件，实现司法公正。正确应用法律，要求公安司法机关在将法律应用到已经查明的具体案件事实时，分清罪与非罪、此罪与彼罪的界限，做到定罪准确，并根据罪刑相当原则，做到量刑适当。

另一方面，我国《刑事诉讼法》第6条规定：人民法院、人民检察院和公安机关进行刑事诉讼必须以事实为根据，以法律为准绳。这项原则也充分反映了我国刑事诉讼法对实体公正的价值追求。

在刑事诉讼中，以事实为根据就是重证据，重调查研究。公安、司法机关在进行刑事诉讼，认定被告人的行为性质是否属于犯罪及确定刑事责任时，应当忠实于案件事实真相，以客观存在的案情作为处理问题的根本依据。公安、司法机关据以定案的事实，必须以收集到的证据所证实的案件事实为根据，而不能以主观臆测、主观想象或查无实据的议论为根据，没有确实充分的证据来证明案件事实，就不能对被告人定罪量刑。①

以法律为准绳，就是指公安、司法机关应该在查明案件事实的基础上，以法律为尺度来衡量案件的具体事实和情节，按照法律的规定对案件作出正确处理，不能凭着一己好恶或一时情绪来定案，也不能根据自己的利益来定案。以法律为准绳，还指公安、司法机关及其工作人员严恪按照刑事诉讼法规定的原则、制度和程序办案。在办案过程中，切实保障公民的人身权利。在认定被告人的罪名及其刑罚时，只能以刑法为唯一依据，凡刑法未规定为犯罪的行

---

① 陈光中主编：《刑事诉讼法》，北京大学出版社、高等教育出版社2002年版，第80页。

为，不得判决被告人有罪，刑法的从重、从轻或减轻处罚的规定，公安、司法机关也应遵守。①

以事实为根据，以法律为准绳是一体两面，密切联系的。查明案件事实是正确适用法律的前提和基础，如果适用法律的时候不以事实为根据，就会丧失客观的判断标准，就不可能对案件作出正确的处理。同时，作出实体裁判还要以法律为准绳，否则无法保证查明案件事实，即使查清了案件事实，也会失去方向和尺度。只有做到二者的相互结合，才能保证既准确惩罚犯罪，又有效地保障人权，才能保证既不放纵一个犯罪分子，也不冤枉一个无罪的人。只有这样，才能全面实现司法公正。

五、司法公正的实现途径

目前，我国正处于建设社会主义法治国家，构建和谐社会的关键时期，加之社会转型尚未完成，在司法领域还存在许多问题。例如，在审判前程序中，犯罪嫌疑人与侦查机关、公诉机关存在事实上的不平等。在审判阶段，法官预断的可能性仍然较大，冤假错案出现的几率还比较大。在程序效率方面，突出地表现为期限借用、超期羁押和案件积压。如果这些问题得不到切实的解决，司法公正的目标就难以实现。而要从根本上解决这些问题，只有进一步深化刑事司法改革。为此，需要做好以下几个方面的工作：

1. 提高司法官员的素质

提高司法官员的素质意味着提高司法官员的品德素质。一般来说，社会对司法官员的品德素质的要求应该比其他官员更高。良好的品德素质对于司法公正极为重要，没有良好德行的人，不可能成为一个良好的司法官员。事实证明，愈是缺乏道德修养的人就愈是胆大妄为、肆无忌惮，没有什么法律他可以因道德的约束而不违反。

提高司法官员的素质意味着提高司法官员的法律素质。司法官

---

① 陈光中主编：《刑事诉讼法》，北京大学出版社、高等教育出版社2002年版，第80页。

员不但应当准确掌握各种法律规范，而且还应当具有良好的法律理论功底和法律制度知识。司法官员是否具有丰富的法律知识与专业技能，对于能否公正司法具有重要的影响。从目前来看，我国法官队伍的整体法律素质还有待于进一步提高，在实践中一些法官由于缺乏全面而系统的法律知识，一旦遇到那些重大、疑难和复杂的刑事案件就束手无策，要么一次又一次地请示上级法院，要么一次又一次地驳回起诉，不但剥夺了当事人的诉权，而且与司法独立与司法公正的精神格格不入。不仅如此，在刑事诉讼中，法官对于法律制度的了解范围与程度也直接影响着司法公正的状况。一般来说，法律现象之间并不是孤立的，它们之间有着紧密的相互联系，这要求法官不但要精通刑事法律，而且要掌握相关的宪法、民事法律和行政法律。

2. 完善权力配置

完善权力配置就是进一步实现诉讼职能区分，尤其是控审职能的分离。一般来说，诉讼职能的区分是现代刑事诉讼文明进步的表现，也是实现程序公正的重要保障，其中控诉职能和审判职能的分离尤为重要。这是因为，现代刑事诉讼的基本构造就是由一个超然的第三方对控辩双方的讼争加以裁判，不能出现既当球员又当裁判员的情况，如果控诉权和裁判权合而为一，刑事诉讼的内在结构就将坍塌，司法公正就将失去最起码的保障。完善权力配置，实现控审分离的基本要求就是彻底排除法官的证明责任，严格实行不告不理的原则，使法官在事实上成为一个中立的裁判者而不是一个主动出击的追诉者。在这一点上，我国1996年刑事诉讼法修改后取得了一定进步，主要表现为：变庭前实体性审查为程序性审查；取消法官在庭前的证据调查权和退侦权；降低法官在庭审中的主动性；等等。

当然，1996年刑事诉讼法在控审分离上的立法修改并不彻底，法官在庭审中仍然享有一定庭外调查权，在简易程序中仍然是一个地道的追诉者，而案卷材料的移送方式也由原来的庭前移送变通为庭后移送，没有发生实质上的改变。这些遗留问题都需要在新的立法修改中进一步加以解决，否则可能导致控审职能混为一体，从而影响司法公正的实现。

3. 增强犯罪嫌疑人或被告人的防御能力

在刑事诉讼中,一个基本的态势就是控方在很大程度上处于绝对的强势地位,而辩方在很大程度上则处于相对的弱势地位。因此,现代各法治国家刑事程序的一个共同特征就是增强犯罪嫌疑人、被告人的防御能力,赋予犯罪嫌疑人、被告人充分的诉讼权利,并使其成为能与国家追诉机关平等对抗的诉讼主体。既然控辩双方在地位上相互平等,作为追诉者的国家检察机关及其工作人员就不具有支配作为被追诉者的犯罪嫌疑人或被告人的资格,犯罪嫌疑人或被告人就能够充分参与诉讼的全过程,并能和控诉机关平等地向作为裁判者的法官提出自己的证据,陈述自己的意见,从而形成有利于自身的实体结论。然而,在我国刑事诉讼实践中,由于观念的偏差和制度的缺失,犯罪嫌疑人、被告人并不能充分地行使自己的权利,形成控辩对抗的态势。因此,为了实现司法公正,必须增强犯罪嫌疑人、被告人的防御能力。

在增强犯罪嫌疑人、被告人的防御能力方面,各国一般从两个方面进行规定。一是肯定性规定,即完善辩护制度,赋予犯罪嫌疑人、被告人充分的辩护权。辩护权是刑事诉讼法为作为被追诉者的犯罪嫌疑人、被告人提供的最强有力的法律救济,能为国家追诉权的滥用划定一条坚实的界限。我国刑事诉讼法在第四章用了多达十个条文对辩护权作了规定,这在整个刑事诉讼法典中占有非常大的比重。但是,笔者认为,和一些西方发达国家比起来,我国在辩护权方面的规定仍嫌不够。根据联合国《关于律师作用的基本原则》并结合我国的刑事司法实践,笔者建议:进一步保障犯罪嫌疑人及时得到律师的帮助,不能超过在受到侦查机关第一次讯问时或被采取强制措施之日起48小时;进一步保障律师的在场权,与犯罪嫌疑人人权紧密相关的侦查活动,应当允许律师在场见证;进一步保障律师的会见权,在律师会见犯罪嫌疑人的时候,应该保障其具有一定的私密性;进一步保障律师的调查取证权,必要时法院、检察院应为其提供帮助;进一步保障律师的阅卷权,使律师能够查阅侦查终结后移送的全部案卷;进一步保障律师的异议权，使律师能够对检察机关的起诉提出一定的质疑；进一步保障律师的知悉权，允许律师了解控方掌握的全部案件材料。二是否定性规定，即确立和完善非法证据排除规则。非法证据排除规则也就是把那些通过非法的手段或途径得来的证据一律拒斥在庭审之外，使之不能产生证明的效力。并且，一旦犯罪嫌疑人、被告人的合法权益遭到司法人员的非法侵犯，不论这种侵犯的后果是否影响案件的实体处理，都应当通过一定的制裁机制对司法人员的违法行为给予制裁。只有这样才能真正从源头上杜绝刑讯逼供、超期羁押、非法搜查、扣押之类的现象。

4. 加强对被害人的权利保障

在1996年刑事诉讼法修改以前，被害人在我国刑事诉讼中并不具有诉讼主体的地位，刑事诉讼法修改以后，把公诉案件中的被害人从一般诉讼参与人上升为当事人，扩大了被害人的自诉权，确立了刑事代理制度，这些都是可喜的进步。但是也不得不承认，相对于西方先进法治国家来说，我国刑事程序对被害人的权利保障仍有待进一步的完善。[1]

一般来说，被害人是犯罪行为直接侵害的对象，对犯罪危害性的感受最深，因而最应该获得充分的权利保障。既然被害人是我国刑事诉讼的当事人，对被害人权利的保障自然是实现程序公正的重要方面。笔者认为，在被害人权利保障方面，应该从以下四个方面入手：一是进一步保障被害人的程序参与权，使犯罪嫌疑人能够全面参与刑事诉讼的各个环节；二是进一步保障被害人的知悉权，使被害人能够充分了解国家专门机关在诉讼进程中作出的重要法律文书，以增强诉讼的透明度；三是进一步保障被害人的监督权，使被害人不但能够有效地参与刑事诉讼，而且能够充分地监督国家司法

---

[1] 1979年美国国会通过《〈被害人法令〉修正案》确保被害人的诉讼权利，澳大利亚和德国则以犯罪对被害人的影响后果为中心确定了被害人影响陈述（Victim-impact Statements）制度。参见郭建安：《犯罪被害人学》，北京大学出版社1979年版，第209页。

权的行使；四是进一步保障被害人的申诉权，使被害人能够对国家司法机关的有关诉讼决定提出异议；五是进一步保障被害人的独立上诉权，使被害人能够在检察机关不愿提出抗诉的情况下获得向上级法院提起上诉救济的机会。总之，被害人的权利保障是我国刑事程序的一个至关重要的任务和目的，只有全面地保障被害人的各项权利，才能最大限度地解决因犯罪带来的损害，恢复遭到破坏的社会关系，真正实现司法公正。

第四节　诉讼效率：刑事程序的功利价值目标

诉讼效率是由市场经济发展、法律经济学兴起、司法现实困境所引发的一个价值目标，带有较强的功利色彩；作为一个以功利为取向的价值目标，诉讼效率所强调的是要尽可能快，尽可能多地解决诉讼纠纷，同时尽可能地节省和充分利用各种诉讼资源。在这一点上，我国刑事程序应当选择"公正优先，兼顾效率"的总体构架，并实行一系列观念和制度的改造。其具体措施主要包括：更新诉讼观念；精简司法机构和人员；保障和推进司法独立；改善司法管理制度；提高司法人员的素质和司法活动的专业化水平；简化诉讼程序并更多地适用简易程序；以及完善诉讼期限制度，等等。

一、诉讼效率的一般含义

在对诉讼效率进行阐释之前，有必要对"效率"一词进行简要的语义分析。

一般认为，"效率"是近代引自西方的一个经济学范畴。按照《辞海》（词语分册）的解释，效率是指消耗的劳动量与所获得的劳动效果之间的比率。[①] 在经济学中，在平均的劳动强度下，效益可以用单位时间或者单位的经济投入加以衡量。在英语中，效率所对应的词是"efficiency"，意指"节省时间，节省投入，并取得好

---

① 参见《辞海》（词语分册），上海辞书出版社1988年版，第1295页。

的产出"。不过,学界在将"efficiency"译成汉语时,有人作"效率"解,也有人作"效益"解。而"效率"与"效益"在汉语中的意思是有区别的,效率所要表达的是"生产劳动过程所需的时间与投入",效益强调的则是"结果的好"。这样一来便导致了"效率"与"效益"在用法上的混乱。

笔者认为,对英文中"efficiency"一词不能进行片面的理解,即它不但意味着"过程的快和省"而且意味着"结果的好"。不过,在具体翻译的时候,应该把它置于特定的语境中,视情况翻译为"效率"或者"效益"。在刑事诉讼法学理论中,由于刑事程序主要是一种过程,因而把"efficiency"翻译为"效率"似乎更妥帖一些,因为"效率"更能体现刑事程序的过程性,而作为结果状况的效益只不过是诉讼效率的一个参考因素。

诉讼效率是经济效率在刑事程序价值领域的延伸,它是一个表征程序成本(投入)与程序收益(产出)之间关系的范畴。诉讼效率也包括两个基本要素:程序成本与程序收益。二者之间是一种反向比例的关系:程序成本越低,程序收益就越高;反之,如果程序成本越高,则程序收益越低。

程序成本,是指程序主体在实施诉讼行为的过程中所耗费的时间成本和经济成本。就经济成本而言,它主要表现为各种司法资源的投入,具体包括以下四个方面的投入:(1)人力投入。现代刑事诉讼是一项复杂的社会实践活动,进行刑事诉讼活动需要配备相当数量的工作人员,不但需要配备专职的法官、法警、检察官、陪审员、书记员,还需要律师、法医、翻译人员、鉴定人员的诉讼参与。(2)物力投入。司法机关为了进行正常的诉讼活动,必须配备一定的司法设施、通讯设备、交通工具、司法鉴定仪器以及其他相关的器物,这些物力方面的投入不但能够提高诉讼效率,而且也有助于发现实体真实和实现司法公正。(3)财力投入。财力方面的投入主要包括司法工作人员的薪金、相关诉讼参与人的报酬以及其他相关的费用,诸如案件受理费、勘验费、鉴定费、公告费、翻译费、交通费、住宿费、生活费和误工补贴,等等。就时间成本而言,它本身就是一种资源,并且与经济成本密切相关,因为每一案件所花费时间的长短往往意味着经济投入的多少。在刑事诉讼中,诉讼周期的拖延或者诉讼期限的浪费往往意味着程序主体在单位时间内诉讼活动效率的降低,不但直接造成人力、物力和财力耗费的增加,而且有可能导致实体真实的错失和司法公正的消蚀。

程序收益,是指程序成本所带来的产出,主要包括三个方面的内容,即法律收益、经济收益和社会收益。法律收益,是指法律上的良好效果,它主要意味着发现实体真实,正确适用法律,实现司法公正,维护社会秩序。经济收益意味着司法资源的节省和诉讼代价的降低。需要指出的是:司法机关不能以营利为目的,不能将诉讼程序作为牟取自身经济利益的手段;除了代表国家收取诉讼费用和执行费用之外,司法机关并无其他特殊的经济收益。社会收益则是一种综合收益,它不但直接来自于程序成本的投入,而且也来自于法律收益和经济收益。社会收益主要表现为两个方面:一是犯罪预防的效果,即通过准确及时地打击犯罪,震慑社会上的潜在犯罪者;二是道德形成的效果,即通过对犯罪的制裁和谴责,树立一种是非观念,从而引导人们的行为。

需要指出的是,诉讼效率不同于诉讼效益,这是两个不同的概念。有学者认为,效率与效益两个概念所表示或传递的价值内涵或价值目标是相同的,二者是在同一意义上使用。[①] 还有的学者认为,效率是效益,但不能说效益是效率,效益包含效率,诉讼效率仅指时间方面的效益,它强调以最少的时间耗费来解决纠纷,要求程序主体以最快的速度终结案件,因而不少学者用"诉讼及时"这一概念指代诉讼效率[②]。笔者不同意上述两种观点。事实上,效率通常是指时间和经济两个方面的效益,是从节约时间和节省资源两种意义上来使用的。例如,在马克思主义政治经济学中,效率也在这两种意义上使用:在单位时间里完成的产品数量用劳动效率表

[①] 李文健:"转型时期的刑诉法学及其价值论",载《法学研究》1997年第4期。
[②] 徐静村主编:《刑事诉讼法学》,法律出版社1997年版,第127页。

示，付出的时间越少，产品数量越多，就意味着时间效益越高；而从单位投入里得到的产品数量则用生产效率表示，投入的资本越少，得到的产品越多，就意味着经济效率越高。而根据前述，效益的外延显然要比效率要宽泛一些，除了时间效益和经济效益，它还包括社会效益。

在西方，诉讼效率一直是司法实践的重要价值目标，也一直是法学研究的重要对象。自 20 世纪 70 年代以后，美国学者波斯纳（A. Posner）、德沃金（R. Dworkin）、贝勒斯（D. Bayles）先后利用经济分析的方法对诉讼效率进行过系统研究。

波斯纳认为，在现代法治社会中，由于司法资源的有限性和犯罪现象的频发性，"诉讼效率"不但是一个公认的价值目标，也是司法公正和社会秩序的内在要求。[1] 根据波斯纳的理论，刑事诉讼过程中的耗费可分为两种：一种是由于冤假错案而造成的耗费，可以称之为错误耗费（Error Cost），如法院对原本无辜的人错误定罪给国家造成的司法资源的浪费和给当事人带来的经济负担；另一种是为了维持刑事程序正常运行而直接消耗的成本，可以称之为直接耗费（Direct Cost），如司法官员的薪金、当事人缴纳的诉讼费和付出的律师费等等。在刑事诉讼中，提高诉讼效率就在于统筹兼顾，综合比较，最大限度地降低这两项耗费之和，单独减少其中一项耗费必然会导致另外一项耗费的增多。诉讼效率与两种耗费之间的关系用公式表示就是：

Minimize Sum = Minimize EC + Minimize DC（其中，Sum 是成本总量，EC 是错误耗费，DC 是直接耗费）[2]

在西方学者中，波斯纳是非常强调诉讼效率的一个。在谈到诉讼效率与程序正义之间的关系时，他曾说过："程序正义的第二种

---

[1] ［美］波斯纳：《法律的经济分析》，蒋兆康译，中国大百科全书出版社 1997 年版，第 29 页。

[2] 参见陈瑞华：《刑事审判原理论》，北京大学出版社 1997 年版，第 43 页。

涵义——也许是最普通的涵义——是诉讼效率"。① 因此,在具体的刑事诉讼中,人们有理由对其进行比较和权衡,并有理由选择其中耗费较小的那种程序,这样才能在追求诉讼效率最大化的同时也充分实现程序正义。

自从波斯纳采用经济分析方法对诉讼效率进行深入阐释之后,人们对诉讼效率的研究就开始从传统的定性分析转向定量分析。德沃金在波斯纳理论的基础上进一步引入道德成本(Moral Cost)的概念,认为错误判决除了带来经济耗费之外还会带来道德耗费,即人们对法官的道德怀疑和对司法公正的怀疑。贝勒斯则吸取了波斯纳和德沃金的研究成果,认为提高诉讼效率就是要尽量降低刑事诉讼中的直接耗费、错误耗费和道德耗费。用公式表示就是:

Minimize Sum = Minimize DC + Minimize EC + Minimize MC (其中,Sum 是成本总量,DC 是直接耗费,EC 是错误耗费,MC 是道德耗费)②

毫无疑问,以经济分析方法对刑事诉讼效率进行定量研究是具有开创意义的。它不但为诉讼效率研究提供了新的视角,而且使诉讼效率研究步入可操作的技术层面。在笔者看来,经济分析法学的最大贡献在于改变了人们的程序价值观,即在关注司法公正的同时不至于忽视诉讼效率的重要性,从而启迪人们合理分配和利用有限的司法资源,不断提高诉讼效率。从这个意义上来说,合理借鉴西方经济分析法学的理论成果,注重诉讼效率,加强对诉讼效率的理论研究,对提高我国的法治水平,建设社会主义法治国家,具有十分重要的现实意义。

二、诉讼效率是现代刑事程序的必然要求

如上所述,诉讼效率是人类社会在司法过程中永远无法回避的

---

① [美]波斯纳:《法律的经济分析》,蒋兆康译,中国大百科全书出版社1997年版,第31页。
② 参见陈瑞华:《刑事审判原理论》,北京大学出版社1997年版,第45页。

一个问题。只要社会矛盾和法律纠纷得不到减少,只要人类还生存于一个资源稀缺的环境中,不管是出于自觉还是被迫,人们就不得不把诉讼效率作为一个重要的价值目标。

在西方,无论大陆法系国家还是英美法系国家的刑事程序都比较重视对诉讼效率的追求,其中比较典型的当数意大利1988年的司法改革和美国的辩诉交易程序。

意大利1988年的刑事司法改革在提高诉讼效率方面比较引人注目,它设置了5种特别程序来加快案件的处理,这在世界上恐怕都是首屈一指的。[1](见图表)

表1 意大利五种简易速决程序适用情况对比表

程序	适用范围	是否预审	是否审判	是否作有罪裁决	上诉是否限制
简易审判	除了终身监禁刑以外的任何案件	是,法官根据案卷作出决定	否	正规裁定和书面判决,判刑减1/3	是,上诉权有严格的限制
辩诉交易	减刑后的最终判刑不得超过2年	可能,取决于何时达成辩诉交易	否	否,但法官必须审查辩诉交易,协议中的惩罚是与犯罪相称	根据辩诉交易对案件的处理
快速审判	被告人当场被抓获或完全坦白	否,直接审判	是,对抗式庭审	正规裁定和书面判决	否
立即审判	有大量充分证据的案件	否,直接审判	是,对抗式庭审	正规裁定和书面判决	否
处罚令程序	处以罚金刑的轻微案件	否,直接处以罚金	否	被告人只接受罚金(减轻50%)	不得上诉

---

[1] See William T. Pizzi and Luca Marafioti, The New Italian Code of Building an adversarial Trial System on a Civil Foundation, Vol. 17, Num. 1. The Yale Journal of International Law, 1992, p. 19. 转引自锁正杰、李少坡:"意大利刑事诉讼法的改革与嬗变——关于法律移植的初步分析",载《诉讼法论丛》1998年第2卷,第301页。

从中可以看出，意大利在追求诉讼效率方面设置了五种简易程序，并且在适用上具有极大的灵活性：第一，它们分别可以在刑事诉讼的任何阶段适用，即为诉讼各方随时达成结案的合意提供了条件；第二，它们分别可以适用任何性质的案件，从无罪判决、单处罚金一直到终身监禁，都可用简易程序来解决；第三，这些程序也赋予了当事人灵活地提出或同意适用的机会，有的甚至可以单方提出适用。这些程序的设置及适用的灵活性使意大利在提高诉讼效率方面起到显著的作用。

美国的辩诉交易在提高诉讼效率方面也是比较典型的。一般认为，辩诉交易从19世纪开始便在美国的一些大城市的刑事司法中使用，美国联邦最高法院最终在1970年"布雷迪诉合众国"一案的判决中正式确认了辩诉交易的合法性。[①]

一般来说，在英美的当事人主义诉讼中，刑事诉讼与民事诉讼并无本质区别，二者都是为了解决双方当事人之间的矛盾和冲突，只不过矛盾和冲突的承载主体不同而已。因此，当事人主义诉讼模式为辩诉交易的形成和发展提供了两个方面的可能性：一是把刑事诉讼看做与民事诉讼无异的纠纷解决模式。既然刑事诉讼的目的在于解决国家与公民个人之间存在的纠纷，用协商的方法来解决控诉方与辩护方的纠纷就成为一种理所当然的基本方式。另一方面，与民事诉讼一样，当事人主义的刑事诉讼模式特别强调控辩双方的平等性。作为与辩护方完全平等的当事人一方，作为控诉方的检察官就不具有优于辩护方和被告人的地位。既然控辩双方的诉讼地位是平等的，这就为辩诉交易的实质运行提供了一个基本的前提。此外，辩诉交易之所以能够在美国成为一种普遍适用的刑事司法实践，也离不开美国民众的价值观念。在美国民众的心目中，辩诉交易是一种再正常不过的事情了，既不会认为法官接受辩诉交易的结果就会损害司法公正，更不会因为检察官与作为被追诉者的犯罪嫌

---

① Brady V. United States, US Super court 752 – 53（1970）. See Douglas Maynard：The courtroom Context of Plea Bargaining, Chapter2, 1984.

疑人、被告人进行辩诉交易就认为检察官的地位低下。

由于辩诉交易对控辩双方的平等地位具有比较彻底的技术性处理，加之当事人主义诉讼模式本身就非常重视被告人在刑事诉讼中的程序主体地位，使得犯罪嫌疑人、被告人可以相当自主地参与刑事诉讼进程，以自身的主观能动性影响乃至决定自己的程序待遇和实体结果。因此，在辩诉交易方式中，犯罪嫌疑人或被告人完全可以根据自己的理性和自由意志在进行无罪答辩而要求正规审判或者进行有罪答辩而放弃正规审判之间进行选择，这不但充分地体现了被追诉者的程序主体地位，而且在相当大的程度上体现了司法公正的基本精神。

当然，更为重要的是，辩诉交易对提高诉讼效率是非常有效的。对此，美国联邦最高法院在桑托贝罗一案中，就曾鲜明地表明了这样的立场："如果每一项刑事指控均要经受完整的司法审判，那么州和联邦政府需要将其法官的数量和法庭设施增加许多倍。"[①]由于辩诉交易能够在事实上大幅度跨越或缩减那些存在于普通刑事程序中的纷繁复杂的诉讼环节，既能节省诉讼时间成本，又能节约经济成本，有效地缓解刑事司法资源的严重不足，因而得到不少国家的效仿。

在我国，尽管诉讼效率尚未受到人们的充分重视，但随着社会主义市场经济的不断发展和社会主义法治建设的不断进步，法学理论界和司法实务界也开始关注和追求诉讼效率了，这在最近的十几年里显得尤为突出。1996年刑事诉讼法修改以后，我国不但进一步确认和完善了四级两审终审制，而且相继规定了类似于大陆法系国家的简易程序和普通程序简化审，在一些地方甚至还进行了类似于英美法系国家的辩诉交易的实践。[②]

---

① See Santobello V. New York, US. Super Court 25, 1971, p. 260.
② 2002年4月，牡丹江铁路运输法院在我国首次以辩诉交易方式审理了孟广虎伤害案。在该案中，由于伤害系当事双方群殴所致，且犯罪嫌疑人部分在逃，在一定程度上导致案件事实不清，证据不足。经控辩双方协商，辩方同意认罪并自愿承担民事赔偿责任，控方则同意适用缓刑从轻起诉，最后法院在双方这一协商的基础上作出了判决。

总体上来说，我国刑事程序对诉讼效率的追求在极大程度上体现了社会发展的必然趋势。对此，有学者具体归结为市场经济的发展、法律经济学的兴起以及司法资源匮乏这三个因素的必然结果。① 笔者殊表赞同！

首先，市场经济的发展使得效率观念渗透到人类生活的各个方面。市场经济是在摧毁小农经济的基础上建立起来的。相对于封闭、自给自足的小农经济而言，市场经济最显著的特点就在于它对效率最大化的追求。

在现实社会中，因为绝大多数生产资料都是供不应求的稀缺性资源，从事市场经济活动的各个利益主体为获取足够的生产资料而进行着激烈的竞争。在分工与交易的过程中，市场对资源的配置起着决定性的作用。那些适销对路、流通得快的产品会逐渐在市场中占据主导地位，而那些不符合市场需求的产品则很快会被淘汰掉。相应地，生产资料便随着此起彼伏的市场竞争而流向在竞争中取得优势的市场主体的手中，而这又有利于其进一步巩固和扩大优势。若要在这样的竞争中取得胜利，一个根本的先决条件就是经济效率的提高——尽可能地做到投入的最小化，产出的最大化。

按照唯物史观，社会存在决定社会意识，社会经济生活方式决定着人们的思维方式和行为方式，这是因为人类的智力与理性无不深深地受制于其所处的社会生活环境。因此，由于生活在市场经济社会当中，人们的思维方式与行为方式也就不可避免地被深深地打上了"经济理性"的烙印：工作要讲效率，生活也要讲效率，一种在小农经济社会中所不具备的对经济效率的追求在事实上成为人们的主导价值观念，这在小农经济社会中是无法想象的。

显然，刑事诉讼也是现代人类生存方式中一个重要的组成部分，其同样要耗费稀缺资源，要消耗大量时间和人力、物力、财力，而且同样存在着供给与需求之间的紧张关系。由此，在"经济理性"的影响下，人们必然会要求在这类活动中讲究效率，注

---

① 以下参见谭世贵、黄永锋："诉讼效率研究"，载《新东方》2002年第2期。

意投入与产出、成本与效益之间的比例关系，对诉讼效率的追求也就顺理成章了。

其次，法律经济学的兴起为人们追求诉讼效率提供了理论上的支持。法律经济学又称法和经济学，是20世纪六七十年代在西方兴起的一门交叉学科，其主要内容是运用经济学的方法对法律制度进行分析并给出一定的结论。

在法律经济学学者的研究中，对现实的理论阐释总是基于以下三个前提性的假设：其一，不同的当事人对于权利的不同估价是权利发生交易的原因，而要评判界定权利后所产生的效率，只能以衡量交易后双方得益的总量这种方式来进行；其二，所有的制度和规则在运行中都会给当事人或行为者带来成本和收益问题，因此可以运用经济学中的最大化、均衡和效率条件来分析法律，描述和评判司法机关的行为及其实效；其三，明确地界定权利有助于交易和效率的实现，因而交易成本便成了制度选择和制度改革的一个重要的考量因素。由于法律经济学者关注的只是交易双方的收益总量而不关心收益在交易双方之间的分配情况，因而交易成本理论便成了法律经济学者所常用的理论范式。在这种情况下，通过对成本与收益的分析来探讨提高法律制度效率的各种可能，就变成了法律经济学者所追求的最终目标。

正因为法律经济学是以考察和研究法律制度的效率为归宿的，诉讼效率作为法律制度效率中的一个组成部分，也就理所当然地被纳入到法律经济学者的研究视野当中，并被广泛地传播开来。作为其中的主要代表，波斯纳在其《法律的经济分析》一书中运用成本理论作为分析工具讨论了诉讼程序的效率问题，不但使人们对法律程序价值的研究从传统的定性分析走向定量分析，而且在很大程度上改变了人们的程序价值观。

再次，刑事司法的现实困境迫使司法机关采取措施提高诉讼效率。刑事程序的基本功能在于通过刑事诉讼解决犯罪行为与国家、社会利益之间的冲突。这种冲突的一个主要特征在于它不能通过个人与个人之间的私人努力加以协调。

在市场经济确立以前，经济生活的封闭性决定了人与人之间关系的确定性。对绝大多数生活在小农经济中的人们来说，一辈子所处的生活圈子不会有太多的变化，因而"无讼"、"少讼"便不足为奇。相应地，司法机关就有充足的时间和精力来追求"实质正义"，而不必在诉讼效率上多费心思。而当市场经济确立后，经济生活的开放性和跨域性使人们变得活跃起来，先前的"熟人社会"已经不复存在，人与人之间的不确定因素增多了。在这种情况下，诉讼的心态便很容易压倒先前容忍、谦让的心理。因此，诉讼增多常常是世界各国在发展市场经济过程中的一种伴随现象。

随着诉讼活动的与日俱增，司法机关感受到了越来越沉重的解决纠纷的压力；同时，过多的诉讼也使得当事人不堪讼累。在这种情况下，追求高效率的诉讼便成了绝大多数人的一种共识。

三、诉讼效率在我国刑事程序中的体现

1996年刑事诉讼法修订以后，关于诉讼效率在我国刑事程序中的体现，学界主要有以下四种观点：

第一种观点认为，诉讼效率之价值目标主要体现为四个方面：（1）扩大了自诉案件的范围；（2）减少了侦查和起诉环节；（3）设立了刑事诉讼简易程序制度；（4）建立了财产保释制度。[①]

第二种观点认为，我国刑事程序对效率的追求主要体现在五个方面：（1）审前阶段的权利配置，有利于减少约束和协商，从而提高办案效率；（2）法官虽居中裁判，但绝非消极的仲裁者，他还能通过指挥庭审进程避免诉讼的无谓拖延；（3）交付法庭审判的公诉案件，法院不再退回补充侦查；（4）证据不足的案件可以作出无罪判决；（5）突出合议庭在庭审中的决定作用，加强合议庭和主审法官的责任制，提高案件审理的适当性，避免案件的重复

[①] 柴发邦：《体制改革与完善诉讼制度》，中国人民公安大学出版社1991年版，第39页。

审理。①

第三种观点认为，诉讼效率的价值目标要求司法资源最大限度地优化配置，用最小的司法投入保证刑事诉讼的目的——惩治犯罪和保障人权——得到充分实现。其在我国刑事诉讼法中体现为六个方面：（1）在审判前阶段允许控辩双方在实力上存在一定的倾斜，即控诉在实力上强于辩护，虽然也允许辩护律师在审查起诉阶段介入诉讼并进行调查、收集证据，但在实力上不能与控方相提并论；（2）允许对被告人或犯罪嫌疑人采取一定程度的限制人身自由的强制方法，防止其逃避侦查、起诉和审判，从而造成诉讼上的拖延与不便；（3）允许法官在证据调查上适度参与，法官可以主动询问证人、核实证据；（4）明确规定诉讼期限和强制措施的期限，超过期限就终止诉讼或变更、撤销强制措施；（5）设立简易程序，使那些轻微案件能够得到及时分流；（6）扩大自诉案件的范围。②

第四种观点认为，刑事程序的效率目标主要体现在两个方面：（1）刑事程序的运作必须具备一定的经济合理性。案件积压、诉讼成本高昂是一世界性问题，减少成本耗费或成本不变而改变其投入方式来提高效率，是比较可行的方法；（2）诉讼结果须符合主体的愿望与需求。在这点上，国家与个人的着眼点是不同的：国家着眼于准确而及时地惩治犯罪，维护国家的安全、稳定、秩序，而个人则着眼于对个人利益的恢复或对侵害者的惩罚。在具体的案件中，应兼顾两者的利益，二者利益的实现程度，也就是刑事程序之效率价值的实现程度。③

笔者认为，在考察诉讼效率这一价值目标在我国刑事程序中的具体体现的时候，一方面应该从纵向和横向两个维度进行系统而全

---

① 张友华、刘少君："刑事诉讼三个价值目标的实现"，载《律师世界》1997年第2期。

② 敖德明："论刑事诉讼的基本价值目标——公正、人权和效率"，载《当代法学》1998年第3期。

③ 李文健："转型时期的刑诉法学及其价值论"，载《法学研究》1997年第4期。

面的考察，既不能片面地考察某一特定的诉讼阶段，也不能片面地考察某一特定的诉讼制度。同时，另一方面，无论是单纯的经济效率还是时间效率，都不能全面评价一个案件的裁决过程，既不能片面地考察时间方面的效率，也不能片面地考察经济方面的效率。只有系统而全面地分析诉讼效率这一价值目标在我国刑事程序中的体现，才能做到司法资源的合理配置，在达到同样诉讼目的的前提下，使用成本消耗最小的程序，最大限度地发挥现有司法资源的作用。

在笔者看来，我国刑事程序对效率目标的价值追求可以从程序的总体发展中得到体现：

从审前程序来看，我国刑事诉讼法规定侦查权主要由公安机关和检察机关行使，法律对侦查权力行使的约束不多，对侦查手段和相关强制措施的限制也不多，犯罪嫌疑人只能在实质上配合侦查权的强力行使，并且有义务如实回答侦查机关提出的问题。在这一阶段，犯罪嫌疑人如果要聘请律师为其提供法律帮助，需要得到侦查机关的批准，律师还不能查阅侦查案卷，更不能左右侦查机关的办案方向，检察机关对侦查机关的制约仅限于对少数强制措施监督，对于大多数的强制措施和全部的侦查措施都不能进行司法审查。起诉权由检察机关行使，检察机关享有较大的自由裁量权，法院不能对起诉进行有效的审查，是否起诉以及如何起诉均由检察机关决定。总体而言，在这一阶段，控方力量强于辩方力量，处于绝对优势地位，这有利于提高办案效率。

从审判程序来看，我国刑事诉讼法规定了两种不同的简化诉讼程序，即简易程序和普通程序简化审。

一般来说，简化诉讼程序的指导思想是要尽可能在保证最低限度公正的基础上建立一套相对于普通程序更加简单快捷的审判程序，以此提高诉讼效率。简易程序之所以能够简单快捷，是因为它缩短了审理期限，减少了诉讼环节；普通程序简化审之所以能够简单快捷，是因为法官在审理具体案件的时候，要在与案件的难易程度以及各方当事人对程序的期望程度相适应的基础上，尽可能地做到程序的简便和明了，减少一些不必要的繁文缛节。从目前来看，简易审判程序和普通程序简化审在我国刑事诉讼法中均已得到确立并不断得到完善，这两种审理程序对许多审判环节都作了删减或者简化，并提高了现有环节的可操作性，在当事人合意的基础上不断提高简易程序的适用率，从而达到了合理分流案件，节省司法资源，提高诉讼效率的目的。此外，如前所述，一些地方法院还进行了辩诉交易的尝试。

从救济程序来看，实行四级两审终审制。

一般来说，案件的审级越多，越不利于案件及时审结，越会限制诉讼效率，而审级越少，越能节省案件的结案速度和耗费，从而有利于提高诉讼效率。这是因为，多重审级直接增加了上诉或者抗诉的诉讼环节。所谓四级两审终审制，就是在审判层次上分为四个级别，案件经历两次审理即告终结，在我国的具体表现就是把法院分为基层人民法院、中级人民法院、高级人民法院和最高人民法院，一般案件经过基层法院和中级法院的审判就不能再提起上诉，重大案件经过中级法院和高级法院的审理就不能再提起上诉。从当前来看，四级两审终审制是符合我国国情的，中国大陆幅员辽阔，农村的城镇化水平低，从乡村到县市再到省会路途遥远，许多地方交通不便，如果案件的审级设置过多，势必影响及时结案，既增加当事人的讼累，又使人民法院花费更多的人力、物力。实行四级两审终审制能够避免诉讼拖延，减少诉讼成本，方便公民诉讼，及时惩罚犯罪，从而提高诉讼效率。

当然，我国刑事程序在追求诉讼效率方面也存在一些问题与不足，这主要表现为：

第一，诉讼期限缺乏详细规定。一般来说，诉讼期限是直接影响诉讼效率的重要因素。从法律经济学的角度讲，在具体的个案诉讼所涉争议事项特定的前提下，诉讼经历的时间越长，司法机关和当事人所耗费的时间成本和经济成本就越多，而时间成本和经济成本越多，诉讼效率就会下降；反之，诉讼经历得时间越短，时间成本和经济成本就越少，诉讼效率就会提高。因此，为了防止诉讼时间的拖延，促使刑事案件在法定期限内快速审结，我国《刑事诉讼法》在许多条文中规定了诉讼期限。但是，这些规定仍然是有限的，许多诉讼环节在诉讼期限上还有待于进一步作出详细规定。不仅如此，在既有的诉讼期限中，有的期限规定得过于模糊，有的期限规定得过于宽松，在具体的刑事诉讼过程中，这些规定既没能很好地解决诉讼周期过于拖延的问题，更没能成为行之有效地防止诉讼周期拖延过长的方法和制度。例如，我国刑事诉讼法对犯罪嫌疑人被逮捕以后的羁押期限的规定就过于模糊和宽泛，甚至可以说只是为羁押期限提供了一个大体的框架，这不但导致犯罪嫌疑人及其律师在自我救济操作中因缺乏必要的法律依据而无所适从，而且为司法人员随意延长诉讼周期提供了可乘之机，造成案件久拖不决，诉讼效率低下。

第二，救济程序缺乏严格限制。从广义上来说，我国的刑事救济程序包括二审程序、死刑复核程序和审判监督程序。但问题主要出在审判监督程序中，我国现行刑事诉讼法及其司法解释不但没有具体规定申诉的主体、标准和次数，也没有规定提起再审的主体、时间和审级，从而在刑事司法实践中导致再审没有严格限制，当事人可以无限申诉，检察院可以无限再审，其结果就是当事人缠讼不休，案件久拖不决。对此，学界有这么一个假设：有这样一起申请再审的案件，当事人不服原审判决，向原审法院提出申诉，要求再审，原审法院立案审查后，驳回其申诉，于是当事人只好向上一级法院提出申诉，而上一级法院通过审查，可能认为有一定道理，要求原审法院复查，原审法院经复查后可能再次驳回申请。如果当事人不服，还可以向检察院申诉，检察院于是向上一级法院提出抗诉，上一级法院根据法律规定，应该又交给下一级法院，这个下级法院就是原审法院，其再审后，认为原判正确，又维持了原判。此时，由于法律缺乏明确规定，当事人还可以向上一级法院提出上诉，等等。实际上，这样的案件在实践中并非罕见，经过多次的循环往复，有的案件先后判决、裁定达十几次，有的案件历时十几年甚至几十年，当事人不断地申诉，法院不断地再审，最终没有一个确定的结论,徒增当事人的讼累,耗费大量的人力、物力、财力,严重降低了诉讼效率。

第三,法律监督缺乏有效机制。我国宪法和刑事诉讼法把法律监督权赋予检察机关独立行使,检察机关不但可以对公安机关的刑事侦查实行监督,而且可以对人民法院的刑事审判实行监督,而现行刑事诉讼法及其司法解释却没有为检察机关的法律监督提供明确的具有可操作性的机制,致使检察机关不但不能有效地从程序上和实体上监督法院的审判活动,也不能有效地审查公安机关的侦查措施和相关的强制措施。更为重要的是,对于作为监督者的检察机关,现行刑事诉讼法及其司法解释居然没有设置明确的监督措施,留下一块很大的立法空白。这样一来,不管是公安机关、检察机关,还是人民法院,在缺乏有效监督的情况之下,完全可能导致权力滥用和司法懈怠,从而造成违反诉讼期限,案件久拖不决,超期羁押或者变相超期羁押,极大地消蚀诉讼效率。

第四,简易程序没有充分发挥作用。为了追求诉讼效率的价值目标,继 1996 年我国刑事诉讼法规定简易程序之后,最高人民法院在 2002 年又以司法解释的形式确立了普通程序简化审模式。不可否认,普通程序简化审模式为案件分流提供了一条新的途径,在一定程度上缓解了案件的积压。然而,从另一个侧面来看,笔者认为,两种简化程序的同时适用也为司法实践带来一些新的问题,导致程序之间的内在冲突。况且,如果简易程序得到充分的利用,应该能够起到实现诉讼效率的作用,完全没有必要再出台一个普通程序简化审的形式。

第五,诉讼效率与司法公正的协调不够。无论是理论上还是实践中,对诉讼效率的追求应该受到司法公正这一标准的限制。毕竟,诉讼效率不能超越司法公正的优势地位,对诉讼效率的追求不能超越对司法公正的追求,但我国当前在追求诉讼效率的时候对司法公正的保障却关注得不够,因而在一定程度上妨碍了司法公正,也反过来消蚀了诉讼效率。

四、诉讼效率实现途径

在我国,诉讼效率长期没有得到刑事司法实务界的应有重视,诸如刑讯逼供、超期羁押、冤假错案之类的司法腐败现象不断浪费大量的国家司法资源。即使在新的刑事诉讼法修订以后,案件久拖不决的现象仍然非常严重,国家在司法领域投入的大量资源并未取得应有的效益。在这种情况之下,重视诉讼效率,提高诉讼效率,无疑是一个亟待解决的问题。为此,需要实现观念层次、体制层次和程序层次三个方面的变革。

1. 观念层次的变革

观念层次的变革主要是树立诉讼效率的观念。诉讼观念是法治意识的重要组成部分,而诉讼效率观念又是诉讼观念的一个重要组成部分,正确的诉讼观念对于刑事司法实践具有非常重要的意义。树立正确的诉讼效率观念最重要的就是变革司法工作人员的诉讼效率观念,使之对诉讼效率的价值目标有一个清晰的认识,从而秉着为当事人负责,为国家法治进步负责,为实现社会正义负责的精神,富有效率地从事刑事诉讼工作。树立诉讼效率观念的具体表现就是承认诉讼效率具有规律性并且积极主动地按照诉讼效率的发展规律推进刑事诉讼的进程,在此基础上权衡每一诉讼环节的诉讼成本和诉讼效益,节约每一份宝贵的司法资源。树立正确的诉讼效率观念也意味着变革社会公众的诉讼效率观念。在资源有限而又日新月异的现代社会,无休止的诉讼拖延不但浪费国家的司法资源,对当事人也会带来损害。因此,为了节约国家的司法投入,使当事人及早从讼累中摆脱出来,应该放弃那种传统的重实体轻程序的观念,理性地服从司法判决的结果。

树立正确的诉讼效率观念还应该把诉讼效率提升到司法公正的层次加以考虑。国家司法机关及其工作人员必须认识到诉讼效率与司法公正之间密不可分的辩证关系:没有诉讼效率就没有司法公正,迟来的正义非正义。如果没有诉讼效率,不但犯罪者得不到准确而及时的惩戒和制裁,被害人得不到及时而有效的慰藉和弥补，那些被犯罪行为破坏的社会关系也得不到全面而彻底的恢复。

同时，正确的诉讼效率观念要求在追求诉讼效率的时候保证司法公正。对诉讼效率的追求应该受到司法公正的限制，要满足最低限度的司法公正。为此，在侦查程序中，应该保障犯罪嫌疑人获得律师的帮助，加强检察机关对侦查措施和强制措施的监督和审查；在简易审判程序和普通程序简化审中，应该确认被告人的程序选择权，同时也不能忽视对被告人辩护权的保障；在救济程序中，不能剥夺或者变相剥夺被告人或者被害人的上诉权。

2. 体制层次的变革

体制层次的变革需要作出两个方面的努力：

一方面，要精简司法机构。一般来说，司法机构不同于其他国家机关，它有其自身的特殊性。精简司法机构要从两个方面着手：一方面要精简不必要的人员。在国家司法机构的设置中，只能因事设人，而不能因人设事。只有因事设人，才能权责分明，才能保证司法机关的高效运转；相反，如果因人设事，就会人浮于事，增加人与人相互之间的权责不明，给司法机关造成极大的内耗，从而导致整个司法机构低效率甚至无效率地运转。另一方面，仅仅精简工作人员还不够，还要精简不必要的部门。在司法机构内部应该进行科学的内部分工，各个部门之间应该具有明确的职能，除了必要的职能部门，其他承担一般职能的部门应该尽量实现社会化。例如，在检察机关内部，公诉职能、批捕职能和监督职能应该由不同的部门承担，各个部门之间的人员不能混同使用，至于那些人员繁多的后勤部门，都应该作社会化处理，从检察机关分离出去。当然，人员和部门的精简也是有限度地精简，过度的精简也会损及诉讼效率。在具体操作上，如何使人员与部门的配备达到最佳的水准，这是一个值得思考的问题。笔者认为，对此可以分为三个步骤：其一，对现有的司法资源作出准确的评估；其二，对现有的司法工作量作出准确的评估，但要具有一定的前瞻性；其三，以工作量为标准对司法资源进行比例分割；其四，在工作量与司法资源之间比例分割的基础上配备职能部门及工作人员。

另一方面，要提高司法人员的素质和司法活动的专业化水平。在现代法治国家中，司法工作人员必须具备专业的司法素质，包括思想素质和专业素质。就理论素质而言，由于我国是一个社会主义国家，在建设社会主义法治国家的进程中不能离开马克思主义、毛泽东思想和邓小平理论的指导，因而司法工作人员必须提高这方面的理论素养，并以此指导司法实践。就专业素质而言，现代刑事司法是一项相当复杂而专业的社会实践活动，国家司法权分由不同的机构行使，实现控审分离和控辩对抗，各个诉讼阶段依程序的规定顺序推进，以普遍的规则解决普遍的问题，因而要求司法工作者具有坚实的法学理论素养和法律技术素养，这样才能保证案件处理的准确性和及时性，从而提高诉讼效率。

3. 程序层次的变革

程序层次的变革比较复杂一些，主要包括以下五个方面的内容：

第一，明确诉讼期限。明确诉讼期限关键在于对各种诉讼期限进行严格而适度的规定，对没有作出规定的要作出规定，对规定得模糊的诉讼期限进一步使之明确化，对规定得宽泛的诉讼期限使之适当化。在我国的刑事诉讼中，许多刑事强制措施还没有明确规定诉讼期限，致使超期羁押屡禁不绝，而规定得模糊而宽泛的不确定的期间则多达六种，具体包括案件退回补充侦查的期间、案件发回重审的期间、发现新罪重新计算的诉讼期间、改变管辖重新计算的诉讼期间。这种软性立法为有关机关和司法人员随意延长诉讼期间提供了方便。与此同时，我国刑事诉讼法只规定了当事人违反诉讼期限应当承担的后果，而对公安机关、检察院和法院违反诉讼期限却没有明确规定应当承担的责任和法律后果，这也在一定程度上助长了上述机关在刑事诉讼中任意超期的倾向。毫无疑问，我国刑事诉讼法在诉讼期间方面的立法欠缺都在一定程度上导致诉讼周期的无理拖延和司法资源的极大浪费，从而降低诉讼效率。因此，在新的立法修改中，必须针对上述问题作出详细的规定。

第二,缩短诉讼周期。与诉讼期限针对具体的诉讼环节或诉讼制度不一样,诉讼周期是指诉讼程序从启动至终结的整个时间跨度。在现代刑事诉讼中,诉讼周期过长已经是一个世界性的普遍现象,它同诉讼费用高昂一样为社会公众所批评,不但使当事人长期陷入讼累,而且消耗大量的司法资源。众所周知,美国的刑事程序侧重于追求司法公正,为了保障司法公正而设置了复杂的正当程序制度,但也在一定程度上损害了诉讼效率。对此,美国前副总统奎尔在1991年美国律师协会年会上曾一针见血地指出,"庞大的诉讼费用和漫长的诉讼期限"使美国诉讼制度在全球范围内的法制竞争中成了作茧自缚的不利因素。[1]

在刑事诉讼中,周期的缩短可以采取如下途径:一是通过刑事程序立法从总体上规定刑事诉讼的周期。刑事程序从总体上可以分为不同的阶段和环节,这些不同的阶段和环节又由不同的诉讼行为构成,从而形成一个链条式的结构,其中某一个阶段、环节或诉讼行为的拖延势必影响到其后各个阶段、环节和其他诉讼行为的周期,乃至于影响到整个刑事程序的结案时间。因此,在立法上,针对不同诉讼阶段、环节,以及不同的诉讼行为,明确规定相应的期限,并严格规定期限变通的条件,就能有效地防止诉讼周期过长现象的出现。二是通过法官和当事人积极地实施诉讼行为而实现。就法官而言,积极行使审判权,尽快立案和选用合适的诉讼程序是缩短诉讼期限的必要条件。就当事人来说,由于受利益的驱动,当事人一般会积极参与诉讼,并对法官的司法行为形成一种督促作用。例如,要求充分行使诉讼权利,要求及时得到各种诉讼文书,要求及时解除或变更强制措施,要求排除外界因素对程序进程的干扰,维护法庭秩序,等等。

第三,简化诉讼程序。诉讼费用的高低和诉讼周期的长短与诉

---

[1] See Ernst C. Stiefel and James R. Maxeiner, Civil Justice Reform in the United States, in American Journal of Comparative Law. Vol. 42, 1994, p. 148。

讼程序的繁简程度存在着内在联系。一般来说，诉讼程序越复杂，诉讼费用就越高，诉讼周期也越长，反之则可以降低诉讼费用和缩短诉讼周期。因此，从目前来看，对诉讼程序进行简化，并以此提高诉讼效率，已经成为一个世界性的趋势。

简化诉讼程序主要有两种操作模式：一是设立简易程序，使那些罪行轻微、实施简单的案件利用简易程序加以审理，以提高诉讼效率，而对那些案情重大、复杂或社会影响大的案件，仍然采用普通程序审理，以保障被告人的辩护权之行使及其他诉讼权利的实现，保证诉讼正义。二是简化普通程序，在保证司法公正的前提下删除普通程序中那些不必要的繁文缛节，以寻求公正与效率的平衡。

1996年我国刑事诉讼法修订以后设立了刑事审判的简易程序。简易程序在提高诉讼效率方面作了如下简化：在审判组织上不再组成合议庭，而由审判员一人独任主持审判；审判过程可以不限于普通程序的讯问被告人，询问证人、鉴定人，出示证据以及法庭辩论的顺序；案件应在受理后20日内审结。在简易程序的基础上，2003年最高人民法院又以司法解释的形式规定了普通程序简化审，即对一定数量的不符合适用简易程序的条件，本应依照普通程序进行审理的第一审公诉案件，在被告人对被指控的基本犯罪事实无异议，并自愿认罪的情况下，可以适当简化某些庭审环节，促使案件及早审结。总的来看，这两种简化诉讼程序的措施对节约司法资源，提高审判效率，缓解我国司法机关的办案压力起到了积极作用。

第四，降低诉讼费用。诉讼费用是刑事诉讼的一大耗费，降低诉讼费用对于提高诉讼效率具有显著的作用。一般而言，降低诉讼费用主要有直接和间接两种方式：间接方式就是通过缩短诉讼期限和简化诉讼程序达到降低诉讼费用的目的，对此前文已经述及。这里主要是指直接降低诉讼费用的方式，即通过减免一些直接的诉讼开支达到降低诉讼费用的目的，如降低律师费和案件受理费，实行政府采购以降低设备支出，等等。在刑事诉讼中，降低诉讼费用主要包括以下项目：法庭设施、通讯及交通设备的费用；律师和证人、鉴定人的费用；对当事人的诉讼标的物进行查封、扣押和冻结的费用；对案件进行受理、勘验、鉴定、公告、翻译的费用；保全申请与实际支出的费用；证人、鉴定人和翻译人员的交通、食宿和误工补助费用；判决执行费用。

第五章 刑事程序的价值选择

第一节 价值选择概述

按照唯物辩证法的观点,事物内部的各种要素总是处于一种既统一又对立的状态。所谓"对立统一",是指矛盾双方既统一又斗争、既排斥又联系的状态。一般来说,统一总是相对的、短暂的、有条件的,而对立和冲突则是绝对的、恒久的、无条件的。在刑事程序价值体系中,也普遍存在着这种对立统一的情形,而且刑事程序的价值对立和冲突往往容易导致整个刑事程序的价值消耗和功能衰减。因此,在出现价值对立和冲突的时候,就必然面临一个如何作出价值选择的问题。

刑事程序的价值选择就是依据一定的价值标准对相互冲突的价值构成、价值目标和相关价值观念的综合选择,具体包括自由与秩序的冲突与选择、公正与效益的冲突与选择、实体公正与程序公正的冲突与选择、经济效益与社会效益的冲突与选择、惩罚犯罪与保护人权的冲突与选择,等等。在一定意义上,刑事程序的价值选择体现了一个国家在刑事司法领域的基本法治理念和利益调整模式。特别是在我国当前的社会转型时期,树立正确的选择理念、标准和方法,对于作出正确的价值选择,实现刑事司法法治具有非常重要的意义。

一、刑事程序价值选择的前提——价值冲突

价值选择是刑事司法实践中不可避免的问题,在一定意义上,

刑事程序就是价值选择的产物。在现实中，之所以会出现价值选择的问题，往往是因为存在价值之间的对立和冲突。刑事程序的价值选择就是以刑事程序价值的对立与冲突为基础的。

价值之间的对立性表现为不同价值之间的相互排斥，相互冲突。刑事程序的各种价值之间虽具有一致之处，但在更多的情况下，它们又是互相矛盾，彼此冲突的。而且，由于价值统一不会对事物带来消极的影响，所以人们对价值冲突的关注往往更多一些。

刑事程序的价值冲突主要包含三种情形，即程序价值构成的冲突、程序价值目标的冲突以及价值观念之间的冲突。其中，程序价值构成的冲突包括一般价值与自身价值的冲突、独立价值与工具价值的冲突、独立价值内部的冲突、工具价值内部的冲突。价值目标的冲突主要包括自由与秩序的冲突、公正与效益的冲突、公正内部的实体公正与程序公正之间的冲突、效益内部的法律效益与社会效益之间的冲突。价值观念之间的冲突，主要包括重打击与重保护之间的冲突、重实体与重程序之间的冲突。

刑事程序价值冲突的原因是多方面的，可以从内因和外因两个方面来看。从内因来看，刑事程序的各种价值之间具有内在的冲突属性，它们之间本身就是既有统一的一面又有对立和冲突的一面。这种属性的价值主要包括公正与效益，秩序与自由，实体与程序，打击犯罪与保护人权，等等。它们之间的价值冲突不能从根本上加以解决。从外因来看，最重要的外因来自两个方面：一是观念的原因。在社会转型时期，传统法律价值观念与现代法律价值观念的相互碰撞容易造成刑事程序的价值冲突。中国传统的法律价值观念有长达数千年之久的历史跨度，至今还充满着纲常礼教的精神和小农经济生产方式的特征，许多落后的法律价值观念，如重实体轻程序，重"私了"轻"公了"，一时还难以革除，这种传统的法律价值观念在现代法治环境中容易导致刑事程序的价值冲突。二是经济原因。从我国当前的经济结构来看，尽管工业经济已经取得了很大成就，但农业经济仍然占据着极其重要的地位，城乡之间，工农之间，沿海与内地之间还存在较大的差距。这种经济状况的存在，往往容易造成对社会效益的忽视和对经济效益的片面追求，反映在刑事程序中，就是为了经济效益不惜牺牲社会效益和程序公正。例如，我国死刑核准权的长期下放和四级两审终审制就是这种情况的产物。

一般来说，价值的统一往往会对事物的发展起正向的推动作用，而价值冲突则往往容易增加事物的内耗，甚至完全阻碍事物的发展进程。刑事程序的价值对立和冲突也是这样的，如果冲突持续得不到解决，往往容易导致整个刑事程序的价值消耗和功能衰减，从而进一步危害整个社会的法治进程。现实中的刑讯逼供、超期羁押和冤假错案往往就是这种价值冲突带来的结果。不仅如此，刑事程序的价值冲突也会影响刑事法律的制定、实施、遵守和监督的全过程，很容易导致我国刑事法制建设在应对和处理各种社会问题上无所适从，甚至误入歧途。既然法制和法治发展的方向都无法保证，也就难免在一些重大问题，甚至原则问题上出现错误。

因此，刑事程序的价值冲突与选择是刑事司法领域一个重大的现实问题，正确的价值选择不仅可以解决刑事诉讼中的价值冲突和矛盾，而且还能促进国家在司法制度上和法治进程上的完善与发展。

二、刑事程序价值选择的理念

价值选择是以客观现实的价值冲突为基础的，但同时也是价值主体的主观选择活动。如果主体本身就处于某些观念误区之中，在进行刑事诉讼价值选择的时候就很难避免作出错误的选择。因而，要作出正确的价值选择，一个重要的前提就是主体必须摆脱一些观念上的误区，实现刑事诉讼价值理论观念上的转变。

1. 确立正确的真实观

辩证唯物主义认识论的一个重要观点就是在承认人的认识的绝对性的同时也承认人的认识的相对性，因而在刑事诉讼中对于事实真相的认识既要看到它的绝对性的一面也要看到它的相对性的一面。

首先，根据唯物主义认识论，人类的认识能力是相对的，因而刑事司法工作者发现事实真相的能力也是相对的。在刑事诉讼中，犯罪行为和案件事实毕竟是发生在过去的事情，随着时间的推移，不但有关的证据可能全部或部分地消失，而且犯罪分子还要想方设法对其加以掩盖，有时尽管可以利用一切可能的手段和方法，甚至采取一些非法的手段或方式，如刑讯逼供、超期羁押等，也难以获取足够的证据；有时即使能够获得足够的证据，也只不过是在一些过去遗留下来的不完全的信息资料的基础上，通过逻辑推理和主观判断而得出的结论，这种结论并不一定与客观事实达到完全的一致。因此，案件事实在经历了侦查、起诉、审判之后，只能是一种法律上的相对真实，和原本的案件事实可能存在一定的差异，或者说只是一个无限接近于事实真相的法律上的事实。

其次，根据唯物主义认识论，人类的认识能力又是绝对的，但是这种绝对性隐含了一个逻辑前提，即把人的认识能力置于无限发展的时空中。既然如此，那就绝不能简单地认为承认人的认识能力的绝对性就是承认刑事司法工作人员具有探求客观真实的绝对能力，从而将客观真实作为刑事诉讼活动能够确定不移地达到的价值目标。其实，在具体的刑事诉讼中，时空是有限的，人的认识能力也是有限的，无限制地一味追求实体真实必然导致另一种司法不公。

最后，在刑事诉讼中，即使不考虑人的认识能力的有限性和诉讼时空的有限性，也不可能为了探求事实真相而把诉讼无限度地持续下去，因为它还要受到人力、物力、财力和其他司法资源上的限制。

显然，如果在刑事诉讼中一味地追求所谓的"客观真相"或"绝对真相"，的确是犯了形而上学绝对主义的错误。但是，在现实中也不得不承认，事实真相的这种相对性并不妨碍人们对法律事实的接受和尊重。这种接受和尊重并不是因为法律事实本身所具有的客观属性，而是因为人们信奉法律的权威以及法律程序的公正性、公开性和公平性。换而言之，正是人们通过刑事程序的运行真切地感知到程序公正的存在,人们才会自然地接受法官通过裁判确认的那种"客观真相"。只有认识到了这一点,才能在真正意义上对刑事程序价值作出正确的选择。

2. 确立正确的利益观

刑事程序的价值选择终究是一种旨在解决利益冲突的法治实践活动,树立正确的利益观同样重要。

有的学者认为,刑事诉讼的利益形态可以划分为国家及社会利益、某一方面的总体利益和个别利益三种。国家和社会利益专指宪法确认的人民民主专政制度、人民民主的国家政权和国家的安全与统一以及社会公共安全;某一方面的总体利益,是指刑事程序涉及的某一方面的法律制度或具有某一方面的总体性利益,例如辩护制度、回避制度、上诉制度等;个别利益即追求在具体案件上实现刑罚权和保障人权。在解决三种利益的相互冲突时,选择的标准是国家和社会利益高于某一方面的总体利益,某一方面的总体利益高于个别利益,最终是是否有利于国家及社会的根本利益。因此,在利益冲突的具体选择上,一般应选择总体利益而舍弃个别利益。[①]

有的学者在肯定前述观点之积极意义的同时,提出了另外一种利益形态的划分。认为刑事诉讼所涉及的利益主要表现为国家和社会利益、被害人的利益以及被告人的利益三种。理由是,刑事诉讼是在各种诉讼主体的参与下共同完成的,在这种共同参与刑事诉讼的过程中,上述三方面的利益必然孕育并伴随其中,必然发生这样或那样的联系,必然产生利益之间的关系与冲突。当三种利益发生冲突时,理想的刑事程序应该满足各种诉讼主体的利益,尽可能促成各种利益间的共生共长,尽可能减少利益间的同消同损。[②]

可以发现,上述第一种利益形态的划分是将国家和社会利益、某一方面的总体利益和个别利益这三种利益放在了三个不同的逻辑层面上,三者之间的关系是一种梯次关系,从而得出了孰轻孰重的

---

① 宋英辉:"论刑事诉讼中的权衡原则",载《法学研究》1993年第5期。
② 汪建成:"论刑事诉讼中的利益观",载《中国法学》2000年第2期。

结论。第二种利益形态的划分是将国家和社会利益、被告人利益和被害人利益放在了同一逻辑层面上，三者之间的关系是一种并列关系。

笔者赞同第二种观点。理由在于：对于刑事诉讼的利益形态，不能从传统的意识形态的观点出发，把它分为国家利益、集体利益和个人利益，并以个人服从集体、集体服从国家作为价值选择的标准。一方面，虽然在本质上被告人利益和被害人利益也是一种社会利益，但是应当理性地认识到，被告人利益和被害人利益是一种以个体形式表现的社会普遍利益，因而刑事程序在保护诉讼中的个体利益的时候，绝非仅仅简单地保护了这一特定利益主体的利益，其法律意义还在于保护了每一个可能进入刑事诉讼过程的个体的利益。另一方面，如果以个人服从集体、集体服从国家作为价值选择的标准，不但个人利益在刑事诉讼中没有存在的余地，而且集体利益也将没有存在的余地，因为它们都要为了国家利益而被牺牲掉，这显然是不符合现代民主法治理念的。既然如此，由于刑事诉讼中存在利益各不相同的利益主体，因而在作出价值选择的时候就应该充分考虑到不同利益主体的不同价值追求，而不应把某一特定利益主体的价值追求作为不同利益主体进行价值选择的标准。

与此同时，在对刑事程序的价值选择进行利益分析的时候，不仅要着眼于相互并存的各种不同利益，而且还要考虑到影响这些不同利益之存在和实现的其他相关因素。在笔者看来，这些因素大体上可以分为两个层次：一是宏观上的因素，即国家的经济基础、历史传统、法律文化、人权状况和价值观念；二是微观上的因素，即权力配置、诉讼结构、犯罪构成以及其他诸多具体因素。就我国而言，由于正处于社会转型时期，无论是宏观上的经济基础、历史传统、法律文化、人权状况和价值观念，还是微观上的权力配置、诉讼结构、犯罪构成以及其他诸多具体因素，都处于急剧变化的状态，这不但影响到刑事诉讼中的利益结构，而且也影响到刑事程序的价值选择。例如，在我国刑事诉讼法的历次修改和即将修改的争论中，从诸多方面都可以看到诉讼利益的变化及其对刑事程序价值选择的影响：由于对刑事诉讼效率的重视，才可能有简易程序的设立；由于对被告人人权保护意识的提高，才促进了刑事法律援助制度的建立和完善；由于对被害人利益保护的增强，才将被害人上升为诉讼参与人，等等。

3. 确立正确的方法论

刑事诉讼的过程是一个实践的过程，同时也是一个认识的过程。无论是立案与侦查，抑或公诉和审判，甚至包括死刑复核、审判监督，都是人的主观能动的认识活动。既然是一种认识活动，以辩证唯物主义认识论作为其理论基础当然是毋庸置疑的。然而，刑事诉讼又不仅仅是简单的或单纯的对事物的认识行为，因此，仅仅从认识论的角度探求这一问题，从逻辑上讲，则当然是不周延的。为此，笔者认为，在探讨刑事程序价值选择的时候，不但要坚持认识论的指导，更要坚持价值论的指导。

正如笔者前面指出的那样，刑事程序本身在一定意义上就是一个价值冲突与选择的体系。事实上，在我国的刑事诉讼中，很多制度的设置都不是能够从认识论的角度得到解释的，而是从价值论的角度考虑的。在刑事程序的各种制度设计中，始终强调的是刑事诉讼中的司法公正、诉讼效率和人权保护之类的价值。例如，非法取证的排除规则、上诉不加刑原则等，就只能从价值论寻找答案。不仅如此，从世界刑事诉讼发展的情势看，价值理论对各国刑事诉讼制度的影响也是不断深化的。美国、英国、法国、德国、日本、俄罗斯等影响较大的国家都在进行着或大或小的司法改革，这些改革无不体现了对刑事程序价值的选择。

需要进一步指出的是，我国是一个社会主义国家，法学理论研究不能脱离马克思主义理论的指导。马克思主义的理论体系不但是一个科学的认识论体系，同时也是一个科学的价值论体系，刑事诉讼法学研究当然应该以马克思主义理论为指导，只有将马克思主义的真理观和价值观结合起来进行研究，才能有助于刑事诉讼法学研究的深入，也只有以马克思主义价值理论为指导，刑事诉讼的价值选择才能富有成效。

三、刑事程序价值选择的标准

刑事程序的价值选择是一个复杂的系统工程，为此需要确立一定的选择标准。在笔者看来，刑事程序的价值选择始终不能离开司法公正的核心标准、权力制约的体制标准和人权保障的根本标准。

第一，司法公正是刑事程序价值选择的核心标准。

公正是一个具体的、历史的概念，是一定生产方式基础之上的公正。司法公正是最重要的一种社会公正，是法律公正的核心内容，同时也是刑事程序价值选择的核心价值目标。

以公正的内容为标准，可以把司法公正分为实体公正和程序公正。在刑事诉讼中，实体公正是刑事实体法意义上的公正，主要通过刑事立法和实体裁判得到实现，而程序公正是刑事程序法意义上的公正，主要通过适用刑事诉讼法得到实现，具体体现为诉讼平等、控辩对抗、裁判中立和程序公开。

以公正的形式为标准，可以把司法公正分为法律公正和民意公正。在刑事诉讼中，法律公正就是符合刑事实体法和刑事程序法的规定，在法律上符合公正的要求，而民意公正则是符合民众愿望和要求的公正，其主要通过刑事裁判的接受度加以衡量，因而不像法律公正那样强的客观性。法律公正和社会公正在大多数情况下是一致的，但也有不一致的时候。一旦这种情况发生，要么法律所确定的公正标准存在问题，要么社会公众的公正观念存在问题。在这种情况下，公正与不公正的界限可能变得非常模糊甚至发生错位，从而把公正当做不公正，或者把不公正当做公正。作为解决之道，在第一种情况发生时，就应该及时修改法律，而在第二种情况发生时，则要具体问题具体分析：如果是因为立法未能反映民众的正确意愿，就应该反思立法，并通过民主和法治的途径修正刑事法律；如果是因为民众的公正标准出现了偏差，就应该适时对其进行必要的宣传教育。

在刑事程序的价值体系中，司法公正始终是一个核心价值，也是其他诸多价值得以选择的一个前提。也就是说，抛开其他价值而选择司法公正是可行的，但是抛开司法公正而选择其他价值却会失去最基本的合理性。需要特别指出的是，司法公正在价值选择中的核心地位与司法公正的主观性并不矛盾。应当承认，要使司法的过程和结果能获得社会效益，还必须使大众信服和接受这种过程和结果；有时候，尽管司法公正在法律制度上没有问题，但如果不能获得人们的认同，甚至在观念上对其加以反对或否定，这对于形成良性的社会秩序和建设法治国家是非常不利的。但这并不能成为否定司法公正之核心地位的理由。因此，在进行刑事程序价值选择的时候，应该注意到司法公正的主观性，但同时又不能因为其所具有的主观性而否定司法公正的核心地位。

第二，权力制约是刑事程序价值选择的体制标准。

一切权力都具有扩张的倾向，权力没有制约只能导致权力的滥用，这是一个亘古不变的真理。司法权是相对于立法权、行政权的第三种国家权力，是国家权力体系中强制力最为显著的一种权力。由司法机关以社会代表的名义在冲突的利益之间作出权威性的裁判，它们能够合法地课以罚金，没收财产，剥夺自由甚至生命。可见，对于这种可能严重影响公民权利的国家权力，不能不从体制上进行充分的制约。

在我国，司法权不但包括公诉权和裁判权，还包括公安机关的刑事侦查权。对司法权的制约是权力制约的一个重要内容。过去，在国家主义的政治哲学的影响下，"国家本位"、"权力本位"、"义务本位"的观念在我国刑事诉讼领域一直处于绝对支配地位，个人权利容易受到忽视。随着政治民主化、经济市场化及法治理念宪法化的推行，刑事诉讼中的上述观念也应相应发生改变，实现从极端的"国家本位"向"个人本位"的转变。[①] 为了适应这一转变，刑事程序的价值选择也应该有利于从体制上实现权力对权力、权利对权力、法律对权力的有效监督和制约，以保障人权和实现司法

[①] 宋英辉、吴卫军："诉讼法学研究：观念的更新与变革"，载《人民法院报》2001年9月28日。

公正。

首先，刑事程序的价值选择需要实现权力对权力的制约。我国《宪法》和《刑事诉讼法》规定，公、检、法三机关之间是一种"分工负责、互相配合、互相制约"的关系。在这种情况下，宪法和法律实际将公安机关、人民检察院和人民法院设计成为三个既相互独立又相互制约的司法机构，使它们能够实现权力对权力的制约。因此，在权力对权力的制约问题上，笔者和大多数学者一样主张理顺公、检、法三机关之间的权力制约关系，在宪法和法律规定的框架内强化权力制约机制。

其次，刑事程序的价值选择需要实现权利对权力的制约。一般来说，权力总是具有一定的强制性和极强的扩张性，并能够凭借自身力量维持自我运行，而权利则体现为行为选择的自由，不具有强制性和扩张性。因此，从表面来看，权力似乎相对于权利处于强势地位，权利往往容易受到权力的侵犯。然而，依据现代国家的宪政原则，权利是权力的基础，而权力则是权利的结果，权力来自于权利而不是相反。从这一意义上来说，又可以用权利制约权力。当然，从权力与权利的性质来看，单纯依靠权利自身的力量尚不足以制约权力，还需要通过宪法和法律确认权利的神圣性和不可侵犯性，使权利成为权力运行和扩张的界限。

在刑事诉讼中，权利主要是指犯罪嫌疑人、被告人和被害人的权利，也包括社会公众或社会组织的权利，通过宪法和法律确认这些权利可以达到以权利制约权力的目的。

再次，刑事程序的价值选择需要实现法律对权力的制约。如前所述，一切权力均具有天然的强制性和自我扩张性，没有制约的权力往往会成为对权利的侵害者。我国是一个历经长期封建专制统治的国家，人治思想根深蒂固，强调对权力的依法制约就显得具有特别的意义。按照现代国家政治理论，民众的权力让渡与社会公众的一致认可是一切国家权力得以存在并获得正当性的法理基础，也是一切国家权力得以合理配置和正确行使的监督力量。在对权力进行制约的时候，主要包括三个方面的内容，即对权力获得的制约、对权力配置的制约和对权力运行的制约。

在刑事司法领域，能否用法律制度科学而有效地制约国家权力特别是国家司法权，既是刑事程序价值选择的必然要求，也是刑事程序价值选择的基本前提。在刑事程序的权力制约机制中，现代法治国家一般通过两个层次加以实现：一是宪法层次的制约，主要是针对国家司法权的来源、配置和宏观运行这几个方面作出原则性的规定；二是刑事诉讼法层次的制约，主要是通过具体的诉讼原则和程序规则对国家司法机关及其工作人员在刑事诉讼中行使国家司法权加以制约。

最后，保障人权是刑事程序价值选择的根本标准。

保障权利的重要内容是保障人权。人权是人所应当享有的权利，人权的权利范围与保护程度是一个国家进步与文明程度的重要表现，是不同类型国家的重要差别。国家的进步过程，其实也是人权内容不断丰富、发展的过程。国家由非法治国家向法治国家的转换，也是人权内容与保护的一次飞跃。人权保障状况是区别法治国家与非法治国家的显著标志。我国刑事诉讼的根本目的在于保障人权，既要保障被害人和普通公民的人权，也要保障犯罪嫌疑人或被告人的人权。

被害人是犯罪行为的直接受害者，普通公民也有可能直接或间接地受到犯罪行为的侵害。刑事诉讼就是要追究犯罪，制裁犯罪，以弥补和慰藉被害人，维护社会秩序，保障被害人和公民的人权。

犯罪嫌疑人或被告人是刑事诉讼的追究对象，他们的基本人权却可能受到司法权滥用的侵害。从人的本性来讲，犯罪嫌疑人、被告人同其他人一样，也是作为社会自由体而存在的人，他们也同其他任何人一样有着与生俱来、不证自明的权利，渴望被尊重、渴望受到法律的保护。因此，对于他们的合法权利的限制或者剥夺，必须建立在必要的基础之上，不可随意加以非法侵害或剥夺。然而，在现实中，对犯罪嫌疑人或被告人进行刑讯逼供、超期羁押、非法拘禁、非法剥夺财产的现象并不少见，这些都严重背离了刑事程序价值选择的基本精神，有待进一步的治理和规范。

目前，我国已经进入全面建设社会主义法治国家的时代，人们已经普遍认识到程序的本质是"权利"本位，而非"权力"本位。因而，无论是法学理论界还是司法实务界，一个共同的趋势就是越来越多地关注刑事诉讼中的价值冲突与选择标准，并使司法公正、权力制约和人权保障成为刑事程序价值选择的三种主要标准。

四、刑事程序价值选择的方法

在如何对价值冲突双方加以选择的问题上，目前学界已经提出一些有创见的方法。根据笔者的归纳，这些方法大体上可以分为三种情况，即单一选择论、比较选择论和兼顾论。在下文中，笔者将对这三种价值选择方法进行具体的比较和分析。

1. 单一选择论

单一选择论原本是徐国栋教授在总结法律价值冲突的学说时从法理学的角度提出来的。尽管单一选择论是一种针对法律价值冲突的解决方式，但对具体的刑事诉讼法学领域仍然具有一定的指导意义，因此笔者暂且把它移植到刑事程序价值理论中作一参考。

单一选择论主张法律价值的单一性，认为法律价值之间的矛盾是绝对的，因而在解决法律价值冲突的时候不可能做到平衡或兼顾，只能选择其中一个最重要的价值加以考虑。在刑事程序的价值研究中，单一选择论往往只关注于某一优势价值而忽视对其他多种价值的研究。例如，在程序价值的定位上，有的法学家推崇程序公正的至上性，有的则推崇实体公正的至上性，还有的则只关注于程序价值的经济性，等等。[①]

单一选择论往往以其中某一项价值否定其他价值，看不到程序价值的多元性和系统性。特别是在立法和司法的实践中，单一选择论将各程序价值完全对立起来，不但不能解决价值冲突，反而引起更多的价值冲突。事实上，法律也好，程序也好，它们都是融合不

---

① 参见徐国栋：《诚实信用原则研究》，中国人民大学出版社2002年版，第82页。

同价值的规则体系，反映了不同的社会价值观念。正如美国学者博登海默说的那样："法律是一个带有许多大厅、房间、凹角、拐角的大厦，在同一时间里想用一盏探照灯照亮每一间房间、凹角和拐角是极为困难的，尤其是由于技术知识和经验的局限，照明系统不适当或至少不完备时，情形就更是如此了。"① 由此可见，各种法律价值之间既相互结合又相互依赖，公正、自由、平等、秩序、安全和效益等诸多价值既不能孤立地存在，更不可能具有绝对优势的排他地位，在一个成熟而发达的法律价值体系中，它们因不同取向而影响和决定着不同历史时期的立法和司法。

2. 比较选择论

比较选择论是在克服单一选择的基础之上提出来的，由于其主张在对各种价值进行权衡的基础之上作出选择，因而也称为权衡论。比较选择论是我国当前刑事诉讼法学界的主流观点之一，也是大多数中青年学者倡导的价值选择方式。

比较选择论否认绝对的价值标准，主张在对价值冲突双方进行比较的基础上作出价值选择。因此，比较选择论克服了单一选择论的片面性和机械性，具有更强的机动性和灵活性。比如，在刑事诉讼中，审判的理想结果固然是不枉不纵，使有罪者受到定罪和适当的处刑，使无辜者免受追究并尽快还之以清白，但在不枉与不纵难以同时实现时，法官应当以不枉作为首要的选择。这是对惩罚无辜和放纵犯罪人这两种不公正结果进行审慎的权衡、比较之后所得出的结论。

比较选择论认为价值选择应当遵循以下几项具体要求：②

第一，严格遵守国际公认的最低限度程序公正标准。这些标准一般都在国际公约中以具体权利保障规则的形式体现出来，是普遍适用于各国刑事审判活动的最低伦理和文明标准。确立和遵守这些

---

① ［美］E. 博登海默：《法理学——法哲学及其方法》，华夏出版社 1987 年版，第 199 页。

② 参见陈瑞华：《刑事审判原理论》，北京大学出版社 1997 年版，第 107 页。

公正标准应被视为法院的绝对义务，即使因为遵守这些公正标准会导致法院作出错误的裁判，如放纵真正的犯罪者，它们也不得被放弃。换言之，国家应在设计和构建刑事审判程序、进行司法审判活动中确保这些最低公正标准得以绝对地实现，使程序参与者受到最基本的公正对待。

第二，为了实现价值选择，可以限制当事人的权利。例如，如果把中立性标准强调得过于绝对化，使当事人对国内所有法官都申请回避，那么法院就无法对刑事案件进行正常的审理活动。在这种情况下，国家就应对诉讼各方的这种权利给以适当的限制，以确保国家刑事审判权的正常行使。

第三，权衡是一定限度内的权衡。权衡论认为价值平衡应当保持适当的限度，不能纯粹为了平衡而损害社会整体利益。例如，程序公正和实体公正的平衡固然是一个理想的价值目标，必须在一定的限度内得到保障，但二者同时也涉及对国家利益与个人利益的平衡问题。因此，无论是立法者还是司法者，都不能为了一味追求程序公正和实体公正的平衡而不计任何后果和代价，以至于使国家的根本利益受到不必要的牺牲。

比较选择论虽然克服了单一选择论的片面性和机械性，但并没有从根本上跳出单一选择论的圈子。也就是说，比较选择论在对诸种价值加以权衡并最终作出选择时，仍然没有顾及其他价值的现实性和合理性。比如，在比较选择论看来，为了实现程序公正的目标，法官必要时也可以在个案中不对一名事实上可能有罪的人予以定罪处刑。由于比较选择论在实践中容易造成顾此失彼的结果，实际上也是不可取的。

3. 兼顾论

兼顾论是在平衡论与权衡论的基础上提出来的。由于它在一定程度上注意并克服了平衡论和权衡论的不足，因而成为我国目前刑事诉讼法学界关于刑事程序价值选择理论的主流观点。持这一观点的学者认为，在解决刑事程序价值冲突的时候，应该树立一个主导价值或者价值目标，同时又不能忽略其他价值或者价值目标的存在合理性，因而主张在理论研究和实际操作中应该着重解决主导价值的问题，但同时也要兼顾次要价值的解决。

兼顾论的一个显著特点是确认刑事程序工具价值的主导性，同时强调在重视工具价值的同时绝不能忽视其自身的独立价值，在二者发生冲突的时候，应该采取工具性价值优先，兼顾自身价值的观点和方法。①

兼顾论主要是针对独立价值与工具价值的冲突提出来的。它认为刑事程序的主导价值是为了保证刑事实体法的正确实施，这主要表现为：刑事诉讼法规定实体法实施的专门机关及其分工，设定一系列前后衔接的诉讼阶段，规定一系列基本原则、基本规则和基本制度，保证专门机关的权力行使与权力制约的统一，保证司法公正的实现和诉讼效率的提高，保障案件的错误和缺陷能得到及时地纠正。同时，兼顾论认为刑事诉讼法自身的独立价值也不能忽略，这主要体现在：程序保障机制强调当事人的人格尊严和法律关系主体的地位，使诉讼具有公正、民主和理性的形象；在刑事诉讼过程中，法官拥有一定的自由裁量权，其将法的一般性原则规定应用到具体案件的裁决过程中，或在法无明文规定的情况下用弹性规定来审判，弥补了实体法的不足，并创制了实体法；通过公正程序产生的判决会得到社会公众的认可和尊重，也易为当事人从心理和行为上予以接受。

需要肯定的是，上述三种价值选择方法均可以在特定情形下解决刑事程序的价值冲突。当然，如果对上述几种价值选择理论进行更深入的分析，也不难发现它们都存在一些内在的欠缺与不足：

就单一选择方法而言，其最大的问题在于它的片面性：一方面，单一选择论没有注意到对价值冲突进行双重选择的可能性；另一方面，单一选择论固守某一特定的冲突价值不放并把它置于一种毋庸置疑的地位，必然忽视另一冲突价值存在的合理性。由于单一

---

① 参见陈光中、王万华："论诉讼法与实体法的关系——兼论诉讼法的价值"，载《诉讼法论丛》（第1卷），法律出版社1998年版，第16页。

选择论具有很大的片面性，其在理论界和实务界均难以得到肯认和支持。

就比较选择方法而言，其最大的问题在于它的不确定性。之所以说它具有不确定性，是因为它无法确立一个相对稳定的价值判断主体和价值评判标准，既然价值判断主体或价值评判标准难以确定，冲突的价值双方就难以得到有效的甄别和选择。不仅如此，比较选择论也不具有可操作性，它并没有明确告诉人们到底该依据何种标准进行比较，或者如何依据这种标准进行比较。

兼顾论的问题在于它过于理论化。毕竟，相互冲突的两种价值有时候很难调合，也很难并存，如果勉为其难地兼顾次要价值，反而有可能失去对主要价值的关注和选择。

五、确立一种新的价值选择方法——优位价值选择论

在比较上述各种价值选择理论的基础上，笔者考虑提出优位价值选择论。

优位价值选择论的理论基础是马斯洛的人本主义价值理论。按照马斯洛的人本主义价值理论，价值并不是对于整个人类所具有的总体价值，而是在某一特定情境中与主体的"优位需要"相关联的价值，一种价值越缺乏，越稀有，而追求该价值的主体越多，强度越大，该价值就显得越重要。刑事程序的价值也是这样，它的存在取决于现实条件下不同主体的数量和需要的强度。对同一程序价值追求的主体越多，这一程序价值就显得越稀有，越重要；而基于同等的主体数量，主体在某一方面的需要强度越大，程序的某一价值也就越突出，越紧要。此时，这种在特定情境中显得更稀有、更突出、更紧要的价值就是优位价值。

优位价值的基础是主体的优位需要。优位需要可以从两个方面加以衡量：一是具有某种需要的人数，人数越多，需求的总量越大，价值也就显得越突出；二是主体对某种需要的强度，强度越大，需要的期望值越大，价值也就显得越紧要。刑事程序价值也是如此，当人们普遍觉得实体公正难以获得的时候，人们往往倾向于选择实体公正,当人们普遍觉得程序保障欠缺的时候,程序价值就显得格外重要而突出,人们便转而选择程序价值。如果一个只注重效益而忽视公正的国度,人们对公正的选择往往会更迫切,而在一个缺乏效率的司法体制中,人们对效率的选择往往会更迫切。在特定情况下,当人们觉得效益比公正更加稀缺的时候,人们甚至会舍弃公正以换取效益。例如,案件久拖不决,尽管法院保证可以作出公正的判决,当事人可能会希望求得尽早的了结,哪怕牺牲实体的公正。

当然,优位价值不是固定不变的,因为主体的优位需要是不断变化的。如果把主体需要的强度分为若干个递升的梯度,对每一次需要的满足也会有相应的递降的梯度。那么可以说,如果主体需要的满足递减,主体需要的强度就会递增,而如果主体需要的满足递增,主体需要的强度就会递减。随着需要强度的递减或者递增,主体对价值的感知和追求也会呈现相应的变化,一旦主体在某一方面的需要得到一定程度的满足,某一方面的优位价值就可能变为"次位价值",人们便有可能转而选择其他价值。显然,在刑事程序价值领域中也是同样的情况,在程序公正强调得过多过滥的英美国家,实体公正反而成为人们更多关注的对象。而在我们国家,在简易程序以及普通程序简化审中,由于诉讼效益已经得到极大的满足,人们便会把视线较多地投向程序公正和实体公正。

优位价值选择论的主要观点:

一是现实原则。优位价值选择方法主张,要解决刑事诉讼的价值选择问题,必须从一个国家的法治现实出发。从我国当前的法治现实来看,有两个显著特征值得重视:一个特征是生产力水平还比较低下,社会经济发展水平还比较落后,由此决定现阶段国家整体法治水平不高;另一个特征是传统法律价值观与现代法律价值观之间的冲突在法治理论与实践中大量存在。这些价值冲突突出地表现为重人治轻法治、重道德轻法律、重实体轻程序、重权力而轻权利、重结果而轻过程、重实质而轻形式。因而,在法律价值选择的时候,应该立足国情,放眼未来,既要脚踏实地,又要有长远目标。这种要求反映到刑事程序的价值选择中，就应该从实际出发，有主次，有轻重，有急缓，针对当前最需要解决的问题进行相应的价值选择。

二是系统原则。优位价值选择方法主张，刑事诉讼的价值选择的一个前提就是对各种法律价值进行系统分析，要主次兼顾而不能顾此失彼。根据系统论，刑事程序不仅是一个规则体系，更是一个价值体系，在这一价值系统中，不同的价值在相互并存、相互依赖和相互转化的同时也相互冲突。就其中的冲突形式而言，包括价值构成的冲突、价值目标的冲突和价值观念的冲突。优势价值选择方法承认刑事程序价值的系统整体性和层次性，既看到了价值冲突的主要方面，也看到了价值冲突的次要方面和其他相关方面，从而克服了单一选择方法的不足。同时，优位价值选择方法也考虑到了程序主体不同层次、不同方面的诉讼需求以及刑事程序对这种需求的满足关系，避免了单一选择方法那种极端的倾向。

三是重点原则。优位价值选择方法主张，价值选择要符合唯物辩证法的重点论。在对待矛盾冲突的问题上，唯物辩证法的一个基本观点就是承认同一矛盾中的冲突双方是不平衡的，其中必有一方居于主导地位，而另一方居于次要地位，不可能势均力敌，因而在解决矛盾冲突的时候应该遵循具体问题具体分析的原则，着重解决主要矛盾，以主要矛盾的解决带动次要矛盾的解决。优位价值选择方法在处理刑事程序价值冲突的时候有主次，有轻重，有急缓，在确立主导价值或价值目标的同时并不忽视其他次要的程序价值，从而克服了协调方法的不足。

四是淘汰原则。优位价值选择方法反对形而上学的均衡论，主张价值选择上的优胜劣汰原则。价值冲突在一般情况下是可以协调的，但在特定条件下也有可能非常激烈，难以做到彼此兼顾。一旦发生这种情况，应该在综合价值判断的基础上作出断然的选择：选择一种价值而舍弃另一相对立的价值。

五是具体原则。优位价值选择方法强调具体问题具体分析，具有较强的适应性和可操作性，它可以针对不同的价值冲突作出有针对性的价值选择。

从以上优位价值选择方法的各项原则可以看出,优位价值选择方法在一定层面弥补了其他选择方式的不足,既有现实的国情基础,同时也考虑到法治发展的趋势,因而可以作为解决刑事程序价值冲突的一种重要方式。

尽管如此,优位价值选择方法并不意味着刑事程序的价值冲突可以得到一劳永逸的解决。毕竟,刑事程序的价值冲突是一个非常复杂的问题,只有在具体问题具体分析的基础上,综合运用各种价值选择方法才能得到有效的解决。

第二节 司法公正与诉讼效率的对立统一与价值选择

作为刑事程序的两个重要价值目标,司法公正与诉讼效率是一种对立统一的关系。一般来说,司法公正与诉讼效率的统一不但能够促进刑事程序的顺利运行,也会促进刑事程序的完善和发展,而司法公正与诉讼效率的对立和冲突则会加大刑事程序本身及其运行的系统内耗,甚至造成司法公正与诉讼效率的两败俱伤。因此,为了避免这样的结果,当司法公正与诉讼效率之间产生冲突的时候,就面临一个如何对其进行价值选择的问题。

一、司法公正与诉讼效率的统一

在司法公正与程序效率的关系上,人们往往更多地看到二者相互冲突的一面,而很少看到二者相互统一的一面。实际上,司法公正与程序效率的冲突是在统一的基础上的冲突。或者说,司法公正与程序效率的统一性是司法公正与程序效率冲突性的前提。二者的一致性主要表现在以下三个方面:

首先,司法公正与诉讼效率相互依存,统一于刑事诉讼的全过程。

司法公正与程序效率都是刑事程序追求的重要价值目标:司法

公正要解决的主要是从程序上如何保障权利,从实体上如何作出合理裁判的问题;程序效率要解决的是如何更少地投入司法资源,更快更多地审理案件的问题。从一定意义上来说,司法公正是刑事程序的质的方面,程序效率是刑事程序的量的方面,司法公正与诉讼效率的统一就是刑事程序的质与量的统一,离开司法公正谈论诉讼效率或者离开诉讼效率谈论司法公正都是不可设想的。

其次,司法公正与诉讼效率相互贯通。司法公正与程序效率的相互贯通是一种相互包容,相互渗透,你中有我,我中有你的关系。

一方面,诉讼效益作为程序主体追求的主要价值目标之一,它本身就包含着公正的精神。从经济意义上来说,诉讼效益意味着以最小的经济代价来实现最大的司法公正目标,在追求一定程度的司法公正的时候,付出的经济代价越小,当事人对司法公正的感觉越大,反之则越小。从时间意义上来说,案件的迅速审判和结束也意味着当事人及时摆脱讼累,而案件的久拖不决却容易导致证据的消失,证人的记忆也可能出现偏差,这不但会对当事人的实体利益造成损害,并且也会给被害人带来心理上的折磨。正是从这个意义上来说,人们才会觉得迟到的正义非正义。

另一方面,司法公正也意味着诉讼效益。程序的公正性具有一定的客观性,但人们对司法公正的感知则具有一定的主观性。就其客观性而言,司法公正必须符合刑事诉讼法关于诉讼期限和诉讼资源配置的有关规定,在一定程度上意味着当事人以最小的时间耗费和经济耗费去实现最大的司法公正。就其主观性而言,在公正的程度维持在一定水平的情况下,时间和经济的耗费越大,人们对公正的感觉就越小,反之则越大。同时,考虑到当事人因为在审判过程中已经受到公正的对待从而放弃程序性的上诉,则又可以节省时间和节约一定的司法资源,从而体现出诉讼的效率;况且,从司法公正对法律效益与社会效益的影响来看,如果当事人在刑事审判过程中受到公正的审判,不但有利于得出正确的裁判结论,而且能使这一裁判结论被社会公众广泛认可,这也能体现出一定的效率。

最后，司法公正与诉讼效率相互促进。

从整体上看，司法公正是刑事程序根本价值标准，往往适合于作为其制定与实施的定性标准，而定量依据则有赖于程序的诉讼效益目标。正因为如此，司法公正作为刑事程序的单一价值目标具有多方面的局限性，需要与诉讼效益的价值目标形成互补。对于二者的互补性，弗兰西斯·培根曾作过一个睿智的比喻："不公平的判断使审判之事变苦，而迟延不决则使之变酸。"①

司法公正与诉讼效率的关系即便在推崇经济效益至上论的波斯纳那里也得到了承认。在回答其他学者关于经济分析方法忽略了司法公正的批评时，波斯纳指出，诉讼效益与司法公正这两个概念经常是一致的，只有在效益提高的前提下才能实现更高层次的公正，因此可以说司法公正的第二种涵义——也许是最普通的涵义——就是诉讼效益。②

二、司法公正与诉讼效率的对立

司法公正与诉讼效率都是刑事程序的重要价值，这两个价值目标具有和谐共存的一致性，但又具有相互对立的冲突性。

首先，司法公正与诉讼效率具有不同的性质。

司法公正与诉讼效率在内在属性上具有三个方面的不同：其一，司法公正虽然具有一定的客观标准，但也带有较强的主观相对性。一方面，不同主体对同一诉讼案件会具有不同的公正感受；另一方面，同一主体对不同诉讼案件也会具有不同的公正感受。而诉讼效率则不同，无论从时间上还是从经济上都可以对它进行精确的衡量。其二，作为价值标准，司法公正所关注的主要侧重于精神性的道德领域，而诉讼效益则更加侧重于物质性的经济功利领域。或

---

① [英] 弗兰西斯·培根：《培根论说文集》，水天同译，商务印书馆1983年版，第193页。
② [美] 波斯纳：《法律的经济分析》，蒋兆康译，中国大百科全书出版社1997年版，第31—32页。

者说，司法公正是如何把蛋糕切均匀的问题，而诉讼效益则是如何把蛋糕做大的问题。其三，作为价值目标，司法公正主要是一个与权利有关的价值目标，其实现也要依靠各种权利的配置才能达到，而诉讼效率则多与义务有关，其实现也主要依靠各种义务的配置才能达到。

其次，从刑事程序的设计方面来说，对司法公正的强化往往会造成另一方面的弱化，反之亦然。这可以从以下两个方面得出结论：

一方面，对司法公正强化会直接导致程序效益的降低。这是因为，司法公正的增强要求刑事程序更加完善、透明和公开、公正、公平，以充分地制约国家追诉机关的权力，或者充分地保障当事人的各项诉讼权利，如程序参与权、辩护权、证据调查权、沉默权以及其他程序性权利。要做到这一点，就要设计更多的诉讼制度，从而提高刑事程序的复杂程度，其结果是使程序变得更加烦琐，当事人和公安司法机关在诉讼过程中投入的经济成本也会相应地增大。显然，程序效益随着司法公正的增强而降低了。

在我国当前，随着市场经济的发展，公众权利意识较之以前得到了普遍的提高，刑事程序必须更多的从维护当事人诉讼权利的角度出发进行设计，如进一步借鉴对抗制诉讼模式的制度优点，以实现司法公正为价值标准构建更加完善的刑事诉讼制度。作为这一理念的实践，我国刑事司法领域近年来一直在不断地进行改革，并把刑事诉讼法的再次修改纳入"十一五"规划之中。

另一方面，对诉讼效率的强化在一定程度上也会限制程度公正的实现。

司法公正固然是刑事程序的根本价值目标，但诉讼效率同样是不可忽视的，对诉讼效率的追求必然导致司法公正受到一定的限制。例如：简易诉讼程序的设计、辩诉交易制度的设计以及我国普通程序简化审的设计，它们在提高诉讼效益的同时也限制了当事人的各项诉讼权利，如程序参与权、辩护权、沉默权等，甚至失去获得无罪判决的机会。

诉讼效益问题的凸显往往是和犯罪率居高不下相关联的。特别是当一国处于经济体制转轨与重组的转型时期，必然会引发更多的社会冲突与争端，其中有相当一部分是以犯罪的形式表现出来。事实上，我国最近二十多年的经济体制改革带来的社会变动的确引发了犯罪率居高不下的局面，这对刑事司法系统的影响是：刑事案件的剧增使司法机关不堪重负，提高刑事诉讼效率的呼声一直很高。当然，西方国家也面临同样的问题，因而自20世纪70年代以来，对诉讼效率的追求愈来愈成为刑事司法改革运动的主题。

最后，司法公正与诉讼效率的矛盾不仅表现在司法程序和诉讼制度的设计上，更为突出地体现在诉讼实践中，即程序的具体运行当中。

一方面，对程序正义的追求，难免会加重国家、社会和其他诉讼主体在时间和经济上的负担，从而降低诉讼效益。从时间上来说，为了保证司法公正的实现，就要求程序运行经历更长的诉讼周期和更严密的程序步骤，而在日新月异的现代社会里，任何案件的过分迟延都难以让人接受，任何一场"马拉松"式的诉讼，不论其结局如何，对于双方当事人都可能是与公正诉求背道而驰的。从经济上来说，为了保证司法公正的实现，就要求程序设计更加严密，就要求程序运行的过程更加完善，程序简化和变通的可能性就越低，司法资源消耗越大。

另一方面，出于对经济效益的渴望，必然要求节省时间和经济资源，而要节省时间和经济资源，就要减少诉讼环节和降低诉讼投入，这又难以保证司法公正的充分实现。在司法实践中，影响诉讼效益的因素主要有三个：一是诉讼周期的长短；二是程序适用的繁简；三是诉讼费用的高低。缩短周期，简化程序，降低费用都是提高程序效益的途径，但这些方法却又可能制约刑事程序的运行，影响司法公正的实现，甚至导致错误的司法判决的增多。一般来说，虽然减少诉讼环节，降低经济投入或推动诉讼程序迅速运行有助于保证诉讼效率价值的实现，而仔细地发现案件的事实真相并加以审慎地审理却是程序公正的要求，这必然会形成尖锐的矛盾。

由此看来，公正与效益在不少场合都是协调同一的，但也有可能发生直接的冲突。在二者发生冲突的时候，如何进行价值选择就成为刑事司法的理论与实践中面临的一个现实问题了。

三、关于司法公正与诉讼效率之价值选择的不同观点

关于司法公正与诉讼效率的价值选择，西方历来存在公正至上主义和效率至上主义两种截然不同的观点。

公正至上主义以罗尔斯为代表。罗尔斯在其代表作《正义论》一书中对公正问题进行了深刻的研究，认为在刑事司法中正义可以划分为实体正义与程序正义，二者构成司法公正最主要的内容。在公正与效率的关系上，罗尔斯认为公正永远是处于绝对支配地位的一个方面，为了公正可以牺牲效率，但却不能为了效率而牺牲公正。实际上，在公正对效率的价值选择问题上，不只是罗尔斯这样认为，不但许多学者为此作出了深刻的阐述，而且现实社会中的大多数人都会这样认为。然而，公正也不是无条件的，离开效率的公正无疑会限于一种虚无的理想主义之中。①

效率至上主义以拉菲尔为代表。与公正至上主义相反，效率至上主义认为在司法公正与诉讼效率的价值选择问题上，应该坚持效率优先于公正，有时候甚至要以司法公正换取诉讼效率。拉菲尔在其代表作《正义与自由》一书中对现代社会中公正与效率的关系作了详尽分析，并提出了这一观点。其主要基于以下三个立论：其一，受英国古典政治经济学的影响，拉菲尔认为人始终是一种理性的、最大限度地追求自我利益的经济动物，人们对诉讼效率的追求并不逊于司法公正，越是发达的经济社会，效率越有可能成为一个公认而普遍的价值追求。其二，随着人口的增长和资源的缺乏，现代社会必然处于一个资源稀缺的状态，在公正与效率不可兼得的时候，公正并不具有绝对的优势。资源越是稀缺，人们就越有可能把

---

① [美] 约翰·罗尔斯：《正义论》，何怀宏等译，中国社会科学出版社 1988 年版，第 24—25 页。

提高效益作为优先考虑的价值目标，并且以此作为价值评判的标准，即人们的行为只有符合效益标准才是正当的，值得的。其三，在一个资源有限的社会中，公正与效益密不可分，没有效率的公正是一个脱离现实的虚假选择。在这个意义上，效益是社会正义的内在要求，程序公正的涵义在更大范围内应该包括诉讼效率。①

诚然，公正至上主义与效率至上主义均从不同侧面对司法公正与诉讼效率的价值选择表达了各自的创见，但这两种观点在提出创见的同时也存在理论上的缺陷，从而招致不少批评。

公正至上主义的缺陷主要表现为三点：

其一，司法公正是具体的、历史的、不断发展的，不同社会以及同一社会的不同时期，人们对公正的看法是不一致的，因而应辩证地看待公正，不存在抽象的公正。

其二，对司法公正的研究不能脱离一定的社会物质生活条件，社会物质生活条件决定司法公正而不是相反，因而不存在先验的司法公正。

其三，在现代社会，无视诉讼效率的地位与作用是不恰当的，因为人们在设计与运行程序时不可避免地要注重合理利用、分配有限的司法资源，若资源配置不合理，必然会浪费资源，从而引起利益冲突，并危害社会整体利益，法律程序最终也将遭到人们的舍弃。

效率至上主义的缺陷主要表现为两点：

其一，程序运行和市场行为具有本质的不同，把效率作为法律程序的唯一价值并不符合程序价值的实际。一般来说，市场行为只需考虑经济效益，而刑事程序虽然不能忽视诉讼效率，但其关注的重点却是当事人在实体和程序上的公正性。退一步来说，"不但各个具体的程序环节在技术上难以用经济利益来衡量，而且即便能够解决技术上的难题而单纯地用经济效益来衡量法律程序的合理性，

---

① See D. Raphael: Justice and Liberty, (UK) Athlone Press (1980), pp. 94-98.

那也不仅失之简单化,而且也是荒唐的。"①

其二,这种观点的哲学基础是错误的。效率至上主义的程序理论建立在"人是理性的最大限度地追求自我利益者"的假设之上,从人的思想动机找寻法律程序追求诉讼效率之上的依据,并以此作为法治发展过程中的决定力量,其理论显然是以历史唯心主义为基础的。②

在国内,对司法公正与诉讼效益的价值选择,我国法学界主要有以下不同的观点:

一是公正优先兼顾效率说。持这一观点的学者认为,司法公正是刑事程序的灵魂,是首要的基本的价值目标,任何时候都不能舍弃司法公正而追求诉讼效益。司法公正要求尊重当事人的意志和人格,把人看做目的而不是实现某一外在目标之手段,司法公正承认人人都有接受正当法律程序保护的权利,这些权利不应受政治交易和经济效益的考虑所左右。不仅如此,他们还指出,效率与公正在本质上是对立的,它和刑事程序的内在属性没有关系,只是外部强加给刑事程序的,因为提高诉讼效率将会使司法公正打一定的折扣,将容忍一定比例的错案,虽然在现实的司法活动中必然要考虑效率问题,但这不能从根本或从总体上改变刑事诉讼的公正目标的本质。因此,诉讼效率最多只能是刑事诉讼活动的要求,宁可把诉讼效率作为政治目标,也不能把诉讼效率作为刑事程序的价值目标。③

二是效益优先兼顾公平说。这种观点认为,从某种程度上看,诉讼也可以被视为受投入产出经济规律制约的经济行为。从微观上看,诉讼效益制约甚至决定主体的行为选择;从宏观上看,诉讼效益反映诉讼的基本价值。因而我国当前刑事诉讼的基本价值取向应

---

① 沈宗灵:《现代西方法理学》,北京大学出版社1992年版,第415页。
② 沈宗灵:《现代西方法理学》,北京大学出版社1992年版,第413页。
③ 于绍元、马贵翔:"刑事程序公正的内涵及其限制",载《中国法学会诉讼法学研究会年会论文》(1998)。

为效益优先兼顾公平。在市场经济条件下，效益是评价和选择政策、宪法和法律的首要标准，司法公正应该退居第二位。其理由是，诉讼权利和义务的分配应是扩大社会财富的一种手段，政策和法律的制定最终是为了扩大社会的总体财富，提高整个社会的福利，造福于全体国民。因此，在制定法律的时候，首先要考虑的问题就是如何提高和促进效率。至于公正，如果没有足够的社会财富作为基础，只能是虚无缥缈的幻想。①

三是公正效益对立统一说。这种观点认为，在刑事诉讼中，公平与效益是对立统一的。刑事诉讼的公正体现在法官的中立性以及控辩双方的平等性上，而效益则体现为程序运作的经济性和诉讼结果的合目的性。两者的对立体现为两者互为消长的关系，因为刑事诉讼公正性的增强会直接导致司法资源耗费的增加，就会降低刑事诉讼活动的经济效益，而对程序效益不适当的追求往往会使公正的要求无法在刑事诉讼过程和结果中实现。同时，两者又是统一的。因为司法公正与诉讼效益所描述和反映的是同一诉讼成本资源的同一种配置状态及其结果，诉讼公正强调司法资源配置的合理性，诉讼效益则强调司法资源配置的有效性，两者只是衡量的侧重点不同而已。既然如此，在处理二者的关系时，就应该加以同等对待。②

四、司法公正与诉讼效率之价值冲突的理想选择

笔者认为，对于司法公正与诉讼效率之间的价值选择，应该以唯物辩证作为方法论指导。既然司法公正与诉讼效率之间是一种对立统一的关系，在对二者的价值选择就不能绝对化。公正至上与此效率至上的极端观点固然不可取，但折中的观点也不能应对刑事诉讼的各种具体情况。因而，在对二者进行价值选择的时候，应该采

---

① 顾培东："效益：当代法律的一个基本价值目标"，载《中国法学》1992年第3期。
② 沈丙友："刑事诉讼公正与效益关系之检讨"，载《中国刑事法杂志》1998年第1期。

取具体问题具体分析的态度，在以司法公正作为基本价值目标的同时兼顾诉讼效率的优化和提高。具体操作可以分为以下几点来考虑：

1. 确保司法公正的优先地位

保证司法公正意味着在处理司法公正与诉讼效率的冲突时必须以司法公正为核心。公正历来就是诉讼程序所追求的基本价值目标，它是设计和评价刑事程序的内在尺度和根本标准，任何其他价值目标都不能撼动其至高无上的地位。因此，笔者认为，当公正与效率发生价值冲突时，首先要保证公正，不能为了效率而牺牲公正。

司法公正的优先地位表现在以下三个方面：

其一，司法公正是一种普世价值。关于自然公正和正当法律程序之类的公正观念之所以根植于人们的内心并能够成为人类的不懈追求，其根本原因就在于它们反映了人类社会的共同价值诉求。对此，联合国大会不但在《公民权利和政治权利国际公约》第14条第3项明确提出刑事被告人在刑事诉讼中所享有的"最低限度程序公正保障"而且以七个条文对其加以详细规定确立了程序公正的具体内容。目前，这些规定已经得到大多数国家的接受和认同。

其二，司法公正是全部诉讼程序的本质属性。司法公正是法律公正在诉讼法领域的特殊表现形式，是整个诉讼程序领域最深刻、最基本、最具普遍性的一种价值目标。虽然人们不能列出司法公正的全部要素，也难以具体描述那种绝对公正的程序是怎么样的，但人们能够对程序不公正的情况产生感性和直观的判断。其中，作为程序主体的当事人对具体司法公正与否的评价动机最为充分，感受也最为深刻。当事人对程序不公正的不满、激愤和对抗情绪具有极大的扩散性和感染力，当事人对诉讼程序产生的不公正感和人们对程序过程不公的否定评价可能会动摇程序制度的根基。

其三，司法公正对刑事程序尤为重要，是刑事程序的灵魂。由于刑事诉讼涉及刑事实体法的实施和刑罚的适用，它的设计在所有的诉讼程序中是最严格的，因而集中反映了一个国家法治水平的高低。同时，由于刑事诉讼的运行涉及当事人最重要的利益，人们对它的公正性的期望也是最高的，因而人们对刑事程序的否定性评价往往会导致对国家整体的法制体系失去信心。

由此可见，刑事程序真正永恒的生命力则在于它的公正性，没有司法公正，再大的诉讼效率也是没有意义的。

2. 在保证司法公正的基础上提高诉讼效益

如前所述，司法公正始终是诉讼程序的根本价值目标，任何一项刑事程序的制度设计必须遵循最低限度的司法公正标准，但这并不意味着就可以忽视诉讼效益。相反，相对于司法公正，诉讼效益往往是程序设计的更高要求，只有在司法公正得到充分实现的基础上，才能考虑提高刑事程序的效益，尽可能以较少的司法资源审理较多的刑事案件。

为了在保证司法公正的前提下作出提高诉讼效率的价值选择，必然对立法者和司法者提出相应的要求。就立法者而言，他在理论上可以有多种提高诉讼效率的选择方案。比如：优化国家司法机关的权力配置和人员编制；设计相对于普通程序更加简便的特别程序：简易程序或简化审；缩短刑事程序的各种诉讼期限；适当地减少刑事程序的环节和步骤，使程序变得相对简便，使侦查、起诉和审判能以相对快捷的方式进行。就司法者而言，他在实践中也可以有多种提高诉讼效率的选择方案。例如：积极推动程序向前运行；严格遵守诉讼期限，尽量避免因为任何一方的申请而延长诉讼期间，等等。在具体操作中，提高刑事程序效率的一个有效办法就是实现案件的适当分流。一般来说，普通程序对程序公正的保障程度较高，而对诉讼效率的要求则较低，为此就应当把那些重大、疑难和复杂的刑事案件置于普通程序中加以审理，以充分保障当事人获得公正的程序待遇或实体处理；特别程序对诉讼效率的要求较高，而对司法公正的保障程度则相对较低，为此可以充分降低某些案件的适用标准，使那些案情简单、危害不大、证据确凿、被告人认罪的案件置于特别程序中加以快速处理，以满足各个诉讼主体对于诉讼效率的追求。此外，在保证司法公正得到实现充分的条件下，也可以对刑事普通程序的某些环节进行改造,以节省司法资源并达到快速审结的目的。

当然,程序的相对简便和人为地减少司法资源的投入,尽管会带来诉讼的迅速进行,但也会使被告人的权利受到程度不同的限制,程序的公正性也相应地受到影响。对于这一问题,庞德早在担任民国政府司法行政部顾问期间曾语重心长地告诫说:"程序的简化在任何地方都是一个循环呈现的问题。中国已经有了一种先进的现代程序,有些人强烈要求简化之。……过分简单从事是危险的。……废除或松弛判断基础的程序要件势将利少而弊多。"①

由此看来,不能盲目地减少司法资源的投入。在提高诉讼效益的时候,应该采取正确而有效的方式。一般来说,对刑事诉讼效率的提高在于加快程序运行的速度和降低司法资源的总体投入。按照波斯纳的观点,为了提高诉讼效率,应该最大限度地减少程序运行过程中的时间成本和经济成本。其中,降低经济成本是关键:一是降低程序运行的直接成本,即在程序运行过程中由国家、社会或个人直接投入刑事诉讼中的经济资源;二是降低程序运行的错误成本,即为了补救国家司法机关由于错误的侦查、起诉和裁判所发生的经济耗费。但是,在降低直接成本的时候应该有一个度,因为不适当地降低直接成本有可能导致诉讼过程中的错误追诉或裁判,而为了纠正这些错误的追诉或裁判又会导致错误成本的上升。因此,在采取具体措施降低经济成本之前,一个必要的前提就是对刑事程序进行经济分析,为各个诉讼环节制定一个具有可操作性的经济技术指标体系。

总之,社会物质生活条件的变化决定法律制度和诉讼方式的变化。因此,刑事程序的价值选择必须契合时代发展的要求,这样才能积极促进刑事程序法治的进步,维持和谐的社会秩序,保障人民

---

① See Tsao wen-yen (ed) The Law in China as Seen by Roscoe Pound, China Culture Publishing Foundation (Taipei), 1953, pp. 13—14. 转引自季卫东:《法治秩序的构建》,中国政法大学出版社 1999 年版,第 56 页。

生活的安定。就我国当前的社会状况而言，资源的有限性将是一个长期制约社会发展的因素，因而很有必要在社会生活的各个方面最大限度地合理配置或利用资源，在刑事司法领域也不例外。正因为如此，中共中央在十五届六中全会上明确提出建设资源节约型社会的正确决策，以实现整个社会的和谐发展，这一决策无疑对节约司法资源，提高诉讼效率具有非常重要的指导意义。

3. 在司法公正与程序效率不可兼得的情况下选择司法公正

由于司法公正与诉讼效益在本质上是一对相互对立的基本范畴，二者之间的矛盾正如"义"与"利"的矛盾一样，在特定情况下，有时候可能无法协调。

有的学者出于美好的愿望从理论上试图将二者统一起来。较为常见的方法是通过丰富"正当程序"这一概念的内涵，实现公平和效率的兼容，使正当程序体现公平和效率这两大理念的互动，以实现公正和效率这两大价值目标的"双赢"。但问题是，尽管"公正"是一个相对开放的范畴，但绝不至开放到可以包容一切。在实践中，正义和效率有时的确难以和谐地统一起来。

为此，谷口安平举过一个日本案例，以证实在公平与效率的选择上难以实现鱼与熊掌的兼得：[①]

在日本某地的一次地方长官竞选期间，当地的一家小出版商N准备让一家印刷厂P印刷一份杂志，并在上面刊登有关竞选人C的一则报道。C的支持者告诉C，该报道中存在恶意毁谤C的内容，一旦该杂志发行，C的声誉将受到极大的影响。于是C向法院申请发布临时禁令，禁止P和N印刷并发行该杂志；或者，如果该杂志已经印好，则请求交由法院暂时保管。C向法院提交的证据表明该报道确实为诽谤，并请求法院不给N和P任何通知即发出禁令，因为一旦后者得知C已向法院提出申请，就可能立即发行已经印刷好的杂志，此时距离选举投票日只有5天。

---

① ［日］谷口安平：《程序的公正与诉讼》，王亚新、刘荣军译，中国政法大学出版社1996年版，第389—390页。

这时法院就面临一个两难选择：按照司法惯例，法院在发出临时禁令之前必须进行司法审查，如果被申请人反对法院的临时禁令，可以陈述自己的意见，要求法院驳回申请。从保护当事人的角度来看，通知 N 和 P 参加司法审查程序，并给予其申辩的机会是程序正义的必然要求，但时间可能来不及，因为距选举投票日只有 5 天，而且在此期间 N 和 P 有可能完成印刷和发行。如果为了赶在投票选举之日前解决这一问题，法院可以不经过司法审查程序而直接向 N 和 P 发出临时禁令，却又面临违背司法公正的现实风险，因为 N 和 P 未能获得申辩的机会。

在这个案例中，法院要么选择司法公正，要么选择诉讼效率，但无论如何都会因为选择一方而牺牲另一方。法院的最终的选择结果并不重要，笔者只想指出：在司法公正与诉讼效率不可兼得的情况下选择司法公正。

总之，对于司法公正与诉讼效率之间的价值选择，日本学者谷口安平曾经有过精辟的论述。他指出：如果现有的体制或做法在保护司法公正或追求诉讼效益的某一方面做得过分，从而牺牲了另外的价值，那就有必要重新考虑了。[①] 正确地处理公正与效益之间的关系，树立二者对立统一的价值观，必将对诉讼观念的更新和司法制度的运作产生深远的影响。由此既可以避免为追求绝对的公正，使程序因冗长烦琐而丧失活力，又可以避免为片面追求经济效益而使公正完全虚无。在公正的前提下，使司法资源的配置更加合理、更富成效，使有限的司法资源发挥最大的作用，取得良好的经济效益和社会效益，这便是正确对二者进行价值选择所要达到的理想状态。

[①] ［日］谷口安平：《程序的公正与诉讼》，王亚新、刘荣军译，中国政法大学出版社 1996 年版，第 389—390 页。

第三节　程序公正与实体公正的对立统一与价值选择

和程序公正一样，实体公正也是刑事程序的重要价值目标之一。这两个价值目标分别存在于刑事程序的运行过程和运行结果之中，不但是评价刑事程序的两项相互独立的价值标准，而且也在一定程度上体现了刑事程序最主要的独立价值和工具价值，因而一直是刑事诉讼法学界的重要研究对象。从目前来看，学界对二者的基本概念、主要内容和实现途径已经有过不少的深刻分析，但是对这两个价值目标的相互关系，特别是当二者发生价值冲突时如何对其进行价值选择，却仍然缺乏全面而系统的论述。

事实上，程序公正与实体公正的冲突与选择一直是中外刑事司法领域普遍面临的一个问题。对于这一问题，不但一般社会公众感到困惑，即使刑事司法实务工作者也时常缺乏清晰的判断。特别是在我国当前的法治现实中，由于重权力而轻权利、重实体而轻程序、重结果而轻过程、重实质而轻形式的传统观念根深蒂固，要解决刑事程序的价值选择问题，必须要使人们对实体公正实现的程度有一个清醒的认识，并在此基础上走出观念上的一些误区，方能作出合乎理性的选择。针对这种情况，笔者深刻地感觉到加强相关理论研究的必要性。

在下文中，笔者将首先对程序公正与实体公正的相互关系作出全面而系统的阐述，然后在此基础上对二者的价值冲突提出相应的价值选择标准，以试图从理论上为上述问题提供一个可供参考的答案。

一、程序公正与实体公正的统一

程序公正与实体公正的统一关系可以从抽象层面、实证层面和主观感受三个方面进行阐述。

从抽象意义上来说，程序公正与实体公正是刑事程序价值不可分割的两个方面，二者相互依存、相互联系、相互影响、相互促进，缺少任何一方都会导致整个刑事程序价值体系的坍塌。对此，罗尔斯和富勒都有过相关的论述。

约翰·罗尔斯把公正分为"形式公正（formal justice）"和"实质公正（substantive justice）"，具体到刑事程序中也就是程序公正与实体公正。程序公正与实体公正是一物两面的共生关系，没有程序公正的实体公正和没有实体公正的程序公正，都是不可设想的。在论述法律程序的结构合理性时，罗尔斯把法律程序分为过程公正和结果公正两个方面。其中，过程公正体现了法律程序的独立价值，结果公正体现了法律程序的工具价值，而程序公正和实体公正就是独立价值和工具价值最重要的内容，二者通过刑事程序的制定与运行表现出来。[1]

同样，美国法学家朗·富勒也作了类似的论证。富勒认为，法律程序具有"内在道德属性（internal morality）"和"外在道德属性（external morality）"两个方面。内在道德属性是指程序本身所固有的符合人类普遍价值追求的品格，它可以通过程序的制定、解释和适用表现出来；法律的外在道德属性则是指程序能够促进的某些实体目标或理想，如平等、正义、安全和秩序，等等。程序的内在道德属性与外在道德属性是互相影响，相互联系，不可分割的，其中一方的缺失不可避免地导致另一方的缺失。[2]

其实，在论证程序公正与实体公正的关系时，罗尔斯与富勒只是采取了不同的提法而已，他们对两种价值的详尽分析都是为了从不同侧面论证程序公正与实体公正的内在统一性。显然，在富勒的理论中，"内在道德属性"实际上就是程序层面的公正问题，"外在道德属性"实际上就是实体层面的公正问题，它们与罗尔斯的"过程公正"与"结果公正"并无本质不同。正是从这个意义上来

---

[1] ［美］约翰·罗尔斯：《正义论》，何怀宏等译，中国社会科学出版社1988年版，第28—30页。
[2] 参见沈宗灵：《现代西方法理学》，北京大学出版社1992年版，第63—64页。

说，程序公正与实体公正都反映了刑事程序的根本价值属性。没有程序公正的实体公正和没有实体公正的程序公正，都是违背现代刑事司法的基本法治精神的缺憾，都不是人们所期望的。

从实证的角度来看，公正的程序在一定程度上的确可以促进公正结果的产生，不公正的程序则不利于形成公正的实体裁判。这是程序公正与实体公正的主要一致之处。

在现代社会的刑事诉讼中，程序公正的基本要求就是裁判中立、控辩对抗、诉讼及时和司法终局。这些程序公正的基本要求均能在一定程度上促进和保障实体公正的实现。就裁判中立而言，一名中立而无预断的裁判者较之一名偏私而有预断的裁判者来说，在主观上更可能获得对实体真相的把握。显然，如果裁判者对案件事实存在预断，就不可避免地会形成主观偏见从而妨碍其客观地认定案件事实，公正地适用法律；而如果裁判者与控辩双方的某一方存在利害关系，更不可避免地会产生主观恶意从而驱使裁判者故意歪曲事实，制造不公的裁判甚至冤假错案。就控辩对抗而言，如果控辩双方当事人都能够参与到程序中并形成积极对抗的态势，必然能为裁判者对案件事实作出正确认定提供全面而有效的证据，并促使法官在不同的主张和证据之间作出合理的辨别、论证和采信，从而以此为基础作出理性、权威和正当的实体裁判，这当然要比那种单凭主观预断或主观臆断作出的判断更加可靠。就诉讼及时而言，它能避免证据的消失和证人记忆的差错，使实体公正建立在更加可靠的诉讼证明之基础上。总之，程序公正要求裁判者在审判过程中确保控辩双方充分而有效地参与案件的审理过程和裁判的制作过程，在听取控辩双方从各自不同甚至相反的立场对案件事实的陈述从而获得全面了解控辩双方的观点和意见并提出质疑的机会，以加强在事实真相上的全面而客观的判断。这与那种传统的由裁判者抛开控辩双方而采取的单向纠问或秘密调查的审判方式比较起来，更有助于对案件事实真相的揭示。

至于司法实践中程序公正对实体公正的促进作用，罗尔斯（J. Rawls）、萨默斯（R. S. Summers）和波斯纳（R. A. Posner）都曾作过深刻的分析。罗尔斯认为，公正的程序虽然不能必然导致公正的结果，但的确可以有效地促进结果公正的形成，这就是公正的程序对公正的结果的"正向促进作用（positive promotion）"。萨莫斯在康奈尔大学法学院的法律评论上撰文指出，公正的程序应该具备产生好结果的能力，程序的这种能力可称为"好的结果效应（good-result efficiency）"，所谓"好的结果"是指法律程序的良性运作能够产生公正的实体裁判，并符合和平、安全、正义等其他实体价值标准。波斯纳教授则提出了"错误耗费（error costs）"理论，从"错误耗费"的角度肯定程序公正与实体公正的一致性。他认为，在刑事程序中，对错误裁判的补救会导致司法资源的巨大耗费，公正的程序能够最大限度地减少程序的错误耗费；如果刑事程序符合公正的标准，则包括司法中立原则、获得听审的原则，提供裁决及理由的原则在内的各项程序正义原则都能从不同的方面确保诉讼结果的公正性。[①]

显然，上述学者的分析在一定意义上是可以成立的。一般来说，程序公正往往意味着刑事程序在设计和运行上更符合人类认识活动的一般规律，如控辩双方在庭前的证据展示以及在庭审过程中的举证和相互质证，在很大程度上有助于法官发现事实真相，从而作出与客观事实更加接近的公正裁判。对此，日本学者谷口安平曾经指出："在一般情况下，公正的程序比不公正的程序能够产生更加公正的结果。"[②]

此外，从当事人和社会公众的主观感受来说，程序公正与实体公正也具有一致性。

就当事人而言，由于当事人是程序公正的直接感受者和评价者，只要司法工作人员在诉讼过程中坚持程序公正的各项原则，维

[①] 参见陈瑞华：《刑事审判原理论》，北京大学出版社1997年版，第78、81、87页。

[②] ［日］谷口安平：《程序的正义与诉讼》，王亚新、刘荣军译，中国政法大学出版社1996年版，第11页。

护当事人的人格尊严和意志自由，发挥当事人的主观能动性，允许其提出证据并表达其观点，保障其参与裁判的制作过程，必然会增强当事人对实体公正的认同度。否则，即使实体结果不存在公正方面的瑕疵，当事人也可能感到不满。对此，美国学者贝勒斯曾经指出，程序公正能使诉讼各方从心理上对裁判结果表示服从和接受，即使这种结果对他不利。[①]

从一般社会公众来说，程序公正还具有巨大的示范效应，刑事程序所具有的这种效果并不是来自于裁判内容的正确无误，而是从程序过程本身的公正性和合理性产生出来的。通过公众值得信赖的正当程序，能够使裁判结果在社会大众中获得正当性，而如果程序不公正，即使结果是公正的，人们也会难以发自内心地对其表示接受。正是从这个意义上来说，如果实体不公正，那只是水流受到污染，但如果程序不公正，那就意味着水源的污染，实体公正的水流也不能幸免。

二、程序公正与实体公正的对立

程序公正与实体公正尽管存在着一致性，但它们在不少情况下仍然会产生一定的对立和冲突。概括起来，二者之间的价值冲突可表现在以下三个方面：

第一，从理论上来说，程序公正与实体公正之间具有内在的冲突属性。一方面，为了追求程序公正，刑事程序必须设置一些相关的规则、原则和制度，以保障犯罪嫌疑人、被告人的人权。比如，在侦查程序中确立沉默权和辩诉交易制度，在起诉程序中确立预审制度和存疑不起诉的制度，在审判程序中确立非法证据排除规则、疑罪从无的原则以及一罪不再理原则，等等。从这一意义上来说，程序公正往往会阻碍实体公正的实现。另一方面，如果片面追求实体公正而设置某些规则、原则和制度，也可能阻碍程序公正的实

[①] See M. D. Bayles, Procedure Justice: Allocating to Individuals, Kluwer Academic Publishers, 1990, pp. 4 - 7.

现。例如，为了达到实体公正的目的而确认法官的证据调查权，或者对犯罪嫌疑人、被告人课以如实供述的义务，等等。

第二，从实证的角度来看，尽管公正的程序在总体上会促进公正结果的形成，但并不排除下述两种情况的出现：

一是程序公正而实体不公正。有时候，尽管司法工作人员坚持程序公正的各项标准，在诉讼过程中严格按照程序从事侦查、起诉和审判，仍然出现各种程序上或实体上的错误，这就是所谓的公正的程序产生了不公正的实体结果。这种情况在中外刑事司法实践中并不罕见。例如，程序设计符合公正标准，公安司法人员也严格按照这种公正的诉讼程序办案，最后却使有罪者逃脱处罚，使无辜者受到有罪判决，或者使罪重者受到轻判，使罪轻者受到重判。在这里，公正的程序产生了不公正的结果或者完全错误的结果，程序公正与实体公正形成矛盾。

二是实体公正而程序不公正。有时候，尽管司法工作人员没有坚持程序公正的各项要求，在诉讼过程中也没有严格依照程序从事侦查、起诉和审判，却出现了公正的处理结果。这就是所谓的不公正的程序产生了公正的实体结果。这种情况在中外刑事司法实践中比比皆是。例如，刑事侦查人员可以通过对犯罪嫌疑人进行刑讯逼供获得如实供述，而法官在事实上采纳了这一供述，并作出实体公正的裁判；又如，法官在刑事审判过程中违背司法公正原则，在事实上限制了被告获得辩护的权利，或者对他提出的证据没有给予充分的关注，甚至也没有给予被告质证的机会，但法官在裁判中却得出了符合实体公正的裁判结论。在这里，不公正的程序产生了公正的结果，程序公正与实体公正又一次形成矛盾。

显然，在这两种情况下，公正的程序与公正结果之间在事实上形成了矛盾。需要指出的是，尽管上述两种情况在刑事司法实践中并非绝无仅有的事情，但无论如何都是必然中的偶然，其不但不违背刑事诉讼的一般规律，而正是刑事诉讼一般规律的反映。因此，对于这两种情况，正确的态度是既不夸大其出现的频率，更不能归咎于刑事程序本身是否公正：在前一种情况下，只要法官坚持程序公正的各项标准，即使最终作出了错误的裁判，它也具有一定的正当性，在期待进一步司法救济的同时，当事人和社会公众完全应该在一定程度上理解并暂时接受出现的结果；而在后一种情况下，尽管出现了公正的实体结果，无论如何都不能为之庆幸。

第三，在法治不健全的情况下，程序公正与实体公正可能在逻辑上形成断裂。此时，虽然在形式上具有一套公正的程序作为刑事诉讼的依据，但公安司法机关及其工作人员根本没有按照它的规定去侦查、起诉或者审判，而是通过其本人的主观偏见、主观预断、主观想象，以及其他没有参加刑事诉讼的个人或组织的意见为根据作出了实体上处理。显然，这实际上是刑事司法领域一种"有法不依"的现象，也是一种人为制造出来的无谓的冲突。

需要指出的是，这种情况在当今中国的刑事司法领域并不少见。例如：在刑事侦查中，侦查人员并没有按照法定程序进行侦查，而是通过刑讯逼供或其他非法方式得到实体方面的判断；在刑事起诉中，新的"复印件主义"起诉方式并没有完全摆脱原来起诉状一本主义的弊端，难以从根本上排除法官的预断；在刑事审判中，法官尽管在庭审过程中给予各方参与者以公正的对待，但事后所作的裁判却没能建立在法庭调查和辩论的基础上，而审判委员会的成员在没有亲自参加庭审的情况下，却单纯地依据案卷和主观判断作出决定；等等。

第四，还有一种比较特殊的情况，即刑事程序可能阻碍实体公正的实现。一般来说，程序公正与实体公正之间总是呈现一种共生共长的依存关系，但也不排除在特定时空中公正的程序却可能阻碍实体公正的实现。一个常见的情况就是，程序公正往往意味着结案时间的延长，而时间的过于延长就可能产生不利于实体公正的结果：证据可能因此而消失；被告人可能恰在这个期间死亡，对其追究刑事责任失去意义；被害人可能恰在这个期间死亡，从而得不到事实上的慰藉。可见，公正的程序之所以会产生不公正的结果，不仅是由于一些偶然因素的作用，而且也有刑事程序本身的原因。

综上可见，程序公正与实体公正之间的对立和冲突在很大程度上是难以避免的。为什么会出现这种状况？按照国内学者的解释，这是与刑事程序的性质密切相关的。在他看来，公正的程序本身在客观上就具有产生非正义结果的可能性。比如，给予程序参与者以公正的对待，确保其充分而富有意义地参与到裁判过程中来，有时尽管使程序过程具备了程序正义的要求，却对法官客观地认定案件事实构成妨碍，使本来可由法官单独一人探究即可得以揭示的案件事实真相变得难以认定。尤其是在法律设有程序保障机制的情况下，法官的审判活动及其在审判过程中所作的有关裁定、决定或判决很可能因为他违反了一项旨在确保被告人受到公正对待的程序规则而遭到废除或撤销。在这种情况下，公正的程序乃至这种程序的保障机制均可能成为法官查明真相、实现实体正义的障碍。[①]

事实上，这种情况在国外很早就已引起学者们的注意。美国新自然法学的代表人物罗尔斯对此作了深入的分析：一方面，从实质上来看，实体公正与形式公正是两种性质完全不同的公正，不但内容不同，判断的标准也不同，因而完全可能形成相互冲突；另一方面，从形式上来看，相对于实体公正而言，程序公正只是一种"不完善的形式正义（imperfect formal justice）"。就刑事程序而言，这种不完善主要表现为它在实现实体公正方面的相对性、有条件性，尽管人们可以期望实体公正的实现，却不可以绝对地期望一定通过刑事程序得到绝对的实现。进而言之，即使一个国家的刑事程序在创制上有多么完善，对这种创制得完善的刑事程序在实际执行中有多么严格，完善的刑事程序还是有可能产生错误的实体结果。在罗尔斯看来，无论是实质上的冲突还是形式上的冲突，程序公正的独立价值并不因此而受到怀疑或者否定，更不能因此而放弃对程序正义的理想与追求。对此，他解释说，非正义的实体结果并非来自程序本身的过错，也不是来自执行此种程序的人的过错，而是因

---

① 陈瑞华：《刑事审判原理论》，北京大学出版社1997年版，第80页。

为某些情况的偶然结合挫败了法律规范的目的。①

三、关于程序公正与实体公正之间价值选择的不同观点

关于程序公正与实体公正的价值选择，西方历来存在实体公正至上主义和程序公正至上主义两种截然不同的观点。

实体公正至上主义以功利主义价值观为理论支撑。一方面，它认为程序本身并没有独立存在的理由，只不过是实现某种外在目的的手段或工具，这种外在目的就是实体法的实施。另一方面，它认为人们参与刑事诉讼的直接目的是为了追求实体公正，而不是为了获得程序公正。并且，程序是否公正并不能从其自身得到求证，而只能通过实体公正才能加以判断。既然如此，在程序公正与实体公正发生价值冲突的时候，实体公正自然处于绝对优先于程序公正的地位，应当确定无疑地选择实体公正而不是程序公正。②

程序公正至上主义认为，评价程序的唯一价值标准是程序本身是否具有一些内在的品质，而不是程序作为实现某种外在目的的手段的有用性，因为程序重视的是过程价值而不是结果价值，它的目标是使所有受程序结果影响的人受到其应得的待遇。并且，一般来说，公正的程序必然会导致公正的结果，即使公正的程序没有带来公正的实体结果，那也不能因此而否认程序公正的独立意义。因此，在程序公正与实体公正发生冲突的时候，应该选择程序公正而不是实体公正。正如英国学者达夫所指出的那样，法律程序自身的公正性就意味着裁判结果的公正性，只有从正当程序中产生的结果才是正当的，而从非正当程序中产生的结果无论如何都不能获得正当性。③

在程序公正与实体公正的价值选择上，我国学者也提出了自己

---

① ［美］约翰·罗尔斯：《正义论》，何怀宏等译，中国社会科学出版社1988年版，第79—81页。
② 参见甄贞主编：《刑事诉讼法学研究综述》，法律出版社2002年版，第3页。
③ 参见甄贞主编：《刑事诉讼法学研究综述》，法律出版社2002年版，第7页。

的看法。目前主要有以下几种观点：

一是实体公正优先说。这是一种传统的观点，也是对西方的实体至上主义或者绝对工具主义的修正。其主要观点是把认为内容决定形式，有什么样的内容就有什么样的形式，程序只能依附于实体而存在，实体公正具有高于程序公正的支配地位，因而在程序公正与实体公正发生冲突的时候应该选择实体公正。但由于这种理论把程序法和实体法的关系简单地建立在形式和内容之间关系的基础上，实际上并不能准确地说明程序公正和实体公正之间的关系，因而也无法对其作出正确的选择。

二是程序公正优先说。这是当前大多数中青年学者的观点，也是对传统实体公正优先说的辩证否定。这种观点主张在程序公正和实体公正发生冲突时，应该选择程序公正。在承认程序公正的同时，这种观点也不否认实体公正的重要性，并且主张在优先选择程序公正的前提下，追求最大限度的实体公正。但是，在特殊情况下，当二者发生不可调和的冲突时，程序公正优先说主张确定无疑地选择程序公正而不是实体公正。程序公正优先说的主要理由在于三个方面：首先，程序和实体是源和流的关系，也就是过程与结果的关系，程序公正能够保障实体公正的实现；其次，程序公正的标准具有外在性和具体性，是一种可以让社会公正看得见的公正；最后，程序公正具有客观性和可衡量性，可以要求达到绝对公正。

三是实体公正与程序公正并重说。这种观点由中国政法大学陈光中先生所倡导，认为实体公正和程序公正是司法公正两个不可或缺的方面，在二者发生冲突时，应该进行价值协调而不是价值选择，其主旨在于张扬两种价值之间的一致性，解决它们之间的冲突和矛盾，即使在冲突和矛盾无法予以根本消除的情况下，也应以最大限度地提高其一致性，对它们作出必要的调整。同时，这种观点还认为，"重实体，轻程序"和"重程序，轻结果"都是不可取的：前者实际上否定了程序所应具有的独立的内在价值，将程序仅仅视同附属于结果的工具，而后者又把程序的内在价值置于至高无上的地位，使公正结果的实现不成为一种目标而成为公正程序的偶然结果，甚至成为程序的附庸。为此，要求对公正的程序和公正的结果予以同等的重视，并通过刑事审判活动的进行，使程序参与者受到最低限度的公正对待，确保有罪者受到适当的定罪和判刑，无罪者免受刑事追究。只有这样，才能确保正义的要求在整个刑事审判活动中得到全面、彻底的实现。①

四是权衡说。这种观点以北京大学的陈瑞华教授为代表，主张在一般情况下应该以程序公正为主，同时兼顾实体公正，但在二者发生冲突时则应该采取权衡原则。因为一旦公正的程序与公正的结果无法同时兼顾，而且通过几道步骤也不能使两者同时得到实现，法官就会面临一种困境：要么放弃实体公正结果，忍受一种结果上的非正义，要么使程序参与者受到不公正的对待。为摆脱这种困境，法官必须对这两种价值进行适当的权衡，以便作出选择。在具体权衡时，这种观点认为应当遵循以下几项具体要求：不得将"有罪必罚"奉为绝对的价值目标；严格遵守国际公认的最低限度程序公正标准；使程序公正保持适当的限度。②

四、程序公正与实体公正之价值冲突的理想选择

上述中外学者的理论从不同的侧面对程序公正与实体公正的价值选择提供了一些富有创见的思路，这无疑对研究刑事诉讼的价值问题有着重要的启发和借鉴意义。在对上述观点加以对比和分析的基础上，笔者认为程序公正优先说是最为可取的。理由如下：

首先，程序优先说符合中国的现实国情。要解决刑事诉讼的价值选择问题，必须从一个国家的法治现实出发。从我国当前的法治现实来看，一个显著特征就是重实体而轻程序的传统观念根深蒂固，在司法实践中突出地表现为重权力而轻权利、重结果而轻过程、重实质而轻形式。同时，根据优势价值选择原理，虽然人们在

---

① 参见陈光中、王万华："论诉讼法与实体法的关系——兼论诉讼法的价值"，载《诉讼法论丛》1998年第1卷。

② 参见陈瑞华："刑事程序价值观"，载《中外法学》1997年第6期。

观念上对实体公正的渴望更甚于对程序公正的渴求,但对具体的当事人来说,不排除在特定的案件中他们对程序公正的渴求更甚于对实体公正的渴求,尤其是在遭到残酷的刑讯逼供或长期的非法羁押的时候。

其次,程序优先说符合唯物辩证法的基本规律。这是当前大多数青年学者的观点。按照对立统一规律的基本观点,程序公正与实体公正是司法公正的两种不同的价值取向,同时也是刑事程序价值不可分离的两个方面。在双方的矛盾运动中,程序公正处于主要方面,程序公正的实现能够促进实体公正的实现,在进行价值选择时应该优先考虑程序公正而不是实体公正;同时,尽管实体公正处于次要方面,但实体公正的实现对于程序公正的实现也会有直接或间接的反作用,如果实体公正受到损害,程序公正的实质意义也会受到影响。因而,从总体上来看,在对二者进行价值选择的时候,程序始终应该处于优势地位和优先选择的对象,同时也不能忽视对实体公正的追求,但一旦在程序公正与实体公正发生不可调和的冲突时,应该选择程序公正而舍弃实体公正。

再次,程序公正优先说符合刑事诉讼的具体规律。这可以从以下五个方面得出结论:

其一,程序公正的标准具有可衡量性,可以要求达到绝对公正,而实体公正则是相对的,不可能要求达到绝对公正。说实体公正是相对的,一方面是因为执法者毕竟是人而不是神,在具体历史条件下,执法者的认识能力和解决纠纷的能力都是有限的,因此,执法一般只能实现有限的实体公正,但是,执法可以全面实现程序公正。另一方面,实体公正具有一定的模糊性或不确定性,是难以作出准确判断的价值,而程序公正是相对确定的容易判断的价值。

其二,程序公正具有外在性,可以排除人们对执法公正性的合理怀疑。程序的设置和执法过程的运作是否按程序办事,是看得见摸得着的,只要裁判结果符合程序设计和运行的严格要求,即使它存在瑕疵或者错误也能获得正当性。

其三,公正的程序一般能产生公正的实体结果,即使结果不公正，它也具有正当性；不公正的程序往往导致不公正的结果，即使结果是公正的，它也不具有正当性。尽管程序公正不能绝对地保证每一个案件实现实体公正，但是它可以保障绝大多数案件实现实体公正，即使偶然导致了不公正的实际后果，也是可以谅解和接受的，如著名的辛普森案就是这样的。

其四，程序公正能够保障执法过程符合公正的基本要求，从而有效地保障诉讼参与人的权利和防止执法权力的滥用，为执法结果的公正奠定坚实可靠的基础，因此说它是绝对的。

其五，程序公正往往意味着刑事程序在设计和运行上更符合人类认识活动的一般规律，在很大程度上有助于法官发现事实真相，从而作出与客观事实更加接近的公正裁判。

最后，程序公正符合人权保障的世界潮流。在人格得到尊重，人性得到保护，人权得以张扬的当今社会，人们从现实中逐渐认识到程序公正的重要性，程序公正的价值选择更加符合人权保障的潮流。

一般来说，在刑事诉讼中，实体公正更多的是体现了国家和社会的整体利益，而程序公正则更多地倾向于关注当事人的个人权益。尽管个人权益可以通过法律规范上升为法律权利，一旦它与国家、社会的整体利益发生冲突，国家机器乃至于社会舆论都更可能倾向于维护国家和社会的整体利益，这在程序正义观念淡漠的社会尤其如此。在这种情况下，如果为了获得实体公正而不择手段，就很难排除国家司法机关及其工作人员假借维护国家社会利益之名肆意践踏个体利益之实。此时，实体结果是否公正其实已不重要，程序公正与人权保护开始成为人们关注的焦点。

综合上述四点理由，笔者认为，在对程序公正与实体公正之间的价值冲突进行价值选择的时候，应该始终坚持三个原则：其一，无论是在价值观念上还是在司法实践中，都应该确立程序公正的核心地位，这既是唯物辩证法之"重点论"的要求，也是"优势价值选择论"的主旨；其二，在确保程序公正的基础上致力于最大程度地实现实体公正，这是唯物辩证法"两点论"的要求，也是

"优势价值选择论"的重要内容;其三,在程序公正与实体公正不可兼得的时候,取公正之源祛公正之流,即选择程序公正而舍弃实体公正。

应当说明的是,笔者的上述分析并不是想否认实体公正的重要性,实际上,实体公正永远是刑事诉讼不懈的价值追求。笔者只想说明,相对于程序公正而言,实体公正具有更大的相对性和不确定性:一方面,根据人类现有的理性,事实真相有时候是无法完全获得的,由此也决定了实体公正在实现上的有限性;另一方面,尽管实体公正具有一定的客观标准,但它并不具备程序公正那样客观而确定的形式特征,不仅不同主体对于同一案件的处理结果会产生不同的公正感受,而且同一主体在不同时期对于同一案件的处理结果也会产生不同的公正感受。在这一意义上,所谓实体公正在实质上是人们的一种主观感受,它反映出的是人们对实体结果的可接受度。而与此相反的是,程序公正的评价标准一旦被制定出来,则是看得见的、具体的、明确的、易把握和易操作的,也是容易被人们接受的。

正是基于上述之理解,笔者认为,在刑事程序的价值选择中,作为一种理论模式的设定,如果程序公正与实体公正尚未发生冲突,追求实体公正与程序公正价值的平衡或者并重,无疑是最理想的,但是在程序公正与实体公正两个价值目标发生冲突时,程序公正优先应该是现实的、理性的、必然的价值选择。

第四节 实体真实与人权保障的对立统一与价值选择

实体真实与人权保护是刑事程序两个重要的价值目标。二者既存在统一的一面,也存在对立和冲突的一面。然而,一直以来,由于重实体、轻程序和重打击、轻保护的观念没有从根本上得到扭转,人们对它们之间的价值冲突与选择并无清晰的认识,即使理论界至今也存在着许多模糊或者错误的观念,这在客观上严重地制约了刑事司法实践的发展。基于这种状况，作者拟在下文中对实体真实与保护人权之间的对立统一关系作出系统的阐述，并提出价值选择的具体方案。

一、实体真实与人权保护的统一

实体真实与保障人权是刑事程序的两个重要价值目标，二者是对立统一的。所谓统一，是指二者在刑事诉讼的过程中，相互依存、相互影响、相互渗透。一般来说，追求实体真实主要是为了惩罚犯罪，但惩罚犯罪也意味着保护被害人和社会公众的人权。不仅如此，由于实体真实具有客观的衡量标准，也意味着司法人员不能主观臆断和恣意妄为，这又能起到制约国家权力和保护人权的作用。具体而言，二者的统一主要表现为以下三个方面：

首先，实体真实意味着准确、及时地查明犯罪事实，正确适用法律，惩罚犯罪行为，保障人民群众不受犯罪的侵害。从这个意义上来说，只有通过发现实体真实才能制裁犯罪，保护社会公众的人权。

在当代社会，惩治犯罪也就意味着保护人权，实体真实可以通过打击犯罪以保护人民的权利不受犯罪的侵害。在一个犯罪猖獗的社会，人权往往更容易受到侵犯。犯罪是对国家和社会危害最大的违法行为，它侵犯公民的人身权利、财产权利和其他权利，危害国家安全，破坏社会秩序，严重损害国家、社会和人民的根本利益。为了有效地追究犯罪、惩罚犯罪，国家不仅要制定刑事实体法，对犯罪与刑罚作出明确规定，还要制定刑事程序法，以保证准确有效地惩治和遏制犯罪。

毫无疑问，要保护人权，首先就是要查明案件的事实真相。在刑事诉讼中，通过发现实体真实达到保护人权的目的，是一条最基本的途径。可以说，整个刑事诉讼过程是围绕着这一具体中心任务而展开的。查明案件事实，就是要发现实体真实，就是要查明：是否存在犯罪事实，是谁实施了犯罪，实施犯罪的过程以及其他与定罪量刑有关的情况。根据辩证唯物主义认识论的原理，准确地查明犯罪事实,发现实体真实,就是要求司法工作人员准确无误地认定犯罪事实,做到主观认识与实际发生的案件事实相一致。这样才能真正发现犯罪,准确制裁犯罪行为人,从而保护被害人和社会公众的人权。①

发现实体真实不仅要准确,而且要及时,即尽量在较短的时间内查明犯罪实施者及有关情况。只有及时发现实体真实,才能及时落实国家刑罚权,这对于有效打击犯罪、预防犯罪具有重要的意义。因为及时落实国家的刑罚权可以使犯罪人心目中有罪必罚的观念得到强化,进而起到遏制犯罪冲动的作用;反之,罪与罚间隔的时间越长,有罪必罚的观念就越淡化,遏制犯罪冲动的机制就会受到削弱。不仅如此,及时发现实体真实,还能够使无罪的犯罪嫌疑人尽快解脱,从而切实维护公民的人身自由权和其他合法权益。②

其次,实体真实在一定程度上也意味着对司法工作人员的制约,防止国家司法权的滥用,保护犯罪行为人的人权。

社会存在着犯罪,就必须对其进行追究和惩罚,否则不能保障公民的生命、财产和其他合法权利不受侵犯,不能保障国家的安全和维护社会秩序的稳定。这就需要国家通过具体的司法工作人员行使刑罚权,对犯罪进行追究和惩罚。但是,在对犯罪嫌疑人、被告人进行追究的时候,客观公正地办案,不能感情用事,不能滥用国家追诉权,更不能对犯罪者滥施刑罚。

实体真实意味着司法机关在刑事诉讼中必须以事实为根据,不枉不纵,罚当其罪。我国《刑事诉讼法》第 6 条明确地规定了以事实为根据,以法律为准绳的原则,这一原则在实质上也意味着实体真实对国家司法人员行使司法权的制约。事实上,公民的财产乃至生命等权利不仅可能受到犯罪行为的侵害,也可能因为国家权力

---

① 陈光中主编:《刑事诉讼法》,北京大学出版社、高等教育出版社 2002 年版,第 18 页。

② 陈光中主编:《刑事诉讼法》,北京大学出版社、高等教育出版社 2002 年版,第 19 页。

的滥用而遭受损害。国家司法机关在追究、惩罚犯罪的过程中，出于对犯罪行为的痛恨，往往自觉不自觉地超越权力，甚至滥施刑罚，导致罚不当罪，从而侵犯犯罪嫌疑人、被告人的合法权利，严重损害司法公正。正因为如此，世界上任何科学的刑事诉讼法，无不强调实体真实的根本准则，以排除司法机关的主观臆断和权力滥用，以保障犯罪嫌疑人、被告人或罪犯的人权。

因此，从这个意义上来说，实体真实的内涵还应当包括：保障包括犯罪嫌疑人、被告人、被害人在内的所有诉讼参与人的诉讼权利使之得到充分行使；保障有罪的人受到公正的惩罚，做到程序合法、实体公正、定罪正确、量刑适当。刑事诉讼法不仅是赋予国家机关一定权力的法律，也是限制国家权力以防止公民个人权利受到侵害的法律。现代法治社会要求社会生活的各个方面都应当纳入法制的轨道，由法律予以规范。

最后，发现实体真实可以保证无罪的人不受刑事追究，保障无辜者的人权。

贝卡利亚说过，有罪不罚，放纵犯罪固然会给国家、社会和人民带来严重危害，但冤枉无辜，使无罪者受到错误的刑事追究，比滥罚有罪者的后果更为严重，它不但破坏了国家法制，而且严重地侵犯了公民的人权。[①]

通过发现实体真实，从而准确、及时惩处犯罪以保护公民的人身、财产和生命等合法权利，只是保护人民的一个重要方面。更为重要的是，通过发现实体真实，在惩罚犯罪者的同时也意味着避免发生使无辜者受到刑事追究的错误可能。不难想象，一个无辜者一旦被错判有罪并判处刑罚，就意味着一个无辜者要在相当长的时期内——甚至终其一生——无辜地承受不应有的损失：不但其名誉和人格要遭到不应有的侵害，而且其自由、财产，甚至生命都有可能遭到不应有的剥夺。对此，英国学者特纳曾经精辟地指出："定罪

[①] [意] 贝卡利亚：《论犯罪与刑罚》，黄风译，中国大百科全书出版社1993年版，第109页。

的后果是非常可怕的,在人们的眼中,一个无辜的人被定罪,这无论如何都是一场巨大的灾难。"① 正因为错罚无辜者如此严重地侵犯人权,人们才觉得宁可放纵九十九个犯罪,也不冤枉一个好人。

二、实体真实与人权保护的对立

实体真实与人权保护是刑事程序中不同性质的两个价值目标,二者具有统一的一面也有对立的一面。一般来说,对实体真实的追求往往意味着对犯罪嫌疑人或被告人人权的限制,而且对实体真实的片面追求还可能造成对犯罪嫌疑人或被告人人权的侵害。同样,为了保护人权,有时候也不得不限制甚至舍弃实体真实。具体而言,二者的对立主要表现在以下几个方面:

首先,实体真实与人权保护在刑事诉讼中的侧重点不一样,一个重在惩治,一个重在保护。

所谓重在惩治,意味着发现实体真实的主要目的是惩治犯罪。在刑事诉讼中,一个基本的价值目标就是得到实体真实,但得到实体真实并不是真正的目的,而是为了发现犯罪人和犯罪事实,在准确、及时地查明案件事实真相的基础上,对构成犯罪的被告人公正地适用刑法,以控制和预防犯罪。

所谓重在保护,是指人权保护已经成为刑事程序的核心价值目标。在西方,刑事程序和刑事实体法一样,被视为犯罪人的大宪章,其核心价值不在打击而在保护。在我国,人权保护已经成为建设社会主义法治国家的共识,并在刑事司法的理论与实践中受到越来越多的重视,这是一个可喜的现象,它反映了社会的文明和法治的进步。

其次,二者在非法证据排除方面存在对立。

实体真实意味着应当重视证据的客观性,实事求是地处理问题,因而要求对非法获得的证据加以采证,凡是属于真实的证据材料,即使采用非法方式获取的,也有助于发现案件事实的真实面

---

① [英] 特纳:《肯尼刑法原理》,王国庆译,华夏出版社1987年版,第484页。

目。这一点从我国现行刑事诉讼法的规定也可以得到支持，因为我国刑事诉讼法强调真实原则，只要是真实有益的材料就应加以采用，而不因收集证据方法的非法性而影响证据的可采性。

人权保护意味着对非法证据的否定，既然非法证据在本质上具有违反人权的性质，因而非法证据无论真实与否，均不具有证据能力，应一律加以排除。在人权保护主义看来，实行非法证据排除是实现控辩平等的重要条件之一。根据"谁主张，谁举证"的举证责任原理，被追诉者不负举证责任，但由于其在诉讼中处于被诉讼者的地位，处于以国家为后盾的强大的侦查机关的压力之下，其各项诉讼权利及人身权利可能遭到侵害。非法证据排除原则对这一地位上的悬殊差别作了有力的平衡，才使得被追诉者有可能与侦查机关处于平等地位，从而防止使被追诉者承担证明责任的企图的实现，使无罪推定真正得以落实。不仅如此，在人权保护主义看来，实行非法证据排除规则有利于克服侦查机关长期严重依赖口供而在事实上养成的侦查惰性和权力滥用，从而提高我国侦查机关的侦查能力和侦查水平，实现司法公正。

在非法证据排除方面，人权保护主义能从我国现行刑事诉讼中找到更多支持。我国《刑事诉讼法》第 43 条规定："严禁刑讯逼供和以威胁、引诱、欺骗以及其他非法的方法收集证据。"因此，凡是以刑讯逼供、威胁、引诱、欺骗以及其他非法方法收集的证据材料，应该一律排除，不能作为定案的根据。

再次，二者在沉默权方面存在对立。

实体真实反对沉默权，要求对犯罪嫌疑人或被告人课以如实陈述的义务。在这方面，其基本理由不外乎三个：其一，如实陈述有利于查明案件的实体真实。尽管科学技术的发展使警检机构对犯罪嫌疑人自白的依赖程度大大降低，但不可否认，侦查程序中对犯罪嫌疑人的讯问对于有效追究犯罪来说仍是最重要的手段之一，犯罪嫌疑人的如实陈述不仅可获得口供这一重要的直接证据，而且还可以引出大量的其他重要证据——物证或书证。其二，如实陈述有利于提高诉讼效率。犯罪嫌疑人的如实陈述不但可以加快案件审理的速度，及时结案和减轻案件积压，而且可以免除不必要的诉讼环节，减少司法投入，从而节约国家的司法资源。其三，司法实践表明，大多数犯罪嫌疑人最终是被判为有罪的。因此，在实体真实主义看来，赋予犯罪嫌疑人或被告人沉默权无疑会妨碍司法机关查明案情并降低诉讼效率，而如实陈述则可以确保国家刑罚权的实现。

人权保护则要求赋予犯罪嫌疑人或被告人沉默权，反对如实陈述的义务。在人权保护主义看来，赋予被追诉者沉默权具有理论和实践两个方面的重要意义：一方面，从理论上来说，赋予犯罪嫌疑人、被告人沉默权有利于保护被追诉者的人身权利。在现代法治国家里，赋予被追诉者沉默权使犯罪嫌疑人和被告人在刑事诉讼中取得价值主体的地位，体现了人权保障的价值目标，它与诉讼主体学说、无罪推定、辩护原则、举证责任原理等现代诉讼理论一起构成了刑事诉讼人权保障的重要内容。另一方面，从实践上来说，赋予犯罪嫌疑人、被告人沉默权对解决我国长期存在的刑讯逼供顽症具有重要的现实意义。我国具有两千多年封建统治的历史，在封建纠问式诉讼模式下，刑事司法以发现真相并惩罚犯罪为刑事诉讼的唯一价值目标，犯罪嫌疑人和被告人只是司法官吏拷问的诉讼客体，丝毫不享有诉讼主体资格，其供述是司法官吏定罪量刑的证据之源。在这种情况下，法律不仅要求其必须供述，而且必要时可以用暴力逼取这种供述。因此，作为对封建纠问式诉讼的否定和反动，赋予被追诉者沉默权就是防止刑讯逼供的重要条件和措施之一。当然，在赋予沉默权的时候还需要辅以其他必要的配套措施，如律师的讯问在场权、中立的法官对侦查的监督、非法证据的排除，等等。

最后，实体真实与人权保护具有不同的衡量标准。实体真实是在案件事实判断上主观符合客观的情况，其衡量标准是刑事司法实践，具有较强的客观性，可以通过正确与不正确来表示。人权保护是社会文明进步的重要成果，它虽然根植于一个社会的物质生活条件，但更多地体现为一种程序价值观，其衡量标准通过正义与不正义来表示，具有较强的主观性。比如，在是否取消犯罪嫌疑人、被告人如实陈述义务的问题上,就有两种截然相反的衡量标准,并由此形成两种截然相反的观点:如果从实体真实的观点出发,就不能废除如实陈述的义务,因为它必然会妨碍实体真实的发现,并增加时间上和经济上的负担;如果从人权保护的观点出发,就应该废除如实陈述的义务,因为它可以在一定程度上杜绝刑讯逼供的现象。从我国的刑事程序立法来看,目前选择了前者,这充分反映了实体真实观念在我国刑事司法中的主导地位。

三、关于实体真实与人权保护之间价值选择的不同观点

目前,关于实体真实与人权保护之间的价值选择,西方国家主要有两种相互对立的观点。

一是实体真实至上主义。实体真实至上主义认为,刑事程序的制定和运作应当便于国家司法机关对犯罪事实真相的发现,以实现对犯罪的惩罚和控制,不能发现犯罪事实就难以保护人权,不能以牺牲实体真实的代价去保护人权。①

在这种观点看来,刑事程序的唯一价值目标就是发现实体真实,因此立法机关在制定刑事程序的时候不应设置过多的制约性条款,司法机关在操作刑事程序的时候也不应减缓案件进行的速度或者拘泥于过多的司法审查,具体到刑事程序的各个阶段,也必须符合实体真实的要求,以便更快更有效地打击犯罪。为此,应当信任国家司法权力的运作,肯定警察和检察官的素质,信赖侦查机关和起诉机关在审判前作出的具体侦办工作,不能仅仅因为采用通过非法手段获取的证据而排除整个判决的效力。不仅如此,为实现上述实体真实的价值目标,刑事程序应尽量减少对警察、检察官等权力执行者的限制,因为他们在行使权力的过程中发生错误在所难免。也就是说,与其放纵犯罪,不如忽略他们的错误,否则就会使犯罪更加猖獗。

实体真实至上主义的理论基础是犯罪控制论。犯罪控制论是由

---

① 参见甄贞主编:《刑事诉讼法学研究综述》,法律出版社2001年版,第24页。

美国著名刑事法学家帕卡（Packer）提出来的。在其著作《刑事犯罪制裁的界限》中，帕卡系统阐述了以犯罪控制为价值目标的刑事程序的理念、结构与技术特征，并把这种刑事程序称为刑事程序的"犯罪控制模式"（crime control model）。帕卡认为，犯罪控制模式的产生具有必然的社会根源。由于人的理性的有限性和人的欲望的无限性，犯罪总是不可避免，加之现代各国的经济发展都在不同程度上存在结构性矛盾，使财产型犯罪的数量不断增长。而生产力的发展和科技的进步在促进经济发展的同时也使犯罪手段日趋先进。在犯罪数量不断增长，犯罪手段不断先进的情况下，社会治安状况往往成为国家、社会和市民关心的头等大事，于是主张高效打击犯罪、维护国家秩序的实体真实至上主义便应运而生。

目前，世界上有些国家依然把实体真实视为刑事程序的基本目标或唯一目标，其他利益和价值都必须服从于实体真实的需要，为了打击犯罪，司法机关可以不择手段，不计成本，甚至不惜践踏人权。

二是人权保护至上主义。人权保护至上主义主张尊重犯罪嫌疑人和被告人的合法权益，认为保护人权应该是刑事程序的首要价值目标，在实体真实与保障人权的关系上，后者应该处于优越地位，以使刑事程序合乎公平正义的要求。[①]

人权保护至上主义认为，实体真实不是目的，刑事程序最根本的价值目标在于保护人权，发现事实真相的目的也是为了保护人权，否则实体真实就失去了方向，就没有存在的必要。因此，在刑事程序的设计中，人权保护至上主义具有和正当程序主义一致的技术特征：无罪推定，任何人在被法庭证明判决有罪之前都被推定为无罪；犯罪嫌疑人的身体、住所和财物不经法定程序不得被搜查、扣押或受到其他非法侵犯；犯罪嫌疑人和被告人享有沉默权，在刑事程序中不得被迫自证有罪；被告人享有律师帮助权，如果被告人无力聘请律师，则法院有义务为他指定辩护律师；被告有权知晓被

[①] 参见甄贞主编：《刑事诉讼法学研究综述》，法律出版社2001年版，第26页。

指控的罪名，享有陪审员审判和迅速公开审判的权利；公诉的提出受到严格限制；判决的作出要求该案达到排除合理怀疑的程度；实行一事不再理的原则，对被告人的同一罪行不能重复审判。

从目前来看，大多数国家把保护人权，特别是犯罪嫌疑人和被告人的权利看做是刑事司法保护的基本目标或最高目标，其他利益和价值都必须让位于保护人权的需要，这无疑是社会进步的表现。然而，毫无疑问，一味强调犯罪嫌疑人或被告人的权利保护，甚至不惜放纵罪犯，也是不可取的。

关于实体真实和保护人权之间的关系，我国学者的讨论也比较多。主要有以下三种看法：

一是传统的重实体真实、轻人权保护的观点。重实体真实、轻人权保护也就是通常所说的重"打击"轻"保护"，是一种在我国刑事司法实践中根深蒂固的传统观念。这种观点认为：从刑事程序产生和发展的起源来看，其初始功能就是打击犯罪，维护统治阶级的利益。综观世界各国的程序发展史，在相当长的历史时期内都把打击犯罪作为刑事司法制度的基本价值目标。无论是在古代东方国家还是在中世纪的西方国家，刑讯逼供在司法活动中的广泛运用乃至合法化，就是这种价值定位的表现之一。新中国成立以后，由于长期受"敌我矛盾"思维习惯和阶级斗争意识形态的影响，由于受社会本位和义务本位的传统价值观念的影响，我国的刑事司法制度一直偏重于打击犯罪的目标，而对犯罪嫌疑人和被告人的权利保护则受到严重的忽视。尽管经过近几十年来的不断努力，情况有所改观，但在很大程度上仍然普遍存在着漠视犯罪嫌疑人或被告人权利的问题，在一些地方甚至情况还相当严重。例如，在刑事审判中，法官与检察机关派出的公诉人员在事实上处于相互配合的地位，被告人则同时面临两个司法机关的追诉；在庭审过程中，被告人不能充分获得质证的机会，也不能充分发表辩论意见；法官和司法警察往往以有罪推定的态度对待被告人，限制甚至完全剥夺被告人依法享有的诉讼权利，致使公诉人与被告人在法庭中的平等地位严重失衡，既挫伤了被告人参与诉讼的积极性，也损害了法律的尊严。①

在笔者看来，当今中国刑事司法实践中的许多问题都是这种观点影响的结果。在实践中，为了达到片面追求实体真实的目的，国家司法机关及其工作人员往往严重违反法定程序，比较典型的如违反审限规定，案件久拖不决，刑讯逼供、超期羁押。而且，有的案件由于受"有罪推定"思想的影响，在事实不清，证据不足，不能认定被告人有罪的情况下，不是作出宣告被告人无罪的判决，而是担心放纵罪犯而直接作出有罪判决，要么干脆不予判决，对被告人进行长期关押。这些都严重地侵害了被告人的人权。

二是只重视人权保护，轻视甚至否定实体真实的观点。这是我国不少新派青年学者持有的观点。与前一种观点相反，这种观点把保护人权，特别是犯罪嫌疑人和被告人的权利看做是刑事司法保护的唯一目标或最高目标，其他利益和价值都必须无条件让位于保护人权的需要，为了保护人权，不惜牺牲司法效率，甚至不惜放纵罪犯。在这种观点看来，诉讼过程中存在三种事实形态：一是客观事实形态，是指发生在过去的事实，具有不可回复性；二是主观事实形态，是指存在于参加诉讼人员头脑中的事实，具有多变性；三是法律上的事实形态，即通过诉讼程序最终认定的事实形态，通过正当的程序达到的一种"合理的可接受性"，即达到了法律意义上的实体真实。这三种事实形态都对人的理性提出了挑战，具有不可靠性。而相对于实体真实的不可靠性，人权保护却是具体可行的，是完全可以做到的，因而人权保障对于实体真实的优先地位。这就意味着在一定情况下，即使牺牲实体真实也要追求人权保障。因为人权保障是刑事程序的内在生命，在实体真实与人权保障相抵触的情况下，是选择实体真实还是选择人权保障，是对程序独立价值是否维护与坚守的试金石。如果说，迟到的正义是非正义，那么，违反人权而获得的正义同样是非正义。在这种意义上，人权优先体现为

---

① 江必新："用程序捍卫公平正义"，载《新华文摘》1999年第10期。

程序对实体的优越。不仅如此，这种观点还强调，由于我国对人权价值的关注与强调远远不够的，要真正树立人权保障的观念，也应该使人权保障对于实体真实的从属地位改变成为对于实体的优先地位。①

事实上，在笔者看来，重实体真实，轻人权保护的观点固然是错误的，但是只重视人权保护而轻视甚至否定实体真实的观点也是不可取的。然而，这种观点在我国刑事诉讼法学界并不少见，其主要理论基础是认识论上的不可知论，即认为人的认识能力是有限的，绝对真实是不可能达到的，即使人们最终获得了某种"真实"，也是虚无的，不可靠的，因而刑事程序不能以追求实体真实为价值目标。

三是主张实体真实与人权保护之间的协调。与前述两种观点不同，这种观点主张在实体真实与人权保护之间保持和谐一致，因而也是目前刑事诉讼法学界的主流观点。这种观点认为，过分强调保护人权而忽视对犯罪的追究，势必造成放纵罪犯的后果，危及社会秩序的稳定；若只注重打击犯罪，忽视对人权的保障，则会产生蔑视法制、滥用权力、刑讯逼供、滥捕滥判的严重后果，进而产生较高的错案率。这两种情况都不利于刑事程序根本目的之实现。只有将二者提到同等重要的位置，才能使刑事诉讼活动真正符合国家、社会和一般社会成员的需要，也才能维护社会秩序的稳定。因此，坚持惩罚犯罪与保障人权并重是符合我国刑事程序的价值目标的。②

四、实体真实与人权保护之价值冲突的理想选择

不可否认，实体真实与人权保护之间的价值选择的确是刑事司

---

① 参见吴宏耀、魏晓娜：《诉讼证明原理》，法律出版社2002年版，第31—35页。

② 宋英辉：《刑事诉讼目的论》，中国人民公安大学出版社1995年版，第48—50页。

法领域的一个重大问题。在上述三种观点中，第一、二种观点固然是不可取的，但第三种观点也存在一定的模糊性。事实上，根据唯物辩证法的基本原理，在价值冲突的双方必有一个处于矛盾的主要方面，而另一方则处于次要的从属地位。在刑事程序的价值冲突中，实体真实和人权保护所处的地位当然也不一样，有时候难以做到协调和均衡。实体真实是刑事诉讼的重要目的，但和人权保护相比较而言，它又只能是一种手段。也就是说，不能为了真实而真实，追求实体真实的最终目的在于保护人权。否则，实体真实就失去了方向。因此，在实体真实和人权保护之间的关系中，人权保护始终是一个需要优先考虑的价值目标，然后在此前提下追求最大程度的实体真实，一旦实体真实与人权保护不可兼得，应该选择人权保护而舍弃实体真实。具体方案如下：

首先，确立人权保护的优先地位。

在我国，刑事司法领域一个现实的国情就是：刑事诉讼一直难以摆脱传统的重实体、轻程序，重打击、轻保护的思想观念，表现在司法实践中就是以发现实体真实和打击犯罪为主要目的，一旦实体真实与人权保障发生冲突，无论社会公众还是专业司法工作者，往往把价值选择的天平偏向打击犯罪而不是保障人权。不仅如此，由于传统观念的影响，我国在刑事程序立法领域也比较落后，一些原本有利于人权保障的程序法如证据法、被害人保护法，迟迟不能制定。对此，最高人民法院副院长沈德咏曾经指出："这些传统的思想和观念既构成了我们无法抛弃的认识前提和知识基础，同时也对我们借鉴西方已发育良久的程序法理论和制度造成一定的阻碍。"[①] 在这种情况下，如果要在实体真实与人权保障之间作出正确的价值选择，一个前提就是确立正确的思想观念。在当前法制全球化和建设社会主义法治国家的背景之下，刑事司法的一个基本理念应该是符合人性、人道和人本的要求。也就是说，仅仅打击犯罪不是目的，国家制定刑事程序的终极价值目标是保护人权。

---

① 参见《人民法院报》2001年6月18日。

既然如此，根据优势价值选择的观点，当实体真实与人权保障发生冲突的时候，就应当优先选择人权保障。笔者认为，在刑事司法领域，保障人权保护就是要保障犯罪嫌疑人、被告人、被害人的基本权利和诉讼权利。其中，基本权利至少包括生命权、自由权、平等权、财产权、安全权和无罪的人不受刑事追究的权利，诉讼权利至少包括知悉权、辩护权、沉默权、上诉权、程序选择权、诉讼参与权以及获得及时而公正的审判的权利。为了切实保障这些权利，关键是要强化程序公正的理念，从根本上认识到程序公正的基本要求：与诉讼结果有利害关系或者可能因诉讼结果而受到不利影响的人，都有机会充分地参与到刑事诉讼中，并得到提出有利于自己的主张和证据以及反驳对方提出的主张和证据的机会。

当前，强调刑事司法保护领域的人权保障已经成为国际社会的一个共识，这一共识业已成为我国刑事司法领域的价值取向。自1980年以来，我国先后签署了近20个关于人权保护的国际公约。其中，最为重要的是，继1997年签署《经济、社会及文化权利国际公约》之后，我国于1998年10月5日又签署了《公民权利和政治权利国际公约》。这些公约的批准和实施不但会促进我国的刑事程序立法和刑事司法实践，而且也必将促进我国的人权保护事业。

其次，在确立人权保护的优先地位的前提下追求最大限度的实体真实。

人权保护离不开对实体真实的追求，在人权得到保障的前提下，也要使实体真实得到最大程度的实现。实体真实反映了人类追求至真、至善、至美的本性，是人类理性的价值追求，也是刑事诉讼不懈的价值追求。特别是在我国当前的社会主义初级阶段，由于经济发展水平还比较低，贫富差距还比较大，加上我国社会正处于转型期，传统与现代、东方与西方之间存在激烈的价值观冲突，犯罪现象还比较突出，更凸显了实体真实在刑事诉讼中的重要性。因而，一味地谈人权保护而忽视甚至羞于谈论实体真实和犯罪控制，这也是不可取的，是无视我国的客观国情的表现。实质上，实体真实在一定程度上反映了刑事程序的本质属性，无论过去、现在还是将来，发现实体真实，惩治犯罪都将是刑事程序的基本价值目标；离开这一价值目标，刑事程序就失去了起码的存在基础。

实体真实的实现与司法人员的素质有很大关系。在这方面，法官的素质尤为重要，因为实体真实最终要依赖法官的理性判断。在刑事诉讼中，证据的审查、事实的认定、法律的适用直至最后的裁判都要受到法官的认识能力、判断能力和法治理念的支配。可以说，实体真实比一般的认识和观念更为深刻和严格，具有更强稳定性、原则性和基础性，其每一环节都反映了法官的世界观和价值观。

笔者以为，为了提高实体真实的形成能力，法官应从以下几个方面作出努力：

其一，法官要树立独立的审判观念。司法独立是司法公正的重要条件，也是实体真实的重要保障。在刑事诉讼中，法官的独立意味着超越于权力、金钱和个人偏好之上，如果法官不能摆脱个人偏好，不能摆脱对权力的服从和对利益的追逐，就很难对客观的案件事实作出正确的认识和判断。

其二，法官要树立公正的审判观念。在现代刑事诉讼中，公正意味着法官居中裁判，与控辩双方保持同等的距离，既不偏向于控诉方，也不偏向于辩护方。显然，如果法官在诉讼过程中因为怀有偏私而徇私枉法，不但不会发现实体真实，甚至可能阻碍和掩盖实体真实。可见，在形成实体真实的时候，除了能不能的问题，还有一个愿不愿的问题。如果说法官的独立自主能够从客观上保证法官获得实体真实，那么法官的公正无偏能够从主观上保证法官获得实体真实。

其三，法官要树立理性的审判观念。理性是法官最重要的素质之一，理性意味着从客观事实出发而不是从主观想象出发，只有根据证据、事实和法律进行审理，才能从根本上实现实体真实。

最后，在实体真实与人权保护不可兼得的时候选择人权保护。

如前所述，尽管实体真实与人权保障在大多数情况下都是一种可以协调的对立，但也不排除在特殊情况下二者会发生非此即彼的不可调和的矛盾。在这种鱼与熊掌不可兼得的情况下，必然要舍弃一方而选择另一方：要么选择实体真实，要么选择人权保障。但是，根据优位价值选择的观点，正确的选择应该是选择人权保障而不是实体真实。这是因为，实体真实与人权保护之间事实上也是一种手段与目的的关系，不能为了真实而真实，而是为了保护人权而真实。因此，在实体真实与人权保护发生冲突，不可兼得的时候，应该使法律的天平倾向人权保护而不是实体真实，只有这样才能符合程序正义的理念，美国历史上的米兰达规则和著名的辛普森案都是这一理念的最佳实例。

第六章 刑事程序的价值评价

第一节 审判前程序的价值评价

近年来，学界对刑事审判前程序的研究已经开始超越对审判前程序诸环节的技术性拆解，把视角投向审判前程序的一体化研究。并且，这种研究已经具有三种转向的态势，即从功能研究转向模式研究，从国内的单一研究转向国外的比较研究，从规则和原理的研究转向关系和理念的研究。但是从目前来看，这些研究及其转向均仅限于事实层面的研究，而价值层面的研究却尚未受到应有的关注。

实际上，正如大多数学者所认同的那样，审判前程序是中国刑事诉讼实践中程序性违法现象发生最多的诉讼阶段，因而也是公民的基本权益最容易受到非法侵害的阶段，诸如刑讯逼供、超期羁押、违法取证、滥用强制措施之类的侵害犯罪嫌疑人的违法现象大都发生在这一诉讼阶段。从表面来看，这些现象发生的原因是由于司法人员素质不高和法治意识淡薄，但更深层次的原因却需要从现象背后的价值观念去寻找。只有对审判前程序的价值问题进行系统而深入的思考，才能真正认识到中国审判前程序中诸多弊病的症结所在。

基于以上思路，笔者力图对中国刑事审判前程序进行一次系统的价值分析。当然，这些分析还是初步的、尝试性的，并且缺乏充足的国内外相关资料，因而可能出现力所不逮之处。但是，只要能够对中国刑事审判前程序的研究带来些许启示或新意，并促使人们对刑事审判前程序的研究视角实现从事实到价值的转向，本书的基本目的便达到了。

一、我国刑事审判前程序的主要环节

在中国刑事审判前程序中，立案、侦查和起诉被视为三个相互独立的诉讼阶段。一般认为，之所以将上述三道程序视为相互独立的诉讼阶段，是因为上述三个阶段各有专门的启动程序，检警机构在其中负有相对独立的诉讼任务，并在每一阶段结束时制作独立的法律文书。但与此同时，现行刑事诉讼法大多将立案、侦查和提起公诉共同规定在一个编章之中，并使之成为与审判程序相并列的审判前程序，这又足以显示出立法者将三者视为一个整体的立法思路。[①] 因此，在对我国刑事审判前程序进行研究的时候，既要看到立案、侦查和起诉的相对独立性，也要看到它们三者的统一整体性，以便从整体上对中国刑事审判前程序进行价值评价。

1. 立案

在我国，立案是指公安司法机关对于报案、控告、举报、自首以及自诉人起诉，按照各自的管辖范围进行审查之后，认为有犯罪事实发生并需要追究刑事责任时，决定将其作为刑事案件加以处理的诉讼活动。[②] 一般而言，立案是法律专门赋予公安机关、人民检察院、人民法院的权力和职责，其他任何机关和个人都无权立案。立案是我国刑事诉讼的一个特有阶段，不但是审判前程序开始的标志，而且是整个刑事诉讼程序开始的标志。

就公诉案件而言，依据我国《刑事诉讼法》第 86 条的规定，公安机关、检察机关或人民法院在接受报案、控告、举报、自首或者其他有关犯罪行为发生的线索后，应该按照管辖范围迅速进行审查；认为有犯罪事实并需要追究刑事责任的时候，应当立案；认为

[①] 陈瑞华：《刑事诉讼的前沿问题》，中国人民大学出版社 2000 年版，第 266 页。
[②] 陈光中主编：《刑事诉讼法》，北京大学出版社、高等教育出版社 2002 年版，第 234 页。

没有犯罪事实，或者犯罪事实显著轻微，不需要追究刑事责任的时候，不予立案并将不立案的原因通知控告人。

就自诉案件而言，依据我国《刑事诉讼法》第171条的规定，人民法院对收到的犯罪材料经审查不属于自己管辖的，应当将材料移送有管辖权的机关处理；对属于自己管辖的自诉案件，并符合刑事诉讼法及有关司法解释规定，裁定予以立案受理，否则应当说服当事人撤回起诉，或者裁定驳回起诉。

立案的价值目标旨在确定有无犯罪事实，依法是否需要追究刑事责任。在立案阶段，公安司法机关的主要职责是对有关材料进行审查，只有在查明确有犯罪事实发生并需要追究刑事责任时才能作出立案决定，才能采取强制措施和侦查手段，以防止公安司法机关滥用权力，侵害公民、法人和其他社会组织的合法权益。

2. 侦查

所谓侦查，根据我国《刑事诉讼法》第82条规定，是指有关侦查机关在办理案件过程中，依照法律进行的专门调查工作和有关的强制性措施。侦查既是公诉案件在立案后必须进行的一个诉讼阶段，也是为起诉做准备的一个阶段。从整个刑事诉讼各个阶段的序列来看，侦查排在起诉和审判的前面，侦查工作的质量直接或者间接地影响到起诉和审判的效果。从这个意义上来说，侦查是刑事诉讼的基础环节，它负有发现和收集证据，查明犯罪事实和犯罪嫌疑人的功能。只有经过侦查活动，收集确实充分的证据，查明犯罪事实，查获犯罪嫌疑人，才能进入起诉阶段。侦查终结的案件如果事实清楚，证据确实充分，应当移送同级人民检察院审查决定是否起诉。

根据侦查与起诉的关系，可以把侦查分为三种模式，即侦诉一体的模式、侦诉分离的模式和混合模式。英美法系国家一般实行侦诉分离的侦查模式，侦查机关与起诉机关互不隶属，各司其职；大陆国家法系则普遍实行侦诉一体的侦查模式，侦查机关与起诉机关合二为一，或者从属于起诉机关，受起诉机关的指挥与监督。我国的侦查组织体系兼具一体模式和分离模式的特点，是典型的侦诉混合模式：一方面，侦查机关与起诉机关相互独立，侦查和起诉由侦查机关与检察机关分别承担；另一方面，检察机关有权独立进行某些特定的侦查活动，并对侦查机关实施法律监督。①

一般认为，刑事案件往往错综复杂，犯罪者大多秘密作案，并且通过隐匿、毁灭证据，制造假象以逃避刑事追究，因而只有通过缜密的侦查活动才能对犯罪予以揭露、证实和制裁。我国采取的混合侦查模式主要是出于有利于发现案件的事实真相。一方面，在这种混合模式中，侦查机关可以独立从事侦查工作，不必受到过多的制约，以保证侦查的集中性和高效性。根据刑事诉讼法的规定，检察机关作为法律监督机关，有权对贪污贿赂、渎职侵权等涉及公职人员犯罪的案件实施侦查；国家安全机关负责侦查的是危害国家安全的犯罪案件；监狱部门有权对监狱内发生的刑事案件进行侦查；军事保卫部门侦查的则是发生在军队内部的犯罪案件。在上述案件之外，其他所有刑事案件则一律由普通公安机关负责进行侦查。无论是公安机关，还是国家安全机关、监狱和军事保卫部门，在自己负责侦查的案件中，都不受检察机关的领导和指挥，检察机关甚至无权参与这些由其他机关负责实施的侦查活动，只能进行有限的法律监督。这是中国的侦查程序不同于大陆法系国家的主要地方。另一方面，这种混合模式可以确保侦查机关对犯罪嫌疑人具有压倒性的绝对优势，可以采取必要的侦查手段和强制措施，以确保侦查的顺利进行。

3. 起诉

在刑事诉讼中，起诉是指国家专门机关或者个人依照法律规定向有管辖权的法院提出控告，要求法院对被指控的被告人加以审判并给予刑罚制裁的诉讼环节。②

---

① 陈光中主编：《刑事诉讼法》，北京大学出版社、高等教育出版社2002年版，第245页。

② 陈光中主编：《刑事诉讼法》，北京大学出版社、高等教育出版社2002年版，第279页。

以提起的主体为标准，起诉可以分为公诉和自诉。所谓公诉，是指国家专门机关及其工作人员以国家和社会公共利益的名义向法院提出诉讼请求，要求法院通过刑事审判确定被告人是否承担刑事责任并给予相应处罚的诉讼活动。所谓自诉，是指依法享有自诉权的个人（自然人、法人或其他社会组织）以自己的名义直接向法院提起的刑事诉讼。不管是公诉还是自诉，其基本目的都是为了追究被告人的刑事责任，维护国家利益、社会秩序和公民个人的合法权益。

根据我国《刑事诉讼法》第141、142条的规定，检察机关在审查起诉后一般只能作出两种决定：对于符合起诉条件的案件，直接向法院提起公诉；对于不符合起诉条件的案件，则作出不起诉的决定，并公开宣布。检察机关所作的不起诉决定一般可以分为以下三种：一是"法定不起诉"，也就是针对以下两种情况所作的不起诉：（1）案件符合《刑事诉讼法》第15条规定的不追究刑事责任的情形之一；（2）有充分的证据表明犯罪嫌疑人根本没有实施任何犯罪行为。二是"酌定不起诉"，适用于犯罪嫌疑人的犯罪情节显著轻微，依照刑法不需要追究刑事责任，或者可以免除刑事责任的情况。三是"存疑不起诉"，也就是犯罪嫌疑人的犯罪行为没有充分的证据证明，但他又有一定的可疑之处，检察机关在将案件退回补充侦查两次以后，仍然不能收集到确实充分的有罪证据。在此情况下，检察机关可以作出不起诉的决定。

二、我国刑事审判前程序的价值目标

一般认为，我国审判前程序是以侦查程序为中心的一系列程序组合，涵盖立案、侦查和起诉三个阶段，承担着为法庭审判准备审判对象和裁判依据的重要功能，立法关于刑事审判前程序的设计，尤其是关于侦查权的配置，直接决定着一个国家追诉犯罪的实际能力。从总体上看，刑事审判前程序的价值目标具有多样性的态势，但其直接的价值目标则是在保证程序公正的基础上追求实体真实。

(一) 刑事审判前程序的直接价值目标——**实体真实**

所谓实体真实,就是追求案件的事实真相,发现、揭露和证实犯罪,正确适用刑事实体法,实现国家刑罚权。一般来说,实体真实意味着两方面的优先性:一是实体结果对程序运行的优先性;二是打击犯罪对人权保障的优先性。对实体真实的追求可分为两种情况:一是主张毫无遗漏地惩罚犯罪,发现事实的真相;二是主张在发现事实、惩罚犯罪的同时,力求避免处罚无辜者。在整个刑事诉讼程序中,审判前程序对实体真实的价值追求尤甚于其他各阶段的诉讼程序。

首先,审判前程序的特殊职能决定其必须以实体真实为直接价直目标。从法理来看,控诉和审判两种职能的分离以及不告不理原则的贯彻是现代刑事诉讼两个基本理念。没有控诉,就没有审判,法官不得自行启动刑事审判程序,也不得超出控诉范围进行审判。审判前程序的职能就是以事实为根据,以法律为准绳,在发现事实真相的基础上依法向法院提起针对犯罪嫌疑人的指控。因此,在审判前程序的各个环节中,无论是立案、侦查还是起诉,都是为了一个共同的目标——认识犯罪事实和犯罪行为人并找到尽量充分的证据。国家专门机关能否提起指控以及能否成功地将指控的内容变为现实,均在于是否能够达到实体真实的价值目标。

对此,有学者作过深入的分析:审判前程序能否有效地发现实体真实,这对审判程序最终作出正确的实体裁判是至关重要的。刑事审判前程序所具有的发现犯罪事实、查获犯罪责任人的能力高低,在很大程度上决定着审判的对象、实体内容和最终结果,从而直接影响着一个国家追惩犯罪的实际能力。[①] ——"整个刑事程序犹如一座大厦,而侦查程序则如同这座大厦的地基。如果地基的构造不合理、不坚固,那么整个大厦就有可能发生倾覆。同样,如果侦查程序的构造不合理、不坚固,那么整个刑事程序就有可能发生

[①] 宋英辉、吴宏耀:《刑事审判前程序研究》,中国人民公安大学出版社2002年版,第18页。

偏差，甚至导致出入人罪。中外刑事诉讼的历史已经反复证明，错误的审判之恶果从来都是结在错误的侦查之病枝上的"。①

其次，审判前程序的优序地位决定其必须以实体真实为直接价值目标。有学者指出：尽管审判程序对于确定一个人是否犯罪具有决定性作用，但审判程序只能在刑事审判前程序的基础上发挥作用。刑事审判前程序在时序上的优先地位，决定了如果刑事审判前程序没有发现真正的犯罪人，审判程序就根本无法发挥其惩罚犯罪的功能。②反之亦然，如果审判前程序错把一个无辜者起诉到法院，那么法院判处其有罪的可能性就会很大。美国学者波斯纳在谈到起诉的准确性对无辜者的影响时曾经涉及这一问题。他认为，"是否有许多无辜的人被判定有罪则可能取决检察官对他们案件的甄别程度和细致程度。如果检察官从来就没有起诉过那些事实上无罪的人的话，那么即使证据标准可能如同人们所希望的那样低，仍然不会有无辜者被判定有罪。相反，如果检察官不进行甄别，而是对任何被指控的人都提出起诉的话，无辜者被判有罪的比例也许就很大，因为陪审团只需要合乎情理地肯定被告有罪就可判定他有罪"。③况且，即使经过法庭审判证实刑事审判前程序所侦办的犯罪嫌疑人就是真正的犯罪人，使犯罪人受到制裁的关键因素仍然不一定就是法庭审判活动，而是审判前的一系列侦办活动。显然，从诉讼证明的一般原理来看，在证明犯罪嫌疑人或被告人是否有罪方面，"起决定作用的所有实质性证据都是靠侦查程序收集的，而在侦查程序中犯的错误是根本不能在公开审理阶段得到顺利修正的，其结果便是，对被告人是否有罪的认定在很大程度上决定于侦查阶段而非公开审理阶段。因此，公开审理早已不是刑事程序真正的判断中枢了，它无非指望着花了费用走个过场对侦查程序中产生的结

---

① 李心鉴：《刑事诉讼模式论》，中国政法大学出版社1997年版，第179页。
② 宋英辉、吴宏耀：《刑事审判前程序研究》，中国人民公安大学出版社2002年版，第18页。
③ [美] 波斯纳：《法理学问题》，苏力译，中国政法大学出版社2002年版，第274页。

果再加渲染而已。①

再次，社会关系的复杂化要求审判前程序以实体真实为直接价值目标。有学者认为，社会越发展，交往越发达，审判程序对审判前程序的依赖就越大，审判程序能够真正实现实体公正就越要受到审判前程序能否有效发现实体真实的制约。这是因为：在传统社会中个人的活动范围和活动能力相对狭小，人与人之间的社会交往活动也比较固定，犯罪案件发生后，确定犯罪人的难度通常不会太大。与此相应，为了确定被告人刑事责任所必须进行的审前调查活动一般也不会太复杂。而现代社会则完全不同，其最大的特征之一就在于"公社性和世袭性集团的普遍瓦解，通过这种瓦解在社会中造成更大的个人社会流动和更加多样化的个人活动领域"，即社会人员之间的流动性不断增强和个人成员活动空间的不断扩大。在这种社会条件下，人与人的关系十分复杂，每个人的活动空间都很大且很不固定，而犯罪又往往是在这庞大的个体生活空间中随机发生的，具有明显的偶然性特征，因而，意图准确地确定行为责任人的难度必然成倍地增加；与此同时，刑事责任人的确定已经不再限定于亲身实施具体的禁止性行为，所以，意图惩罚所有的犯罪责任人就更是难上加难。②

最后，犯罪行为的复杂化要求审判前程序以实体真实为直接价值目标。有学者认为，随着现代科技的迅猛发展，科学技术已经渗透到普通生活的方方面面并成为现代生活的不可分割的组成部分。现代科技在给人们带来便利的同时，客观上也为犯罪活动的实施提供了更多的机会和方便，并导致了"犯罪的现代化"。"犯罪的现代化"不仅仅表现在犯罪手段、工具的现代化，而且意味着犯罪

---

① ［德］勃朗特·舒乃曼：《警察机关在现代刑事程序中的地位》。
② 1960年在日本箱根举行的"现代日本"国际学术研讨会上，与会代表为社会现代化确立了八项基本标准。其中之一就是"更大的个人社会流动和更加多样化的个人活动领域"。参见布赖克：《比较现代化》，自由出版社1976年版，第148—149页。转引自宋英辉、吴宏耀：《刑事审判前程序研究》，中国人民公安大学出版社2002年版，第19页。

主体能力的现代化,即犯罪主体的思维方式、犯罪能力、反侦查能力等多方面的现代化。这些变化大大增加了侦破犯罪的难度。从这一角度讲,在现代社会里,能否揭露犯罪、惩罚犯罪,揭露、惩罚得是否准确,在很大程度上取决于审前的调查活动而非法庭的审理活动。换句话说,一个国家刑事程序追究犯罪能力的高低,越来越依赖于其刑事审判前程序的程序设计是否能够保证审前活动积极、有效地进行。[①]

(二) 刑事审判前程序的基本价值目标——程序公正

审判前程序在发现实体真实方面的重要性丝毫不否认其后的审判程序在实现实体公正方面的重要性。审判前程序在追求实体真实的同时需要满足程序正义的基本要求,即是否能够满足刑事诉讼中的人权保障的需要,是否符合与刑事诉讼法律制度发展规律相适应的基本理念,是否符合有关国际公约所确定的基本要求。在刑事审判前程序中,作为一个基本的价值目标,程序正义的具体表现在于以下制度、原则和规则的确立。

首先,审判前程序中的司法审查制度以程序公正为基本价值目标。司法审查是刑事审判前程序的一项基本诉讼制度。它能够有效地制约检警机构的追诉权,使无辜者不受滥诉,从而保障社会公众的一般人权。司法审查的实质就是使整个审判前程序诉讼化,无论是侦查阶段还是起诉阶段,都应该有一个公正的裁判者,无论是侦查行为还是审查起诉行为,都要受到法院或其他司法机构的授权和审查。审判前司法审查机制的建立可以使侦查和起诉符合程序正义的性质,从而确保任何与公民基本权益有关的事项,都由那些不承担侦查使命的中立司法机构来作出决定。在侦查阶段,法官作为独立和中立无偏的裁判者,有权对侦查行为的合法性进行司法审查。除了在紧急情况以外,要想对某一公民实施带有强制性的侦查措施,都必须事先取得法官的授权,由后者发布有关的许可令状,从

[①] 宋英辉、吴宏耀:《刑事审判前程序研究》,中国人民公安大学出版社 2002 年版,第 19 页。

而实现侦查阶段的诉讼化。除侦查活动以外，检察机关的起诉活动也要受到法院或者其他司法组织的独立审查。由于检察机构提起公诉会导致公民受到正式的国家起诉，并由此给其命运和权利带来一系列消极的影响，起诉阶段的司法审查制度能够防止检察机关在作出不起诉决定方面滥用自由裁量权，从而维护犯罪嫌疑人或被害人的诉讼权益。

其次，审判前程序中的律师在场见证制度以程序公正为基本价值目标。所谓律师在场见证制度，是指律师在侦查阶段对侦查机关讯问犯罪嫌疑人加以监督和见证的制度。律师在场见证制度的基本要求是：犯罪嫌疑人在接受警检机构的讯问时有权聘请律师在场见证；只要犯罪嫌疑人坚持要求律师在场的，没有律师在场就不能对犯罪嫌疑人进行讯问；即使犯罪嫌疑人在开始放弃了这一权利，但在讯问过程中又要求律师在场的，讯问也必须立即中止，直到律师到场后才能继续询问。当然，律师在场见证制度也可以通过其他方式来代替，其中主要包括对讯问的场所和过程进行录音录像，这些措施也可以起到同样的监督作用。

再次，审判前程序中的不必自证其罪原则以程序公正为基本价值目标。不必自证其罪原则是保障犯罪嫌疑人在刑事审判前程序合法诉讼权利的一项重要原则，它意味着犯罪嫌疑人在面对侦查机构讯问的时候可以保持沉默，可以回答，也可以不回答，如果回答，可以如实回答，也可以不如实回答。不必自我归罪原则的逻辑结果就是沉默权，沉默权最大的价值在于否定口供的作用，这在审判前程序中尤为重要。因为，在审判前程序中，被追诉者总是要面对国家机关的强力追诉，处于相对弱势的地位。赋予犯罪嫌疑人以沉默权，不但能够在形式上做到控辩双方的地位平衡，而且能够有效地防止刑讯逼供，保障犯罪嫌疑人的基本人权，从而实现刑事审判前程序的正义目标。

最后，审判前程序中的非法证据排除规则以程序公正为基本价值目标。程序正义的另一要求是确立非法证据排除规则。在刑事诉讼中，非法证据是指办案人员违反法律规定的权限、程序或以其他不正当的方式获得的证据。非法证据排除规则意味着凡是以违反诉讼程序的方法获得的证据，无论真实与否，都不具有法律效力，不能作为定案的根据，应当完全不予采纳。在审判前程序中，非法证据排除规则不但能够有效地保障公民的合法权益，使公民的人身权利和自由不受非法侵犯，还能有效地制约国家司法人员的权力扩张和权力滥用，防止冤假错案的发生。

需要指出的是，程序公正的价值目标主张对控辩双方当事人的诉讼权利进行全面保护，将被告人、犯罪嫌疑人视为诉讼主体并使之有效参与整个诉讼过程。程序公正的价值目标对人权保障给予了极大关注，符合社会民主进步的要求和人类认识活动的特点，这是值得肯定的。但是也要看到单纯追求正当程序也可以阻碍实体真实的发现，从而使真正的犯罪分子逍遥法外，或者使诉讼周期无限延长，效率低下，从而造成人力、物力、财力的极大浪费。

三、我国审判前程序在价值追求上存在的主要问题

根据上面的分析，可以看出，我国的审判前程序在总体上忽视犯罪嫌疑人的价值主体性，对实体真实的追求有余，而对程序公正和人权保障的关注不足。具体表现在以下几个方面：

第一，审判前程序在诉讼模式上具有显著的行政追诉倾向，犯罪嫌疑人诉讼地位不高，其价值主体地位难以得到保证。由于缺乏针对侦查与起诉的司法审查机制，那种控辩双方平等对抗的诉讼格局在整个审判前程序中并不存在，这种侦查与审查起诉程序的行政化，造成犯罪嫌疑人或被告人不得不处于被动承受刑事追诉、消极等待检警机构处置的诉讼客体地位。

在侦查阶段，侦查机关可以自行决定实施针对犯罪嫌疑人的侦查手段或者采取不利于犯罪嫌疑人的强制措施，而不需要经过必要的司法审查或得到有效的司法授权，因而刑事侦查实际是侦查机关对犯罪嫌疑人进行的单方面的专门调查活动。就犯罪嫌疑人而言，由于其人身自由在审判前各个阶段均受到极大的限制，并且承担如实陈述的诉讼义务，因而难以有效地进行自我抗辩。从刑事诉讼法

的规定来看，尽管犯罪嫌疑人能够获得律师的法律帮助，但事实上律师既不能在讯问时到场见证，也不能进行阅卷和调查取证，其参与侦查活动的范围极为有限，效果也不明显。况且，在我国刑事诉讼中，由于公安司法机关拥有强大的社会资源，可以进行强有力的调查取证工作，而律师的调查取证能力相对弱小，要实现平等对抗客观上非常困难，很多情况下律师不得不依赖公安司法机关的材料。

在起诉阶段，犯罪嫌疑人已经成为事实上的被告人，但其在诉讼中的实际境遇并没有得到改观：除了被动地接受检察机关的讯问以外，即使权利受到非法侵害也难以获得有效的司法救济。检察机关在作出提起公诉决定的时候，法院不能对其起诉决定提起司法审查程序，犯罪嫌疑人及其辩护人也不能直接参与其中，更不能提出具体的请求或异议，只能被动地接受起诉。一旦犯罪嫌疑人受到起诉，其必然的后果就是等待审判。不仅如此，1996年刑事诉讼法修改后，由于辩护律师能实质接触到的证据材料较之以前大大减少，反而在一定程度上加重了控辩双方在庭审中本来就已经不平衡的态势。

由此可见，在整个审判前程序中，由于不存在一个相对独立而中立的司法机构，国家追诉机关与犯罪嫌疑人之间只是一种单纯的追诉与被追诉、限制与被限制、剥夺与被剥夺的关系。法院既不能接受有关公民的申诉，也不能就审判前阶段出现的程序事项举行听审活动，既无权对那些涉及限制或剥夺公民人身自由的强制措施发布许可令，也无权对一些涉及侵犯公民隐私权和财产权的侦查措施进行司法审查。

第二，侦查阶段片面追求实体真实。在整个审判前程序，侦查阶段是违反程序和侵犯人权较为集中的诉讼阶段。这些情况主要表现在非法拘禁、超期羁押、刑讯逼供、非法搜查和扣押、违法采取强制措施诸多方面。这些违法现象的发生，其原因可能是多方面的，但对实体真实的片面追求却是一个根本原因。

在我国，侦查阶段负有查明犯罪事实，查获犯罪人的重要任务，发现实体真实是这一诉讼阶段的主要价值目标。为了追求实体真实，审判前程序在整体构造上存在严重的行政追诉倾向，其主要表现就是：在侦查权的配置上，立法原意就是要加强警检机构的侦控能力，而相应地削弱犯罪嫌疑人的防御能力，况且负责侦查的公安机关与负责监督的检察机关存在法定的相互配合关系，加之缺乏一个中立的司法机关对犯罪嫌疑人进行适当的关注或救济，必然造成侦查权与犯罪嫌疑人的防御权严重失调；在侦查权的行使上，由于侦查机关享有强大的侦查权，其对犯罪嫌疑人形成一种压倒性的优势，侦查机关在行使侦查权的时候往往超越法律规定，滥用侦查手段，滥用强制措施。在侦查权的监督上，侦查机关往往以保密为借口拒绝接受必要的监督，虽然刑事诉讼法第8条规定了人民检察院的法律监督权，但除了审查批准逮捕之外，并不能对侦查行为实施更多的监督，至于检察机关可以在审查起诉时对侦查活动的合法性进行监督，这不过是一种事后的监督，不能起到实质性的作用。

不难看到，在侦查权处于绝对强势并缺乏司法审查的情况下，刑事侦查在实质上已经演变成为单纯的追诉者对被追诉者进行纠问的活动。在这种情况下，"由于不存在任何同步进行的司法裁判活动，侦查机构采取的任何强制措施和专门性调查活动，都按照方便侦查、有利于破案等功利性极强的原则来进行。至于侦查程序的公正性和嫌疑人的基本权益保护等与侦查破案无关的问题，则很难受到侦查机构的关注。于是，处于犯罪嫌疑人地位的公民，也就只能被动地承受侦查机关的调查和控制，而无法获得任何一个不承担追诉职能的司法机构的司法救济。因此，毫不奇怪，嫌疑人遭受羁押的时间越长，越符合侦查破案的目标；嫌疑人越是作出有罪供述，也就越有助于侦查人员查明事实真相；侦查人员越是不受约束地进行搜查、扣押和查封，就越可能收集到充分的实物证据。"[1]

第三，起诉阶段忽视程序公正。与西方两大法系国家相比，我国的刑事起诉程序缺少一道专门的预审程序，致使一些不符合起诉

---

[1] 陈瑞华：《刑事诉讼的前沿问题》，中国人民大学出版社2000年版，第276页。

条件的案件难以得到有效的筛选，因而完全可能导致检察机关起诉权的滥用。

1996年刑事诉讼法修改以后确立了新的起诉制度，法官在审查公诉时所能接触的案卷范围已经很小，也不能通过开庭的方式，在控辩双方同时参与下，全面听取双方的意见，以充分审查控方证据是否达到合法起诉所需要的质和量。同时，根据我国现行刑事诉讼法的规定，由于审查公诉纯粹由法院依职权主动提起，被告人及其辩护人都无权申请启动这一程序，从而失去了对控方的指控进行有效制约的能力。不仅如此，不论检察机关的起诉是否达到合法起诉所需证据的质和量，法院都必须加以受理，不能将案件退回检察机关，更不能作出诸如驳回起诉之类的裁决。显然，在被告人不能对其加以制约，法院不能对其进行司法审查的情况下，检察机关完全有可能滥用起诉权，而一旦起诉权被滥用，势必对被告人造成程序上的不公，致使其名誉、财产和人身权利受到侵犯。

与起诉决定一样，检察机关的不起诉决定也难以受到有效的司法控制。我国刑事诉讼法第144、145、146条规定，对检察机关的不起诉结论，公安机关可以请求复核，被害人可以提出异议，被不起诉人可以提出申诉。但是问题在于，无论是公安机关的复核请求、被害人的异议还是被不起诉人的申诉，都只能向原检察机关提出，而原检察机关一般不大可能改变先前的决定，致使在司法实践中受到纠正的错误起诉少之又少。就被害人而言，尽管他可以就不起诉结论向上一级检察机关提出申诉，也可以直接向法院起诉。但是，在检察机关不再承担追诉责任的情况下，被害人单凭自己的力量是难以有效达到起诉目的的，这是因为：一方面，被害人往往难以承担刑事追诉活动所必需的人力、物力和财力；另一方面，即使被害人能够承担所需的人力、物力和财力，也难以有效地收集到为刑事追诉的成功所必需的证据材料。在这种情况下，即使法院受理那些本应属于公诉范围的自诉案件，被害人达到自诉目的的可能性也是非常小的。被害人在举证能力方面面临的困难，将会直接导致其刑事追诉活动的失败。显然，对于检察机关的不起诉决定，现行刑事诉讼法也没有提供有效的司法控制机制。

第四，新的程序性审查并不能从根本上防止法官的预断，既损及实体真实也损及程序公正。

1996年刑事诉讼法修改的一个重大变化就是对公诉的审查方式，即由原来的实体性审查变为程序性审查：检察机关将案件起诉到法院以后，法院所要审查的主要是诸如起诉书是否有明确的指控事实、起诉是否附有证据目录、证人名单和主要证据的复印件或照片之类的程序性问题，至于犯罪事实是否清楚，犯罪行为是否严重，有罪证据是否充分，这些实体性的问题不再受到法院审查。但是，在对起诉进行程序性审查的时候，我国刑事诉讼法却存在制度上的设计缺陷，容易导致法官形成审前预断。这是因为，我国刑事诉讼法并没有像西方国家那样设立专门的预审法官制度，而是由将来主持法庭审判的审判长直接负责开庭前的审查公诉活动，这种审判法官与审前法官合而为一的程序设计不可能防止法官在审判前对案件形成实体预断。法官在审判前对案件形成预断必然产生两个结果：一方面，由于法官在庭审前接触过多的实质材料，必然会形成有利于或者不利于一方当事人的实体判断，这种实体判断要么存在偏见，要么存在歧视，从而背离程序公正的要求。另一方面，由于法官在庭审前已经形成预断，这种预断要么阻止法官试图通过法庭审判发现实体真实的努力，要么影响法官对案件事实作出客观公正判断的理性。显然，这两种结果都违背了程序公正的基本精神。

四、我国审判前程序之价值目标的实现

针对审判前程序的种种问题，学界提出了不同的解决方法，其中的主流意见还是主张建立和完善审判前程序的司法审查机制，由法院对侦查机关实施的侦查手段和强制措施签发许可令状，由法院对检察机关作出的起诉或不起诉决定进行预审，以实现对警检机构的监督。但笔者认为，仅仅建立司法审查机制还不能从根本上解决问题，关键是要确立犯罪嫌疑人或被告人的价值主体地位，使其与警检机构一样成为程序价值的享有者。为了达到这一目标，从长远来看，需要把目前双方对峙的行政追诉性构造改造为三足鼎立的司法诉讼性构造，实现审判前程序的诉讼化，完善被追诉者的权利体系，并借鉴英美法系的证据开示制度建立我国的庭前证据展示制度，使庭前双方的证据透明化，增加庭审中的正面交锋，减少人为的不平衡对抗。具体而言，主要包括以下四个方面的措施：

1. 实现审前程序诉讼化

所谓审前程序诉讼化，就是改变审前程序的行政纠问性质，使整个审判前程序形成控辩平等对抗，法院居中裁判的基本态势。之所以能够对审判前程序进行诉讼化改造，是因为审判前程序具有控辩双方争讼而法官可以居中裁决的对象。

也就是说，在诉讼化的审前程序中，侦查机关与犯罪嫌疑人可以就是否采取强制措施以及如何采取强制措施进行理性协商，公诉机关与被告人可以就是否起诉以及如何起诉进行理性交涉，法官在听取双方主张和证据的基础上作出适当的裁决。在这个过程中，侦查机关和公诉机关滥用国家司法权的可能性降至最低，犯罪嫌疑人或被告人的权利保障程度则升至最高，实体真实也可以在双方的争论和辩驳中得到展现，既能实现程序公正，又能发现实体真实。

由此可见，审前程序的诉讼化既符合刑事诉讼的一般规律，也符合当今限制权力和保障权利的发展潮流。[①] 从世界范围来看，无论是英美法系国家还是大陆法系国家，都已经实现了审前程序的诉讼化。在我国刑事诉讼中，审前程序在总体上并不具备诉讼性质，相反却带有强烈的行政纠问倾向。从长远来看，我国应尽早实现审前程序的诉讼化。

2. 建立预审法官制度

如前所述，在我国刑事审判前程序中，警检机构较之犯罪嫌疑

[①] 世界刑法学协会第十五届代表大会的一个共识就是倡导审前程序的诉讼化。其通过的《关于刑事诉讼法中人权问题的决议》第8条规定："影响被告人基本权利的任何政府措施，包括警察所采取的措施，必须有法官授权，并且接受司法审查。"参见蒋石平："浅论对侦查行为的司法审查"，载《现代法学》2004年第2期。

人、被告人处于绝对的优势地位，在缺乏有效监督和权力制约的情况下，最容易导致权力滥用。为了防止公诉权的滥用，避免不必要甚至错误的追诉，及时保障被追诉人的合法权益，必须建立我国的预审法官制度。

预审法官的一般运行规则是：预审法官应当与庭审法官严格分离；在实现审前程序诉讼化的前提下，由于预审程序已经具有司法活动的特性，其启动也应当取决于被追诉人的申请权，从而具备消极被动性；在预审法官的主持下，控辩双方应该同时到场，提出各自的主张及其理由和证据，并接受预审法官的审查；在审查判断的基础上，由预审法官对强制措施、侦查手段和起诉决定的适当性作出评价与裁决。为此，可以考虑在我国现有法院体制内设立刑事预审法庭，并配置适当名额的预审法官对公诉机关的起诉决定进行预审，以便确定控方的证据是否存在合理根据，是否有必要将案件交付审判法庭正式审判。

国际刑事司法的实践已经证明，西方两大法系国家实行的预审法官制度既能对不当追诉进行过滤，也能加强对被追诉人合法权益的保护，促进司法公正；既有利于提高司法效率，节省司法资源，又有利于发现实体真实。正因为预审法官制度具有这些明显的优势，因而值得我国借鉴。

3. 完善证据展示制度

实行审前程序诉讼化和预审法官制度必然要求建立与之相适应的证据展示制度。所谓证据展示制度，就是在预审法官的主持下，召集控辩双方同时到场，提出并展示各自的证据，并进行相应的质疑和辩驳，由预审法官对双方的证据加以判断，以证据的证伪和证明力，使那些真实并有证明力的证据进入正式的庭审中进一步接受审判法官和控辩双方的质证。

证据展示制度在西方两大法系国家的刑事诉讼中已经是一种相当成熟的诉讼制度，在发现实体真实和维护司法公正方面具有不可替代的作用。我国1996年刑事诉讼法修改以后也在一定程度上借鉴了西方的这一制度，但并不是典型的证据展示制度。其中最大的问题是没有对主持证据展示的法官加以区隔,致使其与法庭审判的法官混为一体,造成证据展示形同虚设。为了促进审前程序的诉讼化,达到实体真实和程序公正的价值目标,我国应进一步完善证据展示制度。

4. 保障犯罪嫌疑人、被告人和被害人的各项诉讼权利

在刑事诉讼程序结构的控、辩、审三者关系中,国家司法机关对诉讼程序起着绝对的控制作用,而犯罪嫌疑人、被告人和被害人则处于绝对的弱势地位,其诉讼权利则容易受到忽视和侵犯。为了实现对国家司法权的制约,实现实体真实和程序公正的价值目标,关键还是要切实保障犯罪嫌疑人、被告人和被害人的诉讼权利。就犯罪嫌疑人和被告人而言,主要是强化他们获得律师之帮助和辩护的权利,确立他们在讯问中的沉默权、知悉权和申诉控告权。就被害人而言,主要是确立其对公诉机关的起诉监督权、对相关诉讼信息的知悉权和对审前程序的参与权。只有充分保障犯罪嫌疑人、被告人和被害人的各项诉讼权利,才能实现权利对权力的制约,才能实现审前程序的各项价值目标。

综上所述,相对于西方国家的审前程序而言,我国的刑事审判前程序还存在大量的问题,其中既有实体真实方面的问题,也有程序公正方面的问题;同时,相对于我国的审判程序和救济程序而言,审前程序的价值目标也是一个相对欠缺的体系。在这两种原因的影响下,我国审前程序在价值目标的实现方面也具有一定的复杂性,既要从宏观上对程序本身进行彻底的诉讼化改造,也要从微观上建立相应的配套机制,既要关注对犯罪嫌疑人、被告人的权利保障,也要关注对被害人的权利保障。

第二节　普通审判程序的价值评价

普通审判程序是适用于初审案件的基本程序。在我国,普通审判程序包括公诉案件的普通审判程序和自诉案件的普通审判程序。公诉案件的普通审判程序,是指人民法院对人民检察院提起公诉的

案件进行第一次审判必须遵循的程序。自诉案件的普通审判程序，是指人民法院对自诉人的起诉进行审判的程序。在整个刑事程序中，普通审判程序是最为重要的一个阶段，因为无论是公诉案件还是自诉案件，首先都要经过普通审判程序的审理，然后才有可能进入其他程序阶段。①

自1996年刑事诉讼法修改以后，我国的刑事审判方式有了较大的变化，新的普通审判程序在原有构架基础上进一步吸收了英美当事人主义的积极因素，从而使法官的积极追诉性得到适当的降低，使控辩双方在庭审中的对抗程度得到显著的增强。迄今为止，经过近二十年的整合与完善，这一程序在具体操作上已经比较成熟，一种颇具中国特色的普通刑事审判程序初步形成。

但是，也应该清楚地看到，由于一些必要的配套制度尚未建立起来，我国的普通审判程序也暴露出不少问题。这些问题有的源于立法上的程序设计，有的则与整个司法体制有关，从而形成程序内部的价值冲突。在下文中，笔者将从价值方法的角度，对这些问题进行初步的阐释和评价，并提出相应的建议。

一、我国普通审判程序的主要价值目标

一般来说，普通审判程序主要负有三个方面的使命：其一，要确保控辩双方当事人受到公正的程序待遇，特别是刑事被告人的合法权利应该得到承认和维护；其二，要严格按照程序并通过公正的审理得出公正的实体裁判；其三，要使庭审富有效率。这三个方面的使命实际上也体现了普通审判程序的三个主要价值目标，即程序公正、实体公正和诉讼效率。只有把这三个方面结合起来加以考察，才能对刑事审判程序作出全面的评价。

（一）普通审判程序的价值目标之一：程序公正

普通审判程序是整个刑事程序中最复杂也是最重要的一个部

---

① 陈光中主编：《刑事诉讼法》，北京大学出版社、高等教育出版社2002年版，第298页。

分，一个国家的刑事程序是否公正，关键要看其中的普通审判程序是否公正。因此可以说，程序公正是普通审判程序的核心价值目标，只有在普通审判程序中实现程序公正，才能更好地保护当事人的诉讼权利，只有在普通审判程序中实现程序公正，才有可能充分获得实体真实。

作为我国普通审判程序的价值目标，程序公正是刑事庭审过程中的一种不偏不倚的理想状态。尽管程序公正具有较大的相对性，但包括联合国刑事司法准则在内的许多国际性文件都确立了关于程序公正的一些基本标准，这些基本标准在具体的庭审过程中主要表现为各诉讼主体在刑事程序运行过程中期望受到的适当待遇。通常，检控机关不会存在受到不公平待遇的问题，因而程序公正又主要是针对被告人和被害人而言的。具体来说，在普通审判程序中，程序公正这一价值目标主要包含以下三个方面：

1. 庭审是否具有控辩对抗的基本诉讼结构

在刑事程序的发展史上，控辩对抗式诉讼模式在形式上是最公正的一种诉讼模式。在这种诉讼模式中，控辩对抗也就是控辩双方在平等的基础上根据自己的诉讼利益，从各自的立场提出证据，并对对方的证据加以鉴别、质疑和印证。法官同双方争议的案件事实及实体结果没有利益相关性，其在庭审中始终保持中立的地位，公正地对待控辩双方的诉讼行为并为其提供程序保障，在控辩争讼的基础上作出公正的裁判。

2. 控辩双方能否公平地参与法庭审判

程序公正最起码的要求就是双方当事人能够平等地参与诉讼，平等地获得法庭审判的机会。正是基于这一考虑，无论英美法系国家还是大陆法系国家都制定了详尽的刑事诉讼规则及相关的证据规则，以保证控辩双方平等地参与到庭审中的各个环节并发挥其对裁判制作的影响和作用。不仅如此，法官在庭审中还有义务把这些规则运用到法庭审理的各个环节，确保控辩双方从抽象的平等走向具体的平等。当然，由于被告人及其辩护人处于相对弱势的诉讼地位，法官应该特别注意维护辩方的诉讼权益，这是程序公正的本质要求。

3. 审判是否公开

审判公开也是程序公正的基本要求。作为普通审判程序之程序公正的基本要求，审判公开是指庭审过程中的每一阶段和环节都能以当事人和社会公众看得见的方式进行。如同路灯是最好的警察，阳光是最好的防腐剂，审判公开是实现程序公正最好的手段。当然，审判公开不是绝对的，对此法律规定了一些例外情况，主要包括涉及国家秘密、商业秘密和个人隐私的案件、未成年人犯罪案件，等等。但这些例外规定并不违背审判公开的基本精神，而恰好是审判公开原则的具体表现。

可以说，以上三个方面是审判程序之程序公正价值目标的基本要求，也是现代各法治国家在刑事程序立法中必须考虑的主要内容。当然，从另一个角度来看，这些要求或内容也是一种价值评判的标准，如果一个国家的普通审判程序达到了这些标准，就可以认为基本上符合了程序公正的精神。

（二）普通审判程序的价值目标之二：实体公正

一般来说，当事人之所以参与刑事审判程序，终究是为了获得实体公正而不是程序公正。从这个意义上来说，实体公正是普通审判程序的基本价值目标，也是最终的价值目标。与程序公正不同，实体公正是就程序运行结果而言的，它是指法庭对被告人刑事责任的实体处理符合公正的要求。实体公正主要体现在法院所作的刑事裁判上，如果从所谓"给予每个人以应得的对待"这一意义上来理解实体公正的话，那么实体公正就是指法院对刑事被告人作出他所应得的处理。① 笔者认为，在普通审判程序中，实体方面的内容主要包括以下三个方面：

1. 刑事裁判需要符合实质公正的要求

实质公正要求由刑事程序所产生的实体裁判结果必须具有现实的客观事实基础。也就是说，如果法院要对一个公民作出有罪裁

---

① 陈瑞华：《刑事诉讼的前沿问题》，中国人民大学出版社 2000 年版，第 79 页。

判，并使之负担刑事责任，其前提就是他必须犯有所指控的犯罪事实，这才是公正的；如果法院不以客观的犯罪事实作为定罪处刑的根据，就必然会冤及无辜或使有罪者逃脱法律的制裁，从而导致不公正的裁判结果。当然，不得不承认，尽管裁判的客观性对于维护实体公正是不可缺少的，但它本身却是很难得到完全实现的。有时候，尽管实体法的适应没有问题，而程序上没有瑕疵，但法官作出的判断却最终被证明是错误的。这只能归因于人的认识能力的有限性和各种偶然因素的作用。此时，唯一的办法就是采取救济方法及时纠正，及时补偿。

2. 刑事裁判需要符合形式公正的要求

形式公正的基本要求就是同等情况同样对待，可以通过预先规定明确权利和义务，规范法官的司法行为，将其活动限制在法律规定的框架内：一方面，裁判应当具有法定性，即刑事实体裁判应当符合实体法关于犯罪与刑罚的具体规定；另一方面，裁判应当具有适当性，即实体裁判的定罪与量刑是否与犯罪保持一种相对均衡的关系。正如洛克所指出的，形式公正在使人民可以知道他们的责任并在法律范围内得到安全和保障的同时，也使统治被限制在他们的适当范围内"。①

3. 刑事裁判在符合实质公正与形式公正的基础上，还要符合比较公正的要求

在刑事审判中，所谓比较公正，是指法官在作出裁判结果的时候还必须处理好法律效果和社会效果之间的关系。这主要表现为三个方面：一是裁判应该符合一致性的要求，即对于犯罪情节相似的案件，当前的裁判是否能够大体上与既往的裁判保持一致。二是裁判应该符合个别性的要求，即裁判是否犯罪者个人的一些具体情况以及他所处的特定社会环境。三是裁判应该符合改造性的要求，即法官在作出裁判的时候就不能单纯着眼于刑罚的惩罚性，而要着眼

---

① 转引自张文显：《二十世纪西方哲学思潮研究》，法律出版社1996年版，第610页。

于刑罚的改造性，通过刑罚有效地改造犯罪者，以使其不再重新犯罪。

总之，实体公正关乎能否使被告人得到应有的惩罚和制裁，关乎被害人能否得到应有的慰藉和弥补，关于国家利益和社会秩序能否得到有效的维护，因而在普通审判程序中占有非常重要的意义。任何通过普通审判程序得出的裁判结果，只有同时符合实质公正、形式公正和比较公正的三重要求，才可以认为达到了实体公正的要求。同时，也只有在作出符合实体公正要求的实体裁判的时候，才可以认为普通审判程序达到了实体公正的价值目标。

（三）普通审判程序的价值目标之三：诉讼效率

刑事案件一旦进入普通审判程序，无论是国家和社会公众，还是被告人或者被害人，都期望其尽快审结。如果案件及时审结，犯罪行为可以得到及时的惩治，国家可以节省大量的司法资源，被告人可以及时摆脱讼累，被害人可以及时得到慰藉和弥补。否则，如果案件久拖不决，既要耗费大量的司法资源，也会导致新的司法不公。在这种情况下，诉讼效率就成了普通审判程序的一个重要的价值目标。

通常，诉讼效率包括时间方面的合理性和经济方面的合理性。时间方面的合理性就是在一定的时间范围内尽可能快地审结案件；经济方面的合理性就是要求在有限的司法资源的前提下，尽可能多地受理和审结案件。一般来说，随着科技的发展和社会的进步，犯罪分子的作案手段也日趋复杂；特别是在社会转型期，由于社会结构处于剧烈的变动中，犯罪数量也呈现出多发的态势，而国家在财力有限的情况下却不可能在刑事案件中投入充足的司法资源。因此，在提高诉讼效率的时候，不能指望国家司法资源的迅速增加，唯一的选择只能是设计科学合理的诉讼程序并优化配置司法资源以实现效率的最大化。

笔者认为，普通审判程序的诉讼效率决定于以下几个方面：

1. 结案时间是否迅速

结案时间是指刑事案件从起诉到判决的时间延续过程。这种时间延续过程又可根据两种时间尺度来衡量：一是法定的结案时间；二是个案的结案时间。法定的结案时间是一种立法上的期限，在规定的方式上要么设置一个最高限度，要么设置一个最低限度。决定法定的结案时间的因素很多，主要包括诉讼阶段或环节的多少、审级制度的繁简、某些诉讼行为实施的期限，等等。法定的结案时间越短，诉讼成本就越低，诉讼效率相应的就高；反之亦然。个案的结案时间是司法过程中的实际期限，是法定的一般诉讼期间的具体化。如果个案的结案时间超过法定的结案时间，不仅有损法的权威性，而且加大了诉讼成本，降低了诉讼效率。所以个案的结案时间只能小于或等于法定的结案时间，而不能超过法定的结案时间。

2. 资源配置是否合理

在普通审判程序中，只有合理地配置司法资源，才能在不损害司法公正的前提下提高刑事审判的效率。合理配置司法资源主要有两种途径：一是比例原则。例如：投入审判程序的司法资源应当与案件严重程度相适应；案件审结的时间与犯罪的复杂性、社会危害性相适应；对犯罪嫌疑人没有必要逮捕的就不能逮捕；搜查、扣押和搜查之类的强制措施不必要采取就不得采取。二是区别原则。例如：在审判程序中，对那些所涉罪行比较严重，社会影响较大，审判的结果对公民的财产、自由甚至是生命有重大影响的案件，应该设立对抗性强、能充分体现保障权利的诉讼程序，这种程序比较烦琐，消耗资源比较大；而对那些所涉罪行较轻、案情简单、证据充分而审判的结果对被告人的权利影响相对较小的案件，则可以适当简化某些程序环节，实行普通审判程序简化审。只有针对不同案件，采用繁简不一的程序，才能充分、有效地利用司法资源，而且同时做到对人权的保障。

3. 诉讼程序是否简明

烦琐的诉讼程序必然要增加诉讼成本，降低诉讼效率。为了提高诉讼效率就必须适当简化诉讼程序。从司法实践考察，大多数国家也都实行了普通审判程序的简易化。日本、德国、法国、意大利等大陆法系国家以及英国、澳大利亚等英美法系国家都设立了相对简化的审判程序。我国在2002年也开始推行普通审判程序的简化审理方式。这种针对普通审判程序的烦琐性而进行的程序简化对提高诉讼效率是非常有益的。

二、我国普通审判程序对程序公正的追求

如前所述，程序公正是普通审判程序最核心的价值目标，因而在整个刑事程序中，普通审判程序往往是设计得最为完善的一个部分，一个国家程序法治水平的高低也主要通过普通审判程序反映出来。我国普通审判程序对程序公正的追求主要表现在以下几个方面：

第一，目前的起诉方式限制了公诉方提供的证据材料，在一定程度上提高了庭审的独立性与中立性。

一般来说，庭审的独立性和中立性在很大程度上决定于起诉方式。英美法系国家在传统上实行"起诉状一本主义"的起诉方式，能够有效地割断庭审对起诉的依赖性，使法庭审判完全建立在法庭调查和控辩双方的相互辩论上，从而实现真正的自治。而大陆法系国家在传统上则采取"卷宗移送主义"的起诉方式，法官在开庭前就已经接触到控方的大量证据材料，容易形成先入为主的预断。但自20世纪中叶以后，这种情况已经有了相当大的改变，原来采取"卷宗移送主义"起诉方式的大陆法系国家逐渐对这种起诉方式进行了变革。例如，日本在1948年通过的现行刑事诉讼法，在采纳对抗式诉讼模式的同时，对起诉方式进行了较大改革，把原来实行的卷宗移送主义起诉方式改变为现在的起诉状一本主义起诉方式；又如，意大利在1988年通过的刑事诉讼法典，在移植对抗式诉讼模式的同时，也对其原来实行多年的卷宗移送主义起诉方式作出了改变，对检察官移送的案卷材料的范围作出了较大的限制。

我国修改前的刑事诉讼法实行典型的卷宗移送方式：检察机关在提起公诉时要向法院移送全部的案卷材料，法官在开始法庭审判活动之前已经事先了解和熟悉控方移送的证据材料。这种卷宗移送的起诉方式被认为是法官产生预断和偏见的制度根源之一，直接导

致在司法实践中广泛出现"先定后审"的现象。为了改变这种现象,1996年刑事诉讼法修改后,我国对检察机关向法院移送的案卷材料作了大幅度的限制。根据最高人民法院、最高人民检察院、公安部、国家安全部、司法部、全国人大常委会法制工作委员会《关于刑事诉讼法实施中若干问题的规定》(以下简称"六机关规定")第35条,检察机关向人民法院移送的案卷材料限制在三个方面:一是证据目录;二是证人名单;三是主要证据的复印件和照片。同时,根据该司法解释,这里的"证据目录"是指起诉前收集的证据材料的目录;"证人名单"则是指起诉前曾提供过证言的证人名单。至于"主要证据",则主要包括三方面的内容:一是起诉书中涉及的各证据种类中的主要证据;二是多个同类证据中被确定为主要证据的;三是作为法定量刑情节的自首、立功、累犯、中止、未遂、正当防卫的证据。

从新的起诉方式在刑事审判中的实际效果来看,尽管没有走向彻底的起诉状一本主义,但较之以前的卷宗移送起诉方式的确在一定程度上达到排除预断的目的,在一定程度上确保了庭审的独立性和公正性。

第二,目前的庭审程序加强了控辩双方的平等对抗性。为了加强控辩双方在庭审中平等对抗的态势,我国刑事诉讼法在修改以后对法庭调查的顺序和法庭辩论的方式作了较大的改革。

我国当前的法庭调查采取对等的调查顺序。根据最高人民法院《关于执行〈中华人民共和国刑事诉讼法〉若干问题的解释》(以下简称"《解释》")第128—140条的规定,这种对等的调查顺序大体上可以分为四个环节:在第一个环节,法庭调查以公诉人宣读起诉书为开始,在公诉人宣读完起诉书以后,被告人、被害人可以就起诉书指控的犯罪事实分别进行陈述。在第二个环节,公诉人首先就起诉书中指控的犯罪事实讯问被告人,这取代了原来实行的由审判长首先"审问"被告人的做法。在公诉人讯问完毕后,被害人及其诉讼代理人有权就公诉人讯问的情况进行补充性发问。在公诉人讯问和被害人发问完毕后,被告人的辩护人及其法定代理人可以向被告人发问，可以针对上述使被告人陷于不利境地的问题进行有利于被告人的发问。当然，辩护人也可以在公诉人讯问和被害人发问的问题之外，提出新的问题。在第三个环节，控辩双方对控方提供的证人、鉴定人进行询问，并可以主动要求合议庭对控方提供的物证、书证等进行出示和宣读。也就是说，不论公诉人提出了多少据以指控被告人有罪的证据，都必须依次加以展示出来，并接受被害人和被告人、辩护人的交互调查。在第四个环节，辩护方在控诉方证据经过举证和调查之后，可以提请法庭传唤本方的证人、鉴定人出庭作证，或者出示证据、宣读未到庭的证人的书面证言、鉴定人的鉴定结论。对辩护方的证据大体上采用与控诉方证据相反的调查顺序。

我国当前的法庭辩论采取"交叉询问"的方式。对"交叉询问"规则的采纳，被认为是中国刑事审判程序走向对抗式诉讼最重要的标志。[①] 根据最高人民法院《解释》第142、144条的规定，"交叉询问"的具体操作是：证人、鉴定人到庭后，审判人员首先核实他们的身份、与当事人及本案的关系，并告知证人、鉴定人应当如实地提供证言、鉴定意见和有意作伪证、隐匿罪证或提供虚假鉴定要负的法律责任。同时，为了保证交叉询问的正常进行，根据上述司法解释第146、147条的规定，无论是提请传唤的一方，还是反对的一方，在询问证人、鉴定人时都应当遵循以下规则：发问的内容应当与案件的事实相关，不得以诱导方式提问；不得威胁证人、鉴定人，不得损害证人、鉴定人的人格尊严；在询问证人、鉴定人的时候，审判长有权予以指挥和监督，对于向证人、鉴定人发问的内容与本案无关或者方式不当的，审判长有权予以制止；控辩双方认为对方发问的内容与案件无关或者发问方式不当，并当庭提出异议的，审判长应当判明情况予以支持或者驳回。

第三，目前的庭审程序在形式上降低了法官的积极主动性，在一定程度上提高了控辩双方的程序参与性。

[①] 陈瑞华：《刑事诉讼的前沿问题》，中国人民大学出版社2000年版，第354页。

为了提高控辩双方的程序参与性，我国当前的普通审判程序在总体上对法官的积极主动性作了一定限制，以突出其在庭审中的消极被动性。这主要表现在：公诉人宣读起诉书以后，被告人和被害人可以就起诉书指控的犯罪事实分别进行陈述，法官不作干预；被告人不再由审判长负责进行审问，而是由公诉人首先进行讯问，其他各方相继对其发问，法官只是在必要时作补充性的讯问；证人、鉴定人、被害人不论由哪一方提请传唤，一律由提请传唤的一方作首先发问，反对的一方接着进行反驳性发问，法官只是在必要时作补充性的询问；对各种实物证据的出示、宣读或播放，都要在某一方提出申请时才能进行，而且由提请出示的一方进行说明，反对方发表意见和评论，法官不再主动予以出示；控辩双方对于对方的讯问或发问不当时，可以当庭提出异议，法官对此应当即时作出支持或者驳回的决定；公诉人要求出示原来移送的证据目录以外的证据，辩护方提出异议时，审判长可以允许出示，但要给予辩护方进行辩护准备的时间。①

当然，在积极性受到限制的同时，法官也保留了一定的庭审指挥权，这主要包括：法庭调查范围的确定权、证据调查核实权、程序事项的决定权。这些庭审指挥权对于保证控辩双方的程序参与性和法庭审理的顺利进行是必要的，也是有益的。

三、我国普通审判程序对实体公正的追求

从逻辑上来看，尽管公正的程序不会必然导致公正的结果，但公正的诉讼程序不但能够充分调动控辩双方的积极性、能动性和主体性，而且可以使当事人以及其他诉讼参与人随着程序的进行、深化而逐步消除主观偏见接近真实。因此，不可否认，公正的程序对公正的结果的确具有很大的促进作用。

第一，以事实为根据，以法律为准绳的庭审原则体现了对实体公正的追求。

---

① 陈瑞华：《刑事诉讼的前沿问题》，中国人民大学出版社 2000 年版，第 359 页。

我国《刑事诉讼法》第6条规定：人民法院、人民检察院和公安机关进行刑事诉讼必须以事实为根据，以法律为准绳。这项原则要求刑事诉讼必须在正确认定案件事实的基础上才能适用法律，充分地反映了实事求是的基本精神。在普通审判程序中，以事实为根据，就是要实事求是，重证据，重调查研究，而不能主观臆断。它要求法官在庭审过程中应当忠实于刑事案件的事实真相，以客观存在的案情作为处理问题的根本依据。以法律为准绳，就是要依法办案，依法审理，而不能凭个人好恶出入人罪。它要求法官在查明案件事实的基础上以法律为尺度来衡量案件的具体事实和情节，按照法律规定对案件作出正确处理。以事实为根据，以法律为准绳，二者两相结合，才能达到不枉不纵，准确惩罚犯罪的目的。

第二，直接、言词和"交叉询问"的庭审方式体现了对实体公正的追求。

直接、言词和"交叉询问"的庭审方式原本是英美法系国家当事人主义诉讼模式的精髓。这种庭审方式把庭审中的主导权交给当事双方掌握，实行对等的法庭调查，而法官则处于相对消极的地位。在这种庭审方式中，双方的平等地位得到充分的体现，控辩双方的积极性、能动性和主体性也可以得到最大的发挥，从而能够在一定程度上辨明案件的事实真相。正因为如此，那些从传统的职权主义模式转变为对抗模式的国家，都抛弃了原来实行的纠问式庭审方式，确立由控辩双方平等控制的直接、言词和"交叉询问"的庭审方式。

我国现行普通审判程序也接受了这种庭审方式，控辩双方在平等对抗的基础上把所有的证据展示在法庭上，并以直接、言词和"交叉询问"的方式对其进行质疑和调查，使裁判者在此基础上判断：哪些证据可以采信、哪些证据不可以采信、每一可采的证据能够证明什么事实、证据之间能否相互印证，控方的证据结合起来能否得出唯一的实体结论。从而对实体真实形成清晰的认识，实现实体公正。

第三，强化证人作证制度体现了对实体公正的追求。

实体公正的实现需要建立在证人、鉴定人亲自出庭作证的基础上。修改后的《刑事诉讼法》在其第47条明确要求:"证人证言必须在法庭上经过公诉人、被害人和被告人、辩护人的讯问、质证,听取各方证人的证言并且经过查实以后,才能作为定案的根据。"但是,有关证人出庭作证的保障性措施却未见规定。为弥补这一缺憾,最高人民法院的司法解释作出了一些旨在保证证人、鉴定人出庭作证的程序设计。根据《解释》第141条的规定,证人除司法解释明确规定的情形以外,应当出庭作证。这些例外情形包括证人是"未成年人"的;证人在"庭审期间患有严重疾病或者行动极为不便的";证人的"证言对案件的审判不起直接决定作用的";有其他可以不出庭作证的理由的。《解释》第55条则规定,证据必须经过当庭出示、辨认、质证等法庭调查程序查证属实,否则不能作为定案的根据。对于出庭作证的证人,必须在法庭上经过公诉人、被害人和被告人、辩护人等双方询问、质证,其证言经过审查确实的,才能作为定案的根据。这些司法解释明确规定了证人的出庭作证义务,列举了证人可以不出庭作证的情况,在一定意义上还确定了违反法定的证据出示、辨认、质证程序的法律后果。这显然要比过去那种以宣言或口号式的规则要求证人出庭作证,更具有可操作性。

第四,赋予法官庭外调查权体现了对实体公正的追求。

根据修改后的刑事诉讼法,法官在法庭审判中对证据有疑问时,可以到庭外进行调查核实证据的活动,如补充鉴定、勘验、检查,甚至查获新的证据材料等。当然,对于法官的查证行为,学者颇多疑义,其中主要是担心对法官的中立性产生不利的影响。笔者认为,这种担心不是没有道理的,但法官的查证权也是必要的,关键是要对其加以两方面的规制:一是必须以当事人的请求为必要条件;二是要通知检察官和辩护人共同参与或者到场。

四、我国普通审判程序对诉讼效率的追求

中国普通审判程序在追求司法公正的同时也注意对诉讼效率的

追求，其显著表现就是确立了普通程序简化审制度。

所谓普通程序简化审，根据最高人民法院的司法解释，就是对于一定数量的不符合适用简易程序审理的条件，本应依照普通程序进行审理的第一审公诉案件，在被告人对被指控的主要犯罪事实无异议，并自愿认罪的情况下，可以适当简化某些庭审环节，促使案件尽快审结。

普通程序简化审的设置与简易程序在当前的适用状况有一定关系。在1996年刑事诉讼法修改以前，我国在刑事诉讼立法中并没有设置简易程序，所有的公诉案件，不论是案件简单还是案情复杂，一律适用普通程序加以审理，导致诉讼久拖不决、案件大量积压，既不利于及时惩罚犯罪，节省司法资源，也不利于使被告人及时摆脱讼累，使被害人及时得到慰藉和弥补。为了改变这种现状，1996年刑事诉讼法在立法修改中设置了简易程序，使之与普通审判程序共同适用于第一审公诉案件的审理，以期通过程序的适当简化和案件的繁简分流实现司法资源的合理配置，提高诉讼效率。

简易程序实施以后，审判程序得到简化，案件繁简得到分流，司法资源得到合理配置，诉讼久拖不决、案件大量积压的状况得到一定程度的缓解，既有效地提高了诉讼效率，也有力地维护了当事人的合法权益。但是，简易程序在适用的过程中，也很快暴露出一些先天的和后天的不足，其中最主要的表现在：（1）简化的环节不多，甚至该减的没减，不该减的却减了；（2）适用范围过窄，仅限于一些轻微的刑事案件；（3）适用条件过苛，需要同时获得司法机关和各方当事人的同意。并且，经过十年的发展，我国的司法现实已经发生了很大的变化，刑事犯罪日趋复杂，刑事案件居高不下，司法机关办案力量不足的情况一直得不到缓解。立法与司法实践中的种种原因导致简易程序距离立法者的立法初衷越来越远，不但在我国刑事审判中的适用比例很小，而且也越来越不适应社会发展的需要。

在这种情况下，在保留简易程序的基础上进一步对普通审判程序进行简化，使之适用于某些案件的快速审理，就成了一种必然的选择。普通程序简化审正是在这一背景下出台的，也是针对我国刑事案件数量居高不下而司法资源相对稀缺，审判程序烦琐、效率低下的现实状况而制定出来的。普通程序简化审的基本理念就是：在保证司法公正的前提下，根据案件的具体情况对某些环节进行简化，以提高刑事审判的诉讼效率。总之，普通程序简化审对于深化庭审方式改革，提高庭审质量和效率，节约司法资源，减少诉讼成本具有一定的积极意义，同时也为被告人的程序选择权提供了更大的空间，有利于减少讼累，及时恢复被犯罪破坏的社会关系，维护社会秩序。

五、我国普通审判程序在价值追求上存在的主要问题与立法建议

如果对中国当前的刑事审判程序进行更深入的价值分析，可以发现其中也存在不少问题，有些问题还具有一定紧迫性。在下文中，笔者将对这些问题逐一作出阐述并提出相关的立法建议。

1. 程序公正方面存在的问题与立法建议

在我国刑事普通审判程序中，程序公正方面存在的问题主要表现在以下几个方面：

第一，合议庭在某些案件中缺乏独立的裁判权。在我国刑事诉讼中，除了基层人民法院适用简易程序的案件可以由审判员一人独任审判外，在其他案件中合议庭是法庭审理的唯一主体。依据现行刑事诉讼法第147条规定，基层人民法院、中级人民法院审判第一审案件，应当由审判员三人或者由审判员和人民陪审员共三人组成合议庭进行；高级人民法院、最高人民法院审判第一审案件，应当由审判员三人至七人或者由审判员和人民陪审员共三人至七人组成合议庭进行。根据该法第148条的规定，合议庭进行评议的时候，如果发生意见分歧，应当按照多数人的意见作出决定，少数人的不同意见应当记入笔录，合议庭在开庭审理并评议后应当作出判决。但是根据该法第149条的规定，对于疑难、重大、复杂的案件，合议庭认为难以作出决定的，由合议庭提请院长决定提交审判委员会讨论决定，对于审判委员会的决定，合议庭应当执行。显然，在目前法院内部实行错案追究制的情况下，一旦遇到疑难、重大、复杂的案件或者受到外界干扰较多的案件，合议庭必然希望把职业风险转移给审判委员会，从而导致合议庭独立性的丧失。

第二，判审分离的现象仍然存在。如上所述，在合议庭把那些疑难、重大、复杂的案件交给审判委员会的情况下，审判委员会便取代合议庭成了事实上的裁判者。但是，审判委员会在处理案件的时候，其主要方式是阅卷或听取合议庭组成人员的汇报，然后在此基础上秘密讨论和集体表决，最终形成实体裁决。在这一过程中，控辩双方无法参与其中，社会公众也不能旁听或对其进行监督，即使合议庭的意见与审判委员会不同甚至相反，合议庭也必须服从。这就形成了合议庭"审而不判"和审判委员会"判而不审"的局面，审理与判决在事实上发生分离。

第三，审判公开不彻底。一般来说，除了少数法定的例外，刑事案件一律公开审理，合议庭在法庭审理之后应该当庭宣布案件的裁判结果。但是在中国当前的刑事审判实践中，绝大多数案件在法庭审理结束后都实行定期宣判，当庭宣判的案件少之又少。所谓庭后宣判，也就是不论合议庭是否需要对证据进行调查核实，也不论合议庭在认定事实或适用法律方面是否存有疑问，审判长在被告人作出最后陈述以后，即直接宣布休庭，判决结论改期宣布。一旦庭后宣判，合议庭就可以在休庭期间全面查阅控方的案卷材料，从而把控辩双方在法庭审理中的理性对抗置之不理，甚至改变在庭审中形成的实体结论。在这种情况下，审判公开原则已经被变相地抛弃了。

第四，权利保障不充分。根据西方国家刑事审判的一般实践，不管是被告人还是被害人，都应该享有充分的诉讼权利，这些诉讼权利主要包括辩护权、申请回避权、诉讼参与权、无罪推定权、不必自证其罪权、程序选择权、独立请求权，等等。在我国刑事审判中，这些权利大多数已经得到立法上的确立，但也有少数权利没有得到立法认可，这主要有当事人的程序选择权、被告人的不必自证其罪权和被害人的独立请求权。有的权利虽然在形式上已经存在，但却没有得到充分的保障，这主要包括辩护权、申请回避权、诉讼参与权、无罪推定权，等等。诉讼权利的缺位或保障不力必然消蚀程序公正，也是程序不公最主要的表现。

不难看出，上述各种问题均在一定程度上反映了我国普通审判程序在程序公正价值上存在不足，需要得到尽快的解决。就合议庭的独立性来说，关键是要提高合议庭组成人员的专业素质，并通过立法革除其对审判委员会的依赖，使之能够充分应对各种疑难、重大而复杂的刑事案件。就判审分离问题而言，关键是要改革审判委员会的职责，取消其对刑事案件的决定权，并最终在条件成熟的时候彻底取消审判委员会的存在。就审判公开问题来说，关键是要通过立法规定当庭宣判的必要性，或者严格限制庭后宣判的条件和范围。就权利保障问题而言，对于没有立法规定的诉讼权利应该尽快通过立法加以规定，对于已经有了规定但保障不力的诉讼权利应该制定更为详细而具可操作性的制度、原则和规范，使当事人的诉讼权利落到实处。

2. 实体公正方面存在的问题与立法建议

我国普通审判程序不仅在程序公正方面存在许多问题，在实体公正方面也存在一些问题，这些问题同样需要在立法或司法中得到尽快的解决。

第一，庭前预断问题。一般来说，法官在控辩双方到庭的情况下基于控辩双方的理性对抗而形成的实体结论是最为客观公正的。正因为如此，为防止法官对案件裁判结局形成先入为主的预断，或者形成主观褊狭的实体印象，两大法系国家都从普通程序立法方面尽量减少法官在开庭前查阅或者过多地查阅控方提供的案卷材料，禁止主持预审或者审查起诉程序的法官参与其后的法庭审判过程，禁止法官与控辩双方进行任何形式的单方面接触。不仅如此，作为现代刑事审判程序的精髓，控辩对抗式刑事诉讼模式还要求法官在为准备庭审而举行的审前会议上允许控辩双方同时参与，以防止法官在审判前形成有利于一方或不利于一方的主观偏见。然而，深入考察当前中国的普通审判程序,可以发现:尽管我国现行刑事诉讼法较之以前减少了法官接触控方材料的范围,但那些"主要证据"及其复印件仍在承办法官的接触范围之内,并且接触这些材料的法官主持庭前审查公诉程序的法官一般就是主持或参与正式法庭审判的法官,有的还是合议庭的审判长。这就不可避免地导致庭前审查程序与法庭审判程序的一体化,法官在法庭审判开始之前就接触了控诉方的案卷材料,从而形成不利于被告人的内心确信。

第二,庭后阅卷问题。所谓庭后阅卷,是指法官在法庭审理结束之后实体裁判宣告之前查阅案卷材料并作出裁判的情况。一般来说,按照刑事司法审判活动的基本规律,合议庭一旦结束其法庭审理活动,就应当在审慎评议的基础上对案件作出实体上的裁判,以解决控辩双方的讼争,因为只有这样,控辩双方的理性对峙才有意义,法庭审理活动才不至于流于形式。然而,在我国的普通审判程序中,凡是疑难、重大、复杂的案件都采取庭后定期宣判的形式,特别是由审判委员会讨论的案件,合议庭都不可能当庭宣判,除非在法庭审理结束前已经获得审判委员会的许可。正是在此期间,合议庭和审判委员会的成员都有可能抛开庭审中获得的认识,转而通过查阅案卷并对其进行分析、讨论,然后作出最终的实体结论。不难看出,庭后阅卷完全背弃刑事审判的一般规律,把实体结论单纯地建立在控方的间接材料上,必然难以得出客观公正的判断。

第三,庭外调查问题。如前所述,我国普通审判程序在削弱法官主动性的同时也保留了法官的证据调查权。根据我国《刑事诉讼法》第158条的规定,在法庭审理过程中,如果合议庭对证据有疑问,可以宣布休庭,对证据进行调查核实;人民法院调查核实证据,可以进行勘验、检查、扣押、鉴定、查封、询问和扣押。事实上,法官的庭外调查权对获得实体真实是有益的,但是也应该看到:庭外调查权也可能妨碍实体真实的发现。因为:一方面,法官在进行庭外调查的时候,事先已经有了某种主观的思维定势;另一方面,法官在进行庭外调查的时候,由于控辩双方都不到场,既没有合理的监督,也没有理性的参照,很容易出现认识和判断上的错误,从而危及实体公正。

由此可见,在实体公正方面,我国普通审判程序存在的问题也是比较多的。为了解决这些问题,需要有针对性地提出可操作的解决方案。在笔者看来,上述诸多问题的出现不在于对实体公正的追求不够,而是在于对实体公正的追求过多,由此陷入了一种物极必反的境地。因此,在解决这些问题的时候就不应该过多地固守于实体公正的绝对性。就庭前预断而言,只要实行彻底的起诉状一本主义,把审查公诉的法官阻隔于其后的正式审判中,问题就可以迎刃而解。就庭后阅卷的问题来说,关键是要从立法上对审判公开原则作出进一步的详细规定,禁止择期宣判。至于庭外调查问题,最主要的是要取消合议庭的庭外调查权,使判决真正建立在控辩双方在法庭上的理性对抗之上。

3. 诉讼效率方面存在的问题与立法建议

相对于司法公正而言,诉讼效率主要是一种功利意义上的价值目标。在整个刑事诉讼程序中,普通审判程序是实现诉讼效率的一个重要阶段。但是,我国普通审判程序在诉讼效率的追求方面同样存在不少问题,这主要表现在以下三个方面:

(1) 诉讼周期过长

诉讼周期过长是我国普通审判程序的一个大的弊病,并且一直没有得到有效地解决。根据我国《刑事诉讼法》第168条的规定,人民法院审理公诉案件,应当在受理后一个月以内宣判,至迟不得超过一个半月;如果涉及某些疑难、重大而复杂的案件,经省、自治区、直辖市高级人民法院批准或者决定,可以再延长一个月;人民法院改变管辖的案件,从改变后的人民法院收到案件之日起计算审理期限;人民检察院补充侦查的案件,补充侦查完毕移送人民法院后,人民法院重新计算审理期限;而人民检察院补充侦查的案件最长期限可达一个月。这样一来,即使严格按照法律规定的审理期限,大多数案件的结案时间往往少则半年,多则几年,既耗费大量的司法资源,也对当事人带来新的不公。

(2) 诉讼环节过繁

在我国审判程序中,诉讼环节繁多也是一个不争的事实。一般来说,为了保证程序的公正性,设置较多的诉讼环节是非常必要的,笔者无意对此加以否定。但是,在我国普通审判程序中,有些诉讼环节完全是多余的。其中比较典型的就是休庭、延期和补充侦查的环节太多,而合议庭和公诉方在具体适用的时候也比较随意,致使庭审久拖不决,耗费大量的人力、物力和财力。虽然最高人民法院通过司法解释确立了普通程序简化审,在一定程度上对过多的诉讼环节作了缩减,但适用范围非常有限,并不具有普遍的意义。

(3) 普通程序简化审有待进一步完善

普通程序简化审的出发点在于简化诉讼环节,优化配置资源,提高诉讼效率。但是,在简化诉讼环节的时候,应该注意两个方面的问题:其一,要把握简化的量:减得过少不能达到提高诉讼效率的目标;减得过多则可能损及司法公正。其二,要把握简化的质:应该减的就大胆减,不该减的就不能减。其三,要注意与其他种类的程序相互衔接。从我国普通审判程序的实际操作来看,这三个方面都存在问题:就简化的量而言,我国普通审判程序还有进一步简化的余地,减得还不够;就简化的质而言,一些不该减的诉讼环节却被简化了,其中最不该减的就是公诉人和辩护人的出庭环节;就普通程序简化审与其他程序的协调方面而言,也存在一定的问题,其中最主要的就是案件范围存在一定程度的重合。

综上所述,我国普通审判程序在诉讼效率方面的确存在不少问题,有的问题还比较复杂,在提出解决方案的时候也比较棘手。就结案周期而言,在现阶段作出大幅度的压缩显然还不现实,这是由我国现阶段的具体国情以及司法官员的整体素质所决定的,当前完全可以做到的就是限制司法官员在诉讼期限上的自由裁量权,通过立法对哪些可以随意延长的期限作出硬性规定。就诉讼环节而言,应该严格限制法官在休庭方面的随意性以及公诉方补充侦查的条件和次数。就普通程序简化审的完善而言,关键在于保障被告人的诉讼权利。笔者在此提出几点建议:其一,人民检察院应当事先征求犯罪嫌疑人的意见,在犯罪嫌疑人自愿认罪并同意适用普通程序简化审的前提之下再向人民法院提出适用简化审的建议，以保障被告人的程序选择权。其二，对被告人没有委托律师为其辩护的，应指定律师为其提供法律援助，以保障被告人的辩护权。其三，在被告人决定是否认罪之前司法机关有义务告知其被指控的罪名及控方掌握的相关证据，以保障被告人的知情权。

第三节 简易程序的价值评价

所谓简易程序，其实是相对于普通程序而言的一种简化程序，即为了使案件得到快速处理而对刑事程序的某些环节和步骤加以简化之后形成的特别程序。对简易程序可以从广义和狭义两个角度来理解，从广义来看，简易程序可以依据不同的诉讼阶段分为简易侦查程序、简易起诉程序、简易审判程序、简易救济程序，等等；从狭义来看，也就是人们通常所说的简易程序，即简易审判程序，本书所要论及的就是这种简易程序。

简易程序是世界各国普遍采用的一种旨在提高诉讼效益的司法程序。尽管不同的国家在简易程序的具体操作上存在一些不同，但其基本的价值目标却是一致的，那就是在保证最低限度公正的基础上以尽量少的司法资源换取尽量多的司法产出，更快更多地审理案件。与此同时，也应该注意到简易程序在追求诉讼效率的时候往往容易与司法公正形成价值冲突，如果缺乏相关的制度设置，犯罪嫌疑人或被告人的正当权益容易受到损害。因此，如何为简易程序设定一个最低限度的公正标准，如何保证最低限度的公正标准的实现，如何防止犯罪嫌疑人或被告人的诉讼权益受到非法侵害，这便成为各国在刑事司法实践中不得不考虑的问题，同时也是我国刑事司法改革需要重点解决的问题。本书拟在大致描述我国简易程序运行机制的基础上对我国的刑事诉讼简易程序进行有针对性的价值评价，以期引起刑事诉讼法学界及实务部门的重视，并为中国刑事诉讼法的修改提供一些必要的建议。

一、我国简易程序的运行机制

我国的刑事诉讼简易程序是1996年刑事诉讼法修正之后正式建立的。根据修正后的刑事诉讼法的规定,我国刑事简易程序是指基层人民法院在第一审程序中审理某些事实清楚,情节简单,犯罪轻微的刑事案件所适用的比普通程序相对简化的程序。

从这一定义中可以看出,简易程序具有以下主要特点:(1)简易程序仅能适用于第一审程序,其他程序包括第二审程序、死刑复核程序和审判监督程序都不能适用之。(2)简易程序只能由基层法院加以适用,中级以上法院虽然也要审理第一审案件,但不能适用简易程序。(3)简易程序只适用于事实清楚,情节简单,犯罪轻微的刑事案件,而其他疑难、重大、复杂或涉外的案件均不能适用。(4)在审判组织方面,适用简易程序的公诉案件不再由审判员或者由审判员和人民陪审员共同组成合议审判,而是由一名审判员独任审判。

根据我国《刑事诉讼法》第174条的规定,可以适用简易程序的案件分为三类:一是被告人可能被判处3年以下有期徒刑、拘役、管制或者单处罚金的公诉案件,事实清楚、证据充分,人民检察院建议或者同意适用简易程序的;二是告诉才处理的案件;三是被害人起诉的有证据证明的轻微刑事案件。其中第一种属于轻微的公诉案件,后两种则属于自诉案件。由此,简易程序也可以相应地划分为两类:第一类是刑事公诉案件的简易程序;第二类是刑事自诉案件的简易程序。其中,公诉案件适用简易程序必须同时具备以下条件:其一,根据检察官指控的罪行的性质和严重程度,被告人可能被判处三年以下有期徒刑或者其他更加轻微的刑罚。这是根据刑法规定从实体上对适用简易程序的案件所作的限制。其二,所涉及的案件必须事实清楚,证据确实、充分。这是案件本身的事实情况和证据情况对适用简易程序的案件所作的限制,如果事实不清,证据不明,就只能适用普通程序。其三,适用简易程序还需要检察机关的建议或者同意,这意味着检察机关在是否适用简易程序的问题上具有一定的建议权或者否决权。

在具体操作上，根据我国刑事诉讼法的规定，简易程序是比普通程序相对简化的程序，适用简易程序审理案件，人民法院应当在受理以后20日以内审结，审理过程不受刑事诉讼法关于讯问被告人，询问证人、鉴定人，出示证据，法庭辩论等程序规定的限制。如果适用简易程序审理公诉案件，人民检察院可以不派员出席法庭，被告人可以直接就起诉书指控的犯罪进行陈述和辩护；如果公诉人出庭，被告人、辩护人则可以直接与公诉人进行辩论。如果适用简易程序审理自诉案件，起诉书宣读以后，被告人及其辩护人可以同自诉人及其诉讼代理人相互辩论。不管怎样，被告人都有权作最后陈述。

为了对刑事诉讼法的规定进一步具体化，最高人民法院、最高人民检察院、公安部等六个部门还发布了一些相关的司法解释，主要有六机关共同发布的《关于刑事诉讼法实施中若干问题的规定》（以下简称《六机关规定》）和最高人民法院发布的《关于执行〈中华人民共和国刑事诉讼法〉若干问题的解释》（以下简称《解释》）。这些文件对简易程序的可操作性进行了较为详细的补充，使我国简易程序的整体框架更趋明确、清晰。

二、我国简易程序的主要价值目标

在现代各国，简易程序的一个基本价值目标就是在保证最低限度公正的基础上简化诉讼环节，缩短结案周期，实行案件分流，优化资源配置，以尽量少的司法资源换取尽量多的司法效益，提高诉讼效率。

简易程序的价值目标是由现代各国普遍面临的一个共同的社会问题决定的，这就是犯罪数量随着社会的发展居高不下。在英国，1980年全英刑事法院审结的案件为55,594件，到1990年已增加到 103,011 件，几乎增加了一倍。① 在美国，"9·11"事件以后，根据美国司法部司法统计局 2002 年 8 月 25 日公布的报告，截至 2001 年底，美国罪犯人数比 1980 年增加 4 倍，达到了创纪录的 660 万人。② 在日本，仅在 2002 年一年，就发生了总共 285 万起各类犯罪案件，达到自第二次世界大战以来的最高水平，其中就不乏各种严重的谋杀案件。③ 不仅如此，随着社会的进步和科技的发展，犯罪分子的作案手段也日益先进，逃避制裁的手段也日益狡猾，这些都直接导致刑事诉讼周期的不断延长。因此，为了控制犯罪和维护社会秩序，国家必须投入巨大的司法资源。而刑事案件的数量越多，周期越长，国家投入其中的人力、物力和财力就会越大。

更为重要的是，由于人权保护的观念深入人心，现代各国均设计了复杂而周密的刑事程序，以保障犯罪嫌疑人、被告人的应有权利不受非法侵害。因为很明显，刑事程序越严密，越复杂，耗费的时间也越长，投入的司法资源也越大。从理论上来说，如果国家为进行刑事诉讼活动所投入的司法资源可以无限地增加，那么刑事诉讼就可以采取无限复杂而严密的程序。但在现实中，完全不考虑司法资源的限制问题是根本不可能的，经济实力再雄厚的国家也难以承担。

在这方面，我国也面临着同样的困境。随着经济社会的发展，我国也在不断增加其投入刑事诉讼活动中的司法资源，但相对于诉讼周期的不断延长和刑事程序的日趋复杂，这些投入依然满足不了需要。况且，尽管最近二十几年我国所投入的司法资源在数量上不断呈现增长的态势，但考虑到通货膨胀、物价上涨、司法人员工资的提高以及司法技术设备的更新之类的因素，这种资源投入的增加

---

① 转引自陈开欣："英国刑事司法制度概况——赴英国考察报告"，载中国政法大学《刑事诉讼制度改革研究》课题组 1993 年编印。

② 参见国务院新闻办公室：《2002 年美国人权记录》。

③ 参见《羊城晚报》2004 年 8 月 2 日。

在数量上往往要大打折扣，很难说能起到多大的作用。

由此看来，司法资源的有限性和案件数量不断增长、案件周期不断延长之间的矛盾在我国现阶段不但不可避免，而且还将长期存在。在这种情况下，司法资源的具体投入就要有针对性，要考虑各个诉讼阶段和每一案件的具体情况，不能盲目地将有限的司法资源平均分配到各个刑事诉讼阶段中，或者在处理每一刑事案件时均投入完全等量的司法资源。在实际操作中，对那些疑难、重大而复杂的案件，应该投入更多的司法资源，使刑事诉讼活动的质量以及被告人的权利受到必要的保障，而对那些罪行轻微、情节清楚简单、证据充分或者被告人对于所犯罪行不持异议的案件就可以适当减少司法投入，以免造成国家司法资源的无谓浪费。

在普通诉讼程序之外设立简易程序正好可以达到这种效果。①通过设置简易程序，刑事案件在进入正式法庭审判之前就进行必要的分流：对那些疑难、重大而复杂的案件，或者对被告人期待在其中获得全面而充分的程序保障的案件，采用普通审判程序加以审理；对那些事实清楚、情节简单、证据充分的案件，或者对罪行轻微而被告人也不需太多程序保障的案件，则采用简易程序加以审理。在前一种案件中，国家必须投入较多的司法资源，以维护实体公正和程序公正，充分发现实体真实并保障当事人的实体权利和程序权利。而在后一种案件中，由于实体真实比较明了，而诉讼权利也容易得到保障，以较少的司法资源就可以达到实体公正和程序公正的目的，国家就不必投入过多的司法资源。

由此可见，简易程序不但可以简化自身的诉讼环节，而且可以使刑事案件提前得到分流，既有利于案件的迅速审结，又可以使当

---

① 当代西方国家刑事诉讼法发展的一个特点，就是扩大和增设简易程序和其他速决程序。英国按简易程序审理的案件占全部刑事案件的97%，美国（包括通过辩诉交易结案的）占90%，德国占85%以上，日本占94%，意大利新刑事诉讼法典增设了5种特别程序，为了鼓励被告人选用简易程序，刑事诉讼法规定如果被告人选择简易程序，则减轻法定刑的三分之一或者减少罚金的百分之五十。资料来源：http://www.FindLaw.cn。

事人尽快摆脱讼累,恢复原有的社会关系,这些都充分地反映了我国简易程序在诉讼效率上的价值目标。

三、我国简易程序的最低价值标准

简易程序的设计是为了解决司法资源的有限性与刑事案件数量不断增长、案件周期不断延长之间的矛盾,但是如果简易程序的适用又可能导致效益与公正之间的矛盾。一般来说,简易程序的适用会直接导致被告人的诉讼权利受到较大的限制,并很可能剥夺被告人获得无罪判决的机会。从这一点来看,简易程序直接涉及刑事诉讼中的人权保障问题,其设计必须遵循一定的价值标准。

关于简易程序价值标准的确立,在国际上有过两个重要的学术会议:其一是1989年在维也纳召开的第十四届世界刑法学会代表大会;其二是1994年在巴西里约热内卢举行的第十五届世界刑法学会代表大会。

维也纳会议通过了关于在刑事诉讼中保障基本人权的决议。该决议要求各国在适用简易程序的过程中应当确保被告人获得最低限度的人道待遇,并向各国立法机构提出了相关的立法建议,即立法机关应该规定实行简易审判的条件,在适用该种程序的时候应当采取必要的措施保障被告人与司法机关合作的自愿性质,如在讯问时准许律师在场,在讯问场所安装监控设施提供见证,不得由一人对嫌疑人单独讯问,等等。同时,该决议还要求各国确保被告人的基本诉讼权利,其主要内容有三项:一是知悉权,包括知悉指控的内容和有罪证据的权利;二是程序选择权,即被告人有权选择是否得到法庭的简易审理,这是他的一项权利,如果他不愿意适用简易程序,就应当适用普通的法庭审理程序;三是律师帮助权,即享有提供证据的权利和延聘律师为其辩护的权利。[①]

里约热内卢会议通过了关于在刑事诉讼中倡导采取简易程序的

---

① 陈光中主编:《刑事诉讼法实施问题研究》,中国法制出版社2000年版,第18页。

决议。该决议建议各国立法部门对简单的案件采取简易程序，目的是加快刑事诉讼的进程，以及向被告人提供更多的保护。但是严重犯罪不宜实行简易审判，也不宜由被告人决定是否实行简易审判。①

尽管这些会议对各国司法当局没有约束力，但各国法学家就简易程序的适用问题所提出的带有学术性的结论却揭示了简易程序的共同价值标准，即在构建简易程序时，不应该只是关注于诉讼成本的降低和诉讼效益的提高，而且还应确保被告人享有最基本的诉讼权利，使简易程序具有最低限度的公正标准。

一般来说，简易程序之所以受到理论界的较多关注，主要不是因为其能够获得较大的司法效益，而是因为被告人的诉讼权利在其中受到较大限制。可以说，简易程序与普通程序的分离在一定程度上就意味着诉讼效率与程序公正这两大价值目标的分离。因此，在设计和启动简易程序的时候，必须符合最低限度的公正标准，使被告人受到最基本的人权保障。② 具体而言，这些最低限度的公正标准主要有以下几个方面：

第一，简易程序应当保障被告人的程序选择权。

所谓程序选择权，就是是否启动简易程序应该尊重被告人的意见，如果被告人不愿意接受简易程序的审判，就不能适应简易程序对他进行审判，此时往往只能转而启用普通程序。一般来说，尽管选择简易程序的被告人可以获得相对较轻的判决，要么是控诉罪名的减轻，要么是量刑幅度的下降，但通常都会失去获得无罪判决的机会。对于这种明显会使自己受到不利对待的程序，如果不具有最起码的自由选择权，被告人一般都很难发自内心地信服诉讼程序及其结果。显然，如果没有程序选择权，就意味着被告人在程序的启

---

① 陈光中主编：《刑事诉讼法实施问题研究》，中国法制出版社2000年版，第19页。

② 熊秋红："刑事简易速决程序探究"，载《诉讼法论丛》1998年第2卷，第171页。

动方面和案件的判决方面——不论诉讼结局如何——都是被迫的，而这种被迫既不符合自然法的公正精神，也不符合被告人作为价值主体的理性要求。

相反，在适用简易程序之前，如果征求被告人的意见，在取得其同意的情况下才启动简易程序，那么他对诉讼程序的运行具有更大的参与积极性，而不是抱持抵抗的心理；而且，对于这种程序带给他的诉讼结果，被告人一般都会自愿接受，毕竟这是他自由选择的结果。从这一点来看，保障被告人享有对简易程序的自由选择权，不但在形式上具有公正价值，而且在被告人的心理上也可以实质地感受到程序的公正价值。

第二，简易程序应当保障被告人的知悉权。

在刑事诉讼中，被告人的知悉权是指获得并了解程序事项信息的权利。被告人在简易程序中的知悉权包括案情知悉权、证据知悉权和程序知悉权。所谓案情知悉权，意味着被告人有权了解指控的犯罪事实以及其中的必要细节。一般来说，被告人最为清楚自己是否犯罪，如何犯罪以及犯罪情节的轻重，在面对犯罪指控的时候，如果不能知悉指控的内容，就不可能作出正确的辩护。所谓证据知悉权，是指被告人对控诉方的指控证据有权事先得到一定程度的了解。在控辩对抗式刑事诉讼中，控诉方提供的证据并不比辩护方获得的证据具有更大的优越性或者正确性，因而也存在一个证实或者证伪的问题。不难想象，如果对抗诉方的证据没有得到事先的了解，被告人在面对指控的时候就可能措手不及，不但可能陷入被动局面，而且影响程序的进程。相反，如果对控诉方获得的证据有一个事先的了解，被告人就可以在理性思考的前提下作出有针对性的辩护。至于被告人的程序知悉权，主要是指被告人有权了解诉讼程序的运行状况及相关细节。为此，司法机关有义务向被告人告知案件的进展情况，包括开庭的时间、地点、预期结案的期限，等等。

第三，简易程序应当保障被告人获得律师帮助的权利。

一般来说，简易程序较之普通程序减少了许多诉讼环节，被告人的实体利益和诉讼权利有可能因此而受到侵害。在这种情况下，获得律师的帮助对被告人尤为重要。一般来说，绝大多数被告人都不大可能具有专业的法律知识和辩护技能，也不大可能了解简易程序的性质和法律后果。在这种情况下，律师的参与可以帮助被告人充分了解简易程序的启动会给自己带来什么样的影响，使被告人的程序选择和诉讼辩护更加理性，提高针对性，减少盲目性，从而切实维护被告人的实体利益和程序权利，减少被告人事后翻悔的现象。

第四，简易程序应当保障被告人的辩护权。

在简易程序中，所涉案件往往情节轻微、事实清楚、证据充分，但这并不意味着被告人不需要进行辩护，更不能以此为由剥夺被告人的辩护权。面对公诉人或自诉人的指控，被告人可以自我辩护，也可以寻求律师的辩护，不管采取何种辩护形式，都应该受到保障，否则容易对被告人形成不公。因此，在被告人明确提出律师辩护之要求时，法院应该为其提供基本的程序保障，如允许其提供证据、传唤证人、停止审理以准备辩护，等等。

此外，有的学者还提出了被告人的"翻悔"权，即在简易程序进行中或者结束之后，被告人如果不满意自己的选择而愿意使案件转为普通程序处理，法庭应当予以尊重。[①] 对此笔者不予赞同。理由主要有三个：其一，在被告人选择简易程序之后，是否再回复到普通程序的审理，主要是根据案件审理中的特殊情况，如案情重大复杂并非事先判明的那样简单，被告人经查明属于未成年人，被告人有可能判处较重的刑罚，等等，而不是听任被告人随意翻悔。其二，保障被告人在简易程序启动后的翻悔权不符合简易程序设计的初衷。简易程序的价值目标旨在解决司法资源的有限性与刑事案件居高不下之间的矛盾，为的是提高程序效益，如果听任被告人随意翻悔，反而会使之前已经进行的程序归于无效，从而白白浪费更多的司法资源。其三，从公正价值的角度而言，给被告人提供一次

[①] 参见陈瑞华：《刑事诉讼的前沿问题》，中国人民大学出版社2000年版，第417页。

选择的机会在形式上已经满足公正的要求，程序的公正价值已经得到充分的体现，而事后的翻悔反而不符合形式上的公正，毕竟机会是有限的，对被告人提供过多的翻悔自由对被害人会不会构成更多更大的不公呢？

四、我国简易程序的价值追求

如前所述，简易程序的设置主要是为了追求诉讼效率。根据刑事诉讼法和相关的司法解释，我国简易程序对诉讼效率的追求主要体现在以下几个方面：

首先，在简易程序的起诉方式上，采取了与普通程序完全不同的做法，即采取直接的案卷移送方式。根据《六机关规定》第38条规定，对于适用简易程序的公诉案件，无论人民检察院是否派员出庭，都应当向人民法院移送全部案卷和证据材料。而最高人民法院的《解释》在第217条则更进一步规定，基层人民法院受理的公诉案件，人民检察院在起诉时书面建议适用简易程序的，应随案移送全案卷宗和证据材料。案卷的直接移送方式使简易程序在起诉方式上相对于普通程序得到很大程度的简化，无疑使起诉效率得到很大提高。

其次，简易程序的具体环节和步骤相对于普通程序得到了相当程度的简化。根据《解释》第224、225条的规定：在简易程序中，法院在开庭前可以简便的方式将开庭的时间、地点通知检察机关、自诉人、被告人、辩护人及其他诉讼参与人。开庭后，主审法官首先要查明被告人的基本情况，然后依次宣布案由和独任审判员、书记员和其他诉讼参与人的名单，并告知诉讼权利。庭审中，被告人可以就起诉书指控的犯罪事实进行陈述和辩护，审判员可以出示或宣读主要证据，并听取被告人的意见；如果公诉人出庭支持公诉，在被告人陈述后，公诉人可以出示或宣读主要证据；经审判员准许，被告人及其辩护人可以同公诉人辩论；在必要时，审判员也可以讯问被告人。庭审结束时，被告人作出最后陈述，法庭一般应当当庭宣判。

最后，简易程序在结案方面也比较迅速。一般来说，简易程序的宣判大都当庭进行，很少有择期宣判的。并且，运用简易程序进行审判的案件，被告人提出上诉的也比较少见。从实践中的效果来看，根据有关材料，北京市基层法院运用简易程序审理案件的过程大都不超过 30 分钟。某区法院审结的 10 件适用简易程序的案件，平均庭审时间仅为 22 分钟。而且，绝大多数简易审判都以当庭宣判而告结束。法院从案件受理到宣判所花费的时间不仅一般没有超过刑事诉讼法规定的 20 天最高期限，而且有不少案件在 15 天之内即告审结。这些都标志着简易程序的运用对于提高诉讼效益、减少案件积压、缩短案件结案周期，都发挥了积极的作用。①

在追求效益的同时，我国简易程序也注重对被告人权益的保护，在一定程度上体现了简易程序最低限度的公正价值。这可以从以下几个方面来看：

第一，我国简易程序保障被告人享有充分的辩护权。根据我国《刑事诉讼法》第 175、176 条的规定，在适用简易程序审理自诉案件的时候，在自诉人宣读起诉书后，被告人可以就起诉书指控的犯罪事实进行陈述，可以自行辩护也可以聘请律师辩护，在得到法官许可的情况下，可以同自诉人及其诉讼代理人进行辩论。在适用简易程序审理公诉案件的时候，如果公诉人出庭，被告人及其辩护人可以直接与之进行辩论，双方可以相互质证；如果公诉人不出庭，由法官宣读起诉书，被告人则就起诉书指控的犯罪事实进行陈述和辩护，其间法官可以出示或宣读主要证据，并听取被告人的意见。不管怎样，被告人都有权作出最后陈述。

第二，我国简易程序向普通程序的转化具有明确规定，这些规定在一定程度上体现了对人权的保护。按照《解释》第 229 条的规定，法院在按照简易程序进行审理的过程中，发现以下情形之一的，可以中止审理，或者转为按照公诉案件或自诉案件的普通程序

---

① 参见陈瑞华：《刑事诉讼的前沿问题》，中国人民大学出版社 2000 年版，第 428 页。

进行重新审理：一是公诉案件被告人的行为不构成犯罪的；二是公诉案件被告人应当判处3年以上有期徒刑的；三是公诉案件被告人当庭翻供，对于起诉指控的犯罪事实予以否认的；四是事实不清或者证据不充分的；五是其他不应当或者不适宜适用简易程序的。可以看出，第一项和第三项情形属于简易程序的排除情形在法庭审判过程中的发生，如果继续适用简易程序就有可能冤及无辜；第二项和第四项情形实际上已经丧失了适用简易程序的条件，如果继续适用简易程序就有可能构成对被告人权益的侵害。

第三，我国简易程序的除外规定体现了对无辜者和特殊被告人的人权保护。尽管刑事诉讼法对于哪些被告人可以适用简易程序没有从正面加以规定，但最高人民法院在《解释》第222条则明确规定，下列情况不宜适用简易程序审理：公诉案件的被告人对起诉指控的犯罪事实予以否认的；辩护人作无罪辩护的；被告人是盲、聋、哑人的。这些例外情形的规定无疑为检察机关和法院在适用简易程序方面更加注意对人权的保护。

五、我国简易程序的价值实现

尽管我国刑事简易程序有利于实现诉讼效率，也在一定程度上保证了程序公正，但是也存在不少问题，具体阐述如下：

（一）诉讼效率方面的问题

设置简易程序本来是为了追求诉讼效率，但我国刑事程序立法却又对其作了过多的限制，使简易程序不能充分发挥应有的作用。这主要表现在以下两个方面：

一是案件范围的限制。案件范围的限制可以分为肯定性限制和否定性限制。肯定性限制体现在我国《刑事诉讼法》第174条的规定，即简易程序只能适用于下述三类案件：对依法可能判处3年以下有期徒刑、拘役、管制、单处罚金的公诉案件，事实清楚，证据充分，人民检察院建议或者同意适用简易程序的；告诉才处理的案件；被害人起诉的有证据证明的轻微刑事案件。否定性限制主要体现在《解释》第222条的规定，即人民法院审理案件具有下列情形之一的，不适用简易程序：被告人对起诉指控的犯罪事实予以否认的公诉案件；比较复杂的共同犯罪案件；辩护人作无罪辩护的案件；被告人是盲、聋、哑人的案件；其他不宜适用简易程序的案件。

二是适用条件的限制。除了案件范围的过多限制，我国简易程序在适用条件上也存在过多的限制：根据《解释》第218条的规定，对依法可能判处3年以下有期徒刑、拘役、管制、单处罚金的公诉案件，即使事实清楚，证据充分，也必须经过人民检察院的建议或者同意。也就是说：如果法院建议适用而检察院不同意适用，就不能适用简易程序；如果检察院建议适用而法院不同意适用，也不能适用简易程序。并且，不管属于哪种情况，只有在检察院同意并移送全案卷宗和证据材料之后，才能适用简易程序。

此外，根据《解释》第230条的规定，在某些案件转为普通程序审理之后，审理期限从决定转为普通程序之日起重新计算。也就是说，无论多么符合程序公正和实体公正的要求，此前经过的审理全部归于无效。这种情况无疑极大地浪费了宝贵的司法资源，对当事人也是一种不公。

（二）程序公正方面的问题

在我国简易程序中，程序公正方面的问题主要表现为被告人诉讼权利没有得到充分而有效的保障。

第一，被告人的知悉权得不到保障。尽管我国简易程序中和普通程序中都规定被告人有权知悉被指控的罪名，却又规定人民法院在特殊的情况下可以改变检察机关指控的罪名，在赋予人民法院罪名变更权的同时却没有规定法院告知被告人的义务，从而变相地剥夺了被告人的罪名知悉权。不仅如此，简易程序在证据知悉权方面也存在问题。这表现在两个方面：其一，当辩护律师申请调取相关证据材料时，不但需要得到法院的许可，而且需要得到检察机关的同意，一旦法院和检察机关予以拒绝，被告人及其辩护律师就无从调取该证据；其二，对于检察官不准备在法庭使用而对被告人有利的证据材料，法院在事实上很难将其纳入证据展示的范围。

第二，被告人的选择权得不到保障。在刑事诉讼中，程序选择权是指刑事被告人根据自己的意志，决定在何种刑事审判程序中得到审判的权利。具体包含两层意思：一是在接受审判前被告人有选择是否适用简易程序的权利；二是在简易程序进行中被告人如果不满意自己的选择，有权要求使案件转为普通程序审理。也就是说，程序选择权主要是刑事被告人的一项权利，由于被告人是与刑事程序最具利害关系的人，其理应享有程序选择权。但是，修改后的刑事诉讼法及相关司法解释均没有将被告人同意作为是否适用简易程序的必要条件，是否适用刑事简易程序在事实上决定于人民法院和人民检察院。在被告人的程序选择权被剥夺的情况下，与刑事程序的利害关系最为密切的被告人实际上就被排除在程序价值之外了，这对被告人是非常不公正的。

第三，被告人的辩护权得不到保障。在简易程序中，律师辩护不是必要条件，法院也不必为那些因贫困而不能聘请律师的被告人指定律师为其辩护，因而在适用简易程序的过程中，被告人的辩护权完全有可能得不到保障。这主要表现为三个方面：其一，如果被告人因贫困而不能聘请律师，在公诉人出庭的情况下，必然同时面临被害人和公诉人的双重指控，这对被告人非常不公。其二，在公诉人不出庭的情况下，被告人如要与控方对质，根本不可能实现。其三，在公诉人不出庭的情况下，法官在事实上承担了控诉职能，而被告人则演变为行政纠问的客体。无论出现上述哪种情况，被告人都可能面临非常不利的局面。

第四，被告人有可能在法庭上被迫自证其罪。在简易程序中，由于省略了控辩双方举证、质证的程序，法院据以判决的依据通常是被告人供述。在目前刑讯逼供难以避免的情况下，很难保证被告人在审前程序中的有罪供述出自内心真意。如果法官据此作出判决，很可能违反不必自证其罪的原则。

（三）立法建议

不难看出，我国简易程序中存在的问题主要是程序公正方面的问题。在发现问题并廓清问题原因的基础上，还需要为解决上述问题提供切实可行的办法。笔者认为，为了完善我国的刑事简易程序，需要从以下几个方面入手：

对于简易程序中的上述问题，笔者在此提出几点相关的建议：

1. 转变诉讼观念

1956年我国社会主义改造完成之后，长期实行权力高度集中的计划经济体制和政治体制，人们在思想上也形成了重视国家、社会整体利益而忽视个人利益的观念。具体反映到刑事司法领域，就是程序工具主义颇为盛行，认为刑事程序只是一种服务于阶级统治的工具，其唯一的目的在于打击犯罪，维护社会秩序，保证实体公正的实现，只要刑事程序能够成功地查清犯罪事实，查获犯罪人，至于是否富有效率或是否侵犯人权，这些均无关紧要。

改革开放以后，由于经济社会的发展和社会主义法制建设的进步，人们开始摆脱传统的阶级斗争思维，在程序法和实体法的关系问题上也开始注重程序目的价值的一面。然而，随着市场经济体制的确立和市场经济的发展，人们在程序价值问题上开始陷入又一个误区，即过分关注诉讼效率而忽视司法公正，似乎只要在最短的时间内审结最多的刑事案件，这样的法官就是好法官，至于"在办案过程中是否侵犯人权，是否违背司法公正的精神，那是无所谓的事情"。[①] 或许正是因为受到这种程序价值观的影响，我国简易程序在制定之初就带有先天的不足，在司法实践中，由于司法工作人员认识上的偏差，则更加剧了问题的严重性，致使简易程序在适用过程中出现大量侵犯被告人诉讼权利的现象。

为此，当务之急就是要从观念上改变过去那种实体至上和效率至上的程序价值观，树立程序公正和人权保障的观念，这样才能使简易程序在今后的立法和司法实践中不断得到完善。

2. 保障诉讼权利

根据笔者前面的分析，在简易程序中，保障诉讼人权主要从以下几个方面入手：

---

① 丁毅："程序公正论要"，载《人民检察》1999年第6期。

其一，保障被告人在简易程序适用中的知悉权。一般认为，知悉权是被告人防御权中最基本的权利，是辩护权和程序选择权的前提。不难想象，如果被告人对一些最基本的诉讼信息都不知情，怎么可能作出正确的选择和辩护？！为此，笔者认为，在适用简易程序的时候，应该保证被告人有权知悉控方的证据材料和被指控的罪名，法院在开庭审判前亦应将开庭的时间、地点及时通知被告人及其辩护人。

其二，保障被告人在简易程序适用中的选择权。我国现行刑事诉讼法及相关司法解释均没有将被告人同意作为是否适用简易程序的必要条件，是否适用刑事简易程序在事实上完全决定于人民法院和人民检察院，从而把被告人的意见完全排除在外，这是非常不合理的。笔者认为，被告人是与刑事程序最具利害关系的当事人，其理应享有程序选择权。为此，在新的立法修改中，笔者建议：一方面，在适用简易程序之前，除了征求检察机关的同意，法院应将被告人同意作为适用简易程序的必要条件，使简易程序的适用建立在控、辩双方同意的基础上。

其二，保障被告人在简易程序适用中的辩护权。无论是在普通程序中还是在简易程序中，辩护权对被告人而言都是至关重要的诉讼权利。鉴于我国建议程序在被告人辩护权保护中的不足，笔者建议：在新的立法修订中，应当明确规定在适用简易程序的公诉案件中，检察机关应当派员出庭，以形成控辩对抗的基本态势。不尽如此，还要对简易程序中的指定辩护作出特别规定：如果被告人无力聘请律师的，法院应当为被告人指定辩护人，此外，为了防止刑讯逼供和有效排除非法证据，还应当规定被告人在简易程序中享有沉默权。

3. 加强权力制约

通常，相对于普通审判程序而言，法官在简易程序中的自由裁量权要更为宽泛一些，特别是在检察机关不派员出庭支持公诉的情况下，既没有司法监督，也没有律师监督，这种宽泛的自由裁量权更容易被滥用。一旦法官滥用自由裁量权，被告人是很难对其加以制约的。因此,笔者建议:为了制约法官在简易程序中的自由裁量权,不但要在新的立法修改中要求检察院出庭支持公诉并实行法律监督,而且要进一步减少或者取消现行刑事诉讼法和相关司法解释中容易导致法官自由裁量权滥用的许多弹性规定。

第四节 救济程序的价值评价

所谓救济程序,顾名思义,就是对先前审判的程序性错误或实体性错误进行事后补救的刑事程序。从广义上来说,救济程序包括上诉程序、死刑复核程序和再审程序。上诉程序是控辩双方或其他当事人申请上级法院对初审法院作出的尚未发生法律效力的裁判案件进行重新审理的刑事程序。上诉程序意味着控辩双方可以获得第二次甚至第三次庭审的机会,其权利可以得到一定的救济。与上诉程序不一样,再审程序是针对生效裁判而启动的一种非常救济程序。死刑复核程序体现了一个国家对死刑判决的慎重态度,是专门针对死刑判决而设置的一种过滤程序,其目的是为了发现死刑判决中的差错。

在我国主流的刑事诉讼理论中,有关刑事救济程序的价值理论研究也没有受到应有的重视,不少的研究者还没有摆脱传统意识形态理论的束缚,在研究救济程序的时候还停留在"不枉不纵"、"有错必纠"的理论基础上,以单一的实体真实观念为救济程序的合理性提供理论支持和实证解释,而诸如"一事不再理"、"免受双重危险"之类的程序公正原则不仅没有被人们接受,反而还经常受到非理性的批判。

一、我国救济程序的价值目标

如前所述,我国救济程序包括上诉程序、死刑复核程序和审判监督程序三大部分。由于其在我国整个刑事程序体系中具有较大的特殊性和复杂性,因而价值目标也具有较强的多元性,既要追求司法公正——实体的公正或者程序的公正,也要追求诉讼效率,还要符合秩序、安全与稳定的要求。

首先，我国救济程序以实体公正为价值目标。

人民法院是国家的审判机关，其作出的裁判关涉到控辩双方实体性的权利和义务，既可以使犯罪者受到追究，也可以使无辜者受到洗刷，既可以维护国家利益和社会秩序，也可以慰藉和弥补被害人。特别是对于被告人，法院的裁判关涉到对其刑事责任的认定，如果被告人最终被确认有罪，法院就可以代表国家行使刑罚权，并以国家强制力为后盾保障刑事裁判的严肃性和权威性，使裁判得到执行，使刑罚权落到实处。

一般来说，法院裁判的严肃性和权威性应该建立在正确认定事实和适用法律的基础上。然而，不可否认，在刑事司法实践中许多案件虽然经过侦查、起诉和初审，有的案件甚至还经过了二审和复核，但仍然有可能出现错误。这是因为：从主观来看，人的认识能力是有限的，法官的理性判断也是有限的。由于受社会历史条件、科技发展水平和其他主客观条件的限制，法官对刑事案件的认识和对刑事责任的判断不是一次就能够完成的，往往需要经过实践中的多次反复。从客观来看，客观事物是复杂的，事物的本质有一个逐渐暴露的过程，刑事案件比一般的客观事物更加错综复杂。不同于一般的自然实物，刑事案件是认为作用的结果，犯罪分子在作案以后往往要想方设法掩盖犯罪事实，从而为刑事案件设置许多认识上的障碍。由此可见，在主客观条件的双重限制下，人们很难期望法官通过一次审理就能穷尽一切细节，作出绝对无误的裁判。在这种情况下，为了保障实体公正的实现，在一般审判程序之后设置相应的救济程序就显得非常必要了。

就上诉程序而言，其任务是由第二审人民法院对第一审裁判认定的事实是否清楚，证据是否确实充分，适用法律是否正确，诉讼程序是否合法，进行全面的审查或审理，并依法作出判决或裁定，以维持正确的一审裁判或纠正错误的一审裁判。一般来说，第一审裁判主要是由基层法院作出的，由于基层法院的法官在理论素养和专业素质上的相对不足，往往容易在事实认识方面出现差错，致使有罪判无，无罪判有，重罪判轻，轻罪判重，等等。在案件上诉到二审法院之后，第二审人民法院可以对第一审人民法院在裁判中认定的案件事实作出进一步的调查核实，以确定其认定的案件事实是否清楚无误，证据是否确实充分，从而作出正确的判决，实现实体公正。

就死刑复核程序而言，其任务是由最高人民法院对下级人民法院报请复核的死刑裁判在事实认定或法律适用上是否正确进行全面审查，依法作出是否核准死刑的决定。众所周知，死刑是剥夺罪犯生命的刑罚，是一个国家的刑罚体系中最为严厉的刑种，一旦错误的死刑判决被实际执行，不可能再在事后作出补救。从理论上来看，由于各种主客观条件的影响，再高明的法官也不能保证在死刑判决中不出现错误；而在现实中，我国在最近十几年里的确出现过多起错误的死刑判决，有的甚至已经被实际执行。① 这种情况既对无辜者的生命权造成了不可挽回的损失，也极大地损害了国家的司法权威。正因为死刑的极端严厉性和不可补救性，我国在死刑适用上一向坚持少杀慎杀，防止滥杀错杀的方针。作为这一方针的制度体现，死刑复核程序可以在一定程度上确保死刑适用的正确性，防止错杀和滥杀，从生命权的高度实现实体公正。

就审判监督程序而言，其任务主要是对已生效裁判，包括正在执行或者已经执行完毕的裁判，发现在认定事实或适用法律上确有错误，依法进行重新审理并作出裁判，因此又被称为再审程序。我国审判监督程序对保护双方当事人的合法权益具有非常重要的作用，其价值目标旨在通过及时纠正先前的错误裁判而实现实体公正。

其次，我国救济程序以程序公正为价值目标。

与实体公正一样，程序公正也是我国救济程序的重要价值目标，这具体表现在以下两个方面：

---

① 自20世纪90年代至今，曾有数个错误的死刑判决在社会上引起强烈反响，它们分别是杜培武案、孙万刚案和佘祥林案。

一方面，我国救济程序通过纠正一审程序或者其他先前程序中的程序错误而实现程序公正。无论是一审程序还是其他先前程序，既可能出现事实认定上的错误，也可能出现程序适用上的错误。一旦出现程序错误，作为对一审程序和其他先前程序的事后保障，上诉程序、死刑复核程序和审判监督程序应该对其进行纠正。不仅如此，当程序错误严重到可能影响事实认定的时候，甚至还要推翻一审程序或者其他先前程序的实体判决。

另一方面，救济程序本身应该符合程序公正的价值目标。既然救济程序的一个重要任务就是纠正一审程序或者其他先前程序中的程序错误，那么它本身就要符合程序公正的要求，并且以程序公正作为价值目标；如果救济程序连自身都不能符合程序公正的要求，或者不以程序公正为价值目标，也就不可能谈得上纠正其他程序中的程序错误。

对上诉程序来说，它是相对于一审程序处于更高级别并由上级法院适用的审判程序，其在程序公正方面的要求理应更高。不仅如此，我国刑事诉讼法明确规定了上诉程序的双重任务，即纠正一审程序中的事实错误和程序错误。按照诉讼认识论的一般原理，公正的程序往往有助于形成公正的实体结论，而不公正的程序则往往可能导致错误的判决。因此，无论是为了纠正一审中的事实错误还是程序错误，上诉程序都应该以程序公正为价值目标。

对死刑复核程序来说，它是由最高人民法院适用的对死刑判决加以审查和核准的特别程序，理应以程序公正为价值目标。从适用主体来看，最高人民法院是我国法院序列中处于最高级别的法院，其在适用死刑程序时是否能够做到程序公正，对地方各级人民法院将起到一个或好或恶的示范作用；从程序性质来看，死刑复核程序事关剥夺被告人的生命权，其在创制上必须符合最大限度的程序公正标准。

对再审程序来说，程序公正具有更为重要的意义。在一定意义上，再审程序是对司法公正的最后保障，在其之后不可能还有其他的诉讼程序可以为一审裁判或其他先前程序的裁判作出实质性的纠正。在这种情况，再审程序尤其要以程序公正为其价值目标，否则不但不能纠正一审程序或其他先前程序中的错误，反而完全可能导致更多的实体错误或程序错误。

再次，我国救济程序以诉讼效率为价值目标。

对任何形式的诉讼程序来说，诉讼效率总是一个不容回避的价值目标。其之所以不容回避，是因为时间成本和司法资源总是对程序运行形成直接而现实的制约。救济程序也是这样，一旦实体公正和程序公正得到充分的保证，诉讼效率就成了一个需要重点考虑的价值目标了。

不仅如此，案件在进入救济程序之前，已经经过了初审程序或其他先前程序的审理，而一审程序和其他先前程序不但消耗了大量的司法资源，也花费了当事人很长的时间，这就决定了救济程序不能像一审程序或其他先前程序一样对诉讼时间和司法资源进行同等的分配。在这种情况下，救济程序不但不能拖延太久，而且应该争取在最短的时间内结束。因此，相对于其他诉讼程序而言，诉讼效率对救济程序显得尤为重要。

在上诉程序中，不论诉讼主体有何不同，但他们对诉讼效率的要求却是一致的。对上诉人来说，其之所以提起上诉，主要是期望在第二审程序中得到更为有利于自己的审理和裁判，但如果上诉程序拖延太久，对上诉人也是一种不利。对被上诉人来说，上诉程序的启动和运行意味着一审裁判中所确定的权利义务关系尚处于不稳定状态，这种不稳定状态持续得越久，就意味着被上诉人要承受更多的不利。对抗诉人来说，无论是检察机关要求的抗诉还是被害人要求的抗诉，上诉程序拖延越久，其抗诉所代表的国家利益、社会利益和被害人利益就越迟才能实现。

在死刑复核程序中，诉讼效率的价值目标体现得更为充分一些。死刑判决在生效前对被告人的心理是一种煎熬；被告人一旦被判处死刑，势必处于等待死刑复核结果的高度惶恐之中，如果死刑复核程序能够尽早得出结论，无论是否维持原来的死刑判决，对于被告人来说都是一种心理上的解脱；对于罪不致死的罪犯来说，正确的复核结果不但可以维护其生命权，而且可以使其摆脱对死亡的恐惧；对于罪当致死的罪犯来说，也可以尽早摆脱心理上的恐惧。

在审判监督程序中，同样面临诉讼效率的问题。进入审判监督程序的刑事案件往往在此前已经耗费了大量的时间和经济资源，如果审判监督程序久拖不决，势必加重本已严重的资源消耗，既不利于当事人及早摆脱讼累，更不利于社会秩序的稳定和社会关系的恢复。

最后，秩序、安全与稳定也是我国救济程序的重要价值目标。

相对于一审程序和其他先前程序，救济程序对控辩双方的权利和义务具有最终的判定作用，因而救济程序尤其不能忽视最低限度的秩序、安全与稳定。从秩序价值来看，裁判一经作出，就具有确定力和既判力，意味着法治的稳定性和安定性；从安全价值来看，刑事裁判一经作出，就具有定分止争的效力，不但意味着国家刑罚权的节制，而且意味着公民不会因为同一行为受到重复追诉；从稳定的价值来说，刑事裁判也在一定程度上意味着诉讼的终结，不能随便被否定或推翻。不难想象，对那些既决案件反复启动再审程序，必然使原审被告人难以摆脱讼累，也难以恢复遭到破坏的社会关系，也无益于社会秩序的稳定，甚至造成国家司法权威的降低乃至丧失。因此，从这个意义上来说，对于那些已经作出判决的案件，无论是从维护法治权威来看还是从维护社会秩序的稳定来看，都不应该随意启动救济程序。

总之，救济程序就像一张张滤网，其功能在于滤除一审程序或者其他前置程序中的实体错误或者程序瑕疵。因此，现代各国在进行刑事程序立法的时候，都很重视救济程序的设置，以期从实体上和程序上对一审程序或其他前序程序进行监督、纠正或补救。

二、我国救济程序对不同价值目标的追求

（一）对实体公正的追求

我国救济程序对实体公正的追求主要体现为在审理范围上实行"全面审查原则"。所谓全面审查，是指上级法院主动地对一审程序或其他先前程序的裁判进行全面重新审查，既包括事实认定和法律适用的情况，也包括程序运行和证据采信的情况。上级法院在

进行全面审查的时候，不受一审裁判或其他先前裁判在事实认定、法律适用和证据采信问题上所作结论的限制，也不局限于一审裁判或其他先前裁判已经调查过的事实和证据，而是可以对一审程序或者其他先前程序已经调查过的事实和证据或者没有调查过的新的事实和证据展开全面的调查。

在上诉程序中，全面审查原则意味着第二审法院的审理范围是极为广泛的，没有事实审和法律审之分。根据全面审查原则，第二审法院应当就第一审判决认定的事实和适用法律情况进行全面的审查，既不受检察机关抗诉范围的限制，也不受诉讼参与人上诉范围的限制。对此，我国刑事诉讼法的相关司法解释作出了详细的规定。根据《解释》第151条的规定，二审法院对于上诉、抗诉案件，应当审查以下主要内容：第一审判决认定的事实是否清楚，证据是否确实、充分，证据之间有无矛盾；第一审判决适用法律是否正确，量刑是否适当；在侦查、起诉、第一审程序中有无违反法律程序的情形；上诉、抗诉是否提出了新的事实和证据；被告人供述、辩解的情况；辩护人的辩护意见及采纳的情况；附带民事部分的判决、裁定是否适当；第一审法院合议庭、审判委员会讨论的意见，等等。根据《解释》第247条的规定，在共同犯罪的案件中只有部分被告人上诉，或者人民检察院只就第一审人民法院对部分被告人的判决提出抗诉的，第二审人民法院应当对全案进行审查，一并处理。根据《解释》第249条的规定，审理附带民事诉讼的上诉、抗诉案件，应当对全案进行审查。同时，在数罪并罚的案件中被告人仅对其中部分判罪提出上诉的，二审法院也应当对全案进行审判，一并作出处理。

在死刑复核程序中，全面审查原则要求复核人员在阅读材料和提审被告人的基础上对死刑案件进行全面审查，即对原审判决从事实认定、法律适用、定罪量刑到所适用的法律程序问题进行全面的审查、核实。根据《解释》第283条的规定，其中重要的审查内容包括：被告人的年龄、责任能力和是否怀孕的妇女；原判决认定的主要事实是否清楚，证据是否确实、充分；犯罪情节、后果和危害程度；原判决适用法律是否正确，是否必须判处死刑以及是否必须立即执行；有无法定、酌定从轻或者减轻处罚的情节，等等。对报请核准的死刑案件进行审查后，需要依据"全面审查"原则写出复核审理报告。根据《解释》第 284 条的规定，死刑复核报告的内容应该包括：案件的由来和审理经过；被告人和被害人的简况；案件的侦破情况；原判决要点和控辩双方意见；有关事实和证据的分析和认定；合议庭评议意见和审判委员会讨论决定的意见，等等。根据《解释》第 285 条的规定，合议庭应该在仔细评议的基础上作出以下裁判：对于原判决认定事实和适用法律正确、量刑适当的，裁定予以核准；原判决认定事实错误或者证据不足的，裁定撤销原判决，发回重新审判；原判决认定事实正确，但适用法律有错误，或者量刑不当，不同意判处死刑的，应当改判；发现违反法定程序有可能影响正确判决的，应当撤销原判，发挥第一审人民法院或者第二审人民法院重新审判。

不仅上诉程序和死刑复核程序实行全面审查原则，再审程序同样实行全面审查原则。法院只要发现某一生效裁判在认定事实或适用法律方面确有错误，就可以自行启动再审程序；检察机关如果发现法院的某一判决或者裁定确有错误，也可以依法向有关法院提出抗诉，从而直接促使法院启动再审程序。《解释》第 308 条明确规定，人民法院按照审判监督程序重新审理的案件，应当对原裁判认定的事实，采信的证据和适用的法律，进行全面审查。同时，根据《刑事诉讼法》第 204 条的规定，当事人的申诉只要符合以下四种情况，法院就应当进行重新审判：有新的证据证明原判决、裁定认定的事实确有错误的；据以定罪量刑的证据不确实、不充分或者证明案件事实的主要证据之间存在矛盾的；原判决、裁定适用法律确有错误的；审判人员在审理该案件的时候，有贪污受贿，徇私舞弊，枉法裁判行为的。

（二）对程序公正的追求

我国救济程序对程序公正的追求主要表现为合议庭审理的组织形式和开庭审理为主的审理方式。

首先，根据现行《刑事诉讼法》第187条的规定，第二审法院审理上诉、抗诉的案件应当组成合议庭，采取开庭审理的方式，并可以到案件发生地或者原审人民法院所在地进行。在开庭审判过程中，被告人可以进行辩护，同级检察机关应当派员出席法庭审判，并可以在开庭前到第二审法院查阅案卷材料。最高人民法院的《解释》第255条对开庭审理上诉、抗诉案件的具体程序作出了一些新的规定。根据这些规定，第二审法院开庭后，合议庭首先宣读第一审法院的判决书或裁定书，诉讼参与人提出上诉的，由上诉人当庭陈述上诉的理由；检察机关提出抗诉的，出席法庭的检察人员则要事先宣读抗诉书。如果属于既有上诉又有抗诉的案件，应首先由检察人员宣读抗诉书，然后再由上诉人陈述上诉理由。第二审合议庭在法庭调查中要针对上诉或者抗诉的理由，全面查清事实，核实案件的证据。因此，检察人员或辩护人申请出示、宣读、播放第一审期间已经移交给法院的证据的，法庭应当许可。在法庭辩论阶段，上诉案件应先由上诉人、辩护人发言，再由检察人员发言；抗诉案件则先由检察人员发言，再由被告人、辩护人发言；既有上诉又有抗诉的案件，要先由检察人员发言，再由上诉人、辩护人发言，并进行辩论。

其次，根据现行《刑事诉讼法》第202条的规定，核准死刑案件要由审判员三人组成合议庭进行，但对最高人民法院核准死刑时是否必须提审被告人，并没有作出明确的规定，目前的司法解释也没有对此作出明确规定。一般来说，最高人民法院在核准死刑案件时应该根据案件的具体情况决定是否提审被告人。对于普通的死刑案件，最高人民法院死刑复核庭可以在不提审被告人的情况下，直接根据报请核准的材料作出核准或者不核准死刑的裁判。对于某些重大、疑难或复杂的死刑案件，最高人民法院死刑复核庭可以提审被告人，并就死刑裁判所涉及的事实和证据向被告人进行核实，听取被告人的陈述和辩解。同时，根据《解释》第280条，报请复核死刑案件，应当"一案一报"。报送时应附有以下材料：一是报请复核的报告；二是死刑案件综合报告；三是死刑判决书；四是诉讼案卷材料和证据。其中，报请复核的报告应当载明案由、简要案情、审理过程和判决结果;死刑案件综合报告应包括被告人的个人情况、被告人的犯罪事实和需要说明的其他问题。

最后,根据我国《刑事诉讼法》第 206 条的规定,人民法院按照审判监督程序重新审理案件时应当另行组成合议庭开庭审理。如果原来是第一审案件,应当按照第一审程序进行审判;如果原来是第二审案件,或者属于上级法院提审的案件,应当依照第二审程序进行审判。各级法院在依照审判监督程序审理再审案件时,应当尽可能依法公开审判,并及时通知检察机关派员出席法庭,支持公诉。开庭后审判长要宣读再审决定书,或者宣布本案是根据检察机关提出的抗诉决定再审的。同时在法庭调查之初,合议庭成员要宣读原始判决书或者裁定书;检察机关提起抗诉的案件,要由检察员宣读抗诉书;原审被告人提出申诉的案件,要由审判长宣布或者原审被告人本人陈述申诉理由。

(三) 对诉讼效率的追求

一般来说,救济程序的设计不在于使法院快速进行审判活动,更主要的在于司法公正:实体公正和程序公正。正因为如此,西方国家在审级设计上普遍实行三审终审制,大都赋予被告人两次或者以上的上诉机会。同时,根据上级法院审理对象的不同,西方各国的普通上诉程序有事实审和法律审的基本区分,而根据事实问题的审理方式的不同,救济程序又可分为复审、续审和事后审三种。①

---

① "复审"是指上级法院就当事人提出上诉的事实部分,进行完全重复的重新审理,不仅可以提出新的证据以供调查,而且可以就已经在原审调查完毕的证据进行重新调查,从而对案件事实作出一次重新认定和裁判,而不仅仅在于判定第一审判决是否妥当。"续审"是指上级法院以第一审的结果为前提,继续就案件事实和实体问题进行调查。也就是对第一审已经调查过的证据不再进行调查,而直接承认其有效性,所需调查的则只限于未出现过的新证据。"事后审"则是指上级法院仅根据第一审法院调查过的证据,就其有关认定事实和适用法律问题的判决结论是否妥当,进行审查并作出裁判,而不再对新的证据展开调查。参见陈瑞华:《刑事诉讼的前沿问题》,中国人民大学出版社 2000 年版,第 435 页。当然,以上属于就事实问题的上诉审抽象出来的三种程序模式,其学理意义要大于实质意义。按照台湾学者的说法,台湾刑事诉讼中的第二审为典型的"复审";中国内地刑事诉讼中的第二审和台湾民事诉讼中的第二审均为"续审";而日本刑事诉讼中的控诉则为典型意义上的"事后审"。参见蔡敦铭主编:《两岸比较刑事诉讼法》,台湾五南图书出版公司 1996 年版,第 367—368 页。

无论是哪种情况的上诉程序，其主要目的都在于保障被告人的上诉权，以实现最大限度的司法公正。

与西方国家不同，我国在审级制度上实行四级两审终审制。所谓"四级"，是指我国的法院系统分为四个级别不同的层级结构，即基层人民法院、中级人民法院、高级人民法院和最高人民法院。所谓"两审终审"，是指人民法院对刑事案件一般须经过两级法院的审判才告终结，第二审法院所作的判决和裁定为发生法律效力的判决和裁定。按照四级两审终审制，案件一般经过两次审理即告终结，双方当事人在实体方面的权利义务关系就已经得到法院的权威判定，控辩双方必须接受法院终审裁判的结果，而不能无休止地争讼下去。从总体上来看，四级两审终审制是我国救济程序的审级基础，无论是上诉程序、死刑复核程序还是审判监督程序，都必须符合四级两审终审制的要求。

在上诉程序中，依据四级两审终审制，其所作出的判决就是生效判决，当事人不得再对其提出上诉，检察机关也不得再对其提出抗诉。也就是说，案件在第一审法院判决尚未发生法律效力之前，当事人、检察机关只有一次上诉或抗诉的机会。如果当事人和检察机关提出上诉或者抗诉，第二审人民法院需要对其从事实上和法律上进行全面审查，并在全面审查的基础上作出裁判，二审法院的裁判一旦作出，一般立即发生法律效力。当然，这是针对一般情况而言的，在具体实践中，有两种案件不必经过第二次审理：其一，对于地方基层法院所作的第一审非死刑裁判，当事人没有提出上诉，检察机关也没有提出抗诉的，该裁判在经过法定上诉或抗诉期间之后即发生法律效力，而不再经过上级法院的二审程序。其二，最高人民法院的第一审裁判在依法宣布和送达后，立即发生法律效力，当事人不得对其提出上诉，检察机关也不得提出抗诉。

在我国，不仅上诉程序实行四级两审终审制，死刑复核程序和审判监督程序也是以四级两审终审制为基础的。它们并不代表独立的审级。就死刑复核程序而言，最高人民法院收回死刑核准权以后，案件的初审权可能由中级人民法院、高级人民法院甚至最高人民法院行使。但不论由哪一级法院行使，也不论被告人是否提出上诉，检察机关是否提出过抗诉，核准死刑的权力始终在最高人民法院。就审判监督程序而言，法院只要发现某一生效裁判在认定事实或适用法律方面确有错误，就可以自行启动再审程序对其进行全面审理；检察机关如果发现法院的某一判决或者裁定确有错误，也可以依法向有关法院提出抗诉，从而直接促使法院启动再审程序。

根据上述分析，我国四级两审终审制的一个显著的特点就是案件经过两次审理即告终结，当事人不可能再次获得上诉的机会。在这种情况下，四级两审终审制在客观上由于缩短结案时间而避免了诉讼周期的拖延和司法资源的浪费，不但减少了案件的积压，而且缓解了法院的工作压力，有效地提高了诉讼效率。

三、我国救济程序在价值追求上存在的主要问题

（一）实体公正方面的问题

一般来说，现代控辩对抗式刑事诉讼为控辩双方的理性对抗提供了制度上的条件。在这种诉讼模式中，控辩双方在平等的基础上相互举证、质证，相互辩论并陈述，案件的事实真相往往就在双方的攻防中暴露出来，而法官就可以在此基础上作出符合实体公正的裁判。然而，在我国救济程序中，很少举行由控辩双方同时到庭的开庭审理活动，大量案件都是法官单方面以书面审理的方式进行审理的。

在上诉程序中，案件在开庭审理之前要经过一个秘密阅卷、讯问和听取意见的阶段。也就是说，二审合议庭只有在进行秘密阅卷、讯问和听取意见之后，才能认定案件是否"事实不清、证据不足"，是否要由第二审法院依法改判。秘密阅卷意味着法官对实体真实的判断只能建立在一审案卷的基础上，而一审案卷势必经过了一审法官的裁剪和取舍，二审法官在审理前过多地接触此类案卷容易受到一审裁判的影响，不但容易形成实体真实上的预断，而且容易形成实体真实上的差错。讯问和听取意见主要是针对原审被告

人或被害人而言的,单方面地讯问被告人或者听取被害人的意见势必形成有利于一方当事人或不利于另一方当事人的实体判断。如果案件经过事先审查并决定不开庭审理,二审合议庭就可以径直作出裁判,控辩双方根本不可能参与到二审程序中并提出理性的主张和建议。

在死刑复核程序中,不但上下级法院之间的材料报送过程被告人及其辩护人无从知悉更无从介入,而且进入复核程序之后,即使负责复核的合议庭对案件开庭审理,也不一定能够形成控辩对抗的态势。虽然死刑复核权收归最高人民法院行使以后,相关的司法解释规定死刑复核案件可以提审被告人,也可以允许律师进行辩护,却没有进一步制定具有可操作性的保障机制。在这种情况下,最高人民法院依然难以作出全面正确的事实认定。显然,在涉及剥夺公民生命权的死刑复核案件中,如果连实体真实都得不到保证,怎么能够作出符合实体公正的死刑核准裁判?!

在审判监督程序也存在同样的问题。根据《刑事诉讼法》第206条的规定,如果再审案件在提起之前是第二审案件或者上级人民法院提审的案件,则再审时也按照相应的程序进行审理。如前所述,由于二审案件可以在控辩双方缺位的情况下作出单方面的书面审理,在再审中自然也不用构建控辩对抗的庭审态势。

由此可见,在控辩双方缺位的情况下,实体真实的获得只能依据法官的个人理性才能实现,而法官的个人理性却是有限的,特别是在受到各种主客观条件限制的情况下,法官对实体真实的判断更可能出现差错。如果法官对实体真实的判断出现差错,实体公正显然不可能实现。

(二)程序公正方面的问题

在我国救济程序中,更多的问题是程序公正上的问题,具体表现在以下几个方面:

其一,司法中立不充分。在我国当前的司法体制中,一个不容否定的事实就是上下级法院之间存在严重的行政依附倾向。尽管根据宪法和人民法院组织法的规定,上下级法院属于监督和被监督的关系，而不是像检察机关那样属于领导与被领导的关系。但在司法实践中，上下级法院并没有按照上述法律准则协调它们之间的法律关系，而是越来越具有行政依附的倾向。在上诉程序中，上下级法院之间往往存在所谓的指导关系，下级法院通常在一审裁判作出之前请示上级法院发表"指导意见"，而上级法院也往往乐于发表这类指导意见。在死刑复核程序中，上下级法院之间的内部报核制度具有较强的行政程序色彩，不符合司法独立和中立的一般原则。除了上诉程序和死刑复核程序，审判监督程序也存在类似的行政依附问题。

其二，审判公开不彻底。在我国救济程序中，大量案件都是通过书面的、秘密的、单方面的方式进行审理，而很少举行由控辩双方同时到庭的开庭审理活动。在上诉程序中，是否开庭审理要经过三个步骤：一是要经过第二审合议庭的秘密阅卷、讯问和听取意见；二是要认定案件"事实不清、证据不足"；三是要由第二审法院依法改判。只有具备这三个条件，才能对上诉案件举行开庭审理，而这种案件在司法实践中为数甚少，大量案件只能实行秘密的书面审理。在死刑复核程序中，不但上下级法院之间的材料报送过程被告人及其辩护人无从知悉更无从介入，而且进入复核程序之后，负责复核的合议庭通常也不公开审理，即使在提审被告人的情况下也是这样，这无疑使审判公开原则遭到严重破坏。① 对于剥夺生命的死刑案件，这种程序设计是严重违背程序公正价值的。在审判监督程序中，尽管对于检察院提起抗诉的再审案件必须组成合议庭公开审理，但对当事人的申诉却不需要组成合议庭公开审查。

其三，上诉不加刑原则没有得到全面贯彻。上诉不加刑原则是指上级法院在对先前裁判进行审理并作出裁判时，不得加重或者变相加重被告人的刑罚。这一原则的价值在于确保被告人充分而无顾

---

① 根据最高人民法院的司法解释，死刑复核权收归最高人民法院专属行使之后，应当对死刑复核案件开庭审理，这是死刑复核程序的一大进步，但公开审判的问题仍然没有得到解决。

虑地行使上诉权，从而维护国家审级制度的存在和正常运行，不但已经成为国际司法惯例和联合国刑事司法准则，而且也是西方两大法系国家的基本理念：不但适应于普通上诉程序，而且还适应于其他救济程序之中——凡是被告人一方提出的上诉，或者为被告人利益而提出的上诉，都不得加重被告人的刑罚。而在中国，再审是否受到上诉不加刑原则的限制，刑事诉讼法并无明确的规定。根据《解释》第257条的规定，二审法院对于事实清楚、证据充分，但判处的刑罚畸轻，或者应当适用附加刑而没有适用的案件，不得撤销第一审判决，直接加重被告人的刑罚或者适用附加刑，也不得以事实不清或者证据不足为由发回原审法院重新审判，但必须依法改判的，应当在第二审判决、裁定生效后，按照审判监督程序重新审判，从而变相地规避了上诉不加刑原则。

其四，不告而理的情况普遍存在。现代刑事诉讼的一个基本原则就是"不告不理"，法院无论是进行初审、二审还是再审活动，都必须以"诉"为前提条件，不能主动追诉，"不告而理"。但在我国救济程序中，不告而理的情况却普遍存在。就死刑复核程序而言，即使在最高人民法院收回死刑核准权之后，不告而理的情况并没有得到解决，都是在裁判宣布和送达之后，由各级法院将案件主动报请最高人民法院进行核准，由后者接受这一报请并使案件进入死刑复核程序。就再审程序而言，根据《解释》第205条的规定，中级以上法院在发现错误裁判的时候，都可以依职权提审或者指令下级法院再审，从而在实质上违背了不告不理的原则。

（三）诉讼效率方面的问题

依据前面的分析，我国救济程序还有一个显著的特点：上级法院就案件所进行的重新审理没有"事实审"和"法律审"之分，第二审法院事实上要就第一审判决的认定事实和适用法律问题，经过一次连续的重新审理过程，进行全面的审查，并统一作出裁判。事实上，之所以要在救济程序中实行全面审查原则，主要是出于对四级两审终审制的弥补，因为四级两审终审制在对被告人权益的保护上的确比西方国家普遍实行的三审终审制少了一道工序，在提高诉讼效率的同时可能损害司法公正，而采取全面审查原则似乎可以从实体上和法律上弥补这一缺憾。

然而，在救济程序中采取全面审查原则也会面临损害诉讼效率的问题。一般来说，全面审查原则意味着上级法院在进行全面审查的时候，不受一审裁判或其他先前裁判在事实认定、法律适用和证据采信问题上所作结论的限制，也不局限于一审裁判或其他先前裁判已经调查过的事实和证据，而是可以对一审程序或者其他先前程序已经调查过的事实和证据或者没有调查过的新的事实和证据展开全面的调查。这样一来，不但一审程序或其他先前程序花费大量时间和资源所做的工作由于遭到上级法院的全面否定而形成一种浪费，而且上级法院在全面审查并作出裁判的过程中还要花费大量的时间和司法资源。

不难看出，制度的设计者在这里人为地制造了两种制度之间的对立和冲突：为了追求诉讼效率，制度的设计者为我国救济程序制定了四级两审终审制，以减少审级的方式促使案件得到尽快的审结，但是审级的减少和案件的速决又有可能损害司法公正，为了保证司法公正又引入全面审查原则，而全面审查原则虽然有利于实现司法公正，却又有损于诉讼效率。从表面来看，制度的设计者似乎陷入了一个立法的怪圈，不但没有从实体上和程序上充分地实现司法公正，而且在事实上损害了诉讼效率，但从更深层的意义上来说，制度的设计者不但忽视了司法公正和诉讼效率这两种价值之间的冲突，并且在相互冲突的这两种价值之间缺乏一致的、理性的选择标准。

（四）程序的秩序、安全和稳定价值受到忽视

在我国救济程序中，无论是对原审被告人有利的再审，还是对其不利的再审，在启动时没有明确的时效和次数的限制，这不但会损害诉讼效率，也在一定程度上消蚀了程序的秩序、安全和稳定价值。

在西方，根据法国、德国的立法经验，有利于原审被告人的再审一般并无时效和次数的限制。只要再审申请权人具有法定的理

由，就可以就某一已决案件提出重新审判的要求。但是，对于那些不利于原审被告人的再审，在启动时则要在时效和申请次数方面受到法律的明确限制。相反，我国则不同，法院和检察机关只要发现某一生效裁判在认定事实或者适用法律方面"确有错误"，就有权随时或者多次发动。况且，法院和检察机关对再审程序的启动，所依据的只是原审裁判"确有错误"这一缺乏可操作性的理由，这也使再审程序的启动具有相当大的任意性。显然，如果与西方国家作一比较，我国对再审程序的反复启动无疑会损害法律的秩序、安全和稳定价值。

四、对我国救济程序进行改造的立法建议

（一）关于上诉程序改造的建议

根据前文所作的分析，不难看出，我国二审程序在具体环节和运作方式上存在的缺陷主要导源于两审终审的审级制度以及与其相关的全面审查原则。因此，学界普遍认识到，要对中国的二审程序进行重新改造，使其既能纠正下级法院的不当裁判，又能救济当事人诉讼权利，既能充分实现司法公正，又能提高诉讼效率，就必须借鉴西方经验把我国的"四级两审终审"制改造为"四级三审终审"制。[①]

首先，保留目前的法院层级划分制度，规范上下级法院之间的关系以及法院与地方政府之间的关系。就上下级法院之间的关系来说，主要是确立下级法院相对于上级法院在审判业务上独立性，废除上级法院对下级法院的指导权；就法院与地方政府之间的关系来说，主要是把法院的财政权收归中央统一管理，以割断法院对地方政府的财政依赖。

其次，取消全面审查原则，将第二审和第三审法院的审查范围限制在抗诉和抗诉所提出的诉求之内。也就是说，检察机关抗诉什么，

[①] 参见樊崇义：《诉讼原理》，法律出版社2003年版，第288页；陈瑞华：《刑事诉讼的前沿问题》，中国人民大学出版社2000年版，第474页；师静："'四级两审终审制'的弊端及其改革方向"，载《法制日报》2005年7月9日。

法院就审理什么；当事人上诉什么，法院就审理什么。对于原审裁判中所涉及的事实问题或者法律问题，只要诉讼参与人没有提出上诉、检察机关没有提出抗诉，第二审和第三审法院均不再进行审查。

再次，把第二审程序分为事实审和法律审，由第二审法院对第一审裁判中涉及的事实认定问题和法律适用问题进行审查，既可以重新审查一审程序中调查过的证据，也可以调查新的证据。在此基础上，由第三审法院就一审裁判、二审裁判及其审理过程中所涉及的实体法律适用和程序法适用加以审查，而不再对案件事实问题进行重新审理。

又次，在第二审和第三审程序中确立开庭审理的方式。一般而言，根据司法权的性质及其所担负的职能，凡是审判程序都应该严格遵循公开审判原则。因此，不管是第一审程序还是第二审、第三审程序，不管是中级人民法院还是高级人民法院、最高人民法院，原则上都不能采取秘密审或书面审的方式。在具体操作上，可以根据案件的性质和审理的对象构建出不同的开庭模式，但至少要包括以下内容：由当事人或者检察机关主动提起，法院被动受理；法庭在双方同时到庭的情况下才能开始法庭审理；法官从事庭外调查或者庭前准备，必须通知控辩双方到场参与。

最后，可以考虑借鉴英美法系国家的司法判例制度，建立中国特色的司法判例制度。对于那些重大、复杂、疑难的特殊案件，最高人民法院或地方各高级人民法院可以通过开庭审理的方式直接制作判决或裁定，然后通过严格的司法程序对其进行解释或者制作新的诉讼原则、制度和规范。这种判决或裁定一旦公布，其包含的诉讼原则、制度和规范对相同或类似的案件就具有普遍适用的法律效力，对全国各级法院的审判活动均具有法律约束力。

（二）关于死刑复核程序改造的建议

西方没有类似我国的死刑复核程序。欧洲的大陆法系国家已经普遍废除了死刑，因而不存在所谓的死刑复核问题。英美法系国家也大多废除了死刑，但美国和菲律宾继废除死刑以后又先后恢复了死刑制度。①

在我国，尽管当前尚未废除死刑，但一向秉着少杀和慎杀的原则，严格限制死刑的适用或执行。为了贯彻这一原则和制度，判处死刑的案件必须经过专门的死刑复核程序。根据我国刑事诉讼法的规定，死刑复核程序适用于两种案件：一是被告人被判处死刑立即执行的案件；二是被告人被判处死刑缓期两年执行的案件。以前，根据1997年最高人民法院发布的《关于授权高级人民法院和解放军军事法院核准部分死刑案件的通知》，最高人民法院负责核准的死刑立即执行案件主要限于四种：一是最高人民法院自行判处的死刑案件；二是被告人犯有刑法分则第一章规定的危害国家安全罪而被判处死刑的案件；三是被告人因犯有刑法分则第三章规定的破坏社会主义市场经济秩序罪而被判处死刑的案件；四是因犯有刑法分则第八章规定的贪污贿赂罪而被判处死刑的案件。同时，对于被告人因毒品犯罪而被判处死刑的案件，除那些已经获得最高人民法院授权的部分高级人民法院可以直接核准的以外，其他毒品犯罪的死刑复核仍由最高人民法院负责实施。

过去，针对死刑复核程序在实践中存在着诸多的问题，理论界就改进死刑复核程序提出了多种方案，主要有以下三种：一是在高级人民法院设立专门的死刑复核庭，负责死刑案件的复核；二是将死刑复核权收归最高人民法院统一行使，明确规定死刑案件除由最高人民法院判决的以外，应当报请最高人民法院核准；三是取消死刑复核程序，对死刑案件进行三审终审制改造。

现在，随着最高人民法院决定收回死刑核准权，这一争论已经告一段落。笔者认为，最高人民法院收回并统一行使死刑核准权意味着我国在死刑复核程序改革方面迈出了关键的一步，有利于从实

---

① 死刑废止的道路并非一帆风顺，有些是有反复的。例如，1972年，美国最高法院裁决死刑违宪，但是1976年立法又宣布推迟废除死刑；菲律宾曾于1987年废止了死刑，但近年来社会治安恶化、恶性犯罪猖獗，国会又通过决议恢复了对绑架、谋杀等犯罪的死刑制裁。

体上和程序上维护司法公正。最高人民法院是最高审判机关，由其统一执掌死刑核准权，不但能够体现国家慎用死刑的严肃态度，而且有利于纠正死刑判决的偏差和错误，统一死刑执行标准。同时，为了进一步规范死刑案件的审理，维护司法公正，最高人民法院于 2005 年 12 月 7 日发出通知，要求各高级人民法院自 2006 年 1 月 1 日起，对那些就案件事实和证据问题提出上诉的死刑二审案件，一律开庭审理，并积极创造条件，在 2006 年下半年对所有死刑二审案件实行开庭审理。

笔者认为，仅仅简单地收回死刑核准权只是一个权宜之计，仅仅对死刑二审案件实行开庭审理也是远远不够的。从当前来看，对死刑复核程序的改造关键是使整个死刑复核程序实现诉讼化，全部应该开庭审理。一旦死刑复核改造为审判程序，就应该允许律师介入其中，对死刑犯辅以法律援助或指定辩护。同时，作为庭审双方的控方，最高人民检察院也应该参与死刑复核，最高人民法院的死刑复核庭应当听取检察机关的意见。只有允许控辩双方共同参与死刑复核程序，才能体现其作为刑事诉讼的性质。从长远来看，随着整个社会经济、政治发展水平不断提高，应该废除死刑复核程序，由最高人民法院担任死刑案件的终审法院，以有效地确保死刑适用的统一性和严肃性，避免各地在死刑适用上的不一致性，真正实现少杀、慎杀、避免错杀的刑事政策。

当然，无论对死刑复核程序作出怎样的改造，都不能解决死刑本身的问题。因此，要想从根本上解决问题，最终要废除死刑。

（三）对我国审判监督程序改造的建议

如上所述，我国审判监督程序所具有的问题，与实事求是、有错必纠的诉讼理念有着直接关系的。在这些理念的影响下，我国的刑事诉讼被视为一种纯粹的认识活动，公、检、法三机关为这一活动的主体，包括被告人、被害人在内的当事人，不过属于三机关诉讼活动的辅助者。这一认识活动的最高理想和目标就是实事求是，发现案件的事实真相。至于各项刑事诉讼的具体程序环节和步骤设计，不过是达到这一目标的手段和工具。①

因此，我国审判监督程序的根本出路就在于更新诉讼理论和转变诉讼观念。具体而言，应对传统的重实体轻程序、重打击轻保护的诉讼理念进行深刻反思，确立一系列有利于实现司法公正的诉讼原则，以维护法院裁判的既判力、确定力和终结力。在进行观念更新的同时，我国的审判监督程序也面临着重新设计的问题。在笔者看来，主要应该采取以下几个方面的措施：

第一，改造现行审判监督程序的诉讼模式，兼顾司法公正与诉讼效率。现行审判监督程序的显著特点就是带有浓厚的行政色彩，缺乏刑事诉讼的典型特征。按照诉讼模式的一般原理，凡是诉讼均必须具备诉讼的一般形态，即由控诉、辩护和裁判三方共同组成一个三角形的结构：控辩平等对抗，法官居中裁判。在这种情况下，根据"无利益则无诉讼"的原则，只有与案件形成直接利害关系的组织或者个人才是真正的当事人。也就是说，只有代表国家、社会和被害人利益的检察机构和原审被告人才能提起审判监督程序，法院不得主动提起诉讼。

第二，区分两类不同性质的审判监督程序，贯彻上诉不加刑原则。一般来说，审判监督程序可以区分为有利于被告人的再审和不利于被告人的再审两种。对于有利于被告人的再审，各国均不作过多的限制，但对于不利于被告人的再审，各国均从制度上予以严格限制，其目的主要是使不利于被告人的再审受到充分的限制，以保障被告人的合法权益。否则，如果刑事裁判在其生效以后可以被随意提起，被告人将永远处于讼累之中，这对被告人是不公正的。

第三，严格规制提起审判监督程序的理由，维护程序的安全价值。根据西方国家的立法实践，再审的提起理由主要限于证据虚假和司法人员徇私枉法的情况。②但在我国却不是这样的，在立法和司法实践中提起审判监督程序的理由要宽泛得多。对此，我国

---

① 陈瑞华：《刑事诉讼的前沿问题》，中国人民大学出版社2000年版，第501页。
② 陈卫东：《刑事审判监督程序研究》，法律出版社2001年版，第112页。

《刑事诉讼法》第 204 条规定了四种可以提起审判监督程序的法定理由,《解释》第 305 条则作了更为宽泛的解释。显然,过于宽泛的理由为随意提起审判监督程序提供了可乘之机,这既不利于维护裁判的稳定性和既判力,更不利于恢复社会关系和维护社会秩序的稳定。

总之,我国审判监督程序是一个充满价值冲突的规范体系:从价值主体来说,既有被告人和被害人之间的利益冲突,也有个人利益和国家、社会公共利益之间的冲突;从价值目标来说,既有实体公正与程序公正之间的冲突,也有司法公正和诉讼效率之间的冲突。因此,在对其进行改造的时候,就应该充分考虑到这些不同价值主体和价值目标之间的冲突,并在此基础上作出正确的价值选择。

第七章 刑事程序的价值重建

第一节 关于我国刑事程序价值重建的理论分析

应当承认,我国 1996 年刑事诉讼法的修改是比较成功的,我国现行刑事程序体系的优点也是显著的,笔者并无意对其进行全盘否定,而是主张改造。在前一章中,笔者对我国的刑事程序进行了全面的价值评价,并在此基础上提出了一些相关的建议。诚然,那些建议还只是一些具体的制度性的建议,尚不能从根本上解决问题。笔者认为,要想从根本上解决我国刑事程序的种种问题,还需要在制度重建的基础上进行价值重建,这样才能实现我国刑事程序的现代化。

所谓刑事程序的价值重建,是相对于事实层面的制度重建而言的,它是在价值评价的基础上对刑事程序之价值体系的批判性改造,目的是对现存价值体系进行优化。长期以来,刑事程序的价值重建并未受到我国学界的应有重视,从已经发表的有关文献来看,人们所关注的主要是刑事程序在实际运作中所出现的一些非常具体的事实或者制度问题,至于刑事程序的价值构成、价值目标、价值选择和价值评价问题,则很少有人进行系统的研究。时至今日,新一轮刑事诉讼法律制度的改革已经提到议事日程,相关的理论问题再次引起法学研究者的热烈关注。在这一背景下,对中国的刑事程序进行全面的价值研究,分析其现状和问题,预测其今后的发展趋势,这已经是非常重要且亟待开展的研究课题。

在下文中,笔者将深入阐述对我国刑事程序进行价值重建的必要性和可能性，并有针对性地提出我国刑事程序价值重建的目标模式。

一、对我国刑事程序进行价值重建的必要性

如果对我国各个时期的刑事程序做一个性质上的区分，可以说，我国 20 世纪 80 年代以前的刑事程序体系是完全以义务为本位的客体性程序体系，此后的刑事程序体系则处于一个从客体性到主体性的转型时期。从目前来看，我国的刑事程序还远未完成从客体性到主体性的过渡，其性质从总体上看仍未摆脱客体性的性质。

所谓客体性，在实质上是一种价值主体客体化的状态，是把人作为一种无理性、无尊严、缺乏主观能动性的价值客体的状态。刑事程序体系的客体性就是把诉讼参与者当做没有理性，没有主观能动性的存在物加以对待，特别是把犯罪嫌疑人、被告人当做单纯的追诉对象，忽视他们的主体地位和应有权利。刑事程序体系客体性的一个明显标志就是强调义务和制裁，而不是主张权利和自由。

客体性的刑事程序在本质上是一种主要以打击犯罪为目的的合理性论证体系，强调义务本位而非权利本位，具体表现为程序性权利缺位或不完善的情况。这可以从以下多个方面来看：

第一，知悉权有待于进一步确立或完善。

在我国刑事程序立法中，犯罪嫌疑人、被告人不享有严格意义上的知悉权，但如果已经聘请律师提供帮助，可以通过律师间接了解被指控的罪名，且仅限于罪名。至于被指控的理由、被采取的强制措施及其方式、时间和地点，则不予告知，犯罪嫌疑人或被告人也无权知悉。

第二，沉默权有待于进一步确立或完善。

沉默权在联合国《公民权利和政治权利国际公约》第 14 条（3）（g）、联合国《少年司法最低限度标准规则》第 7 条、世界刑法学会第 15 届代表大会《关于刑事诉讼法中的人权问题的决议》第 17 条，都有规定。尽管我国已经加入了相关的公约，但目前我国刑事程序尚未承认沉默权。相反，现行刑事诉讼法规定犯罪嫌疑人和被告人负有如实回答讯问的义务。

第三，阅卷权有待于进一步确立或完善。

我国现行刑事诉讼法没有明确规定律师享有阅卷权，只是在第36条和第150条作了粗略的规定。第36条规定："辩护律师自人民检察院对案件审查起诉之日起，可以查阅、摘抄、复制本案的诉讼文书、技术性鉴定材料。"第150条规定："人民法院对提起公诉的案件进行审查后，对于起诉书中有明确的指控犯罪事实并且附有证据目录、证人名单和主要证据复印件或者照片的，应当开庭审理。"这两条规定决定我国辩护律师即使在实质上享有阅卷权，也只能查阅上述三项材料，而在事实上这三项材料远不够辩护律师全面了解案情和作出正确辩护。

第四，辩护权有待于进一步确立或完善。

在我国，辩护权的行使分为三种情况：一是自行辩护，即犯罪嫌疑人或者被告人的亲自辩护。根据我国《刑事诉讼法》第32条的规定，犯罪嫌疑人在侦查阶段只能自行辩护；在起诉和审判阶段，犯罪嫌疑人有权委托律师辩护，也可以自行辩护。二是委托辩护，即犯罪嫌疑人或被告人依法委托律师或其他有资格的公民担任辩护人，协助其进行辩护。在自诉案件中，被告人可以随时委托辩护；在公诉案件中，自移送审查之日起，犯罪嫌疑人才可以委托辩护；同时，人民检察院和法院均有义务在法定期限内告知犯罪嫌疑人或者被告人有权委托辩护人进行辩护。

但是，从我国当前的情况来看，犯罪嫌疑人或被告人的辩护权还受到较多的限制，这主要表现在三个方面：其一，在案件移送审查之前，犯罪嫌疑人只能自行辩护而不能委托律师进行辩护；其二，犯罪嫌疑人、被告人不享有严格意义的调查权，辩护律师在调查取证时需要取得法院的许可甚至被害人的同意；其三，律师的阅卷权受到严格限制。

第五，选择权有待于进一步确立或完善。

选择权是犯罪嫌疑人、被告人或罪犯之价值主体地位的重要体现。在西方国家普遍赋予被告人程序性选择权之际，我国现行刑事法律没有赋予被告人选择权。在审判程序方面，被告人既不能在普通审判程序和简易审判程序之间进行选择，也不能在普通审判程序和普通程序简化审之间进行选择，完全听从司法机关的安排。至于在强制措施和刑罚执行方式上，犯罪嫌疑人或罪犯更不能行使选择权了。

第六，援助权有待于进一步确立或完善。

在法律援助权方面，我国立法中仅简单地规定了四种适用法律援助的情况，即因为被告人经济困难的援助、因为被告人残疾的援助、因为被告人未成年的援助和因为被告人可能判处死刑的援助。实践中获得法律援助的案件少之又少，在为数不多的援助案件中，接受指派的律师在实际辩护中也是走过场，没有多大的实效性，而法律援助机关付给律师的费用也是非常少的。

第七，上诉权有待于进一步确立或完善。

我国现行刑事程序在上诉权的设置上是不完整的，主要表现为没有赋予被害人独立的上诉权，致使被害人处于一个与程序运行无关的价值客体地位。在司法实践中，被害人完全依附于检察机关，检察机关的抗诉权也就完全包含了上诉权，如果检察院不同意抗诉，被害人就不可能提出上诉的要求，被害人至多相当于检察机关的证人的地位，同时，我国刑事程序也不符合上诉不加刑的国际司法惯例。在实践中，不但检察机关的抗诉完全可能加重对被告人的处罚，再审程序的提起也可以加重对原审被告人的处罚。

第八，既决权有待于进一步确立或完善。

与西方国家不同，我国在辩证唯物主义的指导下实行"实事求是"的原则，注重刑事诉讼在发现实体真实和打击犯罪方面的目的，因而现行法律没有对既决权作出硬性规定，只要发现案件审判错误或者可能错误，就可以依法提起再审。而且，法律鼓励发现真相和提起再审，对提起再审的主体也没有限制。这种情况不但不利于被告人的人权保护，而且也会使社会关系处于长期的不稳定之中。

第九，赔偿权有待于进一步确立或完善。

在我国，1994年颁布的《国家赔偿法》对刑事赔偿与行政赔偿进行统一规定，把刑事赔偿分为两种情况：一种情况是国家给予赔偿的情况；另一种情况是国家不予赔偿的情况，无论哪一种情况都设定了近乎苛刻的限制。

我国刑事程序的客体性质不是偶然的，它是最近二十几年来我国社会发展的内外因素综合决定的。

首先，生产力发展水平低下是我国刑事程序的客体性质的一个决定因素。在社会生产力发展相对落后的国家和地区，人和社会的关系是社会本位主义，犯罪现象往往被作为敌我矛盾处理，犯罪嫌疑人、被告人往往处于客体地位，他们只有受追诉的义务，而无受保障的权利，这种情况在犯罪数量激增，社会治安状况差的时候尤其如此。作为这种社会关系的反应，刑事程序的唯一任务或者目的就是保障国家追诉权和刑罚权的贯彻实施，因而刑事程序的总体理念必然表现为忽视人的理性、权利和自由的客体性体系，使诉讼参与人的权利服从国家的追诉权力，使人权保障服从打击犯罪，维护统治秩序的合理性。

其次，我国在刑事司法领域的理论与实践长期受到前苏联的影响。前苏联对我国刑事法律制度的影响是很深刻的，表现为两个方面：一方面，我国刑事司法的理论长期受到前苏联意识形态的浸染。前苏联的法律制度是非常强调意识形态的，往往把法律问题政治化，认为刑事立法的原意是打击而不是保障，刑事法律制度的根本任务就是保证打击犯罪和维护社会秩序的合理性。前苏联刑诉法专家切里左夫编写的《苏维埃刑事诉讼》的三个部分就分别冠名为"苏维埃刑事诉讼"、"人民民主国家的刑事诉讼"和"几个最主要帝国主义国家的刑事诉讼"，带有浓厚的意识形态色彩，对我国刑事司法的影响一直持续到20世纪80年代末期，甚至90年代初都被我国学者引为权威。另一方面，我国老一辈从事刑事司法实践的工作者大多数都直接或间接地受到前苏联的熏陶。"今天仍然健在或者活跃在刑事诉讼法学研究和教学第一线的许多老一辈中国学者，就是在这种深受前苏联法学家影响的环境中成长起来并形成自己的学术观点的。"① 这种影响的直接结果就是我国刑事程序体系长期对前苏联体系的模仿,因而在总体理念和具体制度上是比较保守的,可以说,1979年的刑事诉讼法典在很大程度上就是对前苏联模式的翻版,当时的刑事诉讼法学教材在形式上与内容上也都存在这种情况,一些概念和范畴也来自前苏联的刑事法律制度。

再次,我国的刑事立法与司法离不开新中国成立以后半个多世纪的社会环境。新中国成立以后,我国经历了长期的阶级斗争的时期,意识形态压倒一切,法制建设长期处于畸形发展的状态。十一届三中全会以后,中国开始了义无反顾的改革开放实践,此后的二十年是我国社会的重大转型期。改革开放为我国社会带来了生机和活力,但也面临犯罪现象的严重挑战。这一时期刑事领域的立法与司法的一个主要政治任务就是配合社会主义的国家政策,震慑和打击犯罪,为改革开放保驾护航,因而反映在刑事程序体系的性质上也就难以摆脱客体性的特征了。

最后,我国刑事程序的客体性质也离不开长期封建主义传统的影响。众所周知,我国是一个经历了两千多年封建统治的国家,国家本位、权力本位和义务本位的思想根深蒂固。这无疑对我国刑事程序体系的性质存在很大的影响。在社会生产力发展相对落后的国家和地区,人和社会的关系是社会本位主义,犯罪现象往往被作为敌我矛盾处理,犯罪嫌疑人、被告人往往处于客体地位,他们只有受追诉的义务,而无受保障的权利,这种情况在犯罪数量激增,社会治安状况差的时候尤其如此。作为这种社会关系的反应,刑事程序的唯一任务或者目的就是保障国家追诉权和刑罚权的贯彻实施,因而刑事程序的总体理念必然表现为忽视人的理性、权利和自由的客体性体系,使诉讼参与人的权利服从国家的追诉权力,使人权保障服从打击犯罪,维护统治秩序的合理性。

时至今日,我国社会已经发生了巨大而深刻的变化。从国内形势来看,前苏联的意识形态对我国的影响已经消退,而我国当前的

---

① 陈瑞华:《刑事诉讼的前沿问题》,中国人民大学出版社2000年版,第36页。

主要矛盾早已不是阶级矛盾，敌我矛盾的范围也已经很小，社会的主要矛盾表现为人民群众日益增长的物质文化生活需要同落后的生产之间的矛盾，党和国家的主要任务是以经济建设为中心，加强物质文明和精神文明建设，提高人民生活水平，社会生产力发展水平已经有了长足发展。为了适应经济基础的变化，国家的上层建筑也应作出相应的调适，依法治国，保护人权，建设社会主义法治国家成为必然选择。相应地，刑事程序的主要目的也不应该再过分强调打击和镇压功能，而应该突出权利保障功能。从国际形势来看，保护人权已经是国际社会的共识，加强对犯罪嫌疑人、被告人的人权保护已经成为一个国家法治水平的重要标志。由此可见，我国刑事程序的性质与当前社会发展进步的状况一定很不适应。

二、对我国刑事程序进行价值重建的可能性

首先，我国刑事程序法治水平已经有了一定的深度和广度，为刑事程序的价值重建提供了坚实的基础。

任何法律制度体系的重建都是建立在既有的法治成果之上的，一个国家现有的法治发展水平无疑会影响到特定法律制度的性质和状况。自清末至民国，我国在刑事程序立法方面基本上实行"拿来主义"，缺乏自身的法治成果，因而刑事程序的体系是极其粗朴而简单的。在新中国成立之初，则实行"照搬主义"，刑事程序的结构、内容，甚至理念与方法均照抄苏联模式，因而刑事程序体系特别缺乏独立性和自主性。这种状况直到20世纪80年代初才开始改观，在此后的二十多年里，我国刑事程序领域的理论与实践工作者开始有意识地结合中国国情，探索和建立有中国特色的刑事程序体系，一系列基本原则被抽象出来并得到深刻分析，一系列基本原理被总结出来并得到深入论证，并把这种分析和论证融入我国的刑事程序立法当中去；不仅如此，在最近的十几年里，我国刑事司法领域的理论与实践工作者开始从西方两大法系国家吸取先进的理念与制度，并使之作为我国刑事诉讼法新一轮立法修改的参照。

其次，全球化趋势为刑事程序的价值重建提供了极大方便，可以借鉴西方发达国家的先进成果。

全球化是一物质和信息的交流过程，是物质和精神产品的流动冲破区域和国界的束缚，影响各个区域、国家和民族的经济、政治生活的趋势。由于全球化以每个民族国家开放其经济体系、文化体系和政治体系为基础，在这一背景之下，中国的社会主义法治思想必然要与各民族的法治文明成果相互融通和相互借鉴。全球化使世界范围内各个区域、国家和民族的联系更加紧密，并带来了前所未有的发展机遇。从物质方面来说，全球化把世界各国不可抗拒地纳入世界经济发展的市场体系，扩展并加快了商品、资本、技术和劳动力的流动。从精神方面来说，全球化把世界各国的民族文化加以融合并传送到可以到达的每一个角落；在这一过程中，以西方价值观为主导的法治思想也随着市场经济和资本输出传播到世界各地，无疑使法治思想成为一种世界范围内的主流治国理念，并对我国的刑事司法产生深刻影响。

再次，宽松的学术环境为刑事程序的价值重建提供了理论养分。

十一届三中全会以后，由于党在思想政治领域实现了拨乱反正，实事求是的思想路线被重新确立，学术领域开始呈现"百花齐放，百家争鸣"的气象，中国刑事诉讼法学研究工作开始全面恢复。20世纪90年代以后，随着改革开放的深入发展，我国刑事诉讼法学研究获得了前所未有的历史性机遇，科研气氛更加活跃，学术观点的表达不再受到意识形态的禁锢，而是遵从学术规律，以实践作为检验真理的标准。在这一时期，科研"禁区"日益缩小，科研自由日益扩大，刑事诉讼法学者们不再具有思想上的顾虑，从而使这一领域的科研探索成为可能。

从刑事诉讼法学的研究方法来看，学界已经从过去的阶级分析方法、注释法学方法、个别研究方法过渡到社会分析方法、理论法学方法和系统方法，从而为刑事程序的制定或修改提供了科学的方法论。

从注释法学方法过渡到理论法学方法就是按照刑事诉讼的内在

规律进行理论研究,把目标模式建立在规律之上,建立在概念、范畴和原理的基础之上,而不是把刑事程序的理论体系等同于刑事诉讼法典的体系,或者把刑事程序体系局限于刑事诉讼法教科书的体系。①

从阶级分析方法过渡到社会分析方法就是要淡化意识形态的影响,摆脱过去的阶级斗争观念、阶级镇压观念和敌我矛盾观念,按照依法治国的宪政精神和联合国刑事司法准则的精神,从人的全面发展和社会全面进步的视角进行理论研究。

从个别研究方法过渡到系统研究方法就是要把理论研究放在全球化的国际大背景之下,不但要进行纵向的历史比较,而且要注重横向的国际比较;不但要进行法的比较,而且要注重法与经济、政治的比较;不但要进行本体系的比较,而且要注重跨体系的比较,如和民法诉讼法或者行政程序法的比较。

最为重要的是,法治选择与人权入宪为刑事程序的价值重建提供了契机。

法治选择和人权保护是社会发展过程中的一个历史必然选择,也是人类社会文明进步最重要的标志之一。在当今的全球化时代,厉行法治和保护人权是各国促进社会发展,推动文明进步最为有效的价值选择。一个国家的刑事法律制度完善与否,直接关涉到人权是否能够得到有效的保护,也是衡量一个国家法治水平的重要标志;继20世纪90年代末郑重作出法治选择之后,在今年的十届人大二次会议上我国又把人权保护写入宪法,这必然对我国刑事程序的发展起到直接的推动作用。

三、对我国刑事程序进行价值重建的针对性
——构建符合价值主体要求的刑事程序

任何法律制度都是内容和结构的有机统一整体,是否具有完备

---

① 参见陈光中:"市场经济与刑事诉讼法学的展望",载《中国法学》1993年第5期。

的权利义务体系是一项法律制度是否完善的标志,而其相关的原则和制度是否完备则是该法律制度是否成熟的一个重要参数。完备的制度设计和权利义务构架既是对该项法律制度以往立法成就的确认,同时也可以对该领域的理论研究和实践运用提供重要的标准,而不完备的制度设计则会制约该项法律制度的发展。

如上所述,我国目前的刑事程序在性质上已经落后于时代发展的需要。如果要对我国各个时期的刑事程序做一个性质上的区分的话,可以说,我国20世纪80年代以前的刑事诉讼法学体系是完全以义务为本位的客体性体系,此后的体系则可以说是从客体性到主体性的过渡,但还远未完成从客体性到主体性的转型,其性质从总体上看仍未摆脱客体性的性质。因此,我国刑事程序的价值重建应该是要克服当前刑事程序的客体性,摆脱程序权利缺位的情况,创建符合价值主体要求的刑事程序。

与价值客体模式不同,价值主体模式的基础是市民社会和个人本位,以制约国家权力和保护犯罪嫌疑人、被告人的应有权利为价值取向。这种模式认为刑事诉讼的目的不仅在于发现案件真相,惩治犯罪,更为重要的是刑事程序要符合正义、理性和人道的要求,重视犯罪嫌疑人、被告人以及被害人的价值主体地位,注重保护他们的基本人权。同时,由于在刑事诉讼中个人的力量与国家强大的力量相比显得弱小,并且国家权力又极易被滥用,当面临个人与国家、社会之间冲突时,这种模式选择限制司法机关及其工作人员的权力,维护犯罪嫌疑人、被告人和被害人的权利。

一般来说,法律制度的价值取向是由其背后的立法与司法的理念决定的,因而我国刑事程序的重构问题在实质上就是制定、修改及实施理念的转型问题。影响一定法律制度的制定、修改和执行理念的因素固然很多,但制定或修改者所抱持的理念却是决定性的。就刑事程序的制定理念来说,制定或修改者是站在传统的追诉立场,还是站在现代的保障立场;是站在国家机器的立场论证追诉的合法性,还是站在犯罪嫌疑人、被告人的立场论证保障的合理性,这是一个需要首先加以解决的问题。追诉的合法性已经无须论证了，国家追诉机器的力量已经够强大了，而被追诉者却处于绝对的弱者地位，保障的合理性却还没有受到足够的重视。因此，刑事程序的价值重建首先需要实现从重打击、重义务的理念到重保护、重权利的理念过渡。

总之，以价值主体为标准对刑事程序体系的结构和内容进行重构，就是承认诉讼参与者的价值主体地位，尊重其理性，保障其权利。从价值客体模式到价值主体模式过渡的实质就是从国家本位到个人本位，从义务本位到权利本位的过渡，真正实现人的价值主体地位。只有站在犯罪嫌疑人、被告人和被害人的立场，从保障其合法权利出发，增强其维护自身权益的抗辩能力，才能真正实现诉讼的理性、人道与正义，立法者只有从此视角出发才能真正建立符合价值主体要求的刑事程序体系。为此主要针对以下三个方面：

首先，需要克服犯罪嫌疑人、被告人主体地位客体化的状况。

在我国刑事司法实践中，对犯罪嫌疑人和被告人的人权保障一直比较薄弱，这种情况反映了长期以来在我国司法实务界普遍存在的一种错误观念，那就是无视犯罪嫌疑人的主体地位，无视他们在刑事程序中应该享有的基本权利。因此，要对我国刑事程序进行价值重建，一个重要的任务就是从观念上确立犯罪嫌疑人和被告人的价值主体地位，使他们能够真正成为刑事程序价值的提出者和享有者。

其次，需要克服被害人主体地位客体化的状况。

我国在1996年修改刑事诉讼法中正式确立刑事被害人为当事人，从而在法律上确立了刑事被害人的控诉主体地位。被害人由仅为一名旁观者或目击者的证人提升为能全面参与诉讼、发表自己意见的当事人，这无疑给刑事被害人带来了福音，为被害人及时从困境、挫折中振作起来，恢复、维持正常的社会生活、法律秩序发挥了积极的作用。但在理论界、实践界仍有一些反对者，他们坚持仅限于原有诉讼地位的前提下加大对被害人权益的保障，有的甚至呼吁在即将的刑诉法修订中将被害人再次恢复为一般诉讼参与人。而笔者以为强化刑事被害人权利保障，在当今构建和谐社会的总体要求背景之下，尤其具有积极的现实意义；并且，从程序正义的角度来看，只有从根本上确立了被害人同等的价值主体地位，才有可能为被害人提供充足、完善的司法保障，才能实现刑事诉讼人权保障真正意义上的司法公正。

最后，需要克服裁判者主体地位客体化的状况。

在我国刑事程序中，裁判者就是行使国家司法裁判权的法官，其作为个体也是独立的价值主体。按照司法独立的原则要求，法官在审理案件时，仅仅服从法律，并依据自身的理性对案件作出判断，不受其他机关、个人乃至各级法院院长的非法干预。然而，在我国当前的刑事司法实践中，法官还不能完全摆脱对行政权力和内部体制的依附，从而出现价值主体地位的客体化状况。例如：法官的选任、考评、晋升和工资待遇带有明显的行政管理色彩；法官一旦遇到疑难问题就习惯于向法院院长、庭长请示汇报，或者把案件提请院长交给审判委员会集体研究决定；等等。

总之，刑事程序的价值重建是一个系统工程，是以各价值主体为标准对刑事程序的内容、结构和理念的全面改造。正如有的学者所指出的，刑事程序作为一个国家法律制度的重要组成部分，有其自身的发展规律和科学体系，它深刻根植于一个国家现实国情的法律制度，不可能是凭空产生的。[①] 因此，应对我国刑事诉讼立法和司法实践进行系统的理论探索，使刑事程序的价值重建建立在科学的基础上。

第二节　强化法官的价值主体地位

在刑事程序的各个价值主体中，法官的地位是不言而喻的。在现代刑事诉讼中，法官作为价值主体的集中表现就是运用自己的理性，正确适用刑事程序法和实体法，公正地作出裁判。因此，刑事程序的价值重建，最重要的就是确保法官的主体地位，防止其主体

[①] 参见徐益初：《刑事诉讼法学研究概述》，法律出版社1995年版，第111页。

地位的客体化。显然，如果法官不能成为刑事程序的价值主体，则司法公正就丧失了直接的保证。但是，在我国当前的刑事司法实践中，法官作为价值主体的地位并未充分确立，在一定程度上还存在主体地位客体化的情况。

在下文中，笔者将从刑事程序价值重建的角度，系统阐述法官主体地位的具体含义，法官主体地位客体化的表现以及强化法官主体地位，防止其地位客体化的改革措施。

一、法官价值主体地位的含义

在刑事程序的各个价值主体中，法官的主体地位是比较特殊的，其最大的特殊性就在于他没有具体的诉讼利益。即使有利益，那这个"利益"也只能是公正；也正是从这一意义上，人们才说法官是正义的化身。具体而言，法官的主体地位可以从以下三个方面加以理解：

1. 法官的独立地位

法官独立与司法独立是两个密切联系的概念。司法独立是一种结构性的独立，服从于国家权力的结构原则，是指国家司法机关独立于其他机关团体和个人；法官独立是一种技术性的独立，主要是指法官独立行使司法裁判权，保障程序运行的公正性和裁判结果的公正性。法官独立是司法独立的核心内容，如果作为价值主体的每一个法官都独立了，由法官组成的其他裁判组织，如合议庭、陪审团，才能真正独立。司法独立又是法官独立的前提，只有司法权从国家权力体系中分离出来并获得独立的地位，法官独立才成为可能。

通常认为，法官独立包括三个层次的内容：

一是职业待遇独立，即法官的工资、奖金及其他与法官职业生活相关利益的独立。也就是说，对法官职业待遇加以分配的权力应该由司法系统本身来行使，即使做不到这一点，也应该由作为国家权力机关的代议机构来行使，而不应掌握在各级政府或与司法机构有直接利益关系的主体手中。

二是选任机制独立。在国家权力的分配形式中,司法权对正当性和技术性的要求是最高的,因而对法官的选任也不应等同于一般行政官员的选任,它是一种需要具备较高思想道德素质和法律专业素质的职业。正因为如此,在西方,对法官的职业要求不同于一般的职业,法官被誉为"正义的守卫者"。为了保证法官选任的独立性,西方国家普遍把法官的任命权或提名权交由各级司法机构享有,立法机构或行政机构一般不参与其中。在我国,法官的选任权由作为国家权力机关的人民代表大会行使,在一定程度上能够保证法官选任的独立性,但相对于西方国家来说,还有待于进一步探讨和完善。

三是司法审判独立。审判独立是法官独立的核心内容,法官独立的所有内容都将最终落脚到这一点上。在大陆法系国家的刑事诉讼中,法官独立就是在进行司法裁判的过程中仅仅服从法律规范的要求和正义的命令,依照程序法规定进行裁判活动,根据实体法的规定对案件制作裁判结论。在英美法系国家,对法官独立的要求更高,法官的独立程度也更加彻底,法官甚至可以独立于法律。具体而言,法官可以在适用法律之前对其进行审查,如果认为该法律条文存在立法瑕疵或者违背公平正义之精神,可以并制作新的判例,从而在实质上对该法律条文加以排除或修改。在我国,法官的审判独立主要是指审判不受任何来自法院内部或者外部的非法影响、干预或控制。

2. 法官的中立地位

在刑事诉讼中,法官中立可以从形式意义上和实质意义上加以界定。从形式上来说,法官中立是指法官在司法裁判过程中超然于控辩双方之上,保持一种不偏不倚的态度,不得偏袒一方或对另一方持有偏见或歧视。从实质上来说,法官中立意味着法官与当事人双方的利益无涉,与裁判的结果也没有利害关系。毋庸置疑,如果案件的裁断者同当事人有利益关系,或者同案件的裁判结果有利害关系,出于趋利避害本能的驱使,法官很难对实体真实作出客观的判断,也很难对实体结果作出公正的裁决。

毫无疑问，法官中立主要是审判独立，在审判阶段体现得最为明显、最为充分。但是，在现代各国的刑事诉讼中，法官独立已经超出了审判独立的意义和范围，从而延伸到整个刑事诉讼进程中。在西方国家，普遍建立了完善的司法审查制度，审判前各个阶段都要受到法官的司法审查。在法国、德国和意大利，重大案件的侦查权由法官直接参与或者指挥，检察机关在提起公诉前要接受预审法官的预审，否则不能提起指控。在英国、美国和澳大利亚，在刑事案件的侦查过程中，凡是采取涉及犯罪嫌疑人人身权利的强制措施，除了非常特殊的情况均应事先得到法官的许可，否则就违背了正当程序的基本精神。在我国审判前的各个诉讼环节中，司法审查权由检察机关行使，且仅限于签发拘留或逮捕的许可令状，法官尚不能起到任何实质性的作用。

当然，对法官中立的要求不仅仅是观念上的或道德上的，要想使法官在事实上保持中立，更重要的是要有相应的制度、规则或程序的保障。其中，法官回避制度具有普遍的价值，现代法治国家的刑事诉讼法或相关法律都规定了这一点，使当事人有权要求有可能持有偏见或其他原因不能保持中立的审判者，包括审判法官或陪审员回避的权利。当然，仅有法官回避制度还是不够的，还有需要其他许多原则、规范和制度的保障：在大陆法系国家，为了保证法官的中立地位，普遍实行起诉状一本主义，禁止检察官在起诉书中附加证据材料或引述相关内容，以防止对法官产生影响。在英美法系国家，普遍实行诉因制度，法官只能在检察官划定的公诉事实或自诉人提出的自诉事实的基础上展开审理。我国刑事诉讼法也赋予了犯罪嫌疑人、被告人要求法官作出回避的权利，但起诉状一本主义或诉因制度尚未建立起来。

3. 法官的自主地位

是否具有自主性是法官与行政官员的重大区别。一般说来，行政官员具有上令下从的性质，因为行政官员在进行行政管理时都必须服从其行政主管的命令或指挥，下级行政机构也必须接受其上级行政机构的指令；而且，在从事行政管理活动时，行政官员也不具有不可替代性，而是可以随时更换的。法官则不同，在同一案件中，法官具有不可替代性；在审理案件的时候，法官也不必要听从任何人的命令，它只听从自己的良心和理性判断。

一般认为，英美法系国家的法官具有极大的自主性，因为普通法就是司法史诸多著名法官的创造物，法官通过个案判决的方式创造了普通法的诸多规则和原则，并形成了遵循先例的传统。作为法官自主性的集中表现，法官造法是普通法系国家所确认的根本原则。法官不仅以个案判决的方式创造法律，即使在制定法的地位获得提高的今天，对制定法的理解与认可也须通过转化为法官判决的方式得以实现。大陆法系的法官同样具有较强的自主性，只不过与英美法系法官相比较，其最大的区别就是不能法官造法。

自主是法官主体地位的核心。司法权的典型特征之一就是具有独立自主性，即法官仅仅依据法律和自己的理性审理案件。在一定意义上说，"司法的过程就是一个冷静、客观和理性的过程。"① 无论是司法机构还是个体司法官员，在从事司法裁判活动时都必须在证据采纳、事实认定以及法律适用等方面保持独立自主性，不受来自司法机构外部或内部的任何专断意志的阻碍或强制。

二、法官价值主体地位的客体化问题

所谓法官主体地位的客体化，是指法官在程序运行过程中缺乏独立性、中立性和自主性的异化状态。本来，从理论上来说，法官只需服从法律规范的要求和法治的理念与精神，但在司法现实中，在各种法外因素的影响下，法官却不能完全做到这一点，从而带有明显的非理性或非自觉的客体性质。

首先，法官的独立性不强，这主要表现为以下几点：

第一，法官的福利待遇地方化。法官是国家司法权的行使主体，即使地方法官也是行使统一的国家司法权。既然如此，地方各级法官的福利待遇就应该由中央财政统一负担，或者由国家制定统

---

① ［美］卡多佐：《司法过程的性质》，苏力译，商务印书馆1999年版，第3页。

一的标准交由地方负担。但是，在我国现阶段，司法管辖范围与行政以及立法的管辖范围完全重合，法官以及法院院长由同级人大及其常委会产生并对其负责，财政也完全依赖地方权力，导致法院对地方的严重依赖，法官的司法权实际上从属于地方政府。司法权地方化的危害性是明显的：一方面，原本是国家司法权主体的地方各级法院变成了从属于地方利益的法院，法官成了地方保护主义的工具，甚至不得不为了地方利益对同样的法律条文作出不同的解释；另一方面，它不但肢解了国家法制的统一性，而且破坏了人们对法治的信赖，成为妨害建设社会主义法治国家的巨大障碍。

第二，法官的选任机制行政化。我国对法官的选任一直套用行政模式，忽视司法领域的独特规律。如果说这种情况是历史造成的话，那么在我国当前已经推行严格的司法考试制度的情况下，一些地方对法官的选任仍未摆脱行政化的状态，招考法官居然要通过公务员考试，一些没有受过法律专业训练也没有法律工作经验的人竟然可以进入法院成为法官，而一些优秀的法官则不能选拔到合适的岗位中去发挥才干。这种选任机制的行政化必然造成法官队伍整体素质的低下和司法裁判质量的低下。就刑事法官而言，其准入门槛应该更高，相关的法规如法官法和人民法院组织法都已颁行多年，但在现实中刑事司法方面的法官选任也带有明显的行政色彩。这种状况直接导致我国现阶段刑事法官构成的复杂性，其来源不但有非法学教育背景的高校毕业生，而且还有部队转业军人和社会招干人员。

第三，法官的业务管理等级化。一般来说，行政管理强调下级服从上级，而法官却没有上级，他只服从法律和自己的理性。但在现实中，不但法官被分为九个级别，而且在一个法院内部还有庭长、副庭长、院长、副院长、审判委员会委员的区别，造成低级服从高级，下级服从上级的定势。同时，尽管宪法规定各级法院之间是指导而非领导关系，但现行的提前介入制度明文规定上级法院有权对下级法院正在审理的案件提出意见，而法官及法院领导人的升迁在很大程度上受上级法院影响，因而在事实上上下级法院之间也形成了一种服从关系，并且这种意见一般都会转化为下级法院的判决结果。

其次，法官的中立性不强。如上所述，法官的中立性，是指法官与案件的实体结果没有利害关系，在诉讼中不偏不倚地对待控辩双方当事人，既不怀有偏见，更不抱有歧视。法官中立是法官主体地位的核心内容，早在 20 世纪中期就已经成为联合国刑事公正审判最低标准之一。为了保障审判法官中立，现代各法治国家普遍都设置了相关制度作为保障，我国也不例外。1996 年我国刑事诉讼法修改时，其中的一个重大进步就是设置了诸多制度以保证法官在审判时保持中立，如明确了控方的举证责任，庭前审查由实质性审查向程序性审查转变，庭审中控辩对抗性增强而法官趋于消极，等等。但是，在看到进步的同时也应注意到现行刑诉法的有些原则、规范和制度却偏离了法官中立的基本理念，进而影响到实体公正和程序公正的实现。

第一，相互配合原则影响法官中立。我国《宪法》第 135 条规定："人民法院、人民检察院和公安机关办理刑事案件，应当分工负责，相互配合，相互制约，以保证准确有效地执行法律。"《刑事诉讼法》第 7 条也作了同样的规定。"分工负责、相互配合、相互制约"符合民主集中制的精神，由于其在一定程度上界定了公安司法机关在刑事诉讼中的地位和相互关系，因而成为我国刑事诉讼模式的基本内容。在这一规定中，公、检、法三机关的分工负责，各负其责无疑是正确的，也符合现代国家权力分立的一般原理，三机关的相互制约，防止滥权也是正确的，符合现代国家权力制衡的一般原理。但是，"相互配合"则使三机关的职能和任务一致化，如果适用于法官，则显然违背了中立的基本理念。

第二，庭前单方面的司法审查影响法官中立。为了防止法官在审判前单方面接触有罪证据，先入为主，形成对被告人的有罪倾向，危及其在审判中的中立地位，1996 年修改后的刑事诉讼法规定了以程序性审查为主的庭前审查方式。这种改革无疑在一定程度上促进了庭审的实质化，有利于防止法官产生预断和偏见，保障了程序的公正性。但是，这种审查方式所要求的证据移送制度也使法官在庭前单方面地接触到控方大量的证据资料和指控犯罪事实的材料，在没有设立预审法官制度的情况下，由于庭前审查法官与庭审法官同一，容易对案件产生实体预断，从而进一步影响法官的中立地位。

第三，庭外的证据调查影响法官中立。为了防止审判者对案件形成偏见，避免诉讼职能混淆，使法官保持中立和超然的裁判者形象，修改后的刑事诉讼法加强了控方的举证责任，增强了控辩双方的对抗性，同时削弱了法官在庭审中的职能，但是，我国立法仍然保留了法官一部分庭外调查权。我国《刑事诉讼法》第158条规定："法庭审理过程中，合议庭对证据有疑问的，可以宣布休庭，对证据进行调查核实。人民法院调查核实时，可以进行勘验、检查、扣押和查询、冻结。"由于我国刑事诉讼法对法官的庭外调查权规定得非常笼统，实践中的做法不一，很多法院自行收集证据，并且不经过控辩双方的质证和辩论就直接据此证据作出判决，这种做法违背了法官应有的中立性地位。

再次，法官的自主性不强。本来，作为独立的司法裁判者，法官应该依据自己的理性审理案件，在证据采纳、事实认定以及法律适用等方面保持独立自主性，不受来自司法机构外部或内部的任何专断意志的阻碍或强制。但在现实中，法官在刑事审判过程中难以凭借自己的理性对案件作出裁判，具有明显的依附倾向。尽管我国宪法和刑事诉讼法都规定，人民法院独立行使审判权，不受行政机关、社会团体和个人的干涉，但法官在刑事审判中并没有完全的独立地位。即使不考虑其他外部因素的影响，单在司法机关内部，法官在行使刑事审判权的时候就难以摆脱对法院院长和审判委员会的依赖。

就审判委员会来说，它是我国刑事诉讼法确定的司法组织之一，其任务是总结审判经验，讨论重大的或者疑难的案件和其他有关审判的工作的问题。但事实上，审判委员会已经成了一个实体性的超级审判组织。根据《刑事诉讼法》第149条规定："对于疑难、复杂、重大的案件，合议庭认为难以作出决定的，由合议庭提请院长决定提交审判委员会讨论决定。"人民法院组织法则明文规定，审判委员会是法院内部的案件集体领导机构，其对案件的讨论意见法官必须无条件服从。因此，在司法实践中，审判委员会常常不审而判，其成员不直接参与庭审，却仅凭办案人的汇报作出判决意见，其合理性值得怀疑。而且，鉴于我国存在富有特色的错案追究制，法官为了减小职业风险或者推卸责任，一遇到棘手的案件就提请法院院长交给审判委员会处理。在这种情况下，法官很难形成依法自主行使审判权的意识，参与案件审理过程的合议庭和法官完全成了法院院长和审判委员会的附庸。

三、强化法官价值主体地位的措施

通过上述分析，可以发现我国法官主体地位客体化的表现是多方面的，同时也是比较复杂的。相应地，防止法官主体地位的客体化，切实保障法官的价值主体地位也将是一个复杂的系统工程。

首先，强化法官的主体地位需要促进法官的职业化。

高度独立自主的司法权需要有具备较高法律素养的职业法官，从而能够更好实现刑事诉讼中的司法公正，确保法官在事实上成为刑事程序的价值主体。否则，将司法权置于法律素质低下的法官手里，其只能不断请示上级或者完全依主观想象办案，在事实上成为受刑事司法规律支配的客体，司法裁判活动就可能面临灾难性的后果。一般来说，相对于行政官员而言，司法裁判者的职业化显得尤为重要。这是因为，行政活动更多地强调上下级之间的政令贯通和上令下从，而司法裁判活动则强调法官的独立性、中立性和自主性，法官如果不是司法裁判领域的专家，就可能造成人为的司法不公。进而言之，由于法官在行使司法权的时候不仅直接涉及对控辩双方权益的裁判，而且也是法律得以贯彻实施的关键途径，其职业化应该是国家司法权中要求最高的一种。与此同时，只有形成裁判者的职业化，才有可能在法官之中形成特有的职业传统和职业精神，而这种职业传统和职业精神反过来又会成为一种强大促进司法公正和主体认同的力量,确保整个法官职业阶层具有抵御外界干预的勇气和能力。

从其他国家实行的制度来看,法官的职业化主要通过严格的法官选任制度得以实现。对此,两大法系各有其不同的选任方式:

一般来说,英美实行的是"优秀的律师任法官"制度,也就是从资深律师中经过严格的推荐和考核程序来委任法官。例如,在英国郡法院或刑事法院任职的巡回法官,须从从业10年以上的出庭律师或任职5年以上的记录法官中加以选任,而记录法官作为一种业余法官,则要从那些从业10年以上的出庭律师或事务律师中选任。与巡回法官一样,记录法官也要由上议院议长推荐,英国女王加以任命。比巡回法官级别要高的高等法院法官则要至少有从事出庭律师10年以上的经历,并且年龄要在50岁以上。而专门司职上诉法院的上诉法官则要有担任高等法院法官或从事出庭律师15年以上的经历,并要由上议院议长推荐,英国首相提名,英王加以任命。①

而在大陆法系国家,法官则要经过专门的国家司法考试产生。例如,在法国,申请担任法官和检察官的人,都必须参加国家司法官学院的入学考试,通过考试后要在这一学院学习27个月,经过考试合格准许毕业后,由本人在"坐着的司法官"——法官与"站着的司法官"——检察官之间作出职业选择。又如,在德国,法官、检察官与律师的遴选途径基本是一致的:都要获得大学学位,然后通过第一次国家司法考试,合格者获得实习文官的资格;实习文官必须完成为期30个月的实习,期满后用10个月时间准备第二次国家司法考试,也就是国家候补司法官资格考试,通过者即获得候补司法官资格。候补司法官要成为正式的法官,还要经过一系列的审查、推荐和委任程序。②

从我国当前来看,为了摆脱法官职业待遇的地方化和法官选任

---

① 参见陈瑞华:"司法权论",载《中外法学》1998年第7期。
② 参见陈瑞华:"司法权论",载《中外法学》1998年第7期。

机制的行政化,一个共识就是确立一整套司法职业准入制度、司法职业保障制度和司法职业伦理制度。就司法职业保障制度而言,国家应尽早规范各级法官的福利待遇问题,现在的实际情况是:司法机构的物质资源来自同级政府,而同级政府的财政状况及对待司法机关的态度决定同级司法机关物质供给的多寡,这种状况下两者在利益问题上达成某种默契,很容易导致司法地方化。垂直管辖取代块状管辖是解决的较好办法,由省一级政府负责基层和中级人民法院的物质配给,这还会产生额外效果,即可以有效保障法官利益获得上的平等稳定;即使不能做到这一点,国家也应该为各级法官制定一个大致统一的标准,由各级地方财政参照支付。就司法职业准入制度而言,尽管当前已经在全国范围内推行统一的国家司法考试制度,但相关的配套措施也应尽快完善,同时还要抓紧《法官法》和《人民法院组织法》的修订工作。就司法职业伦理制度而言,国家应该制定可行的法官伦理准则。其制定标准应该适当高于对其他官员的伦理要求,既要涵盖法官的职业伦理道德,也要涵盖法官在日常生活中的伦理道德。当然,在制定法官伦理准则之后,还要建立一整套具有可行性和可操作性的监督执行机制,以保障伦理准则不流于形式。比如,可以考虑在人大中设立一个专门机构,以公开的程序处理那些违反伦理准则的法官,既要保障违反者受到究办,也要为那些涉嫌违反职业伦理的法官提供一个公开申辩的机会。

其次,强化法官的主体地位需要进一步完善控审分离制度。

控审分离原则早在奴隶社会的审判活动中就已确立,但一度为封建纠问式诉讼所抛弃,在资产阶级反封建革命中又重新得到确认,并成为现代诉讼活动的重要原则。现代意义上的控审分离原则实行国家追诉主义,把控诉职能和审判职能分别交由国家不同的司法专门机关承担,由检察机关承担主动的追诉权,由法官承担消极的裁判权,在此基础上实行主动追诉与不告不理的有机结合。

控审分离原则旨在实现司法公正,而公正是刑事诉讼的生命所在。而程序公正首先要求法官处于中立地位。因为诉讼的本质在于双方利益发生冲突，控诉于他们信任的、权威的第三方——法官来解决矛盾。而在诉讼中，双方心理偏向都归于己方，这时法官为了合理权衡各种利益，作出科学判断，中立是最好的选择。法官不中立必然导致审判不公。控审分离作为规制控诉权与审判权的重要原则，明晰了检察机关、自诉人及其法定代理人与审判机关的关系，给予控诉职能和审判职能准确定位。特别是法官角色的归位使法官不司控诉职能，不为控诉行为，使其诉讼行为与诉讼目标相一致。审判程序启动后，法官在法庭上同时平等地关注控辩双方的主张，消除了法官同时担任控方时在心理上、情感上可能产生的"偏异倾向"，而在控辩双方之间保持一种超然、无偏袒的态度，使得诉讼结构中，法官中立即法官与控辩双方的等距离设计理念在现实中还原获得支点。同时，控审分离原则也是对控诉权专属性、独立性的肯定，并使之与审判权形成制约关系，有效防止了法官的恣意专断。[1]

在我国当前，为了保证法官的主体地位，需要分三步完善控审分离制度：

第一步，要改革目前的审查起诉模式。为了防止法官产生对案件实体产生预断和偏见，1996 年修改后的刑事诉讼法对我国的审查起诉模式作了重大改革，把原来的庭前实质性审查变革为以程序性审查为主的庭前审查方式。这种改革无疑在一定程度上促进了庭审的理性回归，有利于实现司法公正，保障法官的价值主体地位。但是，这种审查起诉的模式容易使法官在审判前单方面先入为主地接触有罪证据，形成对被告人的有罪倾向，危及其在审判中的中立地位。因此，为了改变这种情况，切断法官的预断和偏见，需要建立庭前证据展示制度，由法官通知控辩双方到庭相互交换并展示各自的证据，并在此基础上进行初步的证据辨别与过滤。为了发挥证据展示制度的有效性，还需要建立相应地预审法官制度，由于预审

---

[1] 宋世杰、彭海青："论刑事诉讼中控审分离原则的理论与实践"，载《湘潭大学社会科学学报》2002 年第 3 期。

法官主持证据展示，预审法官不能担任本案的审理法官。这样，在证据展示制度和预审法官制度的双重保障之下，法官的预断与偏见基本上能够得到有效的消除。

第二步，要改革目前的法官调查制度。1996年修改后的刑事诉讼法在一定程度上削弱了法官的主动追诉性，但是与此同时仍然保留了法官的庭外调查权。保留法官的庭外调查权的目的主要在于追求实体真实的价值目标，实现对侦查权和起诉权的补充，但在具体案件中，法官往往根据自身的主观判断自行收集证据，并且不经过控辩双方的质证和辩论就直接据此证据作出判决，这种做法显然与法官的中立地位不符。为了保证法官在庭外调查中的中立地位，维护司法公正，笔者建议在新一轮的立法修改中对其加以完善，在具体操作中可以由法官通知控辩双方到场见证，并可以对所调查的证据进行辨别和质疑，法官基于双方的辨别和质疑进行证据裁判。当然，从长远来看，最根本的措施是取消法官的庭外调查权。

第三步，要严格贯彻不告不理原则。控诉权与审判权是现代刑事诉讼中两种基本的司法权：控诉权作为一种请求法院对被告人进行审判并追究其刑事责任的请求权，在发动审判程序上具有主动性；相对于控诉权来说，审判权则具有被动性特点，需要公诉机关或者自诉人提起指控才能启动。也就是说，控诉权实行积极的追诉主义，而裁判权则实行消极的不告不理的原则。不告不理原则的基本要求是：法官审判的对象只限于起诉书中载明的犯罪嫌疑人及其犯罪事实，对起诉书中没有载明的内容则不能加以审理和判决，对于虽在庭审过程中发现，但未被指控的犯罪嫌疑人或犯罪事实，只要检察机关或自诉人及法定代理人未追加，法官也不得自动将其归于审判权使用范围内。当然，在这种情况下，法官可以建议检察机关或自诉人及法定代理人变更指控，但这种建议不同于起诉决定，不具有强制性。

再次，强化法官的主体地位需要改革审判委员会制度。

审判委员会制度作为我国诉讼程序中确定的一项重要制度，具有悠久的历史渊源。早在新民主主义革命时期，中华苏维埃政权颁布的《裁判部暂行组织及裁判条例》中就规定"组织裁判委员会",这是当前审判委员会的前身。新中国成立后,《人民法院组织法》进一步确认了审委会制度,并扩大了审委会的职权。后几经完善,审委会制度在我国诉讼制度中得以最终确立。可以说,审委会制度是我国社会主义法制历史变迁的一个见证与缩影,具有重要的时代意义。但随着我国司法改革的不断深入,不利于发挥法官主体意识的内在缺陷也逐渐凸显出来。①

为了提升法官在审判委员会制度下的价值主体地位,需要分阶段对审判委员会制度进行改革。从当前来看,具体的改革措施主要包括以下三点:其一,改革审判委员会的职能,即仅仅保留审判委员会咨询建议职能,取消其对具体案件的审判权、指导权和决定权,把审判权还给合议庭及其组成人员,这是审判委员会制度改革的核心,也是改革成败与否的关键;其二,取消审判委员会的行政级别,实行连选连任或任职考评,促进人员的合理流动;其三,严格限定进入审判委员会讨论的案件数量及案件类型。当然,仅仅改革审判委员会还不能从根本上解决问题,还需要进行相关的配套改革。例如:全面提高法官的法律理论水平与审判实践能力;加强合议庭的民主化建设;突出独任法官与合议庭的主体地位;等等。

四、保障法官价值主体地位的根本措施是政治体制改革

在保障法官的主体地位方面,仅有上述具体的技术性改革还是不够的,从根本上来说,还需要对政治体制进行改革,这样才能真正实现法官主体地位的回归。

笔者认为,与法官主体地位有关的政治体制改革包括五个方面的内容:一是要理顺法官独立与党的领导的关系。我国法官的作用与地位同大陆法系法官类似,他们作为文职人员的一种,以忠实严格地适用法律为职责。只不过我国法官除适用法律外,还必须执行

---

① 参见陈瑞华:《刑事诉讼的前沿问题》,中国人民大学出版社2000年版,第381—383页。

党的政策，因为坚持党的领导是我国坚定不移的基本方针，但党对法院的领导应该在什么范围内、多大程度上、以什么样的方式进行，是至今尚未解决的问题。二是要理顺法官独立与人民代表大会的关系。依照宪法规定，人大及其常委会有权监督法院行使审判权，甚至可以对具体个案的裁判进行干预，但这种监督和干预的机制还需要进一步具体化。三是要理顺法官独立与各级政府的关系。虽然宪法规定法院依法行使审判权，不受任何行政机关的干预，但事实上由于行政机关的强势地位以及法院在人事及财政上受制于政府，因而法院在裁判案件时很容易受到来自行政权的影响。四是要理顺法官独立与新闻舆论的关系。鉴于法院的司法裁判活动也可能受到新闻传媒和大众舆论方面的不当影响，因此还必须建立可使法院摆脱传媒和舆论影响甚至控制的制度机制。

总之，政治体制改革是保障法官主体地位的前提条件，如果法官不能独立于其他机关、团体或社会组织，法官的主体地位就是一句空话。只有通过政治体制改革理顺法官与其他各种政治存在的关系，法官无论在司法裁判还是在司法行政管理方面，才可能独立于法院之外的机构、组织和个人，不受外部力量或权威的控制和干预。

第三节 确立犯罪嫌疑人和被告人的价值主体地位

对我国刑事程序进行价值重建的一个重要方面是从观念上承认和确立犯罪嫌疑人和被告人的价值主体地位。承认和确立犯罪嫌疑人、被告人的主体地位，对于推进诉讼程序正当化，从根本上杜绝冤假错案的发生，具有重要的指导意义。基于此种认识，笔者拟从理论和现实的角度对犯罪嫌疑人、被告人在我国刑事诉讼中的主体地位作一全面的考察，以期对当今中国司法改革的进一步发展表达粗浅的见解。

一、人的一般本质是犯罪嫌疑人、被告人价值主体地位的理论依据

犯罪嫌疑人、被告人的主体地位可以从人的一般本质得到确证。人的一般本质就是人区别于物、动物和其他存在物的内在规定性，正是这种内在规定性使人——当然也包括犯罪嫌疑人、被告人——具有相对于物、动物和其他存在物的天然的、无差别的、不可抹杀的主体地位。

关于人的主体地位的论说可以追溯到古希腊时期，当时的著名哲学家普罗泰戈拉为了把人从神权统治的客体状态中解救出来，响亮地提出"人是万物之尺度"的口号，从而在西方哲学史上第一次赋予人的主体地位。① 此后，由于生产力发展水平以及人的认识和思维能力的限制，神学思想在社会生活中仍然处于支配地位，人的主体地位并未成为主流的意识形态，特别是在中世纪，人性甚至遭到彻底否定。启蒙运动以后，洛克、卢梭及霍布斯等西方思想家们再次把目光投向人性和人的主体地位，他们冲破神学世界观的束缚，从当下和古希腊哲学中寻找养分，响亮地提出"天赋人权"的口号，认为人皆具有与生俱来的天然权利，即自由权、平等权以及追求幸福与享乐的权利。②

及至西方近现代，人的主体地位问题得到更为系统而深入的思考。其基本内涵呈现不同形式：康德首先断言人的主体性就是"纯粹理性"，它是产生"我思"的自我意识。这种自我意识是先验的，它和对象意识不可分，但却是一切经验意识的前提和条件。费希特则力图证明康德的"先验自我"是独立的精神实体。谢林使"自我意识"变为主客体同一的绝对精神实体，即绝对精神。黑格尔使这个绝对精神具有了内在的矛盾性和过程性。费尔巴哈把

---

① 杨适：《哲学的童年》，社会科学出版社1987年版，第358页。
② 张宏生、谷春德主编：《西方法律思想史》，北京大学出版社1996年版，第86页。

自我意识理解为感性的、具有类本质的普遍性的人。从总体来说，西方哲学普遍把人的本质归结为一种理性存在物，认为理性是人从自然界独立出来的唯一标志，是人与动物的根本区别。理性要求人们既要认识到自身的存在和行为，也要尊重他人的存在和行为，即以理性之目光平等地、一致地看待自己和他人。

与西方哲学不同，马克思主义哲学主要是从劳动和社会关系的角度来考察人的主体地位的，认为人的主体地位不是与生俱来的，而是通过实践得来的。人的主体地位首先不能脱离人的劳动本质，否则就不可能科学说明人的主体地位的来源。对此，马克思在《政治经济学批判》中深刻指出："由于人是自然的一部分，是自然存在物，又作为一种有意识有目的的自然力而与自然物质相对立，并能动地改造这自然物质，因此人就有了不同于外部自然界的主体性。"[1]

在劳动中形成的相对于自然界的主体地位还只是人的主体地位的基本方面，在马克思看来，人的主体地位还应该从社会关系中去寻找。对此，马克思指出，"人的本质不是单个人所固有抽象物，在其现实性上，它是一切社会关系的总和。"[2] 也就是说，人的本质应该从维系人类社会存在的物质资料的生产活动即劳动中去寻找，劳动集中地反映了人与自然之间的关系以及人与人之间的关系，前者表现为人的自然属性，后者表现为人的社会属性。不管自然属性还是社会属性，都是人的本质的反映，是人相对于自然界其他存在物而具有的主体地位。从更深层意义上来说，既然人均具有相对于其他存在物的主体地位，那它同时也内含了人对待他的同类的正确方式，而这种方式通过法律的规范便成为法律秩序。可以说，如果人失去社会性，则社会系统就失去了赖以存在的基础和理由，社会就不再是社会，而只能是马克思所称的"兽斗场"。为此，马克思把人的主体地位归结为以下三个方面：一是指人作为活

---

[1] 《马克思恩格斯选集》（第3卷），人民出版社1995年版，第518页。
[2] 《马克思恩格斯全集》（第42卷），人民出版社1979年版，第96页。

动主体的能动性，主要表现为主体对于主客体关系的自觉能动性、选择性以及创造性；二是指人作为活动主体的自主性；三是指人作为活动主体的自为性，即以自我、集体和社会为目的。①

总之，尽管东西方哲学和马克思主义哲学对于人的主体地位的哲学表述不一，但有一点可以肯定，那就是承认人的根据是人，人的主体地位来自于人的内在规定性而不是被神或其他造物主塑造的客体。在刑事诉讼活动中，犯罪嫌疑人、被告人当然具有无差别的人的共同本质，犯罪嫌疑人、被告人并不仅仅因为成为犯罪嫌疑人、被告人而失去人的一般本质。既然如此，司法就应该是一种符合人的本质要求的行为，司法者就应该尊重犯罪嫌疑人、被告人作为人的存在，承认其作为人所应该具有的人格和尊严，正如黑格尔所言，"如果不从违法者的作为人的行为中去寻找制裁的概念和尺度，他就得不到这种尊重。"② 一言蔽之，对犯罪嫌疑人、被告人而言，在经过法院审理并确定有罪之前，他是推定无罪的，当然具有完全的主体地位；即使被判有罪，他依然不失却人的一般本质，他依然具有完全的主体地位，作为人之为人的基本人权依然应该受到确实而充分的保障。

二、犯罪嫌疑人、被告人价值主体地位的表现

刑事诉讼是一种重要的社会实践活动，具有社会实践的一般特征。这种特征主要表现为刑事诉讼的社会性、客观性和现实性。在刑事诉讼中，犯罪嫌疑人、被告人同样具有主体意识和主观能动性并现实地作用于刑事诉讼的客体，因而具有主体诉讼中的主体地位。

在司法实践中，一方面人的社会性意味着犯罪嫌疑人、被告人是具体的社会的人，它要求司法者把犯罪嫌疑人的违法犯罪行为

---

① 李秀林主编：《辩证唯物主义与历史唯物主义》，中国人民大学出版社1995年版，第427页。
② 黑格尔：《法哲学原理》，范扬、张企泰译，商务印书馆1961年版，第103页。

(有，或者没有）与社会环境联系起来，综合考察行为背后的人性动机，从而使刑事诉讼人性化；另一方面，人的社会性也意味着社会的人性，即社会是由千千万万不特定的个人或一个人为基础的各种组织组成的，司法者或者司法机关的行为往往会对社会造成更大的影响和后果，它当然不能违背人的本质的要求。如果司法行为符合人的本质的要求，承认和保障犯罪嫌疑人、被告人的主体地位，它无疑给整个社会作出了一种示范和表率，从而使人们在与他人交往时作出符合人性要求的行为选择，进而促进良性社会秩序的形成。

在我国刑事诉讼中，犯罪嫌疑人、被告人的主体地位主要表现为诉讼权利的主体、诉讼行为的主体、诉讼模式的主体、诉讼价值的主体。具体分述如下：

（一）作为享有者，犯罪嫌疑人、被告人是享有诉讼权利和其他应有权利的主体

犯罪嫌疑人、被告人的诉讼权利主要包括：辩护权、程序选择权、调查取证以及证据保全请求权、刑事赔偿请求权、获得法律援助权和获得翻译权、获得法律平等保护权、申请回避权、上诉权、收集证据权、沉默权、辩诉交易权，等等。而应有权利主要是那些不可剥夺的基本人权，如犯罪嫌疑人、被告人在诉讼过程中仍然享有尊严权、人格权、身份权、人道待遇权，等等。

作为权利的享有者，犯罪嫌疑人、被告人也是诉讼价值的逻辑主体。把人作为刑事诉讼价值的主体，就是只能把犯罪嫌疑人、被告人当做目的，而不能把他当做单纯的手段或工具，即使当做手段也不是当做满足某一个人或集团的利益诉求的手段，而只能是作为实现他自己的、他的民族的或全人类的价值的手段——在此，手段已经不重要，它已经和价值融为一体。刑事诉讼的价值有很多，既有工具价值，又有自身价值。其中自身价值主要就是程序正义。在刑事诉讼实践中，以人为价值主体就是承认犯罪嫌疑人、被告人也是诸多诉讼价值的享有者，尊重犯罪嫌疑人、被告人的理性和权利，使其充分实现自觉能动的理性抗争，从而实现程序的正义价

值,即使他已经被判有罪成为罪犯,他仍然享有人的尊严,他仍然要受到人道的待遇。

(二) 作为参与者,犯罪嫌疑人、被告人是诉讼模式的主体

无论是在传统的纠问式诉讼中,还是在现代的对抗式诉讼中,犯罪嫌疑人、被告人都是不可缺少的一极。没有犯罪嫌疑人、被告人自然谈不上诉讼的构造问题,这是很显然的。在传统的两极诉讼模式中,犯罪嫌疑人、被告人处于被纠问的客体的地位,谈不上成为诉讼主体的问题。只有在现代刑事诉讼中,控审分离、裁判者中立、控辩平等对抗三大原则在调整刑事诉讼模式的诸项理念与原则中具有直接的和决定性作用的前提下,犯罪嫌疑人、被告人成为诉讼模式的主体才成为可能。

合理的诉讼模式,必须体现控辩平等对抗的理念与原则,制度的设计应该充分考虑到犯罪嫌疑人、被告人理性交涉和抗争的需要。目前,在庭审阶段的典型诉讼模式是控、辩、审三方组合的等腰三角形结构,犯罪嫌疑人、被告人在这个三方形成的稳定结构中处于一个必不可少的地位,辩护与控诉是诉讼模式这一统一体中的两个对立的诉讼方面和对立的诉讼职能。诉讼的前提是控诉与被指控的双方存在"讼争",因而形成双方的对抗格局。因此,诉讼的科学程序要求控诉与辩护双方在形式上应保持平等对抗的格局,这是保证诉讼客观、公正的前提。如果控、辩双方的地位在形式上出现一方优越而另一方劣势的情况,就有使诉讼程序在实质上变成行政程序的危险,程序公正就无从谈起,案件的处理就很难保证质量。

此外,还应结合确立审判职能的中立性考虑辩护与控诉双方形式上的平等性,以便保持诉讼整体构造的平衡。

(三) 作为行为者,犯罪嫌疑人、被告人是诉讼行为的主体

一般认为,诉讼行为是指合乎诉讼法所规定的构成要件,并足

以发生诉讼法上之效果的法律行为。① 与一般法律行为一样，刑事诉讼行为的成立也必须具备若干基本的构成要素。这主要包括行为的主体、行为的客体、意思表示、行为内容与行为效果四个方面。不难看出，这几个要素在实质上都是行为者主体地位的体现。据此，那些缺少主体或缺少主体意识的自然事件不能成立诉讼行为，那些虽对于刑事诉讼的进行必不可少，但并不引起诉讼法效果的司法行政行为，如法官的人事任免、考评与奖惩等，以及司法辅助行为，如着法袍、落法槌等，也不构成诉讼行为。

依据不同的主体，刑事诉讼行为可以分为法院行为、当事人行为和第三人行为。② 其中，犯罪嫌疑人、被告人的诉讼行为是重要的当事人行为，其依据行为性质的不同可以分为合法行为与违法行为，其中合法行为依是否具备主体的意思表示又可以分为诉讼法律行为和诉讼事实行为，依行为效果不同又可以分为事实形成行为和程序形成行为。③ 不管作何分类，它们都是以犯罪嫌疑人、被告人的存在为前提的诉讼行为，这些种类的诉讼行为都在一定程度上体现了犯罪嫌疑人、被告人的主体地位。

---

① 陈朴生：《刑事诉讼法实务》第114页；曹鸿澜："刑事诉讼行为之基础理论（1）——刑事诉讼行为之效力"，载台湾《法学评论》1974年第6期。

② 参见陈瑞华：《刑事诉讼的前沿问题研究》，中国人民大学出版社2000年版，第181页。

③ 一般认为，犯罪嫌疑人、被告人的诉讼法律行为是以犯罪嫌疑人、被告人的意思表示为要素的诉讼行为，主要包括申请、主张、自认、上诉、申诉等；犯罪嫌疑人、被告人的诉讼事实行为是那些不以意思表示为要素，其本身在法律上就被赋予一定的法律效果的诉讼行为，这又可以分为表示行为和纯粹事实行为，前者如犯罪嫌疑人、被告人的出庭、悔过，后者如犯罪嫌疑人、被告人的自杀以及其他影响诉讼进程的行为。犯罪嫌疑人、被告人的实体形成行为是那些引起实体法意义上的效果的行为，往往导致实体权力和义务的变化，如坦白、自认、否认、检举揭发；犯罪嫌疑人、被告人的程序形成行为是那些引起程序法意义上的效果的行为，如上诉、申诉、撤诉、申请回避等。

三、刑事诉讼中犯罪嫌疑人、被告人价值主体地位的客体化问题

虽然犯罪嫌疑人、被告人的主体地位在我国刑事诉讼法的理论与立法中都已得到确立，但在实践中却存在不少无视犯罪嫌疑人、被告人的主体地位，甚至把犯罪嫌疑人、被告人当做客体加以对待的问题，笔者把这种情况概括为犯罪嫌疑人、被告人主体地位的客体化。这主要有以下一些表现：

（一）权利缺位问题

缺位是指本应赋予犯罪嫌疑人、被告人主体地位客体化最直接的表现就是强调义务本位而非权利本位。根据联合国国际刑事司法准则，犯罪嫌疑人或被告人应该享有十项程序权利，但在我国刑事程序中，本应赋予犯罪嫌疑人或被告人的许多权利还处于空缺或不完善的状态。

在笔者看来，犯罪嫌疑人或被告人权利至少还存在五个方面的缺位亟待立法进一步规范。具体主要有：（1）知悉权缺位。在我国刑事程序立法中，犯罪嫌疑人、被告人不享有严格意义上的知悉权，但如果已经聘请律师提供帮助，可以通过律师间接了解被指控的罪名，且仅限于罪名。至于被指控的理由、被采取的强制措施及其方式、时间和地点，则不予告知，犯罪嫌疑人或被告人也无权知悉。（2）沉默权缺位。尽管我国已经加入了相关的公约，但目前我国刑事程序尚未承认沉默权。相反，现行刑事诉讼法规定犯罪嫌疑人和被告人负有如实回答讯问的义务。（3）法律援助权缺位。在法律援助权方面，我国立法中仅简单地规定了四种适用法律援助的情况。实践中获得法律援助的案件少之又少，在为数不多的援助案件中，接受指派的律师在实际辩护中也是走过场，没有多大的实效性，而法律援助机关付给律师的费用也是非常少的。（4）程序选择权缺位。我国现行刑事法律没有赋予被告人选择权。在审判程序方面，被告人既不能在普通审判程序和简易审判程序之间进行选择，也不能在普通审判程序和普通程序简化审之间进行选择，完全

听从司法机关的安排。

(二) 刑讯逼供问题

我国在《刑事诉讼法》第 43 条明确规定：严禁刑讯逼供和以威胁、利诱、欺骗以及其他非法的方法收集证据。我国刑法规定，司法人员对犯罪嫌疑人、被告人实行刑讯逼供，必须依法追究。尽管刑讯逼供存在诸多严重弊病，并被我国法律加以禁止，但这种现象在我国刑事诉讼中却大量存在，在某些地方甚至成为一种普遍现象，同时也成为我国刑事诉讼活动中最受诟病的地方。

刑讯逼供是一种野蛮落后的侦查手段和审讯方式。这种侦查手段和审讯方式是封建社会的遗留产物，它完全无视犯罪嫌疑人、被告人的主体地位，把犯罪嫌疑人、被告人当做单纯的客体加以纠问和审讯。可以说，刑讯逼供的性质和法西斯无异，其思想基础是主观唯心主义的，其目的完全是为了迫使犯罪嫌疑人、被告人按照审讯者的意志和需要，招供认罪。由于刑讯逼供同现代法治国家的基本理念和原则是完全对立的，因而历来为世人所不齿，并被世界各国普遍加以禁止。

刑讯逼供对犯罪嫌疑人、被告人的侵害最为直接，具体表现为：严重侵犯犯罪嫌疑人、被告人的基本人权；人为地压制犯罪嫌疑人的自由意志，容易造成屈打成招，从而形成冤假错案，放纵真正的犯罪人；违背办案规律，模糊有罪证据和无罪证据的界限，增加了侦查破案的难度；直接加大案件的错误耗费，严重降低刑事诉讼的效率。不仅如此，刑讯逼供还使无罪者处于比有罪者更坏的境地。对此，贝卡利亚作过精辟的论述："尽管二者都受到折磨，前者却是进退维谷，他或者承认犯罪，接受惩罚，或者在屈受刑讯后，被宣布无罪。但罪犯的情况则对自己有利，当他强忍痛苦最终被无罪释放时，他就把较重的刑罚变成较轻的刑罚，所以无辜者只有倒霉，罪犯则能占便宜。"[①]

---

① [意] 贝卡利亚：《论犯罪与刑罚》，黄风译，中国大百科全书出版社 1993 年版，第 33 页。

(三) 超期羁押问题

超期羁押是指违反法律规定的期限羁押犯罪嫌疑人、被告人的行为。超期羁押也是我国刑事诉讼实践中一个颇受诟病的问题。尽管我国在《刑事诉讼法》及相关司法解释中规定了侦查羁押期限，同时规定羁押期满应当解除羁押或者变更为取保候审、监视居住，但我国的侦查羁押期限是很长的。

超期羁押在外延上应当包括形式上的超期羁押和实质上的超期羁押。形式上超期羁押，是指在法定羁押期限到期后，没有任何继续羁押犯罪嫌疑人的法律手续，或没有及时办理继续羁押的法律手续而继续羁押犯罪嫌疑人、被告人的违法行为。而实质上的超期羁押，主要是针对延长羁押期限和重新计算羁押期限而言的，是指实质上没有继续延长羁押期限的理由而故意规避法律规定取得延长羁押法律手续或重新计算羁押期限，以继续羁押犯罪嫌疑人或被告人的违法行为。实质的超期羁押从形式上看是合法的，其并不缺乏继续羁押的法律手续和重新计算羁押期限的理由，但实质上是违法的，因为它违背了程序正义的基本精神。例如，在我国刑事司法实践中，一个常见的现象就是：案件显然并不复杂，司法人员却以案件复杂为由延长羁押期限，或者明明早已查明犯罪嫌疑人的数个犯罪行为，却以发现新的罪行为由重新计算羁押期限。

与刑讯逼供一样，超期羁押的危害也是显然的：它严重侵犯犯罪嫌疑人、被告人的人权，严重影响司法机关公正执法的良好形象并徒增刑事诉讼的司法投入，既损害了司法公正和诉讼效率，也不利于及时有效地打击犯罪，维护社会秩序。不仅如此，在司法实践中，超期羁押还有两个问题尤其值得注意：一是犯罪嫌疑人被长期羁押后，很有可能会导致比有罪判决更为不利的后果。二是虽然超期羁押与刑讯逼供之间并不存在必然联系，但事实上超期羁押往往伴随着刑讯逼供。况且，超期羁押，尤其是长期的超期羁押，本身就是一种身心折磨，这一点和徒刑并无实质差异。

(四) 冤假错案问题

冤假错案也是犯罪嫌疑人、被告人主体地位客体化的一种表现。尽管在一个理想的法治社会里仍然难以避免冤假错案的发生，但冤假错案的成因以及对待冤假错案的态度却是考量一个社会法治化程度的一个重要参数。

冤假错案的成因既有制度上的也有观念上的。从制度上来说，冤案产生于诉讼制度的缺陷。制度上的原因除上述刑讯逼供和超期羁押两个方面之外，还有其他许多原因，如被告知悉权保护不力，律师参与诉讼滞后，过分注重口供的作用，质证制度不完善特别是公诉方的证据具有绝对优势的地位。从观念上来说：一是有罪推定的思想和习惯根深蒂固，往往把犯罪嫌疑人、被告人当做事实上的罪犯；二是把一般违法当犯罪、把轻罪当重罪，甚至当死罪来治。许多冤假错案是在这样一种有罪推定的思想下制造的：只要被警察抓的人多少会有劣迹，司法人员怎么采取手段都不为过。在这样一种司法理念中，人的价值和尊严被忽视了，似乎只要能查出犯罪分子，在追究违法犯罪行为时，就可以不顾程序的正当性和合法性，可以不择手段，畸轻畸重。

对待冤假错案的态度也是一个重要方面。在我国刑事司法实践中，公安司法人员对冤假错案往往抱持一种无所谓的态度，甚至在冤假错案暴露出来以后也不积极采取措施加以补救，从而直接导致冤假错案长期得不到纠正，严重侵害了当事人的合法权益，也间接地导致了大量的群众上访等诸多社会问题。

在我国当前，冤假错案还大量存在，有些冤假错案甚至达到相当严重的程度，不少冤假错案成为人们热烈议论的话题，这些冤假错案严重地影响了人们对司法公正的信念。事实上，造成冤假错案本来就已经严重侵害了犯罪嫌疑人、被告人的人权，而在已经发现的冤假错案之后还不主动积极的加以纠正，本身就是一种司法无能和司法腐败。

四、保障犯罪嫌疑人、被告人价值主体地位的措施

如上所述，保障犯罪嫌疑人、被告人的主体地位在我国还是一个任重道远的法治工程。要切实保障犯罪嫌疑人、被告人的主体地

位，既需要观念上的创新，又需要制度上的创新。

从观念上来说，首先，要树立以人为本的观念。犯罪嫌疑人、被告人也是人，是理性、自觉的，具有主观能动性的主体，具有作为人所具有的基本权利。其尊严、人格以及那些起码的权利应该受到尊重。其次，要确立无罪推定的观念，即任何人非经法院依正当程序作出的判决不得被确定有罪。传统的有罪推定观念是与现代的无罪推定观念相违背的，因而在实体与程序、打击与保护相冲突时，执法机关往往容易将天平倾向于实体真实和打击犯罪，而忽视程序的价值和犯罪嫌疑人、被告人权利的保护。无罪推定则有助于从观念上扭转这种倾向性。再次，要构建正确的诉讼价值观念，这主要是要求处理好公正和效率，保护和打击之间的关系，处理好实体公正和程序公正之间的关系，处理好社会效益和法律效益之间的关系。

从制度上来说，主要是建立保障犯罪嫌疑人、被告人主体地位的刑事诉讼制度，依笔者之见，主要应建立和完善以下几个方面的制度：

（一）建立沉默权制度

一般认为，沉默权来源于不被强迫自证其罪的特权。在刑事诉讼中，犯罪嫌疑人、被告人应享有不被强迫自证其罪的权利，即自愿陈述的权利。换言之，犯罪嫌疑人、被告人针对国家机关及其工作人员的讯问有保持沉默的权利，追诉机关有告知其知悉该权利实际意义及放弃该权利的法律后果的义务。沉默权是消极意义上的辩护权，也是犯罪嫌疑人、被告人成为诉讼主体的前提条件。

在美国，闻名于世的"米兰达规则"就是为了让侦查人员履行告知义务保障犯罪嫌疑人、被告人沉默权的规则。而随着非法证据排除规则的确立以及在沉默权问题上违反程序的法律责任的强化，警察取证亦愈发注意程序的合法性。为了在法庭上能证明讯问所得的嫌疑人的"证词"① 的合法性，警方必须对证人证言取得的方式、手段、时间、地点和环境等诸多细节加以证明。目前，为保障犯罪嫌疑人、被告人的沉默权，西方国家普遍建立了必要的保障措施，具体包括：强化侦检机关讯问开始前的沉默权告知义务；确认律师在讯问时的见证制度；建立非法证据排除规则；完善录音录像措施；等等。

赋予犯罪嫌疑人、被告人沉默权，意味着将犯罪嫌疑人、被告人作为独立的意志主体和诉讼主体，从而作为刑事程序的价值主体对待；赋予犯罪嫌疑人、被告人沉默权，"意味着犯罪嫌疑人享有自主决定是否陈述的权利以及不被拷问、不被强迫供述、不受诱导和欺骗而供述的权利"。②

自17世纪英国最早确立沉默权制度以来，越来越多的国家接受了这一制度。从长远来看，我国亦应有所借鉴，建立符合中国国情的沉默权制度。

（二）建立保释制度

根据无罪推定原则，任何公民在被法院生效判决定罪之前都被假定为无罪，因而应该享有和一般公民相同的人身自由和权利，但根据刑事诉讼的特性，犯罪发生以后，对犯罪嫌疑人、被告人的人身自由和相关权利予以限制乃至于剥夺以保障刑事诉讼的顺利进行又是必要的。为了解决这一冲突，西方国家普遍建立了完善的保释制度，即要求犯罪嫌疑人或者被告人向法院交付一定数量的金钱，有条件地换取人身自由。

保释制度对轻罪案件犯罪嫌疑人、被告人人身自由和权利的保护是非常有益的，大多数轻罪案件的犯罪嫌疑人、被告人能够获得保释而实现人身自由。由于它符合限制与剥夺犯罪嫌疑人、被告人

---

① 在现代证据规则中，有一项关于犯罪嫌疑人、被告人陈述的自白法则，其中"自白"的中性意味与犯罪嫌疑人、被告人供述与辩解中的"供述"的贬词意味，形成了强烈的反差，前者体现了讯问的任意性，而后者则显示出讯问的强制性。

② 陈卫东、刘计划：《论犯罪嫌疑人的诉讼主体地位》，载中国刑事法律网，http://www.criminallaw.com.cn。

的人身自由所应该遵循的必要原则和比例原则，因而得到联合国国际刑事司法准则的承认，并以此要求各国完善非羁押措施，尽量减少适用羁押措施。

在我国，《刑事诉讼法》第 50 条规定了取保候审制度，但其性质只是侦查阶段的一种强制措施，与西方国家的保释制度具有本质的不同。笔者认为，为了充分实现犯罪嫌疑人、被告人的价值主体地位，应该合理借鉴西方国家的保释制度。

（三）强化司法审查制度

一般来说，审判前阶段在整个刑事诉讼过程中是犯罪嫌疑人、被告人合法权益最容易受到非法侵犯的一个环节。从刑事司法实践来看，我国犯罪嫌疑人、被告人受到的侵犯大多来自于公安司法机关违法采取的强制措施。因此，为了保障犯罪嫌疑人、被告人的合法权益，防止其价值主体地位的客体化，应建立严格的司法审查制度，加强司法介入的深度、广度和强度。具体措施主要包括：

第一，确认和保障犯罪嫌疑人、被告人在审判前程序中享有的各项权利。这些权利主要包括：不受非法拘留、逮捕与羁押的权利；知悉拘留、逮捕、羁押之理由的权利；及时得到司法机关处理的权利；在合理时间内接受审判的权利；等等。

第二，改革强制措施的单方性，使之诉讼化。在需要对犯罪嫌疑人、被告人采取强制措施的时候，应当在法官的主持下，召集控辩双方同时到场，控方可以举证并陈述采取强制措施的理由，犯罪嫌疑人、被告人及其律师也可以对其进行辩驳并提出自己的证据，陈述自己的理由。最后，在控辩双方举证和陈述的基础上，由法官审查是否需要采取一定的强制措施。

第三，在不必要采取一定强制措施的情况下，释放或变更强制措施。关于这一点，我国《刑事诉讼法》第 72—76 条已有若干规定，即羁押期满而未交付审判，应当解除羁押或者变更为取保候审、监视居住。如果交付审判，则犯罪嫌疑人、被告人享有在最短的期限内获得审判的权利。但相对于刑事诉讼中的现实情况来说，仍嫌不够，特别是缺乏可操作性。对此，在新一轮的立法修改中应该作出进一步的规定。

（四）完善刑事赔偿制度

该项制度旨在保障犯罪嫌疑人、被告人因受错误羁押、错误定罪或错误获刑之后获得赔偿的权利。我国1994年制定并于1995年1月1日起施行的《国家赔偿法》对被错误地采取强制措施、错误地定罪、判刑、执刑的犯罪嫌疑人、被告人的赔偿做了一般规定，但缺乏可操作性，犯罪嫌疑人或被告人在实际上取得国家赔偿受到极大限制。为适应逮捕的司法审查改革，《国家赔偿法》也应予以修改。修改涉及的内容至少应包括赔偿义务机关、赔偿程序和资金管理等。此外，国家还应设立专项的赔偿基金，列入国家财政预算。

据悉，三大诉讼法的再次修改已经纳入全国人大的立法日程。在法治与人权深入人心的今天，我们有理由相信：尊重犯罪嫌疑人、被告人的主体地位，保护犯罪嫌疑人、被告人的应有权利，必将在新的刑事诉讼法中得到更加全面而深刻地体现。

第四节　确立被害人的价值主体地位

所谓被害人，是指其人身、财产及其他权利遭受犯罪行为侵害的人。对被害人可以从广义和狭义两个方面加以理解：从狭义来看，被害人就是公诉案件中以个人身份承担部分控诉职能的诉讼参与人；从广义来看，被害人还可以是自诉案件中的自诉人和刑事附带民事诉讼中的原告人。

在我国传统的诉讼观念中，由于国家公诉机关承担了全部的控诉职能，被害人似乎没有独立的程序利益，他只是一个被公诉机关用以控告犯罪行为的工具，是一个依附于公诉机关而存在的价值客体。如果公诉机关不需要被害人作证，刑事被害人甚至可能成为一个可有可无的"诉讼旁观者"。1996年我国刑事诉讼法修订以后，一个显著的进步就是赋予刑事被害人以诉讼当事人的地位；但是，修订后的刑事诉讼法在承认刑事被害人当事人地位的同时却未赋予其相应的诉讼权利，这不能不说是一个大的缺憾。同时，这一立法缺憾也直接或间接地导致被害人在司法实践中处于更加不利的境地，不但被害人的诉讼意见常常得不到公诉机关和法院的应有关注，而且其合法权益也常常受到忽视乃至于非法剥夺。因此可以说，无论是在我国的刑事立法还是司法实践中，被害人都没有完全摆脱价值客体的地位。

毋庸置疑，被害人主体地位的客体化不但使我国刑事诉讼中的司法公正大打折扣，同时也与当前强化刑事被害人权利保障的国际潮流格格不入。在笔者看来，要改变这种状况，关键是要从根本上树立被害人的价值主体地位，赋予其相应的权利并保障其合法权益，使其成为程序价值的真正享有者，这样才能顺应国际潮流，全面地实现刑事诉讼中的司法公正。在下文中，笔者将从三个方面阐述刑事被害人的价值主体地位和及其现实意义。

一、被害人之价值主体地位的理论依据

一般来说，被害人是犯罪行为的直接受害者，不但对犯罪人怀有强烈的愤怒和仇恨之情，而且对犯罪的社会危害性及其实际造成的损害有最直接、最深刻的感受。在刑事诉讼中，被告人受到的精神伤害和心理苦痛能否在实际上得到抚慰，被告人受到的人身伤害和财产损失能否在实际上得到弥补，均决定于能否在诉讼过程中确认和解决犯罪嫌疑人、被告人的刑事责任并使之受到应有的制裁和惩罚。由此看来，赋予被害人价值主体地位，使其参与到刑事程序中并享有刑事程序的价值，应该说具有天然的合理性。

被害人之所以能够成为刑事程序的价值主体，是因为其对刑事程序具有以下几个方面的价值需求：

第一，被害人具有提起刑事诉讼的价值需求。一般来说，由于犯罪行为不但直接地侵害了被害人，也直接地侵害了一个国家的社会秩序。因此，现代刑事诉讼的提起方式可以分为公诉和自诉：公诉就是由国家公诉机关代表整个社会向法院提起针对犯罪行为的诉讼；自诉则是在公诉缺位的情况下由被害人直接向法院提起的针对

犯罪行为的诉讼。如果对两种诉讼提起方式的关系进行粗略的分析，可以发现：尽管二者的实体内容和程序要求具有很大的不同，但被害人在其中的作用却是一致的。也就是说，无论是在公诉中还是在自诉中，被害人都是刑事程序的启动因素。

在公诉案件中，尽管公诉机关承担指控犯罪的职能，但被害人有权利也有义务指控犯罪，在有些案件中，被害人的指控甚至起着非常关键的作用。在国外，这一点已得到证明："在联邦德国，90%的暴力犯罪和财产犯罪的刑事诉讼是由犯罪被害人提起的；在1979年美国国会通过《1978年犯罪被害人法令》的修正案之后的5年中，由于被害人的积极参与，对被告的起诉增加了百分之四十至五十。"① 正是在这个意义上，"刑事被害人是刑事司法制度的'守门人'，在绝大多数的案件中，被害人通过报警而进入刑事诉讼"。②

不仅如此，在现代刑事诉讼的启动过程中，虽然被害人与被告人居于大致相同的诉讼地位，但被害人与被告人具有很大的不同。被害人是犯罪行为的直接受害者，因而也是刑事诉讼的积极提起者，只有通过提起刑事诉讼才有可能开始对犯罪行为人进行刑事追诉；而被告人在刑事程序的启动过程中则处于消极被动的地位，一旦刑事案件被司法机关立案，他就不得不加入到诉讼进程中。

第二，被害人在诉讼运行过程中具有刑事证明的价值需求。在刑事案件中，被害人是一个比较特殊的证人。被害人往往是犯罪现场的亲历者和犯罪行为人的目击者，因而比较了解案件的事实真相；由于受到犯罪行为的直接侵害，出于复仇的欲望，他往往更愿意出庭作证。

当然，在被害人作为证人的问题上，应该辩证地加以分析。一个方面，被害人作为证人具有其他证人不可替代的作用，因为被害

---

① 参见郭建安：《犯罪被害人学》，北京大学出版社1997年版，第209页。
② ［德］汉斯·施奈德：《国际范围内的被害人》，许章润等译，中国人民公安大学出版社1992年版，第4页。

人往往对犯罪人、犯罪行为和犯罪的危害人具有较强的感性认识，而且正是因为这种较强的感性认识促使其具有其他证人不可比拟的积极性。但是，也应该看到，由于被害人对犯罪行为或犯罪嫌疑人带有强烈的激愤心理，其作为证人的效果往往难以达到客观公正的要求。

第三，被害人对刑事程序运行中具有程序参与的价值需求。在刑事诉讼中，被害人拥有广泛的程序参与需求，既包括与其他诉讼参与人共同具有的需求，也包括自己特有的诉讼需求，并期望对诉讼进程发挥比其他诉讼参与人更大的影响作用。

按照程序法治的一般要求，被害人对诉讼程序的实质参与不但是程序公正的重要内容，也是实现程序公正的一个重要前提。被害人在对刑事诉讼的充分参与不但可以为其提供对案件发表看法的机会，还能对整个诉讼程序进行监督和制约。从更深的意义来看，如果被害人仅仅是一个被排除在纠纷解决过程之外的诉讼旁观者，被害人也难以接受对冲突解决的结果。因为，不管实体结果如何正确，如果当事人无法身历其境地体验纠纷的解决过程，他就难以认同解决结果。反之，如果被害人充分地参与到诉讼过程中，即使诉讼结果于其不利，他也更易于接受这种结果。

第四，被害人对刑事程序具有实体形成的价值需求。在刑事犯罪中，被害人往往就是被犯罪行为直接侵害的对象，被害人与案件事实和诉讼结果有着直接的利害关系。在刑事程序的运行过程中，由于犯罪嫌疑人或被告人的实体责任处于待判状态，被害人的实体要求也处于待判状态。被害人不仅具有获得经济赔偿的欲望，而且更有着使对其实施侵害的犯罪人受到法律谴责和刑罚制裁的要求。正因为被害人具有上述两个方面的诉讼目的，他才期望能够在刑事程序的实体形成方面具有强烈的价值需求。

需要指出的是，刑事被害人在实体形成方面的价值需求有可能与公诉机关不一致，有时候甚至形成矛盾和冲突。这主要是因为，公诉机关所代表的是国家和社会的整体利益，而被害人所代表的只是其个人利益。为了解决二者之间可能出现的矛盾和冲突，各国均根据不同的司法传统或现实国情制定了相应的诉讼制度,其中最重要的就是赋予刑事被害人独立的上诉权。

第五,被害人对刑事程序具有迅速推进的价值需求。众所周知,被害人如能在案发后立即报案,向司法机关提供有关证明材料,常常有利于及时侦破案件、迅速查明犯罪事实;相反,如果被害人不报案或者拖延报案,则往往会贻误司法机关的破案时机,可能使犯罪分子逃脱法网。

不仅如此,相对于犯罪嫌疑人和被告人而言,被害人的参与更加有利于刑事诉讼的顺利进行。被害人参与诉讼是揭露犯罪、及时查明犯罪事实从而有效惩处犯罪分子的重要条件。被害人在犯罪过程中处于被侵害的当事者地位,大多亲历了犯罪的整个过程,对犯罪有着强烈的印象,从而形成他们独特的感知和体验。被害人这种被侵害的亲身经历,驱使他们强烈地需要通过迅速制裁犯罪行为人而得到相应的慰藉和补偿,而这种强烈的价值需求使被害人在案发后能积极地到司法机关报案、作证、提供证据材料,从而使司法机关对案件事实的把握更客观、准确,从而使案件能够得到更为迅速的处理。

此外,赋予被害人价值主体地位也是国际刑事司法发展的必然要求。20世纪中期以后,人们逐渐认识到:在惩罚和预防犯罪的过程中不能只强调犯罪人的人权,还要充分肯定和保护被害人的人权。在这种观念影响下,各国不断完善被害人的权利保障,加强其诉讼地位,专门的被害人保护法律也纷纷出台。[1] 在这种法治趋势下,人们对犯罪现象的认识逐步深化,对被害人在刑事诉讼中的地位和作用的认识也不断深化,加之人权保障运动的蓬勃发展,刑事被害人的地位不断得到改善,经历了由低到高的发展过程。如今,被害人在刑事诉讼中的独立性和重要性已经成为世界各国刑事程序

---

[1] 20世纪六七十年代,美国和德国相继制定了《联邦犯罪被害人法》、《暴力刑事被害人赔偿法》。参见[德]汉斯·施奈德:《国际范围内的被害人》,许章润等译,中国人民公安大学出版社1992年版,第4页。

立法的一个共识：被害人是刑事诉讼的启动要素之一，与被告人一样都是刑事诉讼应予以尊重和保护的中心人物，其权利也是完全独立和不可替代的，维护国家利益与维护被害人利益应当兼顾。"[1]

二、被害人价值主体地位客体化的主要表现

如前所述，无论是在我国的刑事立法还是司法实践中，被害人都没有完全摆脱价值客体的地位。这表现为以下三个方面：

第一，被害人的起诉权没有得到充分的保障。应当承认，1996年我国修订后的刑事诉讼法在确认被害人诉讼当事人地位的同时，对被害人作为当事人应该享有的各项权利也作了相应的规定：在立案阶段，刑事诉讼法第 87 条规定，被害人对公安司法机关的不立案决定不服的，可以行使立案监督权。根据该条规定，人民检察院认为公安机关对应当立案侦查的案件而不立案侦查的，或者被害人认为公安机关对应当立案侦查的案件而不立案侦查，向人民检察院提出的，人民检察院应当要求公安机关说明不立案的理由。人民检察院认为公安机关不立案的理由不能成立的，应当通知公安机关立案，公安机关接到通知后应当立案。在起诉阶段，刑事诉讼法第 145 条和第 170 条规定，被害人在公诉机关不予追究犯罪嫌疑人刑事责任的情况下，享有提起自诉的权利。根据该条规定，对于有证据证明的侵犯自己人身、财产权利的犯罪行为，在公安机关、检察机关不予追究被告人刑事责任的情况下，被害人有权直接向法院提起自诉，从而使本应属于公诉案件的诉讼转为自诉。在审判阶段，刑事诉讼法第 165 条规定，被害人有权委托诉讼代理人，有权指控犯罪事实，向被告人发问，通知新的证人作证，申请调取新的证据，申请重新鉴定或者勘验。在再审阶段，刑事诉讼法第 203 条规定，被害人对生效判决和裁定有提出申诉的权利。

与此同时也应当注意到，尽管我国刑事诉讼法对被害人诉权的

---

[1] 陈卫东、刘计划、周军："21 世纪中国刑事诉讼法学前瞻"，载《中国人民大学学报》2001 年第 1 期。

规定较之以前有了显著的进步，但仅有这些规定仍然是不够的，与被害人作为当事人的地位也是不相称的。其中最主要的表现是被害人起诉权没有得到充分保障：一方面，刑事案件的控诉权牢牢掌握在公诉机关手中，如果司法机关坚持不立案，被害人对此没有任何参与并发表意见的机会，也没有任何可以提出救济的途径；另一方面，被害人在行使自诉权的时候受相当严格的限制，其自诉只是对公诉机关公诉的一种补充，被害人对刑事诉讼程序的发动以及刑事审判结果等的影响仍然是相当有限的。可见，在这一点上，被害人并未从一名普通的旁观者或目击者提升为能够全面参与诉讼的价值主体。

第二，被害人在公诉案件中没有独立的上诉权。关于公诉案件上诉程序的提起，我国现行刑事诉讼法详细作了规定。其中，刑事诉讼法第180条对被告人、自诉人及其法定代理人的上诉权作了规定：被告人、自诉人及其法定代理人不服地方各级人民法院的第一审裁判，有权用书状或者口头向上一级人民法院提起上诉。刑事诉讼法第181条对检察院的抗诉权作了规定：地方各级人民检察院认为本级人民法院第一审裁判确有错误的时候，应当向上一级人民法院提起抗诉。至于被害人及其法定代理人不服地方各级人民法院第一审裁判的，刑事诉讼法第182条规定：被害人及其法定代理人只能请求人民检察院提起抗诉，没有独立提起上诉的权利。

不难看出，在公诉案件中，被害人至多相当于证人的地位，而证人在刑事诉讼中主要是一个义务主体而不是权利主体，他与程序之间没有直接的价值关系，如果被害人只是一个普通证人，那他只是追诉方和被追诉方询问的对象、是审查的客体，很难体验到作为一个享有尊严的人的那种感觉。正因为我国刑事诉讼把被害人当做普通证人而不是真正把他当做刑事程序的价值主体，因而没有赋予被害人独立的上诉权，这与被害人的刑事诉讼当事人地位实际上名与实并不相符合，同时也进一步造成了被害人对公诉机关的依附性，在一定程度上导致了被害人主体地位的客体化。

第三，被害人的程序参与权得不到保障。在被害人的程序参与权方面，我国刑事诉讼法既没有明确规定被害人有出庭的权利，也没有规定法院有通知被害人出庭的义务。在刑事审判实践中，被害人出庭难是司法中的普遍现象，公诉案件除附带民事案件外，被害人一般很少出庭。即使被害人出庭了，法院或者根本不在法庭上设置被害人及其代理人的位置，或者设置了席位，但当被害人或其代理律师请求审判长向被告人、证人、鉴定人发问时，也不获准。有时候，由于在具体刑事案件中被害人人数众多且分布在不同地区，法院常常以维护庭审秩序和审理效率之名，不告诉被害人开庭审判的时间，从而把这些众多的被害人排除在法庭之外。①

可以说，程序参与权是被害人价值主体地位的一个标志，正是由于现实中严重地忽视了被害人的程序参与权，那些权益受到犯罪侵害的被害人往往因其刑事冲突的解决中受到了不公正的对待而四处上访和申诉，不但损害了司法的权威，而且干扰正常的工作生活秩序，给社会带来潜在的不稳定因素。

第四，我国对被害人义务的规定带有强烈的纠问色彩。一般来说，权利和义务总是对等的，刑事诉讼法在赋予被害人诉讼权利的同时也使其承担一定的义务，这原本是非常自然的事情。但是，我国刑事诉讼法在规定被害人负有接受法庭询问和遵守法庭秩序等诸多义务之外，还规定刑事被害人有义务向公安司法机关如实陈述案件事实，有义务接受公安司法机关对其人身进行检查，有义务接受侦查人员、检察人员和审判人员的传唤，到场或出庭提供有关案件事实的陈述，并接受各方的询问和质证。②

不难看出，上述法律规定带有强烈的纠问性质，这些纠问性的义务规定不但完全无视刑事被害人作为刑事程序之价值主体的地位，甚至无视刑事被害人区别于被告人的特殊性。本来，课予犯罪

---

① 江民才、欧阳顺乐："刑事审判保护被害人诉讼权利的几个问题"，载《法学》1997年第3期，第42—43页。

② 参见陈光中主编：《刑事诉讼法》，北京大学出版社、高等教育出版社2002年版，第69页。

嫌疑人、被告人如实陈述的义务就已经深受学界诟病，课予被害人如实陈述的义务则把被害人置于被告人的同等地位；同时，公安司法人员在对被害人调查取证的时候要求其到场或出庭提供证词也有不合情理的地方。本来，被害人就已经在身心上遭受了犯罪行为带来的痛苦，有的被害人甚至还怕担心犯罪分子进一步的报复，在其不便到场或出庭作证的时候，公安司法机关的工作人员难道不可以去往被害人的住处提取证词吗？！

第五，公安司法机关对被害人地位存在一定的偏见。在刑事司法实践中，实务部门普遍对被害人存有一种偏见，认为被害人过多参与诉讼将干扰刑事诉讼的进程，使刑事案件久拖不决。在这种情况下，检察机关宁愿把被害人作为一种可有可无的旁观者，而公安机关则把被害人作为可以提供更多案情细节的证人。可以说，正是这种观点的盛行导致被害人的诉讼地位在司法实践中得不到实质提升，始终难以摆脱诉讼客体的地位。

不难想象，如果被害人仅仅是一个诉讼旁观者或者用以达到他人目的的普通证人，他怎么能成为刑事程序的价值主体？此时，即使被害人具有强烈的社会责任感或者正义感，也难以发挥其主观能动性，因而也必然会在某种程序上失去配合司法机关的热情。尽管司法机关对犯罪的追诉有利于实现被害人的复仇愿望，但是，当他知晓司法机关对犯罪的追诉主要服务于社会利益时，他当然会感到失望，而一旦被害人对司法失去信任，被害人要么断然放弃任何救济，要么转而求助其他非理性的救济途径。

三、确立被害人价值主体地位的主要措施

在传统的国家公诉观念中，公诉是对私力救济的彻底否定，追诉犯罪是国家的对内职能，国家通过组建专门的司法机关行使公诉权，刑事诉讼旨在维护国家和社会的公共利益而无须考虑被害人的个人权益。因此，在这种观念的支配下，检察机关代表国家和社会公共利益成为案件的实际当事人，而被害人作为犯罪侵害的社会关系的载体，角色却变得模糊虚无，甚至"完全失去了诉讼品格而

被国家和社会所取代"。① 在这种情况下，为了确立刑事被害人的价值主体地位，不但要从根本上改变传统的诉讼观念，而且要从制度上防止被害人的权利和地位被边缘化。

首先，加强被害人的程序参与权。在传统的诉讼观念中，由于被害人的背后已经有检察机关的强力支持，加强被害人的程序参与权似乎就意味着进一步扩大控辩之间本来就已经不平衡的关系，因而会危及被告人的权利保障。事实上，在各国刑事程序对被害人保障的规定中，有的与被告人人权保障并不冲突，如被害人补偿制度、被害人人身保护制度等。有的即使有冲突，但从司法公正和社会正义的角度也不应以牺牲被害人权益作为代价。

众所周知，在刑事程序中，存在三种相互并存的利益：被害人利益、被告人利益、国家和社会利益，其中任何一种利益都没有绝对的优越性，既不能牺牲双方当事人的利益以换取国家和社会的利益，也不能牺牲被害人利益而换取被告人利益或者牺牲被告人利益而换取被害人利益。在强调被告人权益保障的同时也不能忽视对被害人权益的保护。在笔者看来，提升被害人的诉讼地位、加强被害人对刑事程序的参与程度，从而真正确立被害人的价值主体地位，可以实现被害人与被告人的平衡保护，避免刑事程序的人权保障从一个极端走向另一个极端，从而维护社会的秩序和安宁。对此，日本学者谷口安平就认为："与程序的结果有利害关系或者可能因该结果而蒙受不利影响的人，都有权参加该程序并得到提出有利于自己的主张和证据以及反驳对方提出之主张和证据的机会。这才是正当程序原则最基本的内容或者要求，也是满足程序正义的最重要条件。"②

其次，赋予被害人上诉权。关于是否在公诉案件中赋予被害人上诉权，一直存在两种截然相反的意见：一种意见认为，赋予被害

---

① 杜永浩："被害人的权益总在无意间被忽视"，载《法律科学》1998 年第 5 期。
② [日] 谷口安平：《程序的正义与诉讼》，王亚新、刘荣军译，中国政法大学出版社 1996 年版，第 12 页。

人上诉权利大于弊。这种观点认为，人民检察院作为国家的公诉机关和法律监督机关，其在提起公诉并行使法律监督权的时候，已经内在地包含了被害人的权益诉求，如果再赋予公诉案件被害人上诉权，必然带来三大弊端，一是被害人的上诉将导致被告人重复受审，上诉不加刑原则将名存实亡；二是被害人的上诉将导致上诉案件的数量成倍增加，造成案件积压；三是被害人的上诉将导致被害人与人民检察院之间形成利害冲突。另一种意见认为，赋予被害人上诉权弊大于利。这种观点认为，人民检察院在提起公诉和行使法律监督权的时候，只是代表国家和社会的公共利益，并不能完全代表和维护被害人的权益，对于被害人请求抗诉的案件，人民检察院并不一定都会提出抗诉，在被害人权益得不到充分保护的情况下，赋予公诉案件被害人以上诉权是当代刑事诉讼发展的潮流和趋势。

在笔者看来，尽管赋予被害人上诉权可能会带来一些棘手的问题，但上诉权毕竟是被害人的一项固有的诉讼权利，无论立法者还是司法者都应该承认这一点。如果被害人没有上诉权，被害人的诉讼权利就是不完整的，这既不利于实现司法公正，更容易加剧被害人主体地位的客体化。相反，如果赋予被害人上诉权，则不但可以减少刑事终审裁判后的申诉现象，还可以在制度上全面确立被害人在刑事程序中的价值主体地位，全面实现司法公正。权衡利弊，为了既充分保障被害人作为诉讼当事人的价值主体地位，实现司法公正，又避免因为赋予被害人上诉权可能带来的各种弊端，笔者主张对上述两种观点加以折中，有条件地赋予被害人上诉权。也就是说，如果被害人在公诉案件中对地方各级人民法院尚未生效的一审裁判不服，有权请求人民检察院提出抗诉；如果人民检察院经审查认为抗诉不符合法定条件并决定不提出抗诉的，被害人有权以个人名义向人民法院提出上诉。

再次，通过立法进一步完善被害人已有的诉讼权利。1996年我国刑事诉讼法修改以后，在被害人权益保护问题上有了较大的进步。其中一个显著的成果就是把被害人的地位从一个单纯的证人提升为诉讼当事人，并能够对司法机关的不立案决定进行监督。但是，这些规定尚停留于宏观的原则层面，并无具体的可操作性。为了进一步完善已有的立法成果，应该通过立法制定更加详细的规则，以增强这些原则性规定的可操作性。综合起来，主要有以下几个方面：其一，进一步完善被害人人身保护措施；其二，进一步扩大被害人行使不立案监督权的适用对象和范围；其三，进一步保障被害人对不立案决定、不起诉决定的申请复议权以及理由知悉权；其四，进一步确认被害人在整个庭审进程中享有与被告人对等的诉讼权利；其五，进一步加大对被害人法定赔偿损失的力度，使被害人有权申请对被告人财产进行预防扣押。

最后，建立被害人国家补偿制度。建立被害人国家补偿制度既是刑事诉讼发展规律的客观要求，也是西方国家的有益经验。我国现行刑事诉讼法第77条规定，被告人对因其犯罪行为给被害人造成的直接物质损失，有义务承担赔偿责任；如果被告人没有完全民事责任能力，由其监护人代为赔偿；如果被告人已经死亡或失踪，在其遗产或财产的限度内给付赔偿。但在司法实践中，由于部分被告人缺乏赔偿能力，而使刑事附带民事判决书成为一纸空文，被害人最终可能完全没有获得实际补偿。在这种情况下，由于犯罪行为给被害人造成的损害并不能得到缓解，有可能给社会造成新的不安定因素。因此，在被告人没有赔偿能力的情况下，应该建立被害人国家补偿制度，由国家对因犯罪侵害致使生活陷入困境的被害人予以适当补偿，这不仅可以减少刑事判决生效后被害人的缠诉和上访，也有利于维护社会稳定和谐。

四、确立被害人价值主体地位具有积极的现实意义

如前所述，在现代刑事诉讼模式中，被害人是相对于被告人的基本当事人。随着"二战"以来世界范围内人权保障运动的广泛开展，各国都越来越注意加强被害人在刑事诉讼中的权利保障，被害人的诉讼地位得到加强，被害人价值主体化成为各国刑事诉讼改革的重要内容，被害人在刑事诉讼中的地位已经成为法学家研究的重点课题。① 不仅如此，在笔者看来，赋予刑事被害人价值主体地位也是刑事程序价值重建的重要内容，其现实意义主要表现为以下几个方面：

第一，赋予被害人在刑事诉讼中的价值主体地位有利于监督国家公诉权的行使，实现刑事诉讼中的司法公正。在古代的公诉制度中，由于被害人完全处于被拷问的诉讼客体的地位，不可能对国家司法机关形成监督。在现代公诉制度中，国家公诉机关完全垄断对犯罪嫌疑人的追诉权，也容易造成追诉权的滥用。如果缺乏足够的外部制约，其后果必然是导致公诉权的恣意妄为，要么放纵犯罪嫌疑人，要么无视甚至损害被害人的合法权益，从而危害司法公正。在这种情况下，如果赋予被害人在刑事诉讼中的价值主体地位，就可以对公诉权形成监督，实现以被害人的诉讼权利制约国家公诉权力的目的，在一定程度上实现司法公正。

退一步来说，赋予被害人价值主体地位本身就是司法公正的必然要求和实质内容。正因为如此，西方两大法系国家都很关注被害人在刑事诉讼中的地位，并为此成立了相应组织机构。其中，1982年的美国总统犯罪被害人特别工作小组、1983年的加拿大联邦省特别工作小组、1987年的新西兰特别工作小组都确认了使被害人积极参与刑事司法程序的必要性；1987年的联合国米兰行动计划也确认了被害人行使刑事司法监督权的必要性。②

第二，赋予被害人在刑事诉讼中的价值主体地位有利于提高诉讼效率，避免诉讼资源的浪费。一般来说，相对于犯罪嫌疑人、被告人而言，赋予被害人在刑事诉讼中的价值主体地位更加有利于提高诉讼效率，避免诉讼资源的浪费。其表现主要在于以下两个方面：

一方面，被害人是受到犯罪行为直接侵害的人，对犯罪行为的社会危害性有着其他人所不及的深刻感受，因而充满了对罪犯的愤

---

① 参见王若阳："刑事被害人制度比较研究"，载《外国法译评》1999年第2期。
② 参见郭建安：《犯罪被害人学》，北京大学出版社1997年版，第216页。

怒和仇恨。出于及时惩罚犯罪，及时获得心理慰藉和物质补偿的愿望，在推动刑事程序尽快运行方面被害人较之被告人具有更强烈的内在冲动。相应地，在诉讼久拖不决的时候，如果对被告人是一种不公，对被害人就是更大的不公，因而被害人往往更能积极参与诉讼，促进程序的及时终结。正如顾培东先生所言："从微观上看，诉讼过程中各主体所作出的财力、物力和人力的耗费同主体从诉讼结果中所获得的收益之间的比值关系，制约甚至决定着主体的行为选择。"①

另一方面，被害人往往是案件事实的亲历者和犯罪行为的目击者，对犯罪行为和犯罪行为人有着其他人所不及的直观认识，其遭受的损害和陈述的证词是诉讼证明的重要依据，可以起到对照被告人供词和补充侦查证据的作用。不难理解，如果司法机关能够充分而适当地利用被害人的证明能力，完全可以减少投入到刑事诉讼中的司法资源。

第三，赋予被害人在刑事诉讼中的价值主体地位有利于切实保障被害人的合法权益，充分发挥被害人在刑事诉讼中的自觉能动性。

被害人是直接受到犯罪侵害的人，既有追究犯罪的强烈愿望，同时也有获得物质和精神赔偿的要求。作为相对独立的诉讼主体，由于与诉讼的最终结果有着直接利害关系，被害人都有积极参与诉讼并发挥自觉能动性的愿望。然而，现代社会在追诉犯罪的时候大多奉行国家垄断主义，尽管在理论上检察机关可以作为国家和社会公共利益的代表人，在一定程度上也可以代表被害人，但在现实中却很难全面地顾及被害人的各种具体权益。毕竟，从立法原意上讲，检察机关提起公诉的出发点是国家和社会公共利益，并不直接代表被害人；而在司法实践中，检察机关必然较多地从国家和社会公共利益的角度考虑问题，加上具体办案

---

① 顾培东：《法学与经济学的探索》，中国人民公安大学出版社1994年版，第291页。

人员对被害人地位存在认识上的偏差,完全可能忽视乃至损害被害人的诉讼权益。

因此,针对这种情况,赋予被害人价值主体地位就可以弥补现代公诉制度的不足,使被害人从对检察机关的依附关系中独立出来,成为自主的诉讼参与人,既能充分保障被害人的合法权益,又能充分发挥被害人参与诉讼的自觉能动性。

第四,赋予被害人在刑事诉讼中的价值主体地位有利于恢复被破坏的社会关系,维护社会秩序。出于对侵害者的仇恨,被害人往往怀有强烈的报复欲望,这种非理性的报复欲无疑是社会秩序的潜在危害因素,一旦化为报复的行动,势必破坏社会秩序的稳定,甚至可能引发新的犯罪。此时,诉讼的过程不但是一种法治宣扬的过程,而且也是一种富有理性的法制教育过程,一个旁观者总比一个参与者更易于接受现代的刑罚观念。如果不提高被害人的诉讼地位,被害人仅仅作为一个诉讼旁观者或者普通的证人,是难以获得充分的受教育机会的。对大多数的被害人而言,要想他放弃根源于人的自然属性的强烈复仇欲,最有效的办法就是确保其富有尊严地参与诉讼的全过程,使其成为真正的价值主体。

总之,确立刑事被害人作为刑事程序的价值主体,不但是一个国家实现程序法治的需要,也是国际人权运动和国际刑事司法改革的兴起的必然要求。在以价值主体为标准对刑事程序进行价值重建的时候,不但要提升犯罪嫌疑人或被告人的诉讼地位,也要提高刑事被害人的诉讼地位,使他们成为平等的价值主体。

参 考 文 献

著作类：

1. 卞建林、刘玫：《外国刑事诉讼法》，人民法院出版社 2002 年版。
2. 蔡敦铭：《刑事诉讼法论》，台湾五南图书出版公司 1993 年版。
3. 陈光中主编：《刑事诉讼法实施问题研究》，中国法制出版社 2000 年版。
4. 陈光中主编：《刑事诉讼法》，北京大学出版社、高等教育出版社 2002 年版。
5. 陈光中、徐静村主编：《刑事诉讼法》，中国政法大学出版社 2000 年版。
6. 陈桂明：《程序理念与程序规则》，中国法制出版社 1999 年版。
7. 陈朴生：《刑事诉讼法实务》（增订版），台湾海天印刷厂有限公司 1981 年版。
8. 陈瑞华：《刑事审判原理论》，北京大学出版社 1997 年版。
9. 陈瑞华：《刑事诉讼的前沿问题》，中国人民大学出版社 2000 年版。
10. 陈卫东：《刑事审判监督程序研究》，法律出版社 2001 年版。
11. 陈兴良：《刑法的价值构造》，中国人民大学出版社 1998

年版。

12. 陈兴良主编：《刑事司法研究》，中国方正出版社1996年版。

13. 陈清秀：《行政诉讼之理论与实务》，台北三民书局1981年版。

14. 樊崇义：《刑事诉讼法专论》，中国方正出版社1998年版。

15. 樊崇义主编：《刑诉法学研究综述与评论》，中国政法大学出版社1991年版。

16. 冯景源主编：《现代西方价值观透视》，中国人民大学出版社1993年版。

17. 樊崇义：《诉讼原理》，法律出版社2003年版。

18. 付子堂：《法律功能论》，中国政法大学出版社1999年版。

19. 方金刚：《案件事实认定论》，中国人民公安大学出版社2005年版。

20. 季卫东：《法治秩序的构建》，中国政法大学出版社1999年版。

21. 郭建安：《犯罪被害人学》，北京大学出版社1997年版。

22. 顾培东：《法学与经济学的探索》，中国人民公安大学出版社1994年版。

23. 顾培东：《社会冲突与诉讼机制》，四川人民出版社1991年版。

24. 龚祥瑞：《西方国家的司法制度》，北京大学出版社1993年版。

25. 何兵：《现代社会的纠纷解决》，法律出版社2003年版。

26. 何秉松主编：《刑法教科书》，中国法制出版社1997年版。

27. 何勤华主编：《外国法制史》，法律出版社2003年版。

28. 贺卫方：《司法的理念与制度》，中国政法大学出版社1997年版。

29. 黄东熊：《刑事诉讼法论》，台湾三民书局1987年版。

30. 梁治平：《法律的文化解释》，北京三联书店1994年版。

31. 林山田：《刑事诉讼法》，台湾汉荣书局有限公司 1981 年版。

32. 李德顺：《价值论原理》，陕西人民出版社 2002 年版。

33. 李德顺：《新价值论》，云南人民出版社 2004 年版。

34. 李德顺主编：《价值学大词典》，中国人民大学出版社 1995 年版。

35. 李心鉴：《刑事诉讼构造论》，中国政法大学出版社 1997 年版。

36. 刘家琛：《诉讼及其价值论》，北京师范大学出版社 1990 年版。

37. 刘善春：《行政诉讼价值论》，法律出版社 1998 年版。

38. 吕世伦主编：《当代西方理论法学研究》，中国人民大学出版社 1997 年版。

39. 卢云主编：《法学基础理论》，中国政法大学出版社 1994 年版。

40. 马德普：《社会主义基本价值论》，中央编译出版社 1997 年版。

41. 曲新久：《刑法的精神与范畴》，中国政法大学出版社 2003 年版。

42. 邵诚、刘作翔主编：《法与公平论》，西北大学出版社 1995 年版。

43. 沈宗灵：《现代西方法理学》，北京大学出版社 1992 年版。

44. 宋英辉：《刑事诉讼目的论》，中国人民公安大学出版社 1995 年版。

45. 宋英辉、吴宏耀：《刑事审判前程序研究》，中国人民公安大学出版社 2002 年版。

46. 孙国华主编：《法理学教程》，中国人民大学出版社 1994 年版。

47. 孙国华主编：《法理学》，法律出版社 1995 年版。

48. 谭世贵：《中国司法改革研究》，法律出版社 2000 年版。

49. 王玉樑：《价值哲学》，陕西人民出版社 1989 年版。

50. 王哲：《西方政治法律学说史》，北京大学出版社 1988 年版。

51. 吴宏耀、魏晓娜：《诉讼证明原理》，法律出版社 2002 年版。

52. 吴磊主编：《中国司法制度》，中国人民大学出版社 1998 年版。

53. 谢晖：《法律信仰的理念与基础》，山东人民出版社 1997 年版。

54. 熊秋红：《刑事辩护论》，法律出版社 1998 年版。

55. 肖建国：《民事诉讼程序价值论》，中国人民大学出版社 2000 年版。

56. 徐益初：《刑事诉讼法学研究概述》，法律出版社 1995 年版。

57. 徐静村主编：《刑事诉讼法学》（上册），法律出版社 1997 年版 。

58. 杨适：《哲学的童年》，社会科学出版社 1987 年版。

59. 杨一平：《司法正义论》，法律出版社 1999 年版。

60. 严存生：《法律的价值》，陕西人民出版社 1991 年版。

61. 袁贵仁：《价值学引论》，北京师范大学出版社 1991 年版。

62. 瞿同祖：《中国法律与中国社会》，商务印书馆 1981 年版。

63. 张晋藩主编：《中国法制史》，中国政法大学出版社 1999 年版。

64. 张宏生、谷春德主编：《西方法律思想史》，北京大学出版社 1990 年版。

65. 张建伟：《刑事司法体制原理》，中国人民公安大学出版社 2002 年版。

66. 张明楷：《刑法学》，法律出版社 2003 年版。

67. 张乃根：《西方法哲学史纲》，中国政法大学出版社 1993 年版。

68. 张文显：《当代西方法哲学》，吉林大学出版社 1987 年版。

69. 张文显：《二十世纪西方哲学思潮研究》，法律出版社 1996 年版。

70. 张仲麟主编：《刑事诉讼法新论》，中国人民大学出版社 1993 年版。

71. 甄贞主编：《刑事诉讼法学研究综述》，法律出版社 2001 年版。

72. 郑禄、姜小川：《刑事程序法学》，中国检察出版社 1998 年版。

73. 左卫民、周长军：《变迁与改革》，法律出版社 2000 年版。

74. 左卫民：《价值与结构——刑事程序的双重分析》，四川大学出版社 1994 年版。

75. 卓泽渊：《法的价值论》，法律出版社 1999 年版。

76. 左卫民：《中国司法制度导论》，法律出版社 1994 年版。

77. 卞建林译：《美国联邦刑诉规则和证据规则》，中国政法大学出版社 1996 年版。

78. 黄风译：《意大利刑事诉讼法典》，中国政法大学出版社 1994 年版。

79. 李昌珂译：《德国刑事诉讼法典》，中国政法大学出版社 1995 年版。

80. ［古希腊］亚里士多德：《政治学》，吴寿彭译，商务印书馆 1981 年版。

81. ［美］埃尔曼：《比较法律文化》，贺卫方、高鸿钧译，清华大学出版社 2002 年版。

82. ［意］贝卡利亚：《论犯罪与刑罚》，黄风译，中国大百科全书出版社 1993 年版。

83. ［美］贝勒斯：《法律的原则——一个规范的分析》，张文显等译，中国大百科全书出版社 1996 年版。

84. ［美］波斯纳：《法理学问题》，苏力译，中国政法大学出版社 2002 年版。

85. ［美］波斯纳：《法律的经济分析》，蒋兆康译，中国大百科全书出版社1997年版。

86. ［英］边沁：《立法原理——刑法典原理》，孙力等译，中国人民公安大学出版社1993年版。

87. ［英］彼得·斯坦、约翰·香德：《西方社会的法律价值》，王献平译，中国人民公安大学出版社1990年版。

88. ［美］E. 博登海默：《法理学——法哲学及其方法》，邓正来、姬敬武译，华夏出版社1987年版。

89. ［美］伯纳德·施瓦茨：《美国法律史》，王军等译，中国政法大学出版社1989年版。

90. ［日］川岛武宜：《现代化与法》，王志安译，中国政法大学出版社1994年版。

91. ［美］德肖威茨：《最好的辩护》，叶小风译，法律出版社1997年版。

92. ［德］德尔莫斯·马迪：《刑事程序与人权保障》，李莫文译，中国人民公安大学出版社1998年版。

93. ［日］谷口安平：《程序的正义与诉讼》，王亚新、刘荣军译，中国政法大学出版社1996年版。

94. ［英］哈特：《法律的概念》，张文显等译，中国大百科全书出版社1996年版。

95. ［英］霍布斯：《利维坦》，黎思复、黎廷弼译，商务印书馆1961年版。

96. ［德］黑格尔：《法哲学原理》，范扬、张企泰译，商务印书馆1961年版。

97. ［德］康德：《法的形而上学原理》，沈叔平译，商务印书馆1991年版。

98. ［美］卡多佐：《司法过程的性质》、苏力译，商务印书馆1999年版。

99. ［法］卢梭：《社会契约论》，何兆武译，商务印书馆1980年版。

100. [美] 罗尔斯:《正义论》,何怀宏等译,中国社会科学出版社 1988 年版。

101. [意] 马基雅维利:《君主论》,潘汉典译,商务印书馆 2004 年版。

102. [法] 米尔恩:《人的权利与人的多样性——人权哲学》,夏勇、张志铭译,中国大百科全书出版社 1995 年版。

103. [法] 孟德斯鸠:《论法的精神》(上),张雁深译,商务印书馆 1961 年版。

104. [日] 牧野英一:《法律上之进化与进步》,朱广文译,中国政法大学出版社 2003 年版。

105. [美] 庞德:《通过法律的社会控制:法律的任务》,沈宗灵译,商务印书馆 1984 年版。

106. [法] 皮埃尔·勒鲁:《论平等》,王允道译,商务印书馆 1988 年版。

107. [德] 施奈德:《国际范围内的被害人》,许章润等译,中国人民公安大学出版社 1992 年版。

108. [日] 西田几多郎:《善的研究》,何倩译,商务印书馆 1989 年版。

109. [英] 休谟:《人性论》,关文运译,商务印书馆 1991 年版。

论文类:

1. 敖德明:"论刑事诉讼的基本价值目标——公正、人权和效率",载《当代法学》1998 年第 3 期。
2. 卞建林、李箐箐:"依法治国与刑事诉讼",载《诉讼法论丛》1998 年第 2 卷。
3. 陈光中、王万华:"论诉讼法与实体法的关系——兼论诉讼法的价值",载《诉讼法论丛》1998 年第 1 卷。
4. 陈瑞华:"司法权论",载《中外法学》1998 年第 7 期。
5. 曹鸿澜:"刑事诉讼行为之基础理论(1)——刑事诉讼行

为之效力",载台湾《法学评论》1974年第6期。

6. 陈卫东、刘计划、周军:"21世纪中国刑事诉讼法学前瞻",载《中国人民大学学报》2001年第1期。

7. 陈卫东:"谈谈刑事诉讼职能",载《法学杂志》1990年第3期。

8. 丁毅:"程序公正论要",载《人民检察》1999年第6期。

9. 杜永浩:"被害人的权益总在无意间被忽视",载《法律科学》1998年第5期。

10. 樊崇义:"刑事诉讼与人权保障",载《诉讼法论丛》1998年第2卷。

11. 樊崇义:"依法治国与刑事诉讼",载《诉讼法论丛》1998年第2卷。

12. 胡亚球:"程序安全:程序价值的新视角",载《江苏社会科学》1998年第9期。

13. 季卫东:"程序比较论",载《比较法研究》1993年第1期。

14. 江民才、欧阳顺乐:"刑事审判保护被害人诉讼权利的几个问题",载《法学》1997年第3期。

15. 李文健:"转型时期的刑诉法学及其价值论",载《法学研究》1997年第4期。

16. 龙宗智:"刑事诉讼的两重结构辨析",载《现代法学》1991年第3期。

17. 马贵翔:"刑事诉讼的'两重结构'质疑",载《现代法学》1991年第6期。

18. 宋英辉:"论刑事诉讼中的权衡原则",载《法学研究》1993年第5期。

19. 宋英辉、吴卫军:"诉讼法学研究:观念的更新与变革",载《人民法院报》2001年9月28日。

20. 宋世杰、彭海青:"论刑事诉讼中控审分离原则的理论与实践",载《湘潭大学社会科学学报》2002年第3期。

21. 师静:"'四级两审终审制'的弊端及其改革方向",载

《法制日报》2005 年 7 月 9 日。

22. 沈丙友："刑事诉讼中公正与效率的关系之检讨"，载《中国刑事法杂志》1998 年第 1 期。

23. 谭世贵、黄永锋："诉讼效率研究"，载《新东方》2002 年第 2 期。

24. 王若阳："刑事被害人制度比较研究"，载《外国法译评》1999 年第 2 期。

25. 汪建成："论刑事诉讼中的利益观"，载《中国法学》2000 年第 2 期。

26. 汪建成："对刑法与刑事诉讼法关系的再认识"，载《法学》2000 年第 7 期。

27. 王洪祥、欧阳春："刑事诉讼的价值与冲突"，载《法律科学》1997 年第 1 期。

28. 万毅："论刑事诉讼参与原则"，载《政法论坛》2000 年第 5 期。

29. 熊秋红："刑事简易速决程序探究"，载《诉讼法论丛》1998 年第 2 卷。

30. 熊秋红："刑事辩护制度之诉讼价值分析"，载《国家法官学院学报》2001 年第 3 期。

31. 徐静村："司法公正与程序保障"，载《现代法学》1998 年第 12 期。

32. 谢鹏程："法律价值概念的解释"，载《天津社会科学》1996 年第 10 期。

33. 姚青林："刑事诉讼价值论"，载《天津政法》1998 年第 1 期。

34. 张理海："关于我国转型期价值观研究状况的报告"，载《哲学原理》2002 年第 3 期。

35. 张正德："刑事诉讼法价值评析"，载《中国法学》1997 年第 4 期。

36. 张友华、刘少君："刑事诉讼三个价值目标的实现"，载

《律师世界》1997 年第 2 期。

37. 张令杰:"程序法的几个基本问题",载《法学研究》1994 年第 5 期。

38. 曾尔恕:"评美国宪法中的正当法律程序条款",载《政法论坛》1990 年第 1 期。

外文类:

1. Charles Hemphill: Criminal Procedure: the Administration of Justice, (US) Goodyear Publishing Co. 1990.

2. Herbert Packer: The Limits of the original sanction, Standford University Press 1968.

3. Christine Van Wyngaert: Criminal Procedure Systems, (EC) Butterworth Co. Limited 1993.

4. D. Raphael: Justice and Liberty, (UK) Athlone Press 1980.

5. Tom Tyler: What is Procedural Justice, (US) Law and Society Review 1988, Vol. 6.

6. Lan Fuller: Principles for Social Order, (US) Duncan University Publishing House 1981.

7. Martin Golding: Philosophical Cast on Procedure, (US) Columbia University Academic Journal 1992, Vol. 10.

8. Melvin Eisenberg: Participation, Responsiveness, and the Consultative, (US) Harvard Law Review1978, Vol. 92.

9. David Bayles: Course of Procedural Justice, (US) Maryland University Social Academic Journal1990, Vol. 5.

10. Mauro Bryaut Garth: Criminal Procedure (introduction), International Encyclopedia of Comparative Law 1995.

11. Johnson Hall: Fact Investigation from hypothesis to proof, West Publishing Co. 1989

后 记

本书是我在博士学位论文的基础上修改而成的。

从 2006 年 6 月博士论文通过答辩至今,我一直没停止过对刑事程序价值的审视和思考,并每每有所发现或收获。一旦觉得有所发现或收获,我就会欣喜地打开电脑,在论文的相应部分进行反复的修改。如今,在论文完成近三年之后,我终于为它暂时地画上了一个句号。

这是初春的一个夜晚。在文章终于修改完毕的时候,我轻轻地、同时也惴惴不安地点击了保存。走出户外,外面春寒料峭,但空气清新,天空中繁星闪烁——这是一个美好的夜晚,但我却不敢懈怠于那种伏案经年后的轻松。相反,在我的内心深处,却产生了一丝忐忑。因为我深知,本书所论及的主题——刑事程序价值——是刑事诉讼法学最基础而又最深奥的理论:从它的时空维度来说,向前可以追溯到刑事诉讼制度的根源,向后可以为刑事诉讼研究指引方向;从它的涵盖范围来说,其内容不但包括刑事诉讼法学,而且还涉及哲学、经济学、法理学、宪法学、法社会学、法律史学、刑法学和其他部门法学。对于这样一个意义重大的课题,我深感难以凭一己之力、一时之见将之穷尽。因此,对于这个主题,本书的研究只是一个开端,同时也将是我长久致力于斯的目标。

不能忘记在写作过程中那许许多多给予我关心和支持的师长。

如果没有他们的帮助，我难以完成长达三年的博士学业，也难以完成如此复杂的理论研究。

在此，我要衷心地感谢我的导师宋英辉教授。在我求学期间，宋老师是给我最多信任、最多教导和最多鼓励的人，他时常在繁忙的工作之余，为我指导博士论文的写作；更为重要的是，宋老师同意并支持我以刑事程序价值论为题撰写博士学位论文，使我得以超越刑事诉讼法专业的界限而博览群书，从而引发我对理论法学的浓厚兴趣并提高对刑事程序之精神和理念的领悟。可以说，是宋老师使我完成了人生的又一次转折，是宋老师的谆谆教导才使我能够超越自己，超越过去，不断前进。不仅如此，即使在论文通过答辩以后至今的这两三年时间里，宋老师也挤出大量的时间为我指导论文的进一步修改。可以说，论文的付梓出版凝结了宋老师的一片心血。师恩如海，弟子永志难忘！

在此，我要衷心地感谢师母马丽娜女士。自我硕士研究生毕业到法大工作之初，师母一直在工作上和生活上给予我关心和帮助。尤其让我感念于心的是，正当我打算攻读博士学位却困惑于专业选择之时，师母给了我宝贵的建议，使我最终得以幸运地转向刑事诉讼法学研究。

在此，我要衷心地感谢多年来在学习上给予我指导和鼓励的陈光中先生、李德顺教授、樊崇义教授、卞建林教授、刘金友教授、刘根菊教授、杨宇冠教授以及中国政法大学诉讼法研究中心的全体老师！他们渊博的学识和厚重的为人一直是我难以企及却又引领我不断探索和前行的光辉⋯⋯

本书终于完成了，掩卷思索，心有感慨——

学界在这一领域的辛勤耕耘为后来者的进一步研究开辟了道路，同时也为后来者的进一步研究留下了广阔的余地。在选择刑事程序价值作为毕业论文选题的时候，笔者充分地认识到这一点：如果我能对这一领域进行深入研究并有所创新，那正是因为建立在学界辛勤耕耘的基础上。

本书终于完成了，但它只是笔者一段时期以来在刑事诉讼法学领域的一点心得和体会。由于学识和能力所限,其中的错漏恐难数计,唯期望学界前辈和读者诸君多多指正。谨记此言以为谢!

刘晓兵
公元 2009 年 4 月于回龙观龙泽苑